別府大学文化財研究所企画シリーズ③
「ヒトとモノと環境が語る」

大航海時代の日本と金属交易

平尾良光・飯沼賢司・村井章介 編

思文閣出版

はじめに

　別府大学文化財研究所企画シリーズ③『大航海時代の日本と金属交易』をお届けいたします。文化財研究所も創立から16年を迎えました。この間、研究所は分析科学・歴史学・考古学・民俗学・美術史・地理学のそれぞれの分野の研究を深化させるとともに、これらの領域を文化財学というかたちで総合化し研究を続けてまいりました。2008年にシリーズ①『経筒が語る中世の世界』、2009年にシリーズ②『キリシタン大名の考古学』を相次いで出版しました。

　その後、しばらく時間が空きましたが、今年漸く第三弾として本書を刊行する運びになりました。本書は、シリーズ①②の研究成果を基礎に展開させたもので、2012年3月にまとめた報告書『鉛同位体比法を用いた東アジア世界における金属の流通に関する歴史的研究』（科学研究費補助金　課題番号21200028　新学術領域研究　研究代表平尾良光）をベースにして、報告書には入れられなかった村井章介氏（立正大学）の研究成果を収め、その他研究に加わった方々の成果をコラムなどとして組み入れています。また、新たに黒田明伸氏（東京大学）にもコラムを依頼しました。日本はいかにして大航海時代にいたり、大航海時代のなかでどのような交易を展開したのか、それが日本社会にどのような影響を与えたのか、これらを金属という視点から考察し、新たな問題を提起できたと考えています。

　これまでの企画シリーズの①〜③は、平尾良光氏（本学客員教授）の鉛同位体比分析という方法を文化財学研究の中に取り込み企画したものです。平尾氏は、2003年4月に本学教授として着任し、昨年2013年3月をもって退職しました。本書は、科学研究費の報告書刊行時から、この成果を限られた研究者だけではなく広く公開したいという考えがあり、2012年には、その準備に入りましたが、原稿の手直し、コラムなどの新原稿の手配、出版社との調整などの諸問題があり、企画から2年以上の歳月が流れてしまいました。本書は、平尾氏の別府大学での10年に亘る研究の総仕上げという側面をもつとともに、その研究に刺激され新たな研究を進めてきた文化財研究所の研究成果でもあります。

　これからも、別府大学文化財研究所としては、つねに文化財の原点を見すえ、「ヒトとモノと環境が語る」をテーマに研究所が関係した共同研究企画などを公開し、新しい成果を世に問い続けたいと考えています。なお、本書の刊行に際し、寄稿いただいた諸先生方に対しては衷心より感謝申し上げます。

　　平成26年9月　　　　　　　　　　　　　　　下村　智（別府大学文化財研究所長）
　　　　　　　　　　　　　　　　　　　　　　　飯沼賢司（別府大学文学部長）

目次

はじめに

日本中世に使用された中国銭の謎に挑む……………………飯沼賢司　3
　　——日本中世貨幣論の再検討——

　コラム①　唯'錫'史観………………………………………黒田明伸　18
　　　——なぜ精銭を供給しつづけられなかったのか——

15・16世紀海洋アジアの海域交流——琉球を中心に——……………村井章介　21

　コラム②　琉球王国のガラスはどこで生産されたのか？
　　　　　　　　　　　稗田優生・魯禔玹・平尾良光　46

鉛玉が語る日本の戦国時代における東南アジア交易………………平尾良光　49

　コラム③　16世紀後半のアユタヤ交易と日本………………岡 美穂子　72

　コラム④　タイ ソントー鉛鉱山
　　　　　平尾良光・魯禔玹・土屋将史・ワイヤポット・ボラカノーク　76

鉛の流通と宣教師………………………………………………後藤晃一　80

　コラム⑤　サンチャゴの鐘……………………………………平尾良光　105

　コラム⑥　コンテナ陶磁のもつ意味…………………………川口洋平　108

金銀山開発をめぐる鉛需要について……………………………仲野義文　110

江戸時代初期に佐渡金銀鉱山で利用された鉛の産地………魯禔玹・平尾良光　132

大砲伝来——日本における佛朗機砲の伝播と受容について——…………上野淳也　143

　コラム⑦　マニラ沖に沈んだスペイン船サン・ディエゴ号が語るもの
　　　　　　　　　　　　　　　　　　　　　　　　田中和彦　180

資料　戦国時代関連資料の鉛同位体比一覧………………西田京平・平尾良光　185

あとがき
執筆者紹介

凡　例

1．本書は別府大学文化財研究所が企画するシリーズ「ヒトとモノと環境が語る」の第3冊目の本である。
2．文化財に関する企画は文系から理系まで幅広い領域の研究者が参加する。そのため、用語など統一のできない場合が多い。統一ができない語については、筆者の原文を尊重する方針をとっている。
3．本書の企画・編集は科学研究費補助金「鉛同位体比法を用いた東アジア世界における金属流通に関する歴史的研究」(2009～2011年度課題番号21200028)の代表平尾良光(別府大学客員教授)、分担者飯沼賢司(別府大学教授)、連携研究者村井章介(立正大学教授)が担当し、全体の編集総括は飯沼が行った。

大航海時代の日本と金属交易

日本中世に使用された中国銭の謎に挑む
──日本中世貨幣論の再検討──

飯 沼 賢 司

はじめに

　2008年、私は、「銭は銅材料となるのか」という論考を発表した。この研究の契機は、平尾良光氏の鉛同位体比法分析との出会いである。平尾氏の経筒の分析研究から、12世紀半ば以降の日本の銅製品には、日本産の銅ではなく、そのほとんどに中国華南産の銅材料が使用されたという新しい事実を知ることになった。

　しかし当初、われわれ文献学者は、このような変化がなぜ起こるのかを歴史学的に説明できる史料をもち合わせていなかった。教科書的な常識からすると、当時、大陸からは、宋銭をはじめ陶磁器・香料・薬品・書籍を輸入していたが、中国の銅の原材料を輸入したという史料は存在しなかったからである。そこで、私は、それまでの歴史学の常識を再考する作業に入った。その結果、これまでの文献史料の見直しによって、12世紀半ばから大量に輸入された宋銭が日本の銅製品の材料として使用された可能性を指摘する先の論考を発表することになった[1]。

　2007年、服部英雄氏が「日本中世国家の貨幣発行権」という注目すべき論考を書いている[2]。発表がほぼ同時期ということもあり、この論文には2008年の拙稿ではまったく触れることはできなかった。別の方向からのアプローチではあったが、材料としての貨幣の側面などで共通する指摘を行っていた。貨幣発行権という視点から、宋銭・明銭に対して新しい視点を提示したものであり、日本・中国の私鋳銭が果たした大きさを評価している。これは、やはり同じ2007年に出された黒田伸明氏の「東アジア貨幣史の中の中世後期日本」とも共通する側面をもっている[3]。さらに、2008年8月には、川戸貴史氏の「室町幕府明銭輸入の性格」という論考が出されている。この論文では、日明貿易で明貨を独占的に得ることが事実上の貨幣発行権であるという佐藤進一論（「室町幕府論」）を再考するかたちで、室町幕府の「貨幣発行権」の問題を論じている。これも上記の服部氏、黒田氏の問題意識と共通するものである[4]。

　本論は、このような3論文と2009年に出された伊原弘編『宋銭の世界』[5]などの新しい成

果を踏まえ、前稿をさらに発展させ、中世貨幣論の再検討を試みるものである。

1　新安沖沈船舶載宋銭の謎

　先の2008年の考察でも述べたように、鎌倉時代の仁治3年（1242）、当時の最有力貴族である西園寺公経は10万貫（約375t）の宋銭や珍品を宋で入手し自慢してみせた[6]。

　12世紀後半から14世紀にかけて、日本には、大量の宋銭が流入した。日本各地の遺跡で1か所で数千から数十万枚という量の中世の埋蔵銭が出土しているが、その総量の80％以上は宋銭である[7]。宋銭は、陶磁器などとともに江南地方の杭州、寧波を通じて運びだされ、13世紀半ばの包恢『敝帚藁略』巻1「禁銅銭申省状」には、倭船の往来毎年「四・五十舟を下らず」とあり、毎年日本船40-50隻が往復していたという。毎年莫大な量の銭（推定1000t以上）が日本に流入し、すでに、12世紀末には「銭の病」と評される状態になった[8]。

　そのような銭・陶磁器の輸入の実像を証言しているのが、韓国木浦近くの新安沖で発見された沈船である（図1）。この船は、鎌倉時代末、至治3年（中国元暦、1323）ころ、日本へ向かう途中、何らかの事情で韓国の新安沖にいたり、岩礁にぶつかり沈没したといわれる。この船には、宋銭28t（8,000貫相当）、大量の陶磁器（18,600余点）、紫檀材（1,000余本）などが載せられていた。沈船は中国福建省で造船された中国船であるが、荷札として付けられた大量の木簡から、荷主は東福寺を中心とした日本の寺社、日本人であり、船は日本のチャーター船であることが判明している[9]。

　銭は緡の状態で荷札木簡が付けられていた（図2）。この木簡に注目すると、ここには、「東福寺公物　（裏）十貫」「東福寺公物　（裏）大銭拾貫　六月二日」「筥崎奉加銭　（裏）拾貫文教仙勧進聖」「筥崎奉加拾貫　（裏）聖教仙獺皮」「教仙　（裏）拾弐貫」「松菊得（裏）十弐貫」「四月廿二日　九十貫内（裏）十貫文道阿弥」など荷主、依頼主の名と宋銭の金額が書かれている[10]。

　そのなかでも筥崎の奉加銭が注目される。何のための勧進かは明確ではないが、筥崎の勧進聖が荷主となって、中国で銭を手に入れている。なぜ、わざわざ中国で宋銭を入手しようとしたのであろうか。宋銭を購入するには、その対価の品物が必要であったはずである。奉加のためであったならば、その購入のために使った金や水銀や刀などの品物を寄進すればよいはずで、なぜ銭を手に入れる必要があったのであろうか。

図1　新安沖沈船（木浦海洋博物館）

図2　新安沖沈船木簡（ソウル中央博物館）

マルコポーロの『東方見聞録』には、日本は黄金国として描かれている。これはイスラム商人から聞いた情報といわれる。『元史』には、元の政府は、日本の商人に金を持って来て、銭貨を買うことを許したという記事がある[11]。銭貨を鋳造しなくなった元は宋よりさらに積極的に輸出する政策をとらせたのである。

「青方文書」には、鎌倉時代の永仁6年（1298）4月24日、北条氏が出した渡唐船が五島列島の「海俣放洋」（若松島と日ノ島の間瀬戸か）で座礁し、回収された積荷のリストが残されている。積荷は砂金・円金（インゴットか）・水銀・刀などであり、金は312切245両34文目とういう量であった[12]。「切」という単位は、江戸時代では、1分（1両の4分の1を指す）に相当するが、この「切」は「両」の上の単位であり、インゴットの単位とも見られる。その量を換算することはできないが、中国の研究者によれば、南宋時代、金1両（50g）で24,000枚の銭貨が交換できたという[13]。10万貫の宋銭を買うのに4,166両が必要であるという計算になるが、この程度の金で莫大な銭が買えたともいえる。金だけではないが、水銀、刀などが莫大な銭貨、陶磁器の対価に充てられたのである。平安時代末から鎌倉時代、東北を中心に金が産出し、幕府はこれを交易の対価の中心に据えたのである。これが日本の「黄金国伝説」を生みだしたと見てまちがいない。このような金を産出する国が、なぜ銭をそれ程まで必要としたのか不思議である。

2　銭は何のための輸入されたのか

そこで改めて、鎌倉大仏は銭で造られたという説に注目したい。平尾良光氏が東京文化財研究所に在職していた時代、鎌倉大仏の首の接合部の鉛同位体比法の分析や組成分析を行い、この青銅に含まれる鉛は中国華南産の領域を示し、銅の組成は宋銭に近いことを明らかにしている[14]。大仏全体の調査は行えなかったので断定はできないが、124tの重量があると推定される鎌倉大仏が中国産の銅、しかも宋銭の値に近い組成でできている可能性を示すものであった。

経筒のような小さな銅製品は使えなくなった「破銭」を使用したということも考えられるが、あのような巨大な仏像に宋銭が使われたとすれば、破銭などでは到底追い付かない。先の拙稿では、日本での宋銭は銅製品材料として使用され、大仏には勧進によって集められた宋銭が使用されたという結論になったが、まだそれを証明する十分な史料を提示できたわけではなかった。

われわれが取り組んできた研究（文部科学省科学研究費新学術領域 2009年度-11年度）では、鉛同位体比法分析によって、梵鐘などを含む銅製品の材料産地推定調査を実施してきた。その結果、13-15世紀までは、日本産材料は確認できず、中国華南産材料が使われているという分析データを得た[15]。このような分析結果のほか、文献史料でも、建久2年（1191）の東大寺尊勝院司請文では、「請預　寺家幢頭銅一口事　斤量　其重　銭拾玖貫陸佰二懸」とあり、東大寺の幢頭銅の重さを銭の枚数で計算している例がある[16]。

図3　大慈寺梵鐘　　図4　日輪寺梵鐘

　これは、前論考でも述べたように、宋銭を材料とすることを前提とした記載と解釈できる。銅はもともと「斤」という重さの単位で表記されてきたが、ここでは「貫」という単位が使われている。これが今日まで重さを「貫」という単位で表記するようになることの濫觴ではなかろうか。

　また、鎌倉幕府が作成した歴史書『吾妻鏡』の嘉禎元年（1235）6月の条には、鎌倉の鶴岡八幡宮の五大堂の梵鐘の再鋳造の記載がある。6月19日、鎌倉幕府は、鶴岡八幡宮の五大堂の洪鐘を鋳損なったという報告を受け、奉行人が事情を聴取した。鋳物師は銅の不足によってこのような事態になったとし、銅を加えて再鋳造することを提案した。21日、将軍御所において再鋳造の決定がなされ、奉行人に指示が出された。29日条には、「又、被鋳直洪鐘 高五尺二寸徑四尺、先日、以銅錢三百貫文鋳損之、今度、卅余貫、成功殊勝云々」とあり、300貫で梵鐘を鋳造したところ鋳損ない、30貫余りを加えたところ成功したとある(17)。これを銭330貫分の銅という考えもあるが、この記載から見て、鋳造に必要な銭の量であると考えてよいだろう。また、これまでの分析の結果や他の文献史料などの記載からも銅銭を鋳潰したと考えるのが妥当という結論に達した。

　実際、梵鐘について調査してみると、13-16世紀の梵鐘には、①「鐘高都分六尺1寸、広三尺二寸、小工一十八人　用錢三百余十貫、雑用米廿六石六升八合也」（大慈寺〈熊本県熊本市〉弘安10年〈1287〉鋳造／図3）、②「錢十万文施主」（浄光寺　延慶3年〈1310〉鋳造、「社寺古鐘願文」）、③「銅錢百貫文以鋳之」（日輪寺〈熊本県山鹿市〉　正平14年〈1359〉鋳造／図4）、④「梵鐘所謂以八万之錢貨令錬鋳畢」（熊本県南小国町下城矢津田　享禄4年〈1531〉鋳造）などの銘文があり(18)、これまでの検討を前提に考えれば、勧進などで集めた銭が材料となり梵鐘が鋳造されたことはほぼまちがいない。

　ところで、「勧進」という語を辞書で調べると、「寺社・仏像などの造立・修復のために寄付を集めること」とある。鎌倉大仏も勧進という方法で資金が集められたことは記録に残る。勧進は寺社・仏像の造立の資金集めの方法で、勧進僧という僧侶たちが路傍に立ち多くの人々から喜捨を募った。柄杓を差し出し、何文かの銭を人々から集めた。人々は自らの信仰の証として銭を出した。山城長楽寺の梵鐘銘でも「一人一錢、不日而鐘成」（永和4年〈1378〉10月）、一人が一銭ずつ出し、すぐに鐘は完成したなどと記し、岐阜県の明星輪寺の梵鐘銘でも「是故蒙十方檀那一錢寸銅合力、重鋳」と十方檀那の一銭の寸銅の合力で重ねて鋳造したなどと刻まれている(19)。われわれは、これまで銭を最初から現代の感覚の銭貨と思い込み、銭が鋳潰されるとは想定せず、銭を資金という視点からしか見ていなかった。しかし、これ

は、一人一人の持っている銭が鎔かされ、仏像になったり、梵鐘になったりするという意味で、功徳を実感できる喜捨であった。

　戻って、新安沖沈船の木簡に注目してみると、博多の筥崎宮の勧進聖教仙が中国で奉加銭として合わせて20貫文以上の宋銭を手に入れている。資金であるならば、最初から、この銭を購入した資金を筥崎宮に寄付すればよいことである。ところが、わざわざ、これを中国で対価を支払い入手したとすれば、この宋銭は銭貨として輸入したわけではなく、材料として輸入したことをこの木簡が端的に示していることになる。

3　日本においてなぜ宋銭は貨幣として機能しえたのか

　日本は、古代国家が形成される時期に、一度、中国を模して銭貨制度が整備され皇朝十二銭が発行された。しかし、平安時代中期の10世紀半ばには、この国家発行の貨幣は失われ、再び物品貨幣と呼ばれる絹・米が交換の仲立ちをするようになった。これまで、これは律令国家の衰退によって起こった事態であると解釈されていた。

　しかし、いわゆる金属貨幣も本来、金属の価値で流通する物品貨幣であり、絹や米などと何ら変わるものではなかった。それが鋳造貨幣となると、国家や地域政権が発行することによって、交換の仲立ちとして安定した価値保証をすることが可能となり、広く流通するようになった。さらに紙幣は、実質的価値はなく、モノとして考えたとき紙の価値しかない。ところが、国家が物品貨幣の価値をその紙に書かれた貨幣価値で保証するから、流通することになったわけである。これは兌換貨幣というが、現在の貨幣は、兌換貨幣でもなく完全な管理貨幣制度に移行している[20]。われわれは、このような管理貨幣制度の時代の貨幣の中で生活し、貨幣は国家が発行し保証するものという常識の中で貨幣を考えてしまう。

　このように貨幣を概括するとき、日本で流通した宋銭は極めて特異な鋳造貨幣であることを認識しなければならない。宋銭は中国で使用される限り、また中国との貿易で使用される限りは、中国の国家が保証する貨幣として機能した。そこで、中国の冊封、交易圏に入る国々はこれを国際通貨的なものとして機能させたということは事実である。しかし、ベトナム、朝鮮半島など中国周辺諸国は、宋銭の流通した時代、宋銭を使用する一方で、それぞれ独自の国家発行の鋳造貨幣を所持した。そのようななかで、同じ時代、日本は自国発行の鋳造貨幣を発行しない特異な国であった。したがって、宋銭が日本国内で使用され流通するとき、日本で鋳造したわけでもない貨幣には国家の保証はなく、金属の価値で流通する物品貨幣にすぎなかった。

　宋銭は、他国が発行した貨幣ではあるものの、鋳造の金属貨幣の形態をしており、われわれは現在の貨幣とオーバーラップして見てしまう。そのため、貨幣を材料などとみるのはとんでもないと考えるわけであるが、この貨幣は、物品貨幣であり、米や絹と同じく、本来、銅製品の材料として消費されるという性格をもっていた。日本における宋銭は、モノとしての価値とともに貨幣としての至便性から広く「貨幣」（物品貨幣）として流通するようになっ

た。すでに、川添昭二氏が「当時（鎌倉初頭）銅銭は貨幣として貿易の媒介の用をなしたのではなく、物品として等価のものと交換されたのである。……ところが日本では嘉禄２年（1226）になると、それまでの物の価を布の量で換算していたが、鎌倉幕府はその准布を止めて銅銭を通用するように命じている。……ここに至り、宋銭流通の大勢を認めざるをえなかったのである」と指摘している[21]。かくして宋銭は物品貨幣から通常の貨幣へと転換した。しかし、至便な貨幣として流通しても、銭を鎔かせば人々の仏心を経筒・仏像・梵鐘等の仏器製作のかたちで具現できるため、その後も勧進行為と結びつき、中世の間、材料という側面をもち続けた。

このように、宋銭は、常に製品として消費される構造をもっていたので、莫大な輸入銭は、日本経済にインフレーションを起こすことなく銭貨としても機能しえたと考えることができる。貨幣は、発行される量に対して、消却される量が一定量でないと貨幣がだぶつき価値が下落しインフレーションとなる。国家に発行権のない日本流通の宋銭は国家がこれを回収するシステムも存在しない。しかし、物品貨幣としての宋銭は材料として常に消費される構造をもった。これが結果として宋銭の貨幣の価値を維持する機能をもたせたと考えられるのである。

4　12-14世紀に銅が不足していたのか

ここで、問題になるのは、日本の銅生産が多ければ貨幣が材料として消費されることはないことになる点である。この問題について再度検討を加えてみよう。室町時代、日本は、勘合貿易で中国へ銅を輸出していた。にもかかわらず、12世紀から14世紀の時代、本当に銭を材料として輸入しなければならないほど、日本では銅が不足していたのであろうか。

奈良の東大寺の大仏（推定約480t）は、日本産の銅で造られたことは明らかで、正倉院文書によれば、長門国（山口県）から一度に15.9tの銅が運ばれたことがわかる[22]。長門の長登（のぼり）銅山（山口県秋吉台の近く）では、奈良時代初期からの木簡が発見され[23]、古代の貨幣である皇朝十二銭（日本の律令国家が発行した「和同開寳」から「乾元大寳」にいたる12種の貨幣）も日本の銅でつくられている。古代には大仏造立、貨幣鋳造に足る銅が産出していたことになる。そこで、これまでの研究常識では、日本では、12-14世紀の間も、銅が産出されないなどとは想定していなかった。

しかし、先に拙稿において、皇朝十二銭は、貨幣として十分機能せず、10世紀半ばの「乾元大寳」を最後に、国家の衰退にともない廃絶したという通説を否定した[24]。

これまでの説でも「この（唐の制度を模し国家の儀容をととのえる）ような理想で約250年の長きにわたって銭貨を15種類も発行しつづけられるものではない。また、銭貨がかなり流通していた事実も簡単には無視できない」という指摘がある[25]。これは貨幣が日本においても有効に機能したことを示すもので、律令国家の衰退だけが原因で貨幣鋳造が中止されたということはなかったと推定される。

六国史などの史料を見ていくと、9世紀後半から、銅が不足し、国家は各地で鉱山の開発を盛んに進めている。それにもかかわらず、銅材は十分供給されず、皇朝十二銭は鋳造されるたびに、大きさが次第に小さくなり、10世紀半ばに鋳造された最後の「乾元大寳」は小型で、鉛を半分近く含む粗悪な銭貨となった。これは明らかに銅鉱山の開発にもかかわらず必要な銅が不足し銭貨鋳造が廃絶したと見るべきである[26]。その結果、金属貨幣は廃絶し絹や米などの物品銭貨の役割を担うようになった。

　東大寺の大仏の銅や皇朝十二銭の銅を生産した長登銅山でも、発掘の結果から、10世紀末には鉱山が一旦廃絶している。しかし、15世紀はじめに生産が再開されていることが明らかになっている。その後、江戸時代まで銅鉱山として稼働する[27]。

　それでは、掘れる銅山がなぜ廃絶したのであろうか。これは、使用される銅鉱石の変化と考えられる。古代の段階では、製錬が簡単で、鉱床が浅いところにある酸化銅が利用されたようである。ところが、酸化銅は埋蔵量が少なく、開発してもやがてその需要を満たせなくなった。銅山には硫化銅という銅鉱があるが、当時は製錬技術が未熟でこれをまだ利用できなかった。その間、物品貨幣として中国銭（宋銭）がこの不足を補ったと考えられる[28]。

　平安時代、12～14世紀にかけて日本は銅が不足しており、これを補うように莫大な宋銭が輸入された。西園寺公経が輸入した量は、南宋の銭貨生産の1年分近くにも及んだ。宋や元のころ、年間に40～50隻の船が日本と中国を行き来していたといわれ、仮に1隻に28tの銭貨が積まれたとして、1年に千数百tの宋銭が運ばれたことになる。こんな莫大な銭が宋から元時代の間、200年以上にわたって日本に持ち込まれ、日本の銅生産の停滞による銅不足を補い、銭貨を材料として消費するという構造を作り、これが貨幣の量を調整していたと考えるのが妥当ではないだろうか。

5　中国の銅材管理・貨幣政策と日本への宋銭流入の絡繰り

　宋王朝は過去の歴代王朝と同じく、鉄・銅・金・銀等の金属と非金属の鉱山の採掘と製錬に厳しい禁令があって、国家が所有権を独占していた。その産地において「監」（役所）を設置し、「鉱務」と「場務」は専門官が管轄していた。実際の採掘と製錬は地方の「坑冶戸」が請け負うことになっていた。政府は決まった税金を課する方法で国有を維持しつつ民営化を実現した。当時の手工業は政府が直接職人を雇って経営する方式とは違っていた。

　宋太祖の建隆元年から太宗至道3年（960～997）までの37年間は銅、金、銀等の鉱山は民間の採掘を許可し、鉱製錬業主と利益の争いをせず、一定の減税・免税の政策の下で採鉱と製錬業に従事させた。その後はまた官営になり、すべての銅鉱山は民間の採掘を禁じた。しかし、しばらくしてまた部分的に採掘権を民間に開放し、製錬と鋳造権を制御した。鉱業管理機構のうち一番重要なのは「監」である。「監」とは「主監官」の滞在地を指し、すべての鋳銭の場所に監を設置した。

　北宋・南宋の銭幣は中国銭幣史上鋳造量が最も多かったし、銭名の種類も最も多かった時

期である。北宋初年の鋳銭量は、年間100万貫以上はあった。最も多い元豊年間には500万貫以上はあり、鉄銭と紙幣を含まなくても唐の数十倍はあった。各年に鋳造した銅銭の数量で計算すれば北宋が建国してから元豊年末までに鋳造した銅銭の総量は１億4,000～5,000万貫くらいであり、私鋳銭を加えたら合計は２億貫近くあったといわれる。官府の銅銭は銅監の監督の下で鋳造し、銅材料はほとんど周辺の鉱山から運ばれてきたが、遠い所から調達してきた場合もあった[29]。

いずれにしても、銅材料は銅監（銭監）によって管理され、民間へ直接流れるルートは厳しく制限されていた。中国国内でも民間では、銅材料を得ることは難しく、裘士京『江南銅研究』によれば、「銅は国家の禁権物で、国家が厳しく規制をかけたので、民間には銅不足が生じた。しかし一般の生活用銅器は市場の価格が上昇したため、一部の人は銅銭を鋳潰して、銅器を造ることにした。記載によれば、これによって五から十倍の利益が得られた」とされている[30]。

井上正夫氏は、「宋代の記録にも、宋銭十文を鎔して一両の銅材にすれば五倍の価格で売れるという記事が見えるのである。ただし、こうした現象が発生したのは、宋代には一般人の銅の保有が制限されており、民間に存在する銅材の量が極めて少なかったという特殊事情による」と述べ、さらに、銅銭をつくるのに必要な銅材の値段は銭の価格よりかなり安いのにもかかわらず、政府は民間の贋金造りを禁止するために民間の銅材を強制的に回収し、民間の銅保有が禁止されたと指摘する[31]。

宋の政府は、このように銅の生産、銭貨の鋳造を国家管理に置き、さらに民間の銅保有はもとより、所持できる銭貨の上限を厳しく制限・管理していたので、国外には銅貨の材料（インゴット）そのものが流出することはほとんどなかった。国内においても銅材の国家管理のため銅銭そのものを材料とすることがかなり一般化していたと考えられる。

また宋代には、「銭荒」という銅銭不足がしばしば起こり、政府は鉄銭の鋳造で補ったり、既存の銭を回収し、当二銭、当五銭、当十銭などの大銭を新鋳した。

『江南銅研究』においても「（紹興）二十八年、御府（政府）の銅器千五百点を泉司（銭司）に付託し、民間の銅器を探し出し、銅200万斤余りを得た。寺の鐘、磬、鐃、鈸は登録して、税金を出したもの以外は新たに鋳造してはならないことにした。二十九年、官の家に残せる銭は２万貫、庶民はその半分を限度にして、残りは２年のうちに全部金銀に交換させ、計算して茶・塩・香・明礬などと交換し、数を越え隠匿した場合はこれを密告させた」とある[32]。

このような宋政府のとった政策から、民間では、貯め込んだ銅銭を海外に流出させた方が得であると考える者が多くなり、周辺諸国に銅銭が大量に輸出された。次の史料はそのような事例の一つである。

　　紹興十年（1140）十二月初めて沿海銅銭の禁を申す、而して閩広の諸郡にては奉行せざ
　　るもの多し、是に於いて泉州の商人は夜に小舟をもって銅銭十万余緡を載して出洋す[33]。

宋政府は一貫して海外への流出を制限してきたが、王安石は、11世紀末の「新法」とよば

れる改革において、宋銭の流出を許すことになった。井上正夫氏は、王安石は宋銭の鋳造が爆発的に増加した時期に、銅材をそのまま輸出するよりもこれを宋銭に鋳造すれば地金の銅より高い価値がつくから、輸出すればより多くの外国の財が獲得できると考えたと推測する[34]。これ以降、宋銭は国外へ大量に流出するようになった。

日本では、11世紀後半から、北部九州を中心に、末法思想の展開にともなって経塚が造られ、経筒の埋納が展開する。12世紀には畿内にも展開し、全国的に経筒埋納が行われる。鉛同位体比の分析結果では、12世紀前半の銅製経筒には、日本産のものと中国華南産のものが半ばしているが、1150年頃を境にほとんどすべてが中国産となる。ここから、すでに12世紀に入るころから、宋銭が銅製経筒の鋳造に使われはじめたことが推測できる。

経筒には、大きく分けると、銅製経筒と陶製経筒がある。陶製経筒には、当時、宋で利用されていた小型の壺型容器が使用されている。銅製経筒は、鋳型も発見されており、日本で製作されたことは間違いなく、材料として宋銭が使用されはじめたことは鉛同位体比分析の結果に明らかである[35]。経塚には、青磁や白磁の合子などの小型陶磁器も埋納されており、12世紀以降の経筒の埋納は、日宋貿易と密接に関係していたことは明らかであろう。

このような中国との貿易をさらに積極的に推進したのが平清盛である。すでに述べたように1150年頃を境とし日本産材料がほとんど消滅するという変化が、平家政権の積極的な日宋貿易推進と関係していたことは間違いない。中国国内でもすでに民間で銅器の材料に使用されていた宋銭は、もちろん国際通貨として貿易に使用できたが、それよりも銅が極端に不足していた日本には材料として魅力的なものであった。平家政権がこれに目を付けても不思議ではなかった。

すでに12世紀前半には、経筒へのわずかな宋銭の利用は開始されていた。しかし、梵鐘のような大型の銅製品までにはいたっていなかったと思われる。保延6年（1140）12月3日に製作された吉野金峰山寺の洪鐘は、日宋貿易の推進者であった平清盛の父忠盛が熟銅を施入して鋳造されたものである。しかも、永暦元年（1160）には熟銅6,050斤を入れて再鋳造がなされるが（大和廃世尊寺鐘銘）[36]、この段階でもまだ梵鐘は、「熟銅」すなわち銅材そのものが使用された。日宋貿易の中心的担い手となっていた平家の提供した銅材料にすら、宋銭（銅銭）は使用されていなかった可能性が高いのである。

12世紀後半で大型の仏器への宋銭の使用の可能性を示す史料は、建久2年（1191）の東大寺の幢頭の銅（19貫602懸）が初見であり、次は鎌倉の鶴岡八幡宮五大堂の嘉禎元年（1235）の洪鐘（330貫文）、次は宝治3年（1249）の厳島社の梵鐘（152貫600文）である[37]。これだけの史料で実証することは十分とはいえないが、銭は12世紀初頭から経筒などの小型銅器に使用され始め、12世紀後半には、次第に銅器の主要な材料になったと推測される。さらに梵鐘などの大型の仏器への使用は13世紀に入り本格化した可能性が想定され、この象徴的使用例が鎌倉大仏ということができるのではなかろうか。

6　永楽銭は中国銭か

　日本では室町時代、とくに15世紀以降、洪武銭・永楽銭などの明銭が輸入され、それまでの宋銭などとともに日本の銭貨として使用されるが、果たして、明銭は本当に明より輸入された銭貨であろうか。勘合貿易の輸出品のリストを見ると、日本は室町時代以降、中国への銅輸出国となる。

　まずはなぜ、日本は銅輸入国から銅輸出国へ変化したのかを検討しておこう。前述のとおり、古代の銅生産は酸化銅を利用した製錬が行われていたことが近年明らかにされてきている[38]。

　長登銅山では、10世紀末には鉱山が一旦廃絶しているが、15世紀前半に生産が再開されていることが発掘の成果から明らかである。その後、江戸時代まで銅鉱山として稼働する。これは使用される銅鉱石が変化したためと考えられる。古代の段階では、製錬が簡単で、鉱床が浅いところにある酸化銅が利用されたようである。ところが、酸化銅は埋蔵量が少なく、やがてその需要を満たせなくなった。銅山にはほかに硫化銅という埋蔵量の非常に多い銅鉱があるが、10-11世紀ころはこれをまだ利用できなかった。その間、中国銭（宋銭）がこの不足を補ったと前稿で推定した[39]。

　室町時代の銅生産の復活は、製錬技術の問題である。硫化銅の製錬技術はいつ、どこから入ったのであろうか。残念ながら、その技術流入を証明する史料は確認できていない。

　現在のところ、銅の製錬法の転換は、16世紀初頭に確立された山下吹き（摂津国多田荘山下村の鉱山で銅屋新右衛門が成功）によって、硫化銅の利用が格段に進んだといわれるが[40]、筆者は、14世紀末までには、すでに硫化銅鉱から製錬する技術が日本の鉱山に入ってきていたのではないかと考えている。

　すなわち、南宋の末か元代に入る時期に中国から技術が流出した可能性が極めて高いと考えている。第5節において宋代の銅鉱山の銅生産のあり方を概括したが、宋王朝は、鉱山はもとよりその採掘・製錬技術を厳しく管理していた。

　しかし、次の元王朝は、銅銭を生産せず、紙幣を発行し、前代の宋時代の銭の輸出を許可し、前代以来銅山を管理した銅監が銭の鋳造を停止すると、監の役所としての機能が失われ、銅監（銭監）の所持していた技術やその銭監に付属する銅山の採掘・製錬技術も国家管理から離れ流出する可能性が出てきたのである。

　1279年に元が南宋を亡ぼすと、南宋の銅監の技術者が日本へ渡った可能性もあるだろう。当時、日本からは多くの禅僧・商人などの日本人が頻繁に中国を往復していた。こうした背景を考慮すれば、14世紀までには硫化銅の製錬技術が入ったと思われ、このような新技術によって、日本は14世紀末から15世紀にかけて銅輸出国へ転じた可能性が高いのである。

　私は2010年8月末から9月はじめに中国で調査を行い、製錬法の史料などを調べたが、現段階でははっきりしたことはわからない。ただ、既述したように、元代には、一旦銅銭が作

られなくなり、中国で鉱山と一体になり銭を製作した鋳銭監と呼ばれる役所が崩壊し、技術が流出する可能性があったことは間違いない。長門国長登銅山の生産再開は15世紀はじめといわれることから[41]、中国地方での銅山の再開が15世紀以降の勘合貿易における銅の輸出の背景にあったと見られる。

日本での銅生産の再開が本格化すると、これまで論証してきたように、中国銭を材料として利用してきた面から考えた場合、銅材料の豊富にある日本で、中国銭を輸入する理由はなくなってしまう。銅輸出国日本と永楽銭輸入国日本という2つの顔は、論理的に矛盾することになる。

日本が銅輸出国に転じた15世紀初頭には、洪武銭・永楽銭が輸入され、日本の通貨として機能したといわれている。永楽5年（1407）5月には、日本国王源道義（足利義満）が僧圭密等73人を遣わし来朝し、「方物」を貢ぎ、捕縛した倭寇を献上し、明の皇帝からその謝礼に王と妃に合わせて白金1,250両と銅銭2万緡（貫）を下賜された（『太宗実録』巻67)[42]。また、翌年永楽6年（1408）の足利義持の明朝貢では、皇太子・使者圭密に鈔幣が下賜され（『太宗実録』巻103)[43]、永楽9年（1409）の足利義持の明朝貢では5,000緡の銅銭を下賜された（『太宗実録』巻113)[44]。このように、公的な勘合貿易の世界では、確かに中国銭は朝貢品の対価となっており、享徳2年（1453）の朝貢でも、太刀に対して5万貫、硫黄に対して1万貫、併せて銅銭6万貫を得たと記録される（『笑雲入明記』『臥雲日件録抜尤』）。

しかし、15世紀後半以降になると、その状況は大きく変化してくる。川戸貴史氏の論考では、明朝は、鈔の崩壊に伴って銀財政への転換を模索することになり、銭貨鋳造の意欲をほとんど失い、文明8年（1486）以降の銭貨下賜は完全に拒否することになったとし、「15世紀後半には、日本の銀貨下賜要求に対し明側は銀貨下賜を拒否しており、下賜による「輸入」は杜絶していたのである」とまとめている[45]。

このころ明では銭貨から紙幣への切り替えの時期であり、朝貢国への下賜も十分には確保できず、銅銭そのものが甚だ不足していたという[46]。確かに永楽銭の鋳造量は宋銭に比べて極めて少なく、宋銭のように日本で流通する量を生産したとは考えられないというのが現在の中国側の研究者の意見である[47]。

しかし、現実には、永楽銭は東国で主に流通し、しかも16世紀に広く使われた貨幣であり、織田信長が馬印に使用したり、大名の中で家紋などに用いる者もいるほど広く親しまれたものであった。東洋史の黒田伸明氏は、明では15世紀後半以降「新銭」などという前代の宋銭や明銭を模鋳した私鋳銭が横行するようになり、日本へそれが大量に流入した可能性を指摘している[48]。その可能性は否定できないが、私鋳銭である銅銭を、わざわざいったん日本から銅材料を中国に運んでまで手に入れるというのはどうにも納得がいく説明とは思えない。

実際、永楽銭の鉛同位体比を測ると、北九州の黒崎から出土した永楽銭などに日本産の銅が使われているものがあるとわかった。この永楽銭は見た目には、私鋳銭、鐚銭（びたせん）の類ではなく中国銭と区別がつかないものである。

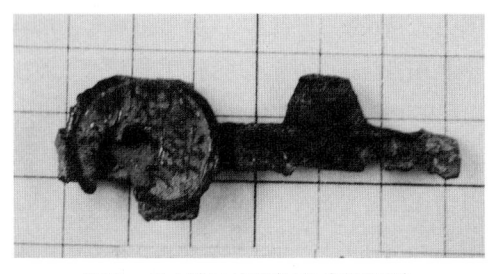

図5　出土時の枝銭（村松白根遺跡）

　黒田氏もとりあげたように、近年、茨城県東海村村松白根遺跡から永楽銭の枝銭が発見されている（図5）。この遺跡は製塩遺跡であり、16世紀の製塩遺跡の中から大量の宋銭などとともに発見された。したがって、鋳造遺跡とはいえないが、枝銭であるので、出土したものが輸入の永楽銭ではないことは確かである。ところが、鉛同位体比分析の結果は中国華南地域の銅と日本産の混合の可能性を示している(49)。当時、十分に銅は国内で生産されているので、この枝銭に中国産材料が入っているとすれば、宋銭が材料として使用された可能性が極めて高い。

　関東で銭が鋳造されていた証拠はこのほか佐倉城の遺跡からも出ている。また、関東ではないが、鹿児島県では、加治木銭とよばれる銘の入った私鋳の洪武銭が確認されている。このように日本製の洪武銭、永楽銭が相当量存在した可能性があるのである。これを私鋳銭としてかたづけるのは簡単であるが、永楽銭のほとんどが日本製ということになればどうなるであろうか。

　すでに、服部英雄氏はその論考で、以下のような江戸時代の史料をとりあげ、永楽銭の日本鋳造の可能性を指摘している(50)。

『東江書話』
　　京都将軍足利義満公の時、明朝へ度々使僧を遣し、永楽銭を持来、此銭を格として、此邦にても鋳させらる、信長公太閤を歴て、国初（江戸初期）までも通用せり

　さらに、『貞丈雑記』や『類聚名物考』の永楽通宝銭の項にも永楽銭の日本鋳造のことが記され、江戸時代には、永楽銭はその多くが国内鋳造の銭であるということが常識化していた。

　また、江戸幕府の銭座の棟梁となった鳴海家所蔵の「鳴海平蔵由緒書」では、応永年間に鳴海刑部賢勝は、足利義持に対して朝鮮王からもたらされた永楽銭3,000貫を献上した。しかし、それでは通用に不足するので、「我が朝ニ而、其後永楽銭鋳足、被仰付候、此節於京都銭奉行職仕候」と将軍から永楽銭の鋳造を任された。2代重勝、3代則賢もこの業務にあたり、その後、江戸崎（茨城県稲敷郡）、水戸を経て、6代目賢信が江戸に出て、寛永通宝の鋳造に携わったという由緒が載せられている(51)。

　これも服部氏がとりあげた史料であるが、中世における永楽銭の公的な鋳造を推測させる史料である。永楽銭などの明銭のかなりの部分が日本で鋳造された可能性はかなり高まっているといえる。

結びにかえて

　本論では、日本で使用された中国銭がもった役割を従来のような今日的な貨幣論からの視

点で見るのではなく、物品貨幣、すなわち消費される材料という側面から、全面的に見直した。その結果、宋銭は最初から銅器の材料として輸入され、13-15世紀には貨幣としての顔とモノとしての顔を常に維持しながら、使用された。そのようななかで、15世紀以降、日本は、硫化銅の製錬技術を獲得したと思われ、勘合貿易において中国への銅輸出国となる。それでも、通説では明銭を輸入し銭貨として利用したとしてきた。

しかし、これまで論じてきた銅銭材料説からは銅を中国に輸出し、銅銭を中国から輸入するのは論理的には説明できなくなるし、服部英雄氏などの江戸時代の史料から永楽銭の私鋳論を唱える説は十分に首肯できる。また、今回の科研費研究での中国の調査でも洪武銭、永楽銭の鋳造量は少ないというのが中国の常識であると確認され、われわれの研究の鉛同位体比法分析結果もこれを基本的に支持する。今後、鉛同位体比法などの分析資料を積み重ねることでさらに確証を得たいと考えている。

日本の中世の銭貨は、材料としての宋銭から始まり、国家公認の物品貨幣へ展開し、15世紀には私鋳、半公鋳の永楽銭・洪武銭が生まれ、16世紀には日本製の明銭が横行したと推測している。このような銭貨の変化の到達点として豊臣政権、江戸幕府の公的貨幣鋳造を位置づけられるのではないだろうか。

(1) 拙稿「銭は銅材料となるのか——古代〜中世の銅生産・流通・信仰——」(小田富士雄・平尾良光・飯沼賢司編『経筒が語る中世の世界』別府大学文化財研究所企画シリーズ①、思文閣出版、2008年)。
(2) 服部英雄「日本中世国家の貨幣発行権」(今西裕一編『九州大学21世紀COEプログラム「東アジアと日本——交流と変容——」統括ワークショップ報告書』2007年)。
(3) 黒田明伸「東アジア貨幣史の中の中世後期日本」(鈴木公雄編『貨幣の地域史——中世から近世へ——』岩波書店、2007年)。黒田明伸『貨幣システムの世界史 増補新版——〈非対称性〉をよむ——』(岩波書店、2014年)には、補論として「東アジア貨幣史の中の中世後期日本」が再収載された。
(4) 川戸貴史「室町幕府明銭輸入の性格」(『歴史評論』700号、2008年)。
(5) 伊原弘編『宋銭の世界』(勉誠出版、2009年)。
(6) 『民経記』仁治3年7月4日条。
(7) 出土銭に関しては、鈴木公雄『出土銭貨の研究』(東京大学出版会、1999年)が体系的なものであり、その数量、分類については、永井久美男『中世の出土銭——出土銭の調査と分類——』(兵庫埋蔵銭調査会、1994年)、同『中世の出土銭 補遺』(兵庫埋蔵銭調査会、1996年)が詳しい。また、梅原郁氏は、「中世渡来銭の謎」(『黒川古文化研究所紀要 古文化研究』10、2011年)において、永井氏の資料をデータ・ベース化し、それを基に、出土銭の宋銭の各紀年銭の比率がどの出土例でも酷似している点に注目し、100枚(実際は97枚)単位で藁縄を通して一区切りにされる「サシ(差銭)」の存在を手がかりに、その謎を解明しようと試みた。
(8) 『百錬抄』治承3年6月条。
(9) 村井章介『東アジア往還』(朝日新聞社、1995年)255-266頁。東京国立博物館・中日新聞社編『新安海底引上げ文物』(中日新聞社、1984年)。
(10) 韓国文化広報部文化財管理局『新安海底遺物・史料編』(1984年)。西谷正「新安海底発見の木簡について」(『九州文化史研究所紀要』第30号、1985年)。
(11) 『元史』日本伝、至元14年(1277)条「十四年、日本遣商人、持金来易銅銭、許之」。

(12) 『青方文書』第一、70　永仁6年5月20日付順性御物以下注進状案、71　永仁6年6月23日付某御物員数注進状案、72　永仁6年6月27日付恵存御物以下注進状案、73　永仁6年6月29日付関東使者義首座注進状案。
(13) 高聡明『宋代貨幣と貨幣流通研究』（河北大学出版社、2000年）。曹錦炎（浙江大学教授）・李小萍（浙江省博物館研究員）両氏からもご教示を得た。
(14) 平尾良光「大仏の材料の産地はどこか」（朝日百科日本の国宝別冊『国宝と歴史の旅』7鎌倉大仏と宋風の仏像、朝日新聞社、2000年）。
(15) 西田京平・平尾良光「10～17世紀における日本の各種資料の鉛同位体比」（『鉛同位体比法を用いた東アジア世界における金属の流通に関する歴史的研究』平成21年～23年度科学研究費補助金報告書、研究代表者　平尾良光、2012年）。
(16) 『鎌倉遺文』551。
(17) 『吾妻鏡』嘉禎元年（1235）6月条。
(18) 坪井良平『日本古鐘銘集成』（角川書店、1972年）①78大慈寺鐘、②同1121浄光寺鐘、③同172日輪寺鐘、④同362下城左弼蔵鐘。
(19) 『日本古鐘銘集成』1231長楽寺鐘、同229明星輪寺。
(20) 日本銀行金融研究所貨幣博物館常設展示図録『貨幣博物館』2007年。
(21) 川添昭二『対外関係の史的展開』（文献出版、1995年）63頁。
(22) 「正倉院文書」『大日本古文書』25-155。
(23) 『美東町史』（美東町、2004年）。
(24) 前掲註（1）拙稿「銭は銅材料となるのか」。
(25) 栄原永遠男『日本歴史　天平の時代』（集英社、1991年）83頁。
(26) 前掲註（1）拙稿「銭は銅材料となるのか」。
(27) 前掲註（23）『美東町史』。
(28) 前掲註（1）拙稿「銭は銅材料となるのか」。
(29) 裘士京『江南銅研究――中国古代青銅源的探索――』第五編（黄山新社、2004年、前掲註14報告書に翻訳編収載）。
(30) 前掲註（29）『江南銅研究』第五編。
(31) 井上正夫「国際通貨としての宋銭」（前掲註4『宋銭の世界』）。
(32) 前掲註（29）『江南銅研究』第五編。
(33) 『宋会要輯稿』。
(34) 前掲註（31）井上論文。
(35) 平尾良光「材料が語る中世――鉛同位体比測定から見た経筒――」（前掲註1『経筒が語る中世の世界』）。
(36) 前掲註（18）『日本古鐘銘集成』11廃世尊寺鐘。
(37) 『鎌倉遺文』51440　伊都岐島社椎鐘造鋳間雑事用途注進状、安岐野坂文書。
(38) 井沢英二・中西哲也・古川竜太「山口県長登地域の地質と鉱床：特に酸化銅鉱と炭『太宗実録』巻酸銅鉱の関係について」（資源・素材学会秋期大会発表、2003年9月）。
(39) 前掲註（1）拙稿「銭は銅材料となるのか」。
(40) 西尾銈次郎『日本鉱業史要』（十一組出版社、1943年）。同書第1編「銀銅の古代製錬法」に「平安氏覚書」山下吹きについて述べた部分がある。
(41) 前掲註（23）『美東町史』。
(42) 『太宗実録』巻67。
(43) 『太宗実録』巻103。
(44) 『太宗実録』巻113。
(45) 前掲註（4）川戸論文。
(46) 『県道中村下ノ加江線建設に伴う発掘調査概要報告書　具同山中遺跡群Ⅳ』（（財）高知県文化財団埋蔵文化財センター、1998年）第Ⅵ章　考察「中国の貨幣事情から見た北宋銭の日本流入」。

(47) 曹錦炎・李小萍・高聡明（中国銭幣博物館主任研究員）の諸氏からご教示を得た。
(48) 前掲註（3）黒田「東アジア貨幣史の中の中世後期日本」。「中世日本と中国の銭貨流通の共通性」（『にちぎん』No.11、2007年）。
(49) 『茨城県教育財団文化財調査報告書250集　村松白根遺跡1（下）』（財団法人茨城県教育財団、2005年）576-577頁。
(50) 前掲註（2）服部論文。
(51) 橋本雄「日本中世の銅銭」（前掲註5『宋銭の世界』）。

〔追記〕　本稿は、『鉛同位体比法を用いた東アジア世界における金属の流通に関する歴史的研究』に所載されたものを加筆・修正し、転載した。

コラム①

唯'錫'史観──なぜ精銭を供給しつづけられなかったのか──

黒田明伸

鉛同位体比分析を駆使した別府大学の共同研究は、中国銅銭の中世日本への輸入は通貨としてよりも金属素材としての需要を引き金としたものであったことを明らかにした（本書飯沼論文参照）。

この発見の画期性は際立っているが、当該の因果関係は坪井良平の現存梵鐘記銘についての一連の労作によってもある程度予見できた。図1のように、梵鐘鋳造の時代による増減がゆるやかな朝鮮と比べて、日本における梵鐘作成は3世紀にわたる空白につづいて12世紀後半に再開され13世紀後半からピークを迎えたことがはっきりしている。中国の推移は現存梵鐘からではなく地方志などに残された銘文によるが、13世紀から14世紀前半にかけての紙幣依存（すなわち銅銭非依存）期の梵鐘鋳造の高まりは日本での推移と共通している。

図2のごとく、日本での銭使用の目安となる代銭納の普及はこの波より遅れる。定期市開設の動きはそれよりさらに遅い。取引需要が貨幣需要を生んで銅銭輸入をもたらしたという通念に沿った理解（最近ではSegal 2011）とは逆に、素材需要→銅銭供給増→市開設という因果関係の方が実際に起きた変化に近い（Kuroda 2012）。

さて金属需要ははたして銅に対してだけだったのか。青銅のもう一つの原料、錫への需要も劣らず重要だったのはないか、というのが小文で提起したいことである。

韓国新安沖沈船には28トンもの銅銭とならんで朱錫鋌すなわち錫インゴットも積まれていた（文化財庁・国立海洋遺物展示館 2006：352-353）。錫の用途は何だったのか。直截に考えられるのはまさしく梵鐘鋳造用としてのものである。同沈船積載銅銭の大部分を占める北宋銭は錫を10％前後含むことが成分分析によりわかっているが（文化財庁・国立海洋遺物展示館 2006：357-360）、青銅製梵鐘を良く響き渡らせるためには13％くらいの錫含有が必要とされる。銅銭を溶解して錫を取り出すよりは、錫を加えて銅銭を熔解した方が容易であるので、錫単体も積まれたと考えることができる。新安沈船が寧波を出港した1323年は、図1のように、日本における梵鐘鋳造が最盛期を

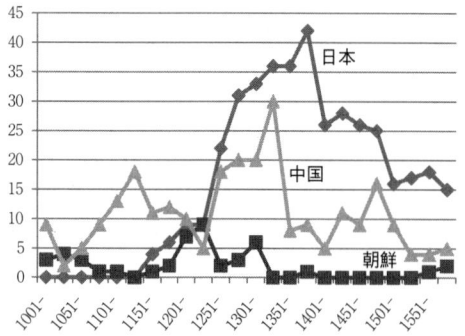

図1　日・朝・中の梵鐘鋳造数の推移

出典：日本→坪井 1970：305-355、朝鮮→坪井 1974：265-268、中国→坪井 1984：462-550

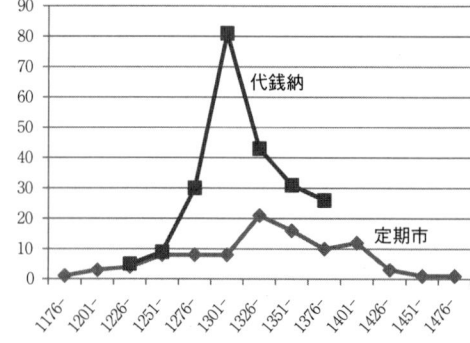

図2　代銭納と定期市の普及

出典：定期市→豊田 1952：112-118、代銭納→佐々木 1972：352-362

唯'錫'史観

迎えようとしていた時期にあたる。

　錫は古代・中世を通して日本では調達がむずかしかった。皇朝十二銭後半の錫含有は１％未満である（斎藤・高橋・西川 2002）。ただし中国でも錫が常に充分生産されていたわけではない。新安沈船の1190年以降に鋳造された南宋銭の錫含有は平均3.9％と低い。南宋の低調な銅銭鋳造は、銅のみならず錫の不足が背景にあったのかもしれない。元の貨幣政策は紙幣に依存し銭廃棄を基調としていたが、例外的に短期間鋳造された至大通宝（1310年初鋳）は沈船遺物によると10％前後の錫を含有する。元朝下の中国では有力な錫鉱山が存在したがために、この沈船に錫インゴットが積まれることになったのかもしれない。錫91％の「天下太平」という年号ではない銭文の銭が沈船遺物に含まれているのも、当時の錫生産増加を示唆しているかもしれず興味深い。

　梵鐘鋳造が14世紀後半以降に急減した中国と違い日本での鋳造減少は緩やかである。15世紀初頭には日本から銅を輸出していたと考えられ、銅素材として中国銅銭を輸入する必要はなくなっていた。しかし中国銅銭輸入は続く。基本的には通貨としての需要によるとみなしてよかろうが、なぜ中世日本は銅生産をしながら銅銭をみずから鋳造しなかったのか。いや模倣鋳造はしていた。ただし錫を加えることなしに。

　村松白根遺跡出土の永楽通宝 M2616（図３）は銅94.7％、錫0.7％という成分比で鉛は同位体比から日本産とされる。成分分析をした他の永楽通宝は５–10％の錫を含み、鉛同位体比も華南産を示唆する（齋藤 2005）。同遺跡は15世紀後半のものとされるが、日本における錫抜きでの「永楽通宝」模鋳を証明してくれている。なお北京の首都博物館所蔵の６枚の永楽通宝（図３右）は6.38-9.36％の錫を含んでいて、M2616 以外の白根の永楽通宝（図３中央）と相似する（周 2004：90）。

　中国においても錫鉱床は相当偏って存在し（西本・佐々木 2002）、錫鉱山も限られていた。広西省桂林出土の「洪武通宝」は鉛55.87％、錫44.22％という代物である。桂林は文献上錫産地として知られる賀州と近い。同じく鉛錫からなる「開元通宝」も出土していて、この「洪武通宝」が洪武年間鋳造のものと考えるよりは後年の模鋳とみなした方が妥当であろうが（周 2004：484-485）、おそくとも14世紀末以降には、錫は広西では産出されていた。こうしてみると、15世紀から16世紀にかけて盛行していた海上私貿易（いわゆる倭寇）の拠点であった福建南部沿岸漳州月港の地理的位置はきわめて興味深い。日本からの銅と広西からの錫、そして本書が明らかにしたタイなどからの鉛という当時の資源配置を考えると福建沿岸は青銅銭を模鋳して東アジア一帯に輸出するのに最適だったのである。

　15世紀末からの新しい模鋳銭の大量の出現は東アジア各地で撰銭を慣行化させ、基準銭と流通銭を組み合わせた地域偏差が現れる。この差別化は銭文をはじめとする外観を一段と重要にさせた（黒田 2007）。銭文を際立たせて鋳造するために錫は欠かせない。

　非公式貿易の拠点であった漳州の明軍による制圧の結果、日本向けの銅銭輸出が止まり、その結果として1568年以降日本では流通銭は供給しつづけることはできたが基準銭の供給は途絶えることになった、との仮説を私は提示した。以前から指摘されてきた「悪銭」の中国からの供給よりも、福建からの「悪銭」と「精銭」の双方の輸入が重要であったのである。西日本での銭建ての土地取引や手形取引の短期間での消滅は基準銭たる精銭供給の動揺を意味していた（黒田 2014：127-133）。銅産地でありながら日本では精銭を模倣して供給することができなかったのである。

　たしかに堺で中国銭模鋳遺構が発見されたように16世紀後半から日本国内では中国銭の一般的な模倣は盛んに行われていた。しかしやはり錫抜きで。1620年代小倉藩による鋳造によるものとみなされている黒崎城跡出土の元豊通宝２枚は2.47％、2.87％、永楽通宝３枚にいたっては0.06-0.09％と錫含有はきわめて微量でしかない（北九州市 2010：128）。当時見本を見た藩主細川忠利が古ぼかすよう指示したというから（川戸 2008：

217)、鉄が5-10%含まれるのはそのためかもしれない。錫不足はその後も続いたようで黒崎城跡出土の寛永通宝も11枚のうち9枚は錫含有量が1.6%以下である。錫単体であれ、北宋古銭を通してであれ、錫原料入手はきわめて困難だったのである。かくして精銭ではなくかつての低銭が1590年頃から取引の標準となっていった（桜井 2007：328）。

17世紀初期のいわゆる長崎銭の東南アジア輸出に明らかなように錫なしでも銅銭は大量に鋳造できた。しかし通用銭から差別化されて資産用、納税用に資す基準銭としての精銭を模倣鋳造することは錫なしには不可能だったのである。図3のように、錫なしで純銅に近い白根M2616は「寶」の字形などにおいて10%前後の錫を含む白根M2751そして北京MQ19ほどの鮮明さに欠けるようにもみえる（茨城県教育財団 2005：527, 533／周 2004：199）。

日本に限っていえば、17世紀後半から薩摩の錫山などが開発されることで、ようやく青銅銭を自前で大量鋳造する条件が整ったといえる。だがより大局的にみると、東アジアでの錫の重要性はすでに16世紀において大きくそこなわれていた。それは中国王朝の鋳銭の一大変化による。16世紀前半の嘉靖通宝以降、制銭の鋳造は銅亜鉛合金の真鍮銭に転換し、ことに1576年初鋳の万暦通宝の本格流通以降、真鍮銭は完全に定着する。二千年来の通貨生産の破棄により、東アジアでの錫の大口需要は青銅銭とともに消え去った。真鍮銭に転換しない日本は、国内での錫鉱山開発に成功するまで独自の銅銭――すなわち寛永通宝――の本格鋳造を待つしかなかった。

〔参考文献〕
茨城県教育財団『村松白根遺跡　1下』（2005年）
北九州市芸術文化振興財団埋蔵文化財調査室『黒崎城跡　11』（2010年）
黒田明伸『貨幣システムの世界史』増補新版（岩波書店、2014年）
――「東アジア貨幣史の中の中世後期日本」（鈴

白根 M2616　　白根 M2751　　北京 MQ19
図3　永楽銭の比較
（＊は茨城県教育財団提供）

木公雄編『貨幣の地域史』岩波書店、2007年）
川戸貴史『戦国期の貨幣と経済』（吉川弘文館、2008年）
齋藤努「村松白根遺跡出土枝銭・銅銭の化学分析」（『村松白根遺跡　1下』2005年）
斎藤努・高橋照彦・西川裕一「古代銭貨に関する理化学的研究」（*IMES Discussion Paper Series* 2002-J-30、2002年）
桜井英治「銭貨のダイナミズム」（鈴木編『貨幣の地域史』）
佐々木銀弥『中世商品流通史の研究』（法政大学出版局、1972年）
周衛栄『中国古代銭幣合金成分研究』（中華書局、2004年）
坪井良平『日本の梵鐘』（角川書房、1970年）
――『朝鮮鐘』（角川書房、1974年）
――『歴史考古学の研究』（ビジネス教育出版社、1984年）
豊田武『日本中世商業史の研究』（岩波書店、1952年）
西本右子・佐々木稔「公鋳銭・模鋳銭の化学分析」（『ぶんせき』2002-10、2002年）
（ハングル）文化財庁・国立海洋遺物展示館『新安船』（木浦、2006年）
Kuroda, Akinobu, 'What Caused Chinese Copper Coins to Circulate in Medieval Japan? : Affluent Song Coins outside the Chinese Empire', *paper submitted to the 16th World Economic History Congress*. Stellenbosch, 9 July 2012.
Segal, Ethan I., *Coins, Trade and the State: Economic Growth in Early Medieval Japan*, Cambridge (Massachusetts), 2011.

15・16世紀海洋アジアの海域交流——琉球を中心に——

村井章介

1　明の朝貢貿易体制と金属交易

（1）　朝貢貿易体制と琉球の位置

　中国を中心とするユーラシア東部の国際関係は、通常「朝貢貿易体制」として理解されている。完成されたかたちとしては、中国皇帝を君、周辺諸国の王を臣とする君臣関係に擬制された冊封体制という政治秩序が存在し、それを可視化するものとして、周辺諸国と中国とのあいだを外交使節が往来し、その交渉の場で朝貢—回賜およびそれに付随する商品交換（朝貢貿易）が行なわれた。

　朝貢貿易体制は、中国と周辺諸国のあいだを放射状に結ぶのが基本で、周辺諸国間のヨコの関係は不可欠の要素ではなかった。しかしそれは中国の側から見てあるべき姿ではあっても、国際社会という観点で見れば、周辺諸国間にそれなりの関係がなくては、全体として安定したシステムとはなりえない。軸と轂だけでは車輪という安定した形態が作れないのと似ている。そこで周辺諸国は、みずからを中国に似せて「小中華」とする衝動をいだきつつも、基本的には対等の関係（敵礼）を結びあっていた。

　1368年に成立した明朝は、1420年代ころまでに朝鮮、日本、琉球、安南・暹羅・爪哇以下の東南アジア諸国と冊封関係を結び、朝貢を受ける体制を確立した。周辺諸国は明からの働きかけに応じてその体制に自己を定置し、また他の諸国とのあいだに基本的に敵礼の関係を結んだ。こうして、明と周辺諸国、周辺諸国相互のあいだに外交使節が往来し、それにともなって、中国の公文書の様式に忠実に準拠した外交文書がやりとりされた。

　琉球は、東アジアと東南アジアを結ぶ海の道の要に位置している。船をあやつる海上活動ぬきには存立しえない島嶼国家であった。琉球がその中心として活躍したこの海域を、本稿では「海洋アジア」とよぶこととする。遊牧民族が疾駆した「内陸アジア」と対になる地域概念である[1]。明朝成立のころ、琉球では沖縄本島に中山・山南・山北の三小王国（三山）が分立していたが、三山はあいついで明と冊封関係を結び、朝貢貿易を開始した。三山は1420年代に中山によって統一されるが、その経緯は国王の正式名称「琉球国中山王」に反映

されている。

　そんな琉球の運命に決定的な影響を及ぼしたのが明の海禁政策である。海禁とは、反明朝勢力と倭寇とよばれる海上勢力との接触を遮断するために、自国民の下海を禁じるものである。それと朝貢貿易とを両立させるために、明と周辺諸国とのあいだを往来する外交使節の船と、海賊をふくむ民間の船とを識別しうるような、認証制度が必要となった。それが「勘合」制度である。

　明は琉球を勘合によるチェックの対象からはずすという特権的地位を与えた。その目的は、下海できなくなった自国商人に代えて、琉球という国家を海外産物入手の窓口とすることにあった。中国人商人は琉球に移住してその王の臣下となり、琉球王国の外交使節団員という姿で、朝貢貿易に参与したり海外産物を買い付けたりすることで、実質上貿易活動を継続することができた。この角度から見ると、明は一種の貿易公社として琉球を位置づけたともいえる。琉球と明や東南アジア諸国との通交で機能していた勘合は、日明勘合のように明から交付されたものではなく、琉球自身の発給であることが指摘されている[2]が、それは琉球がなかば明の国家機構にくみいれられていたことに照応する。

　明が琉球に与えた優遇措置は勘合の件だけではない。何年一貢というような朝貢度数の限定からも、日本船に対する寧波のような入港地の指定からも、琉球は自由だった。さらに貿易活動を支える基盤として、のべ30余艘もの海船が給与され[3]、外交・貿易のノウハウをもつ中国人が送りこまれた。かれらは、自主的に琉球に移住した中国人ともども、王国の外交・貿易業務をになう専門家集団となり、王国を代表する対外貿易港那覇の一角に「久米村」とよばれる居留地を形成した。また、かれらのトップは王国内に明の制度にならって設けられた「王府」の長官である「王相」の地位に就いた。

(2) 『歴代宝案』の史料的性格——射程と限界——

　その「久米村」に伝えられた一大外交文書集が『歴代宝案』（以下『宝案』と略す）である。『宝案』には、1424〜1867年の444年間にわたる文書約4,590通が収められている。琉球史の重要史料であることはいうまでもないが、明・清代の朝貢貿易体制にともなう漢文外交文書の実例を、これほどの規模と継続性をもって見わたせる史料は、中国にも類例がない。原本2部は関東大震災および太平洋戦争の沖縄戦で失われたが、さいわい写真版といくつかの写本によって、もとのかたちをほぼ復元することができた。その成果は沖縄県史編纂の一環として出版された『歴代宝案校訂本』『歴代宝案訳注本』（以下「校訂本」「訳注本」と略す）で見ることができる。

　『宝案』は、文章という1次元の情報だけでなく、字配り・改行・台頭など2次元の姿をも忠実に写している点で——印章に関する情報は残念ながら省かれているが——、いっそう史料的価値が高い。さらに、文書の様式は中国国内で用いられたものに準拠しているから、外交という領域にかぎらず、中国古文書学一般についても一級の史料である。また史料に恵

まれない東南アジア諸国の国制や外交体制をかいま見せてくれる点でも、アジア史レベルでの貴重な財産といえる[4]。

とはいえ、『宝案』が琉球（以下では1609年以前の「古琉球」にかぎって述べる）の対外関係のすべてを語っているわけではない。中国とならんでもっとも重要な外交相手だった日本（ヤマト）との関係を示す文書は、『宝案』に1通も見られない。ヤマトとの関係を担ったのは日琉の禅僧や西日本の商人であり、やりとりされた外交文書もヤマト式の書状形式のものだった。なかでも室町殿から琉球国王に宛てた文書は、ひらがな主体の文章で書かれている。これは対ヤマト外交が、漢文外交文書による中国・朝鮮・東南アジア諸国との外交とは重ならない領域でのなりわいだったことを物語っている。ヤマト―琉球関係は、室町殿―琉球国王のゆるやかな上下関係を軸とする、「冊封体制の内側に二重化された私的世界を形づくっていた」[5]のである。

それならば『宝案』が中国・朝鮮・東南アジア諸国との関係の全領域を語るものかといえば、そうもいえない。『宝案』が直接語るのは、冊封関係にともなう明との国家間外交および朝貢貿易と、その朝貢品の調達を看板とする東南アジア諸国との国王間通交という領域にかぎられている。たとえば、『宝案』中シャムとの関係を語る最古（1425年）と最新（1564年）の文書を一瞥してみよう。

40-02[6]

　　　琉球國中山王爲
　　進貢事切照本國稀少貢物爲此今遣正使
　　浮那姑是等坐駕仁字號海船裝載磁器
　　前徃
　　貴國出産地面收買榌椒蘇木等貨回貨〔國ヵ〕
　　以備
　　進貢
　　大明御前仍備禮物
　　詣前奉獻少伸遠意幸希收納仍煩聽今
　　差去人員及早打發趕趁風迅回國庶使
　　四海一家永通盟好今將奉獻禮物數目
　　開坐于後須至咨者
　　　　今開
　　　　織金段五匹　素段貳拾匹
　　　　腰刀五柄　　摺紙扇参拾柄
　　　　硫黃五阡斤今報貳阡伍伯斤正
　　　　大青盤貳拾箇　小青盤肆伯箇
　　　　小青碗貳阡箇

琉球国中山王、進貢の事の為にす。切照するに、本国は貢物稀少なり。此が為、今正使浮那姑是等を遣はし、仁字号海船に坐駕し、磁器を装載して貴国の出産地面に前み往き、胡椒・蘇木等の貨を収買して回国し、以て大明御前に進貢するに備へんとす。仍ほ、礼物を備えて詣り前みて奉献し、少しく遠意を伸ぶ。幸希(ねが)はくは収納せられよ。仍ほ煩聴(すみや)はくは、いま差去せる人員は、及早かに打発し、風迅に趕趁(かんてん)して回国せば、四海一家をして永く盟好を通ぜしむるに庶(ちか)らん。今、奉献の礼物数目を将て後に開坐(もっ)す。須く咨に至るべき者なり。（下略）

　　　　右　　　咨
　　　暹　羅　國
　洪熙元年　月　日
　　　　咨

42-37

　　　琉球國中山王尚元見為進
　　貢等事切照本國産物稀少缺乏貢物深為
　　　未便為此今特遣正使賈佳梓都通事沈
　　　文等坐駕海船壹隻裝載磁器等貨前徃
　　　暹邏等國出産地面兩平交易收買蘇木
　　　胡椒等物回國預備下年進
　　貢
　大明天朝所拠今差去人員別無文憑誠恐到
　　　處官司盤阻不便王府除外今給宇字貳
　　　拾參號半印勘合執照付正使賈佳梓都
　　　通事沈文等收執前去如遇經過關津把
　　　隘去處及沿海巡哨官軍驗實即便放行
　　　毋得留難因而遲悞不便所有執照須至
　　　出給者
　　　　今開
　　　　　正使壹員　賈佳梓（ママ）
　　　　　副使貳員　馬璧　麻古郎
　　　　　都通事壹員　沈文
　　　　　副通事貳員　紅文綵　鄭禮
　　　　　管船火長直庫貳名　林世泰
　　　　　　　　　　　　　　呉都郎
　　　　　稍水共壹百陸拾名
　　嘉靖肆拾參年拾月初捌日
　　　　　右執照付正使賈佳梓都通事沈文
　　　　綵等准此
　　　　　為進
　　　　　貢等事執照

琉球国中山王尚元、見に進貢等の事の為にす。切照するに、本国は産物稀少にして貢物に欠乏すること、深く未便たり。此が為、今特に正使賈佳梓都・通事沈文等を遣はし、海船壱隻に坐駕して、磁器等の貨を装載し、暹羅等国の出産地面に前み往き、両平に蘇木・胡椒等の物を収買して回国し、預め下年大明天朝に進貢するに備へんとす。所拠の今差去せる人員は別に文憑無し。誠に到る処の官司の盤阻して便ならざるを恐る。王府除外、今、宇字弐拾参号半印勘合執照を給し、正使賈佳梓都・通事沈文等に付して収執して前去せしむ。如し経過の関津の去処を把隘し、及び沿海の巡哨官軍の験実するに遇はば、即便に放行し、留難して因りて遅悞不便を得ること毋らしめよ。所有の執照は須く出給に至るべき者なり。（下略）

40-02は琉球国中山王尚巴志が暹羅国に宛てた咨文、42-37は琉球国中山王尚元が暹羅に赴く使節団に持たせた執照（通行手形）である。前者は周辺諸国の君長間で正式に交わされる公文書であるが、正徳4年（1509）ころ以降は、42-37に「別に文憑無し」とあるように発給されなくなり、執照が正式の外交文書の代替物となる。このことは、通事が使節団のなか

で重要な役割を担うようになる（42-37の事例では、正使とならんで使節団を代表する者が副使でなく都通事沈文である）こととあいまって、琉球の東南アジア使節行が商業的性格をいっそう強めたことを推測させる。

　しかし、文書の文面にあらわれるデータは、両通ともに、「中国産の磁器を装載して暹羅に赴き、明への進貢に備えて胡椒・蘇木などを収買する」というもので、ほとんど内容に変化がない。咨文では「今開」以降に礼物のリストが付され、磁器以外の品目がわかること、執照ではおなじく「今開」以降に使節団の人名簿が付され、その構成が判明することは、貴重な情報ではある。だが、両様式ともに固有名詞部分以外ほとんど同文の定型文書が多数見いだされることは、進貢という表看板から外れた部分をうかがい知ることの困難さを思わせる。こうした文書群は、対明進貢品の調達という枠の外で琉球と東南アジア諸国とのあいだを往来した物品や人間類型については、おおむね寡黙である。

　とりわけ、本書の基となった研究プロジェクトが対象に据える鉱物類は、馬とともに琉球の進貢品を代表する硫黄を除いて、『宝案』文書にはほとんど姿をあらわさない。唯一の例外が、42-05正徳4年（1509）10月9日に琉球国中山王尚真が安南国に赴く使者に発給した執照である。安南が琉球の通交相手として登場する唯一の例だが、これには東南アジア関係の他の執照の事例には見られないつぎのような特徴がある。

①「安南国」のところで1字、「万寿大王殿下」のところで2字台頭が行なわれている。
②正使に対明進貢以外には例のない「正議大夫」という高位者が起用されている。
③この執照と同日付で暹羅行きの執照も発給されている（42-04）が、正使以下の使節団の面々も、使用される船隻（信字号海船）も同一で、この使節団は安南と暹羅を歴訪したと考えられる。
④礼物として「硫磺壱万勅・鍍金銅結束青皮兼線穿鉄甲壱付・金結束金竜靶黒漆鞘腰刀弐把・金結束兼鍍金事件腰刀陸把・鍍金結束螺鈿靶紅漆鞘衮刀弐把・鍍金銅結束螺鈿靶黒漆鞘鎗弐把・桑木弓肆張・貼金竿鷹毛翎箭壱佰弐拾茎・各色嫩夏布壱佰匹・生鉄弐阡勅」という多数の品目・数量が列挙される一方で、定番の磁器が見あたらない。

　①②は琉球が安南を他の東南アジア諸国よりは1ランク上、明に準じる存在として処遇していたことをうかがわせる。そのことは③において、暹羅行きには通常の定型的執照が発給されていることによって裏づけられる。暹羅通交の正使に正議大夫が起用されたのは、安南にひきずられたにすぎまい。とすれば④も、対等関係における礼物というよりは、進貢に準じる品目と考えられる。そこに唯一金属として「生鉄弐阡勅」があらわれることは興味ぶかい。

(3) 王相懐機の対旧港通交

　対明進貢という表看板にかくれた海域交流の姿をかいま見させてくれる貴重な事例が、1420〜30年代における琉球と旧港（パレンバン）の華僑勢力との通交である。『宝案』第1集

巻43に9通の関係文書がある。旧稿⁽⁷⁾で検討を試みたので、ここではその結果を要約するにとどめる。

　永楽19年（1421）より前、日本の九州探題源道鎮（渋川満頼）が、旧港の外交使節を琉球に送致して本国への遥送を願ってきた。琉球はかれらを暹羅に赴く使者に託して、暹羅の手で旧港に送還してもらうことを試みた。その後、旧港使の本国帰還情報が得られなかったので、1428年琉球は旧港との貿易を願った「本国頭目実達魯」を正使に仕立て、「琉球国王相懐機」から「旧港参事官」あての書簡を託して送り出した（43-04）。その背景には、1419年ころから官買問題が原因で暹羅との通交がとだえがちになり、あらたな通交相手として旧港に期待をかけていたという事情があった。

　旧港との通交で王相の懐機⁽⁸⁾が外交文書の差出人となったのは、旧港で権力を握る広東出身の華僑施氏が、爪哇国王（マジャパヒト朝）から形式上臣下である「旧港宣慰使」に任じられていたため、琉球国王と格のうえでつりあいがとれなかった（敵礼の関係になかった）からだ。その結果、通常は国王間の往来のかげに隠れて姿をあらわさない1ランク下の者どうしの交流が、『宝案』文書にあらわれることとなった。九州探題渋川満頼—琉球国王相懐機—旧港管事官施氏という連鎖がそれであり、暹羅において旧港使送還に関わったのもおそらくは国王のつぎのランクの人間であろう。

2　琉球〜東南アジア通交を担った人びと

39-04成化3年（1467）満剌加国王の琉球国王宛書簡はつぎのように述べる。
　蓋し聞く、土有れば此に生有り、生有れば此に用有り。苟も貨生を以て闊殖せざれば、又奚んぞ生用の足自を得んや矣、と。稔知するに、上国の民生富庶にして物産豊登なるは、此れ賢王の仁徳の之に至れるに由る。天下は九天の下、天下を知る也。弊邦の相去るも、交遠の情愈いよ堅く、既に数載の余なるに因り、使臣・頭目・通事等を差はし、宝物を装載して到来するを蒙る。咨もて後に収弁するを典り、礼信往来、嘗嘗懐に銘刻す。

　両国がともに有無の物産を交換する貿易で栄えていると謳いあげ、それを媒介する人間類型を「使臣・頭目・通事」の3つに整理する。この節では3類型のうち使臣と通事をとりあげ、琉球〜東南アジア通交を支えた人的資源の実態にせまってみたい。

（1）使臣

　1420年代から30年代にかけて琉球の外交官として大活躍した人に、歩馬（阿勃馬）結制⁽⁹⁾と南者結制がいる。「結制」は琉球語「掟（うきてぃ＞うっち）」の漢字による音写で、地域領主按司の下にいる行政責任者の名称らしい。こうした内政官が外交・貿易に起用されるところにも、高良倉吉氏が「地上の海船」とよんだ海洋国家琉球の国家体制の特徴が見られる。ただし、結制が外交官として見えるのは尚巴志王の治世（1421〜39）に限られており、その

ほぼ全期にわたって活動した２人は、同王代の外交・貿易を体現する存在といってよい。以下、２人の事蹟をまとめた表１にもとづいて述べる。

歩馬は、永楽22年（1424）、洪熙元年（1425）以前、宣徳３年（1428）、同７年、同９年、正統４年（1439）の６度にわたって琉球国使臣として明都に赴いたほか、洪熙２年（1426）以前・宣徳７年（1432）・同９年・正統２年（1437）の４度国王の正使として暹羅に、宣徳５年（1430）に王相懐機の正使として旧港に、正統３年（1438）に国王の正使として爪哇(10)に、それぞれ赴いている。以上のうち、永楽22年と宣徳３年の入明は山南王他魯毎の使者として、正統３年の旧港往きは前述のとおり王相懐機の使者としてである。山南はもともと自立性が弱く、とくに外交面ではもっぱら中山に依存していた(11)。歩馬が山南・中山双方の使臣としてあらわれるのはそのためと考えられる。

また南者も、洪熙元年（1425）に正使浮那姑是のサブとして、宣徳３年（1428）に正使鄭義才のサブとして、同７年に国王の正使として、計３度明都に赴いたほか、洪熙２年と宣徳４年に国王の正使として暹羅に、宣徳５年に国王の正使として爪哇に、それぞれ赴いている。爪哇とはこれが国交のはじめであった。

この２人の事例から、つぎのような事実が判明する。①外交使節の正使・副使には久米村人でなく生粋の琉球人が起用されている。②渡航相手国によって専門化することはなく、明および複数の東南アジア諸国に赴いている。

①について。中継貿易の形態をとる琉球の朝貢貿易において、久米村人のような居留中国人の果たした役割の大きさがしばしば指摘されるが、一方で琉球が主体的に行なう国事という性格も厳然として存在した。中国周辺諸国間の通交・貿易関係を華僑相互の関係に還元してしまうのはいきすぎである。これは後述のように暹羅でも同様で、旧港のような華僑自身が形成した国家はむしろ例外であった。

②について。相手国の担当者とのコミュニケーション手段は漢文外交文書であるから、使臣は相手国の言語を習得する必要はなかったと思われる。口頭でのやりとりが必要なばあいは、久米村出身の通事が中国語を用いて仕事をした。おそらく相手国にもおなじような性格の居留中国人がいて、問答に臨んだことであろう。

ここで中国を除く相手国側の使臣についてもふれておこう。とはいえ、『宝案』に収める琉球の受信文書は発信文書にくらべてきわめて少ない。大半は巻39「移彝回咨」にまとめられ、巻43の「山南王併懐機文稿」にも旧港関係のものがあるが、使臣の名が判明する事例となると、たった２つしか見いだせない。その原因は、相手国から琉球への通信の多くが、到来した琉球使臣に託送され、独自に使者を送ること自体がまれだったことにある(12)。琉球と相手国との通交は双方向的なものではなく、琉球側のきわだった積極性によって維持されていたのである(13)。

使臣の名の出る第１例は、宣徳５年（1430）に王相懐機から旧港僧亜刺呉に宛てた書簡(43-08)に見える「貴国（旧港）遣来財賦察陽等」・「来使蔡陽泰」である。いずれか（おそら

くは前者）の表記が誤りと思われる。財賦とは財副・財附とも書き、「船上の財務担当で船主（船主）に次ぐ位置である」という（訳注本2：458頁）。このときかれらを運んだ船は帰国する「本国（琉球）船隻」であった。蔡陽泰は旧港の首長施氏と同様、居留中国人であろう。なお、宣徳3年の懐機から旧港管事官に宛てた書簡（43-04）にも「旧港施主烈智孫差来那弗答等」が見えるが、この事例では琉球は九州探題からの依頼でかれらを本国へ送還する仕事に関与しただけで、使者の本来の目的地は琉球ではなかった。

　第2例は、成化13年（1477）に起きた暹羅行き琉球船の火災沈没を契機として、琉球・暹羅間で行なわれた一連の交渉に登場する。同15年、暹羅は琉球使臣たちを新造船に乗せ、「正使奈悶英謝替・副使奈曾謝替・通事奈栄」に託して送還した。この船は琉球近海で悪天候のため難破したので、琉球は使者泰刺を暹羅に送って生存者を送還させた。同16年、暹羅は泰刺の帰国に「護送奈妠」「番梢三名」を同行させて謝意を表した（以上、39-11・12・13・14・16・17）。使者の名前に冠された「奈」は非高位者に付く称号「ナイ」で、君とか氏とかいった語感である。「謝替」は港務官を意味するタイ語 chao-thaa の音写という（訳注本2：353頁）。かれらは通事までふくめて生粋の暹羅人と見られる。

　話は歩馬・南者にもどる。この2人ともが登場し、しかも東南アジア通交をめぐる論点を豊富にふくむ史料に、宣徳6年（1431）9月3日暹羅国あて琉球国中山王咨文（40-11）がある。旧稿でもとりあげた史料だが、ここでは使臣の動きを中心に見ていく。

　　　琉球國中山王為謝
　　貢事今照宣徳五年拠正使南者結制等告
　　稱蒙差囬各船使臣等到暹羅國奉獻禮
　　物外縁各船裝載磁器等物蒙所在管事
　　頭目多拘官買將磁器逐一搬選抽取及
　　致遷延日久又給貨物價錢亦加虧剋切
　　思海道窵遠數萬餘里經歷風波十分艱
　　險方得到彼不若如前寬柔撫恤甚至虧
　　剋不便再三告辞不肯奉使前來為此停
　　止外近據差徃三佛齊國舊港公幹回來
　　正使歩馬結制等告稱在於舊港遇有暹
　　羅國船隻來人言説前年間管事頭目蒙
　　國
　　　王責之立囬事已訖拠告切念
　　貴國交通亦尚徃來之義行人傳命用堅和
　　好之望合行今遣正使郭伯苾毎等賫捧
　　禮物坐駕船隻前詣奉獻少伸芹忱之意
　　幸希海納更煩今去人船四海一家為念

琉球国中山王、謝貢の事の為にす。今照するに、宣徳五年、正使南者結制等の告に拠るに称く、「差来を蒙れる各船の使臣等、暹羅国に到りて、礼物を奉献する外、各船に装載せる磁器等の物は、所在の管事頭目、多く官買に拘めて、磁器を将て逐一搬選抽取するを蒙るに縁り、遷延して日久しきに致るに及ぶ。又、貨物の価銭を給するも亦虧剋（減額）を加ふ」と。切に思ふに、海道の窵遠（はるかに遠い）なること数万余里、風波を経歴すること十分艱険にして、方めて彼に到るを得るも、前の如く寛柔に撫恤するに若かず、甚だしきは虧剋して不便なるに至る。再三告して、辞して使を奉じて前来するを肯ぜず。此が為停止するの外、近ごろ三仏斉国旧港の公幹に差徃せられて回り来る正使歩馬結制等の告に拠るに称く、「旧港に在るに遇たま暹羅国の船隻の来るあり。人言説するに、『前年の間、管事頭目は国王の之を責むるを蒙り、管事を立つること已に訖んぬ』」、と。告に拠り切に念ふに、貴国の交通も亦た往来の義を尚ぶ。人を行り命を伝へ、用て和好の望みを堅くす。合行に今、正使郭伯苾毎等を遣はし、礼物を齎捧して、船隻に坐駕し、前み詣りて奉献せしめ、少しく芹忱の意（粗末な誠意）を伸ぶべし。幸

寛免官買自行両平収買蘇木等貨回國
　　應備進
　貢
大明御前及早為打發趕趂風迅回國便益今
　　將奉獻礼物開坐于後否請施行須至否
者
　　　今開
　　　　官段五匹　色段二十匹
　　　　腰刀五把　摺紙扇三十把
　　　　大青盤二十箇　小青盤四百箇
　　　　小青碗二千箇
　　　　硫磺三千斤報二千五百斤正
　　右　　否
　　暹羅國
　宣徳六年九月初三日

希はくば海納せられよ。更に煩はくは、今去く人船は四海一家もて念と為し、官買を寛免し、自ら両平に蘇木等の貨を収買するを行なはんことを。国に回りて応に大明御前に進貢するに備ふべし。及早かに打発を為し、風迅に趕趂して回国せしめば便益ならん。今奉献の礼物を将て後に開坐す。否して施行を請ふ。須らく否に至るべき者なり。（下略）

　南者は、宣徳4年（1429）10月に尚巴志王の正使として暹羅に進発した（表1–No.14）。上の咨に引用された南者の「告」によれば、使臣一行は到着して礼物を奉献したのち、運んできた磁器等の物を売りさばこうとしたが、暹羅側で対応した管事頭目は「官買」方式に固執し、一点一点運ばせて選別買付をしたので、際限なく時日を要しただけでなく、代価として給付される銭も減額されてしまった。宣徳5年3月21日、南者らは暹羅国の回咨を受領した（No.18）が、そこには定型的な文句があるだけで官買問題への言及はない。琉球側の要求である市場価格での買い取りは拒否されたのである。この回咨は6月に尚巴志王のもとへもたらされ（No.19）、琉球政府で対策が議論されたが、南者らは「遼遠な海道を風波を冒して渡航しても、以前のような寛大な対応はしてもらえず、かえって損失が出てしまいます」と述べて、ふたたびの使節行を再三辞退した。

　そうしたおり、宣徳5年10月18日に王相懐機の正使として旧港に赴き（No.21）、翌年2月3日付の施氏大娘仔の返翰を受領して（No.22）、数月後（8月ころか）帰国した歩馬が、つぎのような「告」を呈した。「旧港に滞在中、たまたま入港した暹羅船から、前年の間に暹羅の管事頭目が国王の処罰を蒙り、きびしい貿易管理は停止されたとの情報を得ました。」歩馬らの旧港滞在は宣徳6年の春と考えられるから、その「前年」は宣徳5年になる。南者らの抗議はただちには受け入れられなかったが、その出国後に暹羅政府の態度に変化があったものと思われる。

　宣徳6年9月、歩馬の情報を得た琉球政府は、保留されていた暹羅への使節行を断行することに決した。しかし南者は、歩馬が旧港へ進発したのと同日に爪哇へ国王の正使として赴いており（No.20）、まだ帰国していなかったらしい。そこで正使には郭伯苾毎が起用され、

表1　歩馬結制と南者結制の事蹟

No.	明暦年月日	西暦	典拠史料
1	永楽22/6/11	1424	明実録・永楽22/6/甲寅
2	永楽22/12/23	1424	明実録・永楽22/12/甲子
3	洪熙元以前	-1425	16-03洪熙元/⑦/17中山王咨→礼部
4	洪熙元/⑦/17以前	1425	12-02洪熙元/⑦/17中山王奏・16-03同日中山王咨→礼部
5	洪熙元/8/2	1425	明実録・洪熙元/8/戊辰
6	洪熙元/8/13	1425	明実録・洪熙元/8/己卯
7	洪熙2以前	-1426	40-03洪熙2/9/10中山王咨→暹羅国
8	洪熙2/9/10	1426	40-03同日中山王咨→暹羅国
9	宣徳3/1/14	1428	16-07同日中山王咨→礼部
10	宣徳3/10/25	1428	明実録・宣徳3/10/癸卯
11	宣徳3/12/13	1428	明実録・宣徳3/11/辛酉
12	宣徳3/12/13	1428	43-06同日山南王→礼部
13	宣徳3-4	1428-9	16-12宣徳4/10/10中山王咨→礼部
14	宣徳4/10/10	1429	40-08同日中山王咨→暹羅国・39-01宣徳5/3/21暹羅国咨→中山王
15	宣徳4/10/20	1429	明実録・宣徳4/10/癸巳
16	宣徳4/11/8	1429	明実録・宣徳4/11/庚戌
17	宣徳4/11/11	1429	43-07同日礼部咨→山南王
18	宣徳5/3/21	1430	39-01同日暹羅国咨→中山王
19	宣徳5/6/-	1430	39-01宣徳5/3/21暹羅国咨→中山王・40-11宣徳6/9/3中山王咨→暹羅国
20	宣徳5/10/18	1430	40-09同日中山王咨→爪哇国・40-26正統3/-/-中山王咨→爪哇国？
21	宣徳5/10/18	1430	43-08同日王相懐機書簡→旧港僧亜剌呉
22	宣徳6/2/3	1431	43-11同日宝林邦施氏大娘仔書簡→王相懐機
23	宣徳6/9/3以前	1431	40-11宣徳6/9/3中山王咨→暹羅国
24	宣徳7/6/7	1432	明実録・宣徳7/6/甲午
25	宣徳7/6/14	1432	明実録・宣徳7/6/辛丑
26	宣徳7/6/18	1432	明実録・宣徳7/6/乙巳
27	宣徳7/6/27	1432	明実録・宣徳7/6/甲寅
28	宣徳7/9/30	1432	40-13同日中山王咨→暹羅国
29	宣徳9/3/8	1434	明実録・宣徳9/3/乙酉・丙午
30	宣徳9/3/18	1434	明実録・宣徳9/3/乙未
31	宣徳9/9/26	1434	40-17同日中山王咨→暹羅国
32	正統2/8/16	1437	40-21同日中山王咨→暹羅国？
33	正統3/-/-	1438	40-23同日中山王咨→爪哇国？・40-26正統5/10/16琉球国王咨→爪哇国
34	正統4/4/24	1439	17-09同日中山王咨→礼部
35	正統5/3/28	1440	明実録・正統5/3/庚午

註1：月の丸付数字は閏月。
　2：史料上で「阿勃馬結制」と表記されている項目の頭に(阿)の符号を付した。
　3：本表中「中山王」はすべて尚巴志(在位1421～1439)なので、固有王名の表記は省略した。

15・16世紀海洋アジアの海域交流

歩馬(阿勃馬)結制の事蹟	南者結制の事蹟
(阿)山南王他魯毎の使者として明に馬を貢ず	
(阿)山南王の使者として方物を貢ず	
中山王の使者として明より帰国、告を呈す	
(阿)「後船の使者」として明より帰国して復命	
	中山王正使浮那姑是とともに明に進貢
	中山王正使浮那姑是とともに鈔・金等を賜う
(阿)中山王の正使として浮那姑是とともに暹羅へ進発	
	中山王の正使として暹羅へ進発
	中山王正使長史鄭義才とともに謝恩に進発
	中山王の使者として明に進貢
	琉球国使臣として鈔等を賜う
山南王他魯毎の使者として明へ進発	
	礼部より黄綾面1本を賜り帰国
	中山王の正使として暹羅へ進発
山南王他魯毎の使者として明に進貢	
琉球国使臣として鈔等を賜う	
礼部より回咨を受領する	
	暹羅国より回咨を受領する
	暹羅国の回咨を中山王にもたらす
	中山王の正使として爪哇へ進発
王相懐機の正使として三仏斉国旧港に進発	
旧港の施氏大娘仔より返翰を受領する	
三仏斉国旧港より帰国	
	中山王の使臣として明に進貢
中山王の使臣として明に進貢	
	琉球国使臣として金銀等を賜う
琉球国使臣として鈔等を賜う	
中山王の正使として暹羅へ進発	
中山王の使者として明に進貢	
琉球国使臣として綵幣表裏等を賜う	
中山王の正使として暹羅へ進発	
中山王の正使として暹羅へ進発	
中山王の正使として爪哇へ進発	
中山王の使者として明へ進発	
中山王の使者として明に進貢	

「四海一家もて念と為し、官買を寛免し、自ら両平に蘇木等の貨を収買するを行なはん」ことを要請させた。このとき、それまでの「四海一家」に加えて「両平」(両者平等に利益があること)というスローガンがあらたに登場した。翌年、尚巴志王が暹羅国宛に発した咨文(40-12)に、「近ごろ貴国の咨文を准く。内に開すに、備さに本国の咨文(＝40-11)の事理を准けて、官買を免行め、自ら両平に貿易を行なふを寛容す、とあり」とあって、暹羅が琉球の官買停止要求をうけいれたことを知る。以後、官買が長期にわたって復活することはなかった。

(2) 通事

　第2類型の「頭目」については論述の都合上第3節に送り、続いて「通事」を検討する。使臣が琉球人の仕事だったのに対して、通事は居留中国人の専門職であった。琉球・東南アジアを包含する外交世界の共通語は中国語だったから、当然のことである。

　通事の前職として相当数確認されるのが、羅針盤を中心に航海技術を担当する「火長」である。この職を経ることが必須だったとまではいいきれないが、たとえば久米村金氏具志堅家4世金鼎のばあい、嘉靖15年(1536)に火長として暹羅へ渡航した(42-29)のち、同20年には都通事として暹羅へ(42-33)、同22年には都通事として仏大泥へ(42-34)、同29年には都通事として暹羅へ(42-35)、渡航している(「金氏家譜・具志堅家」『那覇市史』資料篇第1巻6上、56-57頁)。他にこの昇進ルートをたどった者として、林椿・高義・蔡迪・紅瑞・沈祥・陳継章をあげることができる[14]。

　他方、通事を経歴後使臣に昇進する道は閉ざされていた。唯一確認される例外は前出の高義で、かれは正徳4年(1509)に火長として安南へ渡航した(42-05)のを皮切りに、同8年に副通事として暹羅へ(42-09)、同10年に副通事として仏大泥へ(42-12)、同12年に副通事として暹羅へ(42-15)、同13年に都通事として暹羅へ(42-16)、赴いた。右の最後の暹羅渡航では2隻が同時に進発したが、高義の乗船は仏大泥へも回る予定になっていた。この仏大泥行きの任務について、副使の2人目に高義の名が見える(42-18)。

　火長→通事という昇進コースの存在は、通事の職務が言語上の意思疎通に特化されてはいなかったことを語っている。通事を輩出する居留中国人層は、言語能力のみを買われて王国に奉仕するのではなく、航海をもふくめた外国渡航の総合的専門家集団だったのであり、貿易に必要なノウハウを自立的に保有していた。実態面からこれを見れば、貿易商人という姿があらわれてくる。

　成化16年(1480)に満剌加国王から琉球国王に宛てた咨文(39-09)に、「(琉球国王が)専ら使臣沈満志・通事鄭珞等を差はし、宝船に坐駕して方物を装載し、前来賫捧す。商旅踵を接して継ぎ至る」とある。方物の捧呈をおもな任務とする「宝船」に多くの「商旅」がくっついて来ていたことがわかる。後者の中心がじつは通事だったのではあるまいか。

　また、『宝案』中の東南アジア関係文書は、成化17年(1481)までは国王間の咨文が中心

だったが、しばらくのデータ欠落期をはさんで、正徳4年（1509）以降は執照（国王が使節団に交付する渡航証明書）のみとなる。航海の実務を担う火長や管船直庫の人名はこの段階にいたって判明するようになるのだが、こうした文書様式の大変化は外交・貿易の体制・性格の転換を反映したものにちがいない。その転換とは、国王間の通交がますます看板と化し、渡航目的が商業化の度あいを増したことである。

執照の奥、年月日の次行には「右執照、付正使勿頓之玖・通事梁敏等、准此」といった付与文言が記される（42-02の例）。ここに正使とならんで首席通事の名が書かれることも、業務全体への通事の関与が深かったことを思わせる。さらに興味ぶかいことに、嘉靖8年（1529）の暹羅むけ執照（42-26）を初見として、「右執照、付通事程儀等、准此」のように被付与者が通事のみという事例が出現する[15]（本文中の使節団名簿には正使・副使の名が明記されているにもかかわらず）。使臣の形骸化がいっそう進み、一行の中心が通事になっていったことがうかがわれる。

『宝案』とならぶ通事研究の有力史料に、久米村に籍を置く士族家の「家譜」がある。それらのうち主要なものは『那覇市史』資料篇第1巻6上・下2巻に集成されて、容易に一覧できる。家譜の古琉球期に関する記載は、ほとんどが『宝案』を参照して作られている（『那覇市史』資料篇第1巻6上「解説」）。とはいえ、『宝案』に登場する通事たちの族的関係は家譜でしかわからないし、『宝案』に対応する文書のない渡航事例が家譜に記されているばあいもある。ここでは、東南アジア渡航の事例が豊富な3つの家譜――「紅氏家譜・和宇慶家」「蔡氏家譜・儀間家」「呉江梁氏家譜・亀嶋家」――を選んで、『宝案』の記載とつきあわせてみよう（表2-A・B・C）。データの抽出にあたっては、前記の理由により「通事」だけでなく「火長」として見えるものも対象とした。通事の職務は個人に属するというより、家業として代々伝えていくものだったから、こうした家別の表のほうが有用であろう。

表の左側は『宝案』文書番号、年次、相手国名、通事・火長の人名である。右側の○は家譜に対応する記載があることをあらわし、（　）内は世代と実名、刊本の所出ページである。「　」内は『宝案』との異同（→の前が宝案、後が家譜の記載）および家譜で注意すべき記述である。ゴチックはいずれか一方だけに見えるデータを示す。A・Cの右欄にある3か所のゴチック部分は、短い要約ではあるが『宝案』の欠を補うことができる。この情報源が、今は滅びた『宝案』の異本なのか、家伝の記録・文書類なのかは、今後の検討課題である。

表2-Aに出現する紅氏の人びとは、〔1世英―2世錦―3世瑞―4世芝―5世文絻〕という直系で結ばれている。この家譜で火長は「総管」の別名で記載されるが、4世の芝のみが総管どまりで通事に昇っていない。明以外の渡航先は暹羅・蘇門答刺・仏大泥の3つである。康熙29年（1690）に書かれた家譜の序によれば、先祖は閩人で、洪武・永楽の間に中山に遷り、洪武帝の命で来琉したとされる閩人三十六姓とともに唐栄（久米村）に住み、出使の選に備えた。遠祖の由来は不明瞭なので、天順・成化年間にたびたび諸国に使いして名を典籍に留める英を祖と定め、譜を編んで譜司（系図座）に献じたという。B・Cの序はより

表2-A　久米村紅氏家譜・和宇慶家(家譜上196-234頁)

歴代宝案	紅氏家譜(和宇慶家)
41-04(天順8・1464→暹羅)：通事紅英	○(1世英=家譜201)「為交易事」
41-10(成化3・1467→蘇門答剌)：通事紅英	○(1世英=家譜201)「為礼儀事」
41-13(成化4・1468→蘇門答剌)：通事紅英	○(1世英=家譜201)「為礼儀事」
39-11(成化16・1480←暹羅)：通事紅錦	＜欠＞
39-12(成化16・1480←暹羅)：通事紅錦	＜欠＞
＜欠＞	弘治三年(1490)庚戌九月初三日為交易事奉使為通事同正使嘉満度前往仏大泥国収買方物回国預備下年進貢(2世錦=家譜201)
42-09(正徳8・1513→暹羅)：火長紅瑞	＜欠＞
42-13(正徳10・1515→暹羅)：通事紅瑞	○(3世瑞=家譜201)「為交易事」
42-24(嘉靖5・1526→仏大泥国)：火長紅芝	○(4世芝=家譜201)「火長」→「総管」/「為交易事」
42-27(嘉靖9・1530→仏大泥国)：火長紅芝	○(4世芝=家譜201)「火長」→「総管」/「為交易事」
42-37(嘉靖43・1564→暹羅)：副通事紅文綵	○(5世文綵=家譜202)「為交易事」

表2-B　久米村蔡氏家譜・儀間家(家譜上235-292頁)

歴代宝案	蔡氏家譜(儀間家)
41-05(天順8・1464→満剌加)：通事蔡回保	○(3世回保=家譜250)「天順八」→「天順七」/「礼儀通事」
41-08(成化元・1465→満剌加)：通事蔡回保	○(3世回保=家譜250)「交易通事」
41-09(成化2・1466→満剌加)：通事蔡回保	○(3世回保=家譜250)「礼儀通事」
41-11(成化3・1467→満剌加)：通事蔡回保	○(3世回保=家譜250)「為礼儀事」
41-12(成化4・1468→満剌加)：通事蔡回保	○(3世回保=家譜250)「為礼儀事」
42-02(正徳4・1509→暹羅)：通事蔡樟	○(5世樟=家譜252)「交易通事」
42-06(正徳5・1510→満剌加)：火長蔡迪	○(6世迪=家譜255)「交易火長」
42-08(正徳7・1512→暹羅)：通事蔡樟	○(5世樟=家譜253)「交易通事」
42-10(正徳8・1513→巡達)：通事蔡樟	○(5世樟=家譜253)「巡達等」→「暹羅」/「交易通事」
42-14(正徳11・1516→仏大泥)：通事蔡樟	○(5世樟=家譜253)「交易通事」
42-17(正徳13・1518→暹羅)：通事蔡迪	○(6世迪=家譜255)「交易通事」
42-18(正徳13・1518→巡達)：通事蔡樟	○(5世樟=家譜253)「交易通事」
42-22(正徳16・1521→暹羅)：通事蔡樟	○(5世樟=家譜253)「交易都通事」
42-22(正徳16・1521→暹羅)：通事蔡迪	○(6世迪=家譜255)「交易都通事」
42-23(嘉靖5・1526→暹羅)：通事蔡樟	○(5世樟=家譜253)「交易都通事」
42-31(嘉靖17・1538→暹羅)：通事蔡朝慶	○(7世朝慶=家譜255)「交易通事」
42-32(嘉靖19・1540→暹羅)：通事蔡朝慶	○(7世朝慶=家譜255)「交易都通事」
42-32(嘉靖19・1540→暹羅)：火長蔡廷貴	○(6世廷貴=家譜255)「交易火長」
42-33(嘉靖20・1541→暹羅)：都通事蔡朝慶	○(7世朝慶=家譜255)「交易都通事」
42-34(嘉靖22・1543→仏大泥)：都通事蔡朝慶	○(7世朝慶=家譜255)「交易都通事」/「仏大泥」→「大泥」

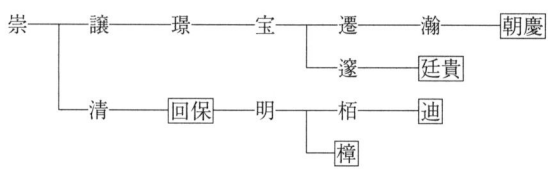

```
崇──讓──璟──宝──遷──瀚──朝慶
              └─邃──廷貴
   └─清──回保──明──栢──迪
              └─樟
```

表2-C　久米村呉江梁氏家譜・亀嶋家（家譜下752-779頁）

歴代宝案	呉江梁氏家譜（亀嶋家）
40-01（洪熙元・1425→暹羅）：通事梁復	○（×世復＝家譜753）「為買進貢貨物事」
40-13（宣徳7・1432→暹羅）：通事梁徳仲	○（×世徳仲＝家譜753）「為礼儀事」
40-16（宣徳8・1433→暹羅）：通事梁袖	○（×世袖＝家譜754）
40-20（正統元・1436→暹羅）：通事梁徳仲	○（×世徳仲＝家譜753）「為礼儀事」
40-21（正統2・1437→暹羅？）：通事梁徳仲	○（×世徳仲＝家譜753）「為礼儀事」
40-28（正統6・1441→爪哇）：通事梁琦	＜欠＞
40-30（正統7・1442→爪哇）：通事梁琦	○（×世琦＝家譜754）「為礼儀事」
＜欠＞	弘治五年（1492）壬子九月為預備下年進貢貨物事奉使為通事同正使裴楊那前往暹羅国収買蘇木胡椒等物回国（×世敏＝家譜756）
42-02（正徳4・1509→暹羅）：通事梁敏	○（×世敏＝家譜756）「預備下年進貢貨物事」
42-04（正徳4・1509→暹羅）：副通事梁俊	○（×世俊＝家譜756）「為買進貢方物事」
42-05（正徳4・1509→安南）：副通事梁俊	○（×世俊＝家譜756）「為収買進貢方物事」
42-07（正徳6・1511→満刺加）：通事梁傑	○（3世傑＝家譜762）「預備下年進貢貨物事」
42-09（正徳8・1513→暹羅）：通事梁傑	○（3世傑＝家譜762）「前往暹羅等国」→「到闕」／「為進貢事」
42-10（正徳8・1513→暹羅）：火長梁瑞	○（×世瑞＝家譜757）「為預備下年進貢貨物事」
42-11（正徳9・1514→暹羅）：通事梁傑・火長梁敬	○（3世傑＝家譜762）（×世敬＝家譜758）「為預備下年進貢貨物事」
42-15（正徳12・1517→暹羅）：通事梁傑	○（3世傑＝家譜762）
42-16（正徳13・1518→暹羅）：通事梁仕	○（×世仕＝家譜758）「為預備下年進貢貨物事」
42-18（正徳13・1518→巡達）：通事梁仕	＜欠＞
42-24（嘉靖5・1526→仏大泥）：通事梁傑	○（3世傑＝家譜762）
42-25（嘉靖8・1529→仏大泥）：都通事梁傑	○（3世傑＝家譜762）「為預備下年進貢貨物事」
42-27（嘉靖9・1530→仏大泥）：都通事梁椿・通事梁顕	○（×世椿＝家譜757）（4世顕＝家譜763）「為預備下年進貢貨物事」
＜欠＞	嘉靖十五年（1536）丙申八月十四日為預備下年進貢貨物事奉使為通事同正使呉実達魯前往仏大泥国収買蘇木胡椒等物回国（4世顕＝家譜762）
42-31（嘉靖17・1538→暹羅）：火長梁棟	○（×世棟＝家譜758）「為預備下年進貢貨物事」
42-33（嘉靖20・1541→暹羅）：都通事梁顕	○（4世顕＝家譜763）「為預備下年進貢貨物事」
42-36（嘉靖33・1554→暹羅）：火長梁明	○（×世明＝家譜758）「為預備下年進貢貨物事」

　長文であるが、成立時期も内容もほぼ似かよったものである。

　表2-Bはすべての行について『宝案』に対応する文書が見いだされ、『宝案』をもとに作成されたことが明瞭である。族縁関係は表の下に付した系図（罫囲いの人がB表に所見）のようにやや複雑で、「世系総図」からも一族が繁衍していくようすがうかがえる。3世では璟・璋・璇・斉・曦は明だけに赴いているが、回保のみ満刺加に使いした経験がある。5世では遷・進・邃・栢・権・模は明だけで、樟のみ暹羅・仏大泥・巡達(パタニ)(スンダ)に使いしている。6世でも瀚・澄・廷美・廷会が渡明、浩が南京国子監に入学する一方、廷貴・迪の2人は暹羅・満刺加に使いした。同世代のなかで、明へ赴く人と東南アジアへ赴く人とに明瞭な分担関係

があった。氏を代表する人は前者に、比較的自由な立場の人は後者に属したように見てとれるが、5世権のように前者でも火長どまりの人もいるから、前者＞後者という明瞭な優劣関係があったわけではない。

　表2－Cのもとになった「呉江梁氏家譜」は、他の家譜が血のつながりの明瞭な「家」構成員だけを載せるのに対して、序文のあとに「呉江梁氏見於旧案中而祖譜無徴者録」と題して、諸記録から梁姓の人を拾って44名の事蹟を記述する。表で「×世」としたのがそれで、これらの人びとは亀嶋家にはつながらない梁氏である可能性も少なくない。つまりC表は梁という同姓集団を母集合とするもので、そのなかで確認できる族縁は〔3世傑―4世顕〕の父子関係のみである。梁姓の人びとは、進貢・謝恩等の目的でたびたび明へ赴く（家譜上では多く「入閩」と表現される）一方で、暹羅・爪哇・安南・満剌加・巡達・仏大泥など、琉球が関係を結んだ東南アジア諸国のほとんどに赴いている。

　『宝案』文書からは明瞭に読みとれないが、「家譜」では渡航目的を2つのカテゴリーに分けて記述している。「紅氏家譜・和宇慶家」元祖英の記事の一部を引用する。
（a）天順八年甲申八月初九日、為交易事、奉　使、為通事、同正使達古是、前往暹羅国、<u>収買方物回国</u>、<u>預備下年進貢</u>。
（b）成化三年丁亥八月初七日、為礼儀事、奉　使、為通事、同正使鄔普察都、前往蘇答剌国。
　C表では「為預備下年進貢貨物事」「為収買進貢方物事」という表現が多く見られるが、これは（a）の下線部と符合しており、「為交易事」の別の表現とみてよい。またB表では「交易通事」「礼儀通事」という表現が多数を占めている。すなわち、「家譜」著述の時点で東南アジア通交は〔交易／礼儀〕という2大カテゴリーで把握されていたのである。

　しかし、じつは『宝案』文書の形式や文言からこの分類を導くことはほぼ不可能であって、通交の同時代にこの分類観念が存在していたとは考えにくい。たとえば、（a）に対応する『宝案』文書（41-04）を見ると、書き出しに「琉球国王為礼儀事」とあって、「礼物」のリストが添えられている。他方（b）に対応する文書（41-10）でも、文中に「窃聞、礼以交通、信以講好、非礼非信、曷尽邦交之道乎」とあり、やはり「礼物」のリストが添えられている。様式はどちらも相手国の王に宛てた琉球国王咨文である。とはいえ、「家譜」が成立した17世紀の琉球に、文書の表面からは「為礼儀事」しか読みとれないにもかかわらず、「大交易時代」の記憶として「為交易事」が息づいていたことは見のがせない。

3　『歴代宝案』の彼方へ

　従来、『歴代宝案』をおもな根拠に琉球と東南アジア諸国――これを一括して「南蛮」とよんだ――との交流が、くりかえし語られてきた。ところが『宝案』文書を精査すると、南蛮の対琉球通交はほとんど琉球船の帰国に託して行なわれており、琉球側の能動性と相手側の受動性という非対称がきわだっている。唯一の例外が、航海中に炎上した琉球船の乗員を、暹羅が正副使を立て新造船に乗せて送還した、という1479年の事例だが（前述）、これすら

も琉球近海で難船し、目的地には達していない。その一方で、つぎに掲げる別系統の史料①〜⑤からは、まったく異なった南蛮の姿を見いだすことができる。

①1430年代ころの那覇港建設を歌った『おもろさうし』(13-8)の歌に、「たう　なばん　よりやう　なはどまり（唐・南蛮寄り合う那覇泊）」とある。

②1461年に朝鮮の全羅道から宮古島に漂着した肖徳誠らの帰国報告に「（琉球は）金銀を産せず、日本・南蛮より買ひて之を用ふ。……（那覇の）市は江辺に在り、南蛮・日本国・中原の商船来りて互市す」とある（『朝鮮王朝実録』世祖8年2月辛巳条）。

③1471年に朝鮮で成立した『海東諸国紀』所収「琉球国之図」の那覇付近に「湾口／江南・南蛮・日本商舶所泊」という文字があり、同書「琉球国紀」国俗の条にも「日本・南蛮の商舶亦其の国都の海浦に集まる。国人肆を海辺に置きて互市を為す」とある。

④1477年に朝鮮の済州島から与那国島に漂着した金非衣らの帰国報告に「（琉球は）江南人及び南蛮国人、皆来りて商販し、往来絶えず。俺等皆目覩せり」とある（『朝鮮王朝実録』成宗10年6月乙未条）。

⑤古琉球時代の琉球を描いた1696年の彩色地図「琉球国図」（太宰府天満宮旧蔵、沖縄県立博物館蔵）に、「那波皆津口、江南・南蛮・日本之船入此浦」「江南・南蛮宝物在此、見物具足広」という文字がある。

『宝案』文書が語る世界と史料①〜⑤とのあいだには、明らかな落差がある。前者が直接語るのは漢文文書が用いられた国家外交の領域でしかないのに対して、後者には港町那覇を訪れる南蛮船や南蛮人の姿が見られ、その存在感は唐・中原・江南や日本をすら上回るものがある。1486年、対馬で30年を過ごした被虜明人潜巌は、朝鮮を訪れてこんな話をした。「胡椒は……琉球国の商販人、南蛮に入りて求め得、諸島の倭人収買して来り、本国（対馬）に転売するなり」（『朝鮮王朝実録』成宗17年10月丁丑条）。那覇港に入る貿易船のなかで、『宝案』に収めるような外交文書を携えた公的性格の船はむしろ少数派で、大半は民間ベースの商船だったのではないか(16)。

以上のように、琉球・南蛮交流の全貌は、『宝案』文書の彼方に、いいかえれば国家外交の領域の彼方に、茫漠とひろがっていた。とはいえこの問題をさらに掘り下げようとしたとき、『宝案』を措いて有力な史料があるわけではない(17)。国家外交と民間交易との落差を念頭において徹底的に読みなおすならば、『宝案』文書からでも民間交易を間接的にうかがうことは可能である。この節では3つの視角からこの問題にせまってみたい。

（1）非日常的できごとと頭目

琉球・南蛮交流のなかで、日常的なルーティンからはずれたできごとが生じたとき、その処理の過程で、通常の『宝案』文書にはあらわれない海域世界の実態がかいま見えることがある。そこで重要な役割を演じていたのが、さきに保留しておいた第3の人間類型、すなわち「頭目」であった。

成化5年（1469）琉球から満剌加に派遣された使節団は、満剌加で「勧諭を聴かず争闘を行なはんと欲し、実に是れ州府を攪擾す」という事態をひきおこした。翌年満剌加が琉球に送った咨文に、「毎歳差来の使臣・通事は供に好し。只是れ以下の頭首、甚だしきは非を為すに至る」とあって（39-08）、使臣・通事ではなく「頭首」（「頭目」におなじか）[18]が張本人だったことがわかる。琉球はこの抗議に「咨文到るの日、聞知し随即に区処せり」と回答したが、その咨文中に「下人の故に禁令に違ひ事を作（な）す」とあって（41-16）、「頭首」は「下人」ともよばれたことがわかる。

　さらに、成化7年9月に琉球から満剌加にむかった通事林昌・陳泰らの使節団が、「時月の期」を過ぎても還らず、翌年琉球は満剌加に状況を問いあわせたが、その咨文のなかで「或いは彼処の客商と不睦等の事あらんか」と推測している（41-18・12-25）。事実は、林昌らは満剌加からの帰途、難所「七州洋」（西沙群島周辺の海）で暴風のため座礁し、貨物をことごとく失ったのであった。かれらは明の地方官の手で、広東から福建を経て本国に送還された（12-25・『明実録』成化9年4月丁卯条）。

　「州府の攪擾」にまで及んだトラブルの原因は頭首（＝頭目）・下人とよばれた人たちの相手側との争闘であった。さらに2年後の使節団が行方不明になると、琉球側は「彼処の客商」との仲たがいを危惧している。琉球の「頭首（＝頭目）・下人」と満剌加の「客商」は、貿易取引の場で対峙する同様の社会的存在であり、具体的には貿易商人だったと考えられる。つまりこの事例には、通常の『宝案』文書にあらわれにくい商人相互の取引が顔を覗かせており、しかもそれが国家間のあるべき体制・秩序を攪乱しはじめていることまでも読みとることができる。

　「頭目」の実態をさぐるもうひとつの有力な事例は、1428年に旧港との関係を開く使節団の正使に任じた実達魯である。かれは、洪武年間に琉球に渡来した福建人の子で、久米村人蔡璟の父とされ[19]、朝貢使節に通事として加わって福州の女性を娶り（17-15）、明や暹羅への外交使人にも任じる（16-01・40-04）など、多くの顔をもつ人物である。しかし、かれを旧港へ送り出した国王発給の執照（42-01）の「本国頭目実達魯等の告有りて称く、便ち海船一隻に駕使して、磁器等の貨を装載して、旧港に前往し、買売せんと欲す」という表現からは、実達魯の貿易への欲求が先行しており、かれを正使に起用することで国交があとおいで成立したことがわかる。ここでは外交官僚より商業資本家の顔がめだっており、「頭目」というよばれかたは後者の側面に対応するのではないか[20]。

　1430年に暹羅へ赴いた琉球使に対して官買を適用した者を、琉球国王の咨文は「所在の管事頭目」とよんでいる。かれはまもなく暹羅国王の譴責を蒙って罷免され、官買は廃止となった（40-11・12）。また、旧港あての王相懐機書簡の宛先に見える「旧港管事官閣下」（43-04・15）や、暹羅の「礼部尚書」の琉球国王あて啓（39-12）と同国の「長史」が王命を奉じた書簡（39-14）の文中に見える「管事官列位」「管事列位」も、それぞれの国で実質的に貿易を仕切る存在のようである。

ただし、旧港のばあいは王がいないので、「管事官」が事実上の国家元首である。その祖である施進卿について、鄭和の遠征に随行した馬歓の著『瀛涯勝覧』旧港国の条は、「（永楽帝は）就ち施進卿に冠帯を賜ひ、旧港に帰きて大頭目と為り、以て其の地に王たらしむ。本人死し、位は子に伝へず、是に其の女施二姐王と為る」と述べている。これによれば、旧港の「大頭目」は進卿から男子には伝えられず、2人の娘が襲ったことになる。1438年の懐機書簡2通（43-22・23）の宛名に、「三仏斉国宝林邦（Palembangの音訳）本頭娘」「三仏斉旧港宝林邦施氏大娘」とあるのが、「施二姐」にあたる。小葉田淳氏は、「本頭娘」とは女性頭目の意味だという[21]。

以上の「管事頭目」「管事官」「大頭目」などといった存在を、実達魯らと単純にならべるわけにはいかないけれども、政治・外交という領域から一段下がって、経済・貿易の領域に近接した立場だとはいえよう。暹羅の管事頭目のばあい、国家の笠を着て市場価格による取引を抑圧する役回りを演じたが、その強権がほかならぬ王権によって排除されたことは、かれらが貿易にからむ独自の利害に従って行動する存在だったことを暗示する。「頭目」という語にはそのようなニュアンスが付随しているようである。

成化16年（1480）は、それまで国王間通交の原則が貫かれてきた対暹羅、対満剌加通交に、国王以外の存在があいついで登場した点で、注目すべき年である。前述した暹羅の「礼部尚書屋 把囉摩訶薩陀烈」（39-12）と「長史蕭奈悦本」（39-14）のほか、同国の「長者名下奈羅思利」（39-13）が所見する。39-12の末尾にある礼物を出した人のリストには、薩陀烈のほかに「冒坤孛陀屋」「奈勾歌沙」「長史奈悦本」の名も見える。満剌加では、世襲の海軍長官とされるラクサマナ（Laksamana 楽系麻拿・楽作麻拿・楽索摩拿）が2通の琉球国王宛書簡の差出にあらわれる（39-10・15）。

暹羅のばあいは、1477年に起きた暹羅行き琉球船の火災事故を契機に、暹羅が例外的に琉球に対する能動姿勢をとっていた時期のもので、暹羅国王の咨文も出ているが（39-11・16・17）、国王以外の有力者たちも対琉球通交の好機と考えたのであろう。満剌加のばあいは、1475年[22]に起きた琉球船と交趾人との争闘事件を聞きつけたラクサマナが、小船1艘を「占城の地面」に送って琉球人2名を救出し、1名は病没したが、残る1名をたまたま到来した琉球使臣の帰国に託して送還する、という内容である。代価として「腰刀一把・榜身一個・馬鞍一付」を指定していることも注目される。

以上暹羅・満剌加のいずれも、突発的事件を契機とする動きではあるが、満剌加のラクサマナの「使臣・通事等前来し、船隻・礼物もて国に到れり。平安にして並べて所属に買売を法禁せしむること無し」という発言（39-15）や、満剌加国王の「（琉球使臣・通事らが）宝船に坐駕し、方物を装載して前来貢捧す。商旅踵を接して継至す」「（満剌加の）星分は翼・軫（二十八宿の二）にして、土沃かに財富む、是を以て遠客商聚す」という文言（39-09）からは、このころ琉球と南蛮との通交において商業的性格が優越しつつあったことがうかがえるであろう。

(2) 「瑣砕方物」「微貨」

　前述のように、成化7年 (1471) 琉球から満剌加にむかった通事林昌らの使節団が還らず、翌年琉球は満剌加に状況を問いあわせる咨文を送った (41-18)。その終わり近くに、つぎのような文面がある。

> 四海を見て一家と為し、共に万々年太平の福を享くるを庶ふ也。其の船内に装載せる瑣砕の方物を、互相に宝貨と易換せん。乞ふ、行属[23]をして両平買売を作成せしめん（実行させる）ことを。

「四海一家」「両平売買」は、琉球が東南アジア諸国に対して、官買をやめ市場価格での取引を求めるさいに、つねに掲げたスローガンである[24]。行方不明者の捜索依頼に便乗して、琉球は今回も自己の望む方式での貿易を願ったが、そのさい交換に供する手持ちの品を「瑣砕方物」と表現している。おなじ意味で「微貨」の語を使うこともあった（これは相手側の物資をよぶ「宝貨」の対語であろう）。ともに「とるにたりない」という謙譲表現だが、じつは国王に捧げる正式の「礼物」よりも、こちらのほうが商売の面では重要であった。

「瑣砕方物」「微貨」文言は、15世紀前半には見られず、『歴代宝案』がデータを欠いている1443～62年の直後、1463年から1472年までのあいだの、琉球から暹羅・満剌加・蘇門答剌あての文書に集中して見られる。南蛮通交が外交よりもますます貿易・商業へと傾斜を強めてきていることのあらわれと見てよいだろう。以下、管見に入ったすべての事例をまとめて表3に掲げる。

「船内に亦微貨有り」(No.3・8・9)・「船内に仍（亦）瑣砕方物有り」(No.7・11) といった文言から、「微貨」「瑣砕方物」が礼物のほかに積載してきた貨物であることがわかり、これを相手側の「殊方土産」(No.1・2・4・7)・「奇貨」(No.12・14)・「宝貨」(No.13) と、「互相易換」(No.7・12・13・14) することが、琉球側の願望であった。「互相易換」が市場価格での

表3 「瑣砕方物」「微貨」文言をもつ文書一覧

No.	文書番号	年号(西暦)	相手国	本文
1	41-01	天順7 (1463)	満剌加	有微貨載装前来貿易殊方土産煩令行属早与買売趕風時回還利便
2	41-02	天順7 (1463)	蘇門答剌	有鎖砕物貨装載来船貿易殊方土産乞令行属作成買売早与回帰利便
3	41-03	天順8 (1464)	暹羅	船内亦有微貨乞令行属早与買売趕風時回還利便
4	41-04	天順8 (1464)	暹羅	相与貿易殊方土産乞令行属聴従早与回帰便益
5	41-05	天順8 (1464)	満剌加	有微貨前来尚望寛洪遠人買売早与回帰利便
6	41-08	成化元 (1465)	満剌加	今来人船装載貨物仍乞衙市寛容貿易早趁風迅回国便益
7	41-09	成化2 (1466)	満剌加	船内仍有瑣砕方物前来互相易換殊方土産煩令行属作成早与買売回還利便
8	41-10	成化3 (1467)	蘇門答剌	船内亦有微貨乞令行属作成早与買売趕風迅回利便
9	41-11	成化3 (1467)	満剌加	其船内亦有微貨望賜賛成早与貿易回帰利便
10	41-14	成化5 (1469)	満剌加	其来船亦有微貨乞令概管早与貿易趁風回還利便
11	41-15	成化5 (1469)	暹羅	其船内亦有瑣砕方物前来乞令行属作成早与買売趕風信回帰順便
12	41-16	成化6 (1470)	満剌加	其船内装載瑣砕方物適彼互相易換奇貨乞令行属作成趕風信回還利便
13	41-18	成化8 (1472)	満剌加	其船内装載瑣砕方物互相易換宝貨乞令行属作成両平買売趕風信回帰利便
14	41-19	成化8 (1472)	満剌加	其船内装載来鎮砕方物前至貴国互相易換奇貨煩令行属作成早与買売趕趁風信回帰利便

取引を意味することは、№6の「街市をして寛容に貿易せしめんことを乞ふ」や№5の「遠人を寛洪して買売せんことを望む」という表現から明らかである。

(3) 「能く海道を諳んずる火長」

　正統5年（1440）に琉球王相懐機が旧港の「本頭娘」に宛てた書簡に、「先に宣徳六年（1431）の間に於て、甚だ好信に謝し、書に憑り収め訖れり。向後却りて能く海道を諳んずる火長を少き、以て疎曠を致すこと多年なり」という文章がある（43-22）。対旧港関係文書において類似の表現は、「前年の間、貴処の人船彼に到る。本より使を差はして直送せんと欲するも、火長を欠無すれば、暹羅国に致送す」（43-09：1430年）、「累ねて遣使して屢貴国に達せんと欲するも、火長を少くの為に、以て疎広を致すこと年深し」（43-16：1438年）、「累ねて回謝して屢貴国に達せんと欲するも、却りて航海の火長を少きて、以て疎曠を致すこと多年なり」（43-23：1440年）など、多く見いだされる。

　1421～28年のいつかに、琉球は日本の九州探題から送られてきた旧港人を本国に送還しようとしたが、しかるべき火長がいなかったので、使者に付して直送することができず、すでに国交のあった暹羅行きの使者に旧港人を託し、本国送致を暹羅に依頼させた。その後1428年に前述の「頭目」実達魯が旧港への途を開いたが、1431年以降数年にわたって、また「能く海道を諳んずるの火長を少き、以て疎曠を致す」という仕儀になった。実達魯が開いた琉球―旧港ルートは維持できなかったわけだが、それは国交というレベルにおいて琉球政府がしかるべき火長を確保できなかった、という以上ではない。実達魯のような商才ある人物であれば、独自に火長を確保することができたと考えられる。

　以上より、火長のような航海技術者のすべてが国家のお抱えだったわけではないことが見えてくる。かれらは琉球であれば那覇の久米村に居を構えていたと思われるが、琉球の国家からはある程度自立した社会勢力として存在し、おそらくは琉球外の諸地域にいる同業者との連携をもっていたであろう。海洋アジアには、港市国家が形成されるより以前から、「能く海道を諳んずる火長」のネットワークが存在し、各港市国家が結びあう「国交」もそのネットワークに依存することで成立しえたのである。

　このことを旧港以外の事例からも考えてみよう。1430年、琉球から爪哇への初度通交が試みられたが、そのさい発せられた琉球国王咨文（40-09）に、つぎのような文章がある。

　　久しく遣使して来賀せんと欲するも、奈んせん、微国は海道を諳んずるの師を欠き、以て斯くの如く大儀を失ふに致る。今、頗る水道に暁るきの人有り。聊か菲儀を備へ、特に正使南者結制等を遣はし、船に駕して礼物を賚送し、貴国に前詣し、奉献して少しく芹忱の意（微意）を伸ぶ。

　このときたまたま「頗る水道に暁るきの人」が得られたために、爪哇への遣使が可能になったのであって、琉球がそうした人材を主体的に養成したり、積極的に給養したりということはなかった。「海道を諳んずるの師」の既存のネットワークに接触する偶然の機会を得

てはじめて、未知の国との通交が可能になったのである。

上述の「既存のネットワーク」を今すこし具体化するために、琉球と朝鮮との関係に眼を転じよう。宣徳6年(1431)6月、琉球国王尚巴志から朝鮮国にあてた咨文(40-10)は、両国間で洪武〜永楽年間に累ねられた使節交換に触れたあと、「厥後(その)、能く海道を諳んずるの人無きが為に、以て疎曠を致すこと多年なり」という例の文言をならべる。それが今回、正使夏礼久(かねく)らを送ることになったきっかけは、「日本国対馬州客商来船一隻」の到来だった。夏礼久らはこの船に便乗して「菲儀を賷捧し、(朝鮮)国王殿下に前詣して奉献し、少しく微誠を伸ぶ」ことになったのである(25)。

夏礼久は朝鮮の王宮にいたって世宗王に謁見し、「我が国祖王・父王より、交好の礼を相修す。厥後(その)倭人阻隔し、久しく修好を廃す。……去る六月、対馬賊首六郎次郎の商船、国に到り、借騎して来る」と述べた(『朝鮮王朝実録』世宗13年11月庚午条)。対馬州客商とは「賊首」とよばれた早田六郎次郎であること、琉球・朝鮮間の直接通交が途絶したのは倭人の阻隔によるものであること、がわかる。六郎次郎自身が倭人の一員であるから、今回の通交も倭人ネットワークに乗っかったものである。とはいえ六郎次郎にとって、「日本」への帰属は二次的なものにすぎず、海洋アジアを往来する海上勢力の一翼という属性こそが基本であった。琉球の外交使節を自分の商船に乗せて朝鮮に入港するといった行動は、「日本」への帰属意識から生まれてくるものではない。

六郎次郎を担い手のひとりとする倭人ネットワークは、洪武〜永楽年間には存在した琉球─朝鮮の直接関係を、海上の覇権争いのすえに駆逐して、できあがったものだった。この点、そうした前提がなかった爪哇との関係とは異なっている。しかし、東南アジア方面へのネットワークもまた、もろもろの海上勢力が平和裡に共存する世界でなかったことは、先に見た琉球船と現地諸勢力との衝突が語るところである。

ではこのネットワークの要を担った火長とは、どのような存在だったろうか(26)。宣徳6年(1431)、琉球国王尚巴志は明礼部にあてた咨文で、火長潘仲孫を福建福州府長楽県へ帰郷させるよう願い出た(16-19)。そこに引用された仲孫の告によれば、かれは洪武23年(1390)に帝命によって琉球の梢水(水夫)となり、1年おきに進貢船に乗って往来し、永楽3年(1405)に火長の身役を受け、81歳の現在にいたった、という。この事例は、閩人三十六姓が洪武25年(1392)にいっせいに皇帝から琉球に賜与された、という言説の虚構性を暴くものとして、よく引用されるが、琉球は仮住まいで終始明皇帝の臣下でありつづけたかのような物いいも、そのままうけとることはできない。

とはいえ、かれらが100％琉球国王の臣下にはなりきらず、意識と活動の両面で琉球の国家からある程度自立した領域を保持していたことは、事実であろう。中国や東南アジアへの使臣は琉球人が勤める一方で、火長と通事はつねに久米村居留の中国人の家系から輩出したことは、そのあらわれのひとつである。

おわりに

　以上論じたことを要約する。

　第1節では、明中心の朝貢体制のなかで琉球の占めた基本的位置を、＜南蛮との貿易で得た物資を貢物として明に奉献し、回賜の物資を南蛮に貿易品としてもちこむ＞、という、海禁体制下の明の貿易公社というべき姿に求め、それに添って作成された『歴代宝案』文書が直接に語る範域を明らかにし、あわせて琉球―旧港関係の特異性がかいま見せる海洋アジアの華僑ネットワークに言及した。

　第2節では、琉球の国営貿易を支えた人的基盤として史料に見える「使臣・頭目・通事」のうち、使臣と通事に注目し、つぎのことを論じた。①使臣は琉球人、通事・火長は久米村居留中国人の専掌であった。②琉球が南蛮貿易に臨んだ方針は、国営事業とはいえ官の恣意的介入を排した市場価格での取引にあった。③通事は久米村居住の各家の家業としてうけつがれる職で、言語のみならず航海技術の担い手であり、時期を降るほど使臣を押しのけて使節団の実質的中核を占めるようになっていった。

　第3節では、『宝案』文書以外の史料から那覇港に停泊する南蛮船の姿を確認したうえで、なお『宝案』文書から非国家的海域交流の姿をかいま見る方法を模索して、つぎのことを論じた。①使節団の構成員や貿易実務担当者として見える「頭目」は、国家官僚よりは貿易商人を本質とする人間類型であった。②「瑣砕方物」「微貨」という文言をふくむ『宝案』文書から、琉球が官の介入を排した市場価格での貿易取引を希求したことが知られる。③海洋アジアで展開された国家間通交は、国家から自立して存在した航海者のネットワークに乗っかかることで存立しえた。

　東アジアと東南アジアを結んで、諸種の金属や鉱産物の交易が展開したことは、中国やヨーロッパの史料、また考古遺物から跡づけることができる。しかし、もっとも良質の文字史料である『宝案』文書には、明への進貢品の重要品目だった硫黄を除いて、ほとんど姿をあらわさない。わずかに、1509年の安南への礼物のなかに「生鉄弐阡觔」が見えるだけである。しかし本稿で、可能なかぎり朝貢貿易体制を相対化しつつ明らかにした琉球を軸とする海域交流のネットワークは、金属・鉱産物交易をも担うものだったことはまちがいない。それらは「瑣砕方物」「微貨」のなかに隠れていると考えられる。

（1）　村井章介「古琉球と海洋アジア」（歴史教育者協議会編『前近代史の新しい学び方』青木書店、1996年）。
（2）　岡本弘道『琉球王国海上交渉史研究』（榕樹書林、2010年）第3章。
（3）　同上書、第4章。
（4）　『歴代宝案』の基本的諸事項については、小葉田淳「歴代宝案について」（『史林』46巻4号、1963年、『歴代宝案研究』創刊号に再掲）、田名真之「歴代宝案について」（『那覇市史資料編』第1巻4歴代宝案第一集抄、那覇市役所、1986年）、和田久徳「『歴代宝案』第一集解説」（『歴代宝案』校訂本第2冊、沖縄県教育委員会、1992年）など参照。

（5） 村井章介「古琉球をめぐる冊封関係と海域交流」（村井・三谷博編『琉球からみた世界史』山川出版社、2011年）32頁。同『日本中世境界史論』（岩波書店、2013年）第Ⅳ部第三章に再録。

（6） 以下本稿では、『歴代宝案』第1集所収文書を校訂本・訳注本から引用し、その文書番号を40-02のように表示する。例は巻40の第2番目の文書の意。

（7） 村井章介「東南アジアのなかの古琉球――『歴代宝案』第一集の射程――」（『歴史評論』603号、2000年）。前掲註（5）拙著第Ⅳ部第一章に再録。

（8） 王相は王府内に設置された王相府の長で、久米村の華僑集団の統括者であるとともに中山王府の最高政治顧問。明朝の正五品に相当。懐機についてはブログ「かげまる君行状集記」（http://www.kagemarukun.fromc.jp/page118b.html）に詳しい伝記的記述がある。

（9） 40-03洪煕2年9月10日琉球国中山王咨文に引用された暹羅国咨文に、琉球の正使として「阿勃馬結制」が見える。これは洪煕元年閏7月17日礼部あて咨2通に見える「後船使者阿勃馬結制」（16-02、この表現は12-02同日付中山王尚巴志奏にも見える）・「使者歩馬結制」（16-03、明に赴いて帰国後「告」を呈出）と同一人であろう。

（10） 40-23は相手国の記載を欠いているが、訳注本2：390頁は爪哇と考定している。

（11） 安里進『考古学からみた琉球史・上――古琉球世界の形成――』（ひるぎ社、1990年）3章。

（12） 1431年の43-11旧港施氏大娘仔書簡に「鈞埠に参詣し少意もて奉読するに由未し。……今見に便船の回国すれば、薄礼もて貢献し、准へて鷺毛の意を表はす」とあり、1461年の39-03朝鮮国王書簡に「今弊産を将て謹んで回付に付し、少しく謝悰を布ぶ」とあり、1470年の39-08満刺加国王咨に「本より遣使前来して聘を致し交通せんと欲するも、水途に熟せず未便なるを奈んせん」とあり、1481年の39-16暹羅国王回咨に「謹んで薄菲の儀を備へて回使に附与す」とある。

（13） 註（7）におなじ。

（14） 赤嶺誠紀『大航海時代の琉球』（沖縄タイムス社、1988年）所収「南海貿易船一覧表」。

（15） その後、嘉靖16年（1537）から同20年までこのかたちが続き（42-30～33）、同22年に正使の名が再度あらわれて、同43年の終末にいたる（42-34～37）、という経緯をたどる。その変転の意味をつきとめることは今後の課題である。

（16） 上里隆史『海の王国・琉球――「海域アジア」屈指の交易国家の実像――』（洋泉社、2012年）96頁。村井章介「十五世紀朝鮮・南蛮の海域交流――成宗の胡椒種求請一件から――」（森平雅彦編『中近世の朝鮮半島と海域交流（東アジア海域叢書14）』汲古書院、2013年）275、286頁。

（17） 『宝案』に見えないルソンとの関係については、ヨーロッパ・日本・琉球に零細ながら史料がある（註5論文、41-42頁）。

（18） 39-08の「使臣・通事は供に好し。只是れ以下の頭首……」という部分と、前引39-04の「使臣・頭目・通事等を差はし」という表現とをつきあわせると、頭首と頭目はおなじものを指すと見てよいのではないか。

（19） 17-15天順8年8月9日礼部宛琉球国中山王尚徳の咨に「本国長史蔡璟告称、伊父実達魯、永楽年間、身膺通事、屡承朝貢」とある。ただし、訳注本1：531頁はこの実達魯と明・暹羅に正使として赴いた実達魯とを別人とする。

（20） 註7におなじ。本文でふれた以外に頭目の見える事例として、つぎの2つがある。①宣徳2年（1427）6月、勅使の内官柴山は銅銭200万貫を琉球にもたらして、生漆・磨刀石の収買を命じ、琉球国中山王尚巴志は「的当の頭目」を「隣国（ヤマト）」に遣はして、買付させたが、かの国の争戦により客路が通じず、とりあえず生漆270斤・磨刀石3,855斤を銅銭282,700文で買い、翌2月、柴山の帰国に託して明に送った（12-06～08・16-14）。②宣徳5年（1430）8月、ふたたび柴山が来て、銅銭の残額1,717,300文で「屏風・生漆・各様磨刀石」を買付けよ、という勅命を伝えたので、尚巴志は「的当の頭目阿普察都（大里）」をヤマトに遣はして今度は買付に成功したが、同年12月22日、品物を積んだ海船が「本国海上小山、地名由魯奴（与論）地方」で暴風に遭い、「頭目人等柒拾余名」が溺死するという海難事故が起き、翌年4月、尚巴志はその旨を明帝および礼部に申告した（12-08・16-14）。これらの例からも、頭目が琉球人の貿易商であることがわかる。

(21)　小葉田淳『中世南島通交貿易史の研究』(刀江書院、1968年) 481-482頁。ここでいう「王」は便宜的な表現で、厳密にいうと正しくない。むしろ「大頭目」という呼称のほうが施氏にはふさわしい。
(22)　『明実録』成化14年3月戊子条に引く安南国王の奏に「占城頭目波籠阿麻、先に臣国と通交す。成化十一年(1475)、琉球国海船漂風の衆を得、遂に率ゐて以て侵掠し、臣国の辺兵の敗る所と為る」とある。これが39-10のいう琉球船と交趾人との争闘事件に同定できるとすれば、ラクサマナは琉球人を来たるべき琉球通交の「資源」として5年間も飼っていたことになる。
(23)　この語の前後の文を、訳注本は「乞う、属に令行し作成して両平に買売せしめんことを」、那覇市史本は「乞うらくは属に行けて両平買売を作成さしめんことを」と訓読している。しかし、表3のNo.10に「令概管早与貿易」、39-09成化16年(1480) 2月日の琉球国王宛満刺加国王咨文に「令所属早為買売」とあるのと対照させれば、「行属」は「概管」「所属」とほぼ同意の名詞で、王に仕える貿易担当官と解すべきである。
(24)　註(7)におなじ。
(25)　田中健夫『中世対外関係史』(東京大学出版会、1975年) 302頁。
(26)　高瀬恭子「歴代宝案第一集における火長について」(『東南アジア──歴史と文化──』12号、1983年)。

コラム②

琉球王国のガラスはどこで生産されたのか？

稗田優生・魯禔玹・平尾良光

▶琉球王国時代のガラス◀

　沖縄を代表する文化の一つである「琉球ガラス」は現在も伝統工芸品や芸術品などとして作られており、平成10年には沖縄県の伝統工芸品に認定された。琉球ガラスは現在も発展し続けている沖縄の文化であるが、かつて琉球王国時代においてもガラス文化が存在した。琉球王国時代につくられたガラス製品には御玉貫や玉飾り、玉ハベル、玉ガーラなどがあげられる[1]。これらには赤色・黄色・緑色・青色をはじめ多彩なガラス玉が用いられている。また、ガラス玉やガラス棒などで加飾された琉球漆器もあり[1]、ガラス文化の豊かさが感じられる。

　沖縄の歴史の中で、琉球王国時代の長きにわたる繁栄は経済や人々の生活に大きな影響を与えた。琉球王国は東アジアをはじめ、各国と交易し、さまざまな品を輸出入している。その中に、ガラス製品も含まれていたと考えられている。このガラス製品がどのような材料で作られているのか、またその材料の産地はどこなのか、近年自然科学的に解明されている。当時のガラス製品の材料やその産地が明らかになることで、琉球王国における交易の歴史をより理解することが可能になる。

　そこで、琉球王国時代のガラス玉について、ガラス材料の化学組成の測定と鉛同位体比分析による産地推定を試みた[2]。これらの分析では青色や緑色などを呈するガラス玉25点を対象とし、その中には琉球王国から日光東照宮に献納された玉燈籠のガラス玉も含まれている。これらのガラス玉がどのような材料で作られているのか、その材料の産地はどこなのだろうか。

▶鉛同位体比分析と化学組成◀

　鉛同位体比法分析は資料に含まれる鉛の同位体比と鉛鉱山の値とを比較することから始まる。鉛鉱山の鉛同位体比は鉱山ごとに異なることから、その鉱山の違いが産地推定に応用されている。これまで、鉛が含まれている青銅製品をはじめとする金属資料やガラス資料が分析され、考古学や歴史学の分野で「材料の産地」の解明は大きな影響を与えている。また、金属資料やガラス資料を含めて、これまで明らかになっている鉛材料の産地は日本、中国の華南・華北、朝鮮半島、タイなどで、幅広い地域あるいは歴史時代を通して、鉛材料の流通を理解することが可能になっている。

　鉛同位体比を分析する前に、ガラスの化学組成を調べた。ガラスの主成分は酸化ケイ素であり、その他に酸化アルミニウムや酸化カルシウム、酸化鉛などが含まれる。主成分以外の元素は製作技術や製作時代によって異なるため、どのような化学組成なのかを明らかにする必要がある。

　琉球王国時代のガラス玉を調べた結果、鉛ガラス、カリウム鉛ガラス、鉛を含む高アルミナ石灰ガラスであることがわかった。これらに含有される酸化カリウムや酸化カルシウムの濃度には資料ごとにばらつきが見られ、材料の違いを示している可能性が示唆される。これらのガラスは日本でも古くから確認されているガラスの種類で、含まれる鉛材料は弥生時代には中国産、7世紀初頭から中葉には朝鮮半島産材料であることが鉛同位体比分析からこれまでに明らかになっている。

　つづいて琉球王国時代のガラス玉や東照宮へ献納された玉燈籠のガラス玉について鉛同位体比を測定し、産地を推定した。25点のガラス玉に関す

琉球王国のガラスはどこで生産されたのか？

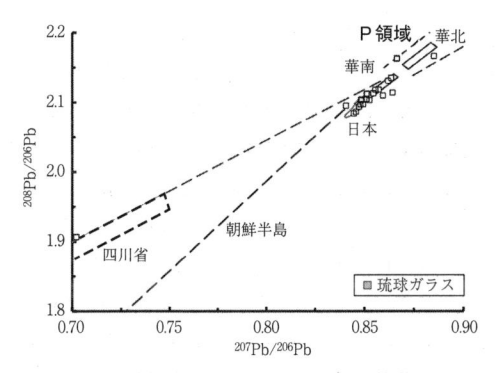

図1 沖縄出土のガラス玉の鉛同位体比
(^{207}Pb/^{206}Pb-^{208}Pb/^{206}Pb)

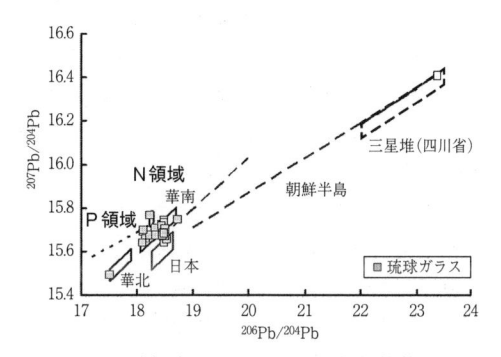

図2 沖縄出土のガラス玉の鉛同位体比
(^{206}Pb/^{204}Pb-^{207}Pb/^{204}Pb)

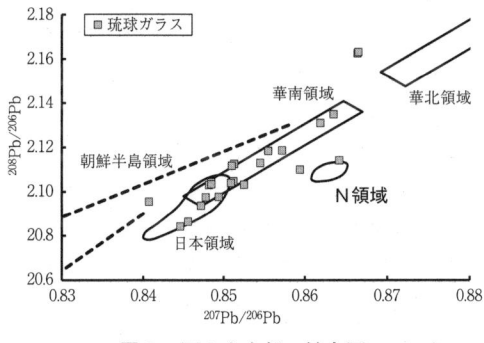

図3 図1中心部の拡大図

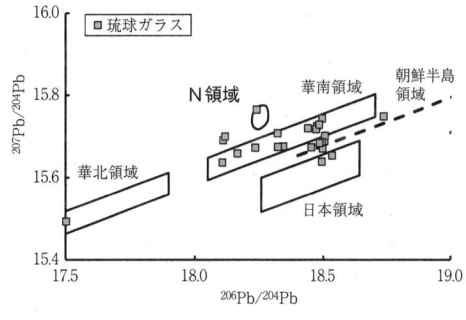

図4 図2中心部の拡大図

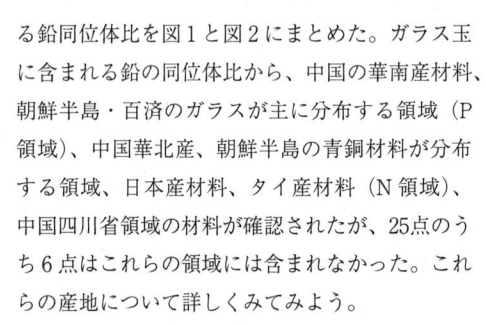

る鉛同位体比を図1と図2にまとめた。ガラス玉に含まれる鉛の同位体比から、中国の華南産材料、朝鮮半島・百済のガラスが主に分布する領域（P領域）、中国華北産、朝鮮半島の青銅材料が分布する領域、日本産材料、タイ産材料（N領域）、中国四川省領域の材料が確認されたが、25点のうち6点はこれらの領域には含まれなかった。これらの産地について詳しくみてみよう。

図1、図2を拡大した図3、図4から資料の50％近くを占める11点が中国の華南産材料であり、この地域との強い相関性を示した。それ以外の特徴的なガラス玉として、まず2点のガラス玉がP領域に位置した。この2点の資料は発掘場所が異なるにも関わらず、ほとんど同じ鉛同位体比値を示した。P領域は6世紀後半～7世紀前半において朝鮮半島の百済時代のガラスが主に分布した領域で、百済時代に王宮などの特別な用途に利用された鉛ガラスであると考えられている(3)。また、

図1の左下部および図2の右上部に位置する1点の資料が中国四川省の三星堆遺跡から出土した遺物が分布する領域(4)に位置し、四川省産の材料である可能性を示した。さらに1点の資料がN領域に位置した。N領域の鉛とはタイのカンチャナブリ県ソントー鉱山産の鉛であり、この鉱山は歴史時代を通じて東南アジアで最も一般的に利用された鉛鉱山だった。

琉球王国から日光東照宮へ献上された玉燈籠を装飾したガラス玉5点のうち1点が中国の華北産材料と判断されたが、残りの4点は華南産材料でほぼ同一の値を示した。華北産材料は弥生時代の青銅器に含まれていた鉛材料で、その後の日本では見つかっておらず、珍しい例である。

材料の産地がこれだけばらついていることは、それぞれの地域から製品あるいは材料が琉球へ運ばれてきたことを示唆する。それ故、ガラスの製作がどこで行われたかが問題になる。

▶ガラス玉から見える材料の流通◀

琉球王朝時代のガラス玉に用いられた材料で、酸化カリウムや酸化カルシウムなどの各元素濃度にばらつきがみられたことから、同一のガラス材料がガラス玉の製作に用いられたとは考えにくい。

琉球王国時代にもみられたカリウム鉛ガラスの材料に関して、これまで肥塚隆保氏ら[5]によって研究が進められており、その鉛材料の産地は日本とされてきた。しかし、今回分析した琉球王国時代のカリウム鉛ガラスの鉛は主に中国華南産だった。カリウム鉛ガラスは明代（1368-1644年）に出現したとされる[5]。この時期と、今回分析したガラスの利用時期（出土年代）がほぼ一致し、中国華南産の鉛材料も当時流通していたガラス材料であると推測される。

鉛同位体比分析の結果、ガラス玉の鉛材料はその半分が中国華南産材料だった。しかしながら、個々の資料では中国の華北産材料、日本産材料、朝鮮半島産材料、朝鮮半島百済時代の材料、タイ産材料、四川省産材料などと産地が広い範囲に拡がっていることがわかり、琉球王国がさまざまな地域と交易活動を行っていたことを証明している。

先述のように、日光東照宮へ献上された玉燈籠のガラス玉5点のうち4点が中国の華南産材料でほぼ同一の鉛同位体比を示し、1点が華北産材料である可能性を示した。したがって、日光東照宮への献上品は中国で製作されたガラス玉を入手し、琉球王国内へ持ち帰り、玉燈籠として組み上げた可能性が考えられる。交易した各地で製作されたガラス玉を購入して、琉球王国へ運んだ可能性が高くなった。しかし、ガラス玉の製作場所に関してはより詳しい考古学的な証拠が必要であろう。

ガラス玉材料の産地（領域）がこれほどまでにばらつき、またそれぞれ産地がはっきりしていることから、材料あるいは製品のガラス玉を交易したそれぞれの産地で購入し、琉球王国へ持ち込んだ可能性が高い。このとき、もし琉球の地でガラスの再溶解と製品化が行われていたとすれば、複数産地の鉛が混合されて産地がわからない同一の鉛同位体比、また均一な化学組成を示すガラスがもっと多く見つかって良いのではないだろうか。少なくとも、鉛同位体比のばらつきは小さくなり、既知の産地と判定される資料は少なくなるはずである。それがほとんどの場合、混合と判断する必要がないことから、少なくとも沖縄でのガラス溶解と製品化の可能性はかなり小さい、あるいは規模が小さかったと推定される。考古学的な発掘で工房あるいは高温加熱の炉跡が見つかるかどうかは次の問題点であろう。

〔参考文献〕

（1） 岸本竹美「沖縄県出土の玉類に関する考察」（『沖縄のガラス・玉等製品関係資料調査報告書』沖縄県教育委員会、2011年、158-180頁）

（2） 平尾良光、魯禔玹、石川優生、韓ソルイ、早川泰弘：琉球王国のガラスの科学的調査（『沖縄のガラス・玉等製品関係資料調査報告書』沖縄県史料調査シリーズ第5集、沖縄県文化財報告書第149集、沖縄県教育委員会、2011年3月、78-98頁）

（3） 国立扶餘文化財研究所「王宮の工房Ⅱ──琉璃編」（『学術研究叢書』第44輯、2007年）

（4） 金正耀・馬淵久夫・W.T. Chase・三輪嘉六・平尾良光・陳徳安・趙殿増「廣漢三星堆遺物坑青銅器的鉛同位素比値研究」（『文物』1993年第2期、No.465、1995年、80-85頁）

（5） 肥塚隆保「日本で出土した古代ガラスの歴史的変遷に関する科学的研究」（東京芸術大学博士学位論文、1997年）

鉛玉が語る日本の戦国時代における東南アジア交易

平尾良光

はじめに

　灰吹法という鉛を利用する銀の大量製錬法が1533年に朝鮮半島から日本へ導入される[1]。また1543年に火縄銃が伝来する。銀の製錬に必要な鉛、また火縄銃の弾丸となる鉛と火薬をいかに手に入れるかは戦国大名の手腕であったろう。これら新たな用途のために鉛の需要量は急激に増加するが、日本における鉛の生産はこの需要に対応できたのだろうか。

　鎌倉時代以前における鉛の主要用途は銅との合金である。その他に、白色顔料、釉薬、錘、鉛ガラスなどが知られているがその使用率は少ない。660年に中大兄皇子（のちの天智天皇）が水時計（漏刻）を作る。この水時計に使う水を引くための銅管に日本産の鉛が検出される[2]。この銅管は純銅製であるが、純銅の中に不純物として鉛が0.01％程度含まれている。この鉛が日本産であることから銅は日本産と推定される。その後、日本産の銅と鉛は平安時代中期まで、皇朝十二銭を含む各種銅製品（火熨斗、持念仏、仏教用具）に確認される。この場合、銭貨では鉛が数％から十数％（皇朝十二銭の最後の頃は50％以上）含まれるようになる[3]。

　平安時代後期から鎌倉時代になると、日本産の銅や青銅材料はまったく検出されなくなり[4]、代わりに中国産の青銅製品が利用されるようになる。このことは日本における銅生産が停止（原料が涸渇した？）したためと考えられる[5]。この時期における貿易品に関しては、日本からの輸出品として五島列島に残る青方文書（鎌倉時代に日本から中国へ向かう途中に沈没した船の積荷に関する記録）では、金や水銀が輸出品の中で最重要品目だったと記されている[6]。

　中国からの輸入品としては韓国新安沖（韓国の最南西端）の沈没船（積荷の中に1323年に中国の寧波（ニンポー）から日本の博多へ行くことが記されている木札が見つかった）に、その一部が示されている[7]。この沈没船には紫檀木2,000本、宋銭28トン、中国陶磁器18,000点などが積み込まれていた。この積荷のうち28トンもの銅銭は何を意味するのだろうか。1回の航海でこれほど大量の銅銭を私的に運ぶのはおそらく銭貨としての利用ではなく、銅（青銅）材料としての利用ではないだろうか。

室町時代になると銅・青銅製品に中国産鉛だけでなく日本産鉛も検出されるようになる[8]。日本産の鉛が検出されることは日本で銅の生産が復活したためと考えられる。なぜなら、中国は材料として純銅を日本へ輸出していないからである。このことから日本で銅の生産が復活すれば、鉛も生産されるようになったことが示唆される。

戦国時代になって、灰吹き法や火縄銃が伝来した後、鉛は銅の付属品ではなく、金属材料そのものとして必要とされるようになる。そして、外国との貿易の中で鉛は重要な位置を占めるようになる。

この鉛の生産と流通の実態には文献だけからでは得られない歴史の重要な部分が秘められている。すなわち、鉛の生産・流通・消費という流れは戦国時代の物流を明らかにする重要な要素なのである。ここで、鉛同位体比法を応用すると[9]、鉛の生産地がわかる。それ故、資料が一つ検出あるいは発掘され、その資料の産地が鉛同位体比からわかれば、火縄銃の弾丸などをはじめとする各種文化財資料の生産・流通・消費という観点から、歴史を顧みることができる。

鉄砲には鉛の他にもう一つ、火薬が必要である。ヨーロッパ船は本国で、あるいは極東への航路の途中（東南アジアや中国）で鉛と火薬（硝石）を手に入れ、両方をセットとして日本へ売りつければ、その方が利潤は高かっただろう。一方、鉛と火薬がセットで持ち込まれるならば、日本の各大名にとって外国船は都合の良い貿易相手だっただろう。日本の各大名はこの鉛と火薬を手に入れるために、外国貿易を盛んにする必要があっただろう。この外国貿易のために金と銀の生産は不可欠になったのではないだろうか。

火縄銃は1550年代の戦いに実戦使用されたという報告がある。また、1567年の三好・松永の戦いにおける鉛玉が奈良の東大寺南大門の仁王像で見つかっている[10]。1575年には愛知県東部の設楽原・長篠城で「長篠の戦い」がある。この戦いにおける織田軍の「火縄銃の三段撃ち」はあまりに有名である。1587年には秀吉が九州平定に力を注ぎ、各地で戦争が相次ぐ。またこの年、大分県の大友氏は島津に攻められ、滅亡する。これら各地の戦跡でかなりの数の鉛玉が発見されている。このように火縄銃は当時の戦争の形態を一変させたことから、鉛と火薬を制覇した武将が日本の覇権を握ったともいえる[11]。

ただし、火縄銃の鉛製弾丸は球形で回転しないので、それ程正確に命中するとは思えない。また黒色火薬を用いた弾丸の貫通力は現代の銃とは比較にならないほど低かっただろう。一説に射程は150m、狙いは30mも離れればあたらないともいわれる。その上、これらの数字もかなり性能が上がった後の銃ではないだろうか。それよりも発射時に非常に大きな音がすることは注目される。もし1,000挺におよぶ火縄銃の一斉射撃があったとすれば、馬を驚かせるだけでなく、敵方兵士の意気をくじく威力は十分にあっただろう[12]。

1　鉛同位体比法の原理

鉛が生産された場所を推定する方法として本研究では鉛同位体比法を利用する[8]。鉛には

安定した同位体が4種（鉛-204[^{204}Pb]、鉛-206[^{206}Pb]、鉛-207[^{207}Pb]、鉛-208[^{208}Pb]）ある。これら各鉛同位体の量は地球が生まれた時にある一定の値となっていたとされる。その同位体同士の比、すなわち「同位体比」は地球上どこでも一定であったとされる（図1の点P）。

これら4種の同位体のうち、3種（^{206}Pb、^{207}Pb、^{208}Pb）はウラン・トリウムという元素が長い年月をかけてゆっくり壊れて、だんだんとこれらの鉛同位体へ変化するので、それら同位体は地球が年齢を重ねるにつれ徐々に増加する。すなわち、^{206}Pbはウラン-238（^{238}U：半減期45億年）が壊れて増えてくる。^{207}Pbはウラン-235（^{235}U：半減期7億年）が、^{208}Pbはトリウム-232（^{232}Th：半減期140億年）が壊れることで増えてくる。その壊れる速さは半減期[13]と呼ばれ、各原子固有の値であり、原子ごとに異なっている。それ故、地球のあちこちで岩石ができると、これら岩石の中に鉛とウラン・トリウムが一緒に含まれているので、時間経過で各鉛同位体が異なった速度で作られる。そうすると、岩体全体としては鉛同位体比が少しずつ変化していく。その後、ある時間が経って地殻変動などで、これら岩体から鉛が絞り出されて鉛鉱床が形成されたとすると、各岩体中の鉛とウラン・トリウムの量比および共存時間が異なるため、各岩体の鉛同位体比は異なっている。

^{206}Pb、^{207}Pbの増加の様子は^{204}Pbとの比で図1のように示される。それ故、それぞれの岩体から作りだされた鉛鉱床は互いに異なった鉛同位体比を示す[14]。これらの鉛鉱床から得られた鉛を使って文化財資料が作られたならば、文化財資料が含んでいる鉛の同位体比はその産地の鉛が示す同位体比と一致するはずである。産地の鉛同位体比がわかれば、文化財資料の鉛同位体比から産地を同定できるはずである。それ故に、鉛同位体比を利用する産地推定法は原理的に意義があると考えられる。

この方法を東アジアの鉛鉱石および文化財資料に応用し、鉛同位体比を測定すると、資料はバラバラな値をとるのではなく、地域ごとにまとまる傾向を示す。そこで、それらを判別しやすいように2つの図で表現してみる[9]。図2と図3は鉛同位体比分布を理解するためにあげた鎌倉時代と室町時代における実資料の例である。図2では縦軸と横軸を^{208}Pb/^{206}Pbと^{207}Pb/^{206}Pbととり、これをA式図と表現する。図3では図2と少し異なり、縦軸と横軸を^{207}Pb/^{204}Pb、^{206}Pb/^{204}Pbととり、B式図と称する。これら2つの図には^{204}Pbと^{208}Pbと

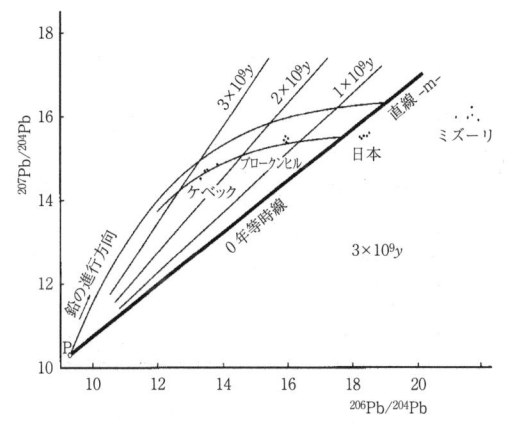

図1　鉛同位体比の進化図

地球が生まれた時の鉛同位体比値は点Pである。その後、時間が経つにつれ、曲線のように変化して右上に進む。時間軸を現在からX（エックス）年前とすると、30億年前には鉛とウランの濃度の違いによって、鉛同位体比は$3×10^9 y$の線上の値となる。同様に$2×10^9$、$1×10^9$年前にはそれぞれの線上に来るはずである。0年等時線は地球が生まれた時にできた岩石が何の変化もなく現在まで至った時に、岩石全体の鉛同位体比は鉛とウランの量比の違いによって、この線上の値に来るはずである。

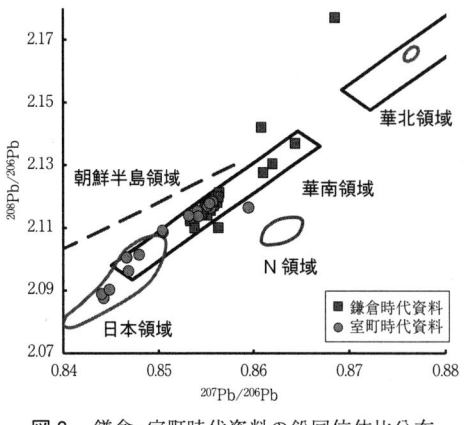

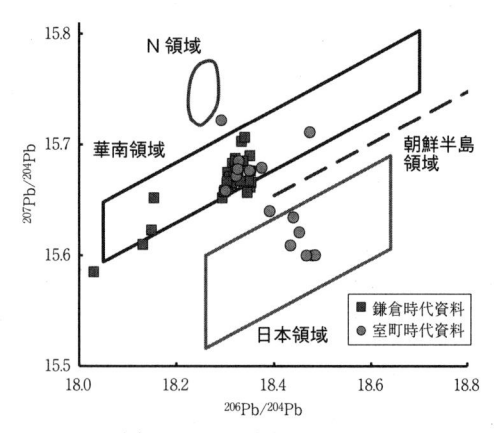

図2　鎌倉・室町時代資料の鉛同位体比分布
　　（A式図）

図3　鎌倉・室町時代資料の鉛同位体比分布
　　（B式図）

いう同位体が別々に含まれているので、意味が異なる。こうして測定された各地域の資料の鉛同位体比を両図に載せてみると、それぞれの地域から得られた資料はかなりまとまって分布する。そこで、まとまった部分を各領域としてくくって表現してみると、中国華北、華南、日本、朝鮮半島となる。近年の研究でわかったN領域というタイの領域もここに加えておく。これらの図に未知資料の鉛同位体比を載せた時、2つの図で領域が一致すれば、その地域の材料が使われた可能性が高いと示される。

さて、図2と図3で対象とした資料のうち鎌倉時代の資料は45点あり、そのほとんどは中国華南産の材料領域に含まれる。室町時代の資料は16点あり、これらは華南産材料領域と日本産材料領域とに分布する。鎌倉時代の資料としては、鎌倉大仏、その周辺遺跡から出土した鋳造関連遺物、銭貨、小金銅仏、雲版などである。45点の資料で鎌倉時代をすべて代表できると思っていないが、一つの傾向は示されている。すなわち、どれだけ控えめに見ても日本産材料は主ではない。なぜ日本産の銅がほとんど見えなくなったのかは非常に重要な問題である。

それに反して、室町時代の資料として、鎧の鋲、寺院用具（磬）、雲版、梵鐘などを取り上げてみると、これら資料には中国産材料だけでなく、日本産材料も含まれている。この事実は日本で銅が再び生産されていることを直接的に証明している[7]。16点では室町時代を代表できないが、鎌倉時代資料も室町時代資料もそれぞれの時代の特徴の一端を示している。すなわち、日本においては鎌倉時代に銅の生産がなくなり（激減し）、中国産の銅を利用した。そして室町時代に日本で銅の生産が復活したように見える。文献を調べると、室町時代中・後期になると日本から中国への輸出品は金、銀、銅、水銀などであり、銅が輸出品目の中に含まれている。

鎌倉時代に銅の生産がなくなったことに関する一つの解としては、それまで利用していた銅鉱脈が涸渇したからと推測される。日本では奈良時代以来、酸化銅鉱床を利用していたが、それが掘り尽くされたのであろう。いったん停止した銅生産は室町時代になって復活する。

その理由として、たとえば新しい鉱脈が開発されたとも考えられるが、新しい鉱脈だけで必要量をまかなえたとは思われない。今、推測できる最も可能性の高い考え方は中国あるいは朝鮮半島からの新しい銅精錬技術の導入である。製錬に用いる銅鉱石を酸化銅鉱から硫化銅鉱へ変えることができたためと推測される。すなわち昔の鉱山を復活させることができたのである。まだ証明はない。この生産形態を考古学的に明確にし、当時の銅の動きを調査することは日本の歴史を明らかにする上で大きな題目の一つであろう。

2　戦国時代の鉛

戦国時代の鉛を含んだ資料として、火縄銃の玉、生活物資、キリスト教用具などがある。それらは鉛製であったり、青銅製であったりするが、いくつかの県や市の教育委員会などの協力を得て、測定できた資料に関してまとめてみると次のようになる。

（1）　東大寺南大門の鉛玉

東大寺はその創建時（奈良時代）から今までに、幾多の戦災や天災に見舞われている。その中で戦国時代の記録としては1567年の三好家と松永弾正（久秀）の戦いがある。この戦いで大仏殿は焼失したが、幸運にも南大門や正倉院は残った。現代（昭和63年から5年間［1988-1992］）において、南大門仁王像の大がかりな修復が行われ、阿形の左腕から1点、床面から4点の鉛玉が検出された。そのうち鉛玉3点の鉛同位体比を測定したところ、2点がタイ・ソントー鉱山産の鉛であり、1点が日本産の鉛であることがわかった[9]。

なお、タイ・ソントー鉱山産の鉛に関してはコラム④を参照されたい。戦国時代になって鉛同位体比が中国華南、日本、朝鮮半島産材料ではない値を示す鉛（N領域）が見つかった。この鉛の産地を探したところ、東南アジアから持ち込まれた鉛であり、タイ・カンチャナブリ県のソントー鉱山産の鉛であることが最近、確認された。

さて、上記の測定結果は南大門へ打ち込まれた鉛玉が戦国時代に利用された鉛玉であることを強く示唆する。なぜなら、上述のようにソントー鉱山産の鉛は戦国時代に現れ、その前の鎌倉時代や室町時代前期およびその後の江戸時代にはまったく現れないからである。三好―松永の戦いで東南アジア産の鉛が利用されていたことは外国産鉛が日本へ（火薬とともに）もたらされていたことの証明である。

当時の火薬とは黒色火薬であり、硝酸カリウム（硝石）と硫黄と炭素を混ぜて作る。日本では硝石の産出はなく、また人工的な生産も始まっていないのでまったく作られていない。当時、日本は中国へ硫黄を輸出しており、中国には硝石があるため、火薬を十分量生産している。日本でも火薬の生産が意図されるが、硝石がないことから、生産が始まるまでにはかなりの時間が必要だったと思われる。

では、三好―松永の戦いで東南アジア産の鉛と中国産の火薬が使われていることは何を意味するのだろうか。鉄砲が戦いの主役となり、外国産鉛と火薬がどんどん輸入されるように

なる。外国貿易を進める長崎や堺の商人の活動が重要になってくる。

（2）長篠の鉛玉

　織田・徳川連合軍と武田勝頼軍は1575年に愛知県の東部、現代の長篠で衝突する（長篠の戦い）[10]。戦いは長篠城という城の攻防戦と近くの設楽原という荒野での白兵戦である。この戦いを有名にしたのは信長軍が鉄砲3,000挺を用意し、三段に並べて射撃することで、火縄銃の弾込めにかかる時間を緩和したという。この戦いでは火縄銃が武田軍の騎馬隊を無力化し、織田・徳川軍が圧倒的に勝利したと評されている。しかし、この戦いで鉄砲がどのように活躍したかに関しては諸説ある。3,000挺ではなくもっと少なかったとか、三段に撃ったのではないともいわれる。

　この古戦跡から20点の鉛玉が発見されている。鉛同位体比が測定され、その分布は図4と図5で示される。図中の四角（■）は設楽原という平原で見つかった鉛玉8点、菱形（◆）は設楽原の中にある石座（いわくら）神社での発掘でまとまって見つかった鉛玉5点、そして丸（○）は長篠城で見つかった鉛玉7点である。図から次のことが読み取れる。

1）鉛玉は設楽原と長篠城とで発見されるが、鉛玉の鉛同位体比には両場所で系統的な違いが見られない。ただし、織田・武田のどちらの弾であるかは不明である。

2）20点の鉛玉のうち、日本産材料が14.5点ある（0.5は混合）。その中の7点は○pの中に納まっており、ほとんど同じ値を示している。

3）鉛玉の産地はN領域（タイ・ソントー鉱山）が2.5点、朝鮮半島あるいは中国が3点ある。

4）すなわち、20点の鉛玉の中で、5.5点（約30％）は外国産材料である。

5）7点の鉛玉が日本領域の一か所に集中したので、p領域と仮定する。一つの鉱山を示唆するが、産地はわからない。

6）p領域に集まった鉛玉は長篠城、設楽原、石座神社から見つかっており、場所は異なるが一つの軍が使っていた可能性が高い。この石座神社付近は秀吉軍が陣を敷いた地域と見

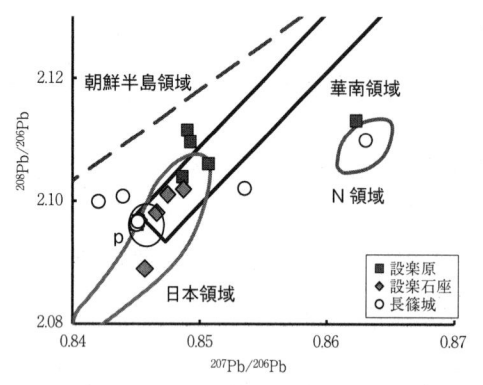

図4　愛知県長篠の戦跡から出土した鉛玉の鉛同位体比分布（A式図）

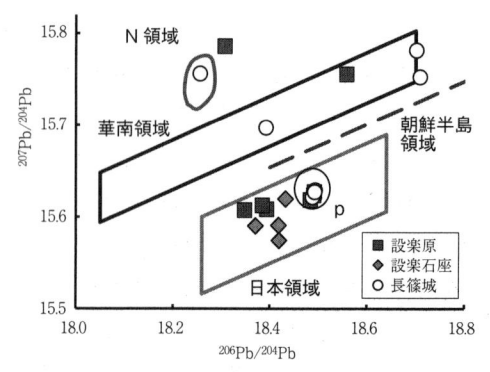

図5　愛知県長篠の戦跡から出土した鉛玉の鉛同位体比分布（B式図）

られるので、これら7点は織田軍側の弾のように思われる。

7) この戦いで用いられた鉛の産地分布は全体数が20点と数は少ないけれども、日本産材料が70％であり、外国産材料30％と示される。このことから何が見えてくるのだろうか。

測定された鉛玉は織田・武田のどちらの陣営から発射された鉛玉であるかはわからない。しかし、織田信長が鉄砲隊を積極的に組織し、戦いに利用したことから、鉛と火薬の補充は必須である。それ故、信長は外国産の鉛と火薬を偶然でなく、意図して導入していたことを示唆する。信長が外国貿易を積極的に推進した真の理由は、鉛玉と火薬をほしかったからではないだろうか。外国貿易を進めるにあたり、堺という国際的な貿易港が織田信長の領地に近かったことも大きな要因と考えられる。反面、武田側では鉛を生産できたとしても、火薬の入手がかなり困難だったのではないだろうか。

図中で7点の鉛玉が日本のどこか一つの鉱山を示唆しているようであり、この鉱山から鉛を高い比率で得ていたことは、自分の領内のどこかに鉛鉱山を確保していたと思われる。各大名が鉱山開発に力を入れ、金、銀、銅、鉛などの金属生産を管理していたのはまさに戦国大名の富国強兵策の一環である。こう考えてくると、長篠の戦いで使用された鉛玉20点は全部ではないとしても、少なくとも織田信長の対外戦略を傍証する一つの手がかりである。当時の対外貿易で金と銀は外国から戦略物資を購入するためにはどうしても必要な対価だったろう。銅が日本から中国への最大輸出品目だったことが文書で残っていることから、金や銀だけでなく銅も鉛と火薬の対価として重要だったと思われる。もちろん貿易であるから、絹織物、陶磁器、銅銭などを買い入れていたことも事実だろう。しかし、戦略物資の購入は儲けのためでなく、戦いに勝つためにどうしても必要だったので、外国との貿易を推進したと考えられる。そして、キリスト教の布教も容認したのだろう。

(3) 大友宗麟の遺構

現代の大分県大分市は当時、大友宗麟の支配下で、豊後府内と呼ばれていた。1543年に倭寇の頭目である王直に導かれたポルトガル人が火縄銃を種子島へ伝え、1545年に中国船に乗ったポルトガル人が豊後府内へ来航し、1551年にはポルトガル船が豊後府内へ来航している。これらのことから、豊後府内は国際貿易港としていち早く発展していたと知られる。すなわち、大友宗麟は鉄砲伝来後の早い時期から鉄砲を知っており、鉛や火薬を利用できる立場にあったのである。しかし、信長のように大規模には利用できなかった。これが宗麟の戦国武将としての力量だったのかもしれない。1560年頃を境として貿易の主体が長崎へ移り、ポルトガル船が豊後府内へ寄港しなくなり、宗麟は経済的に追い詰められる。そして1587年に島津の侵攻を受け、町は灰燼に帰した。

この地の発掘は1996年から大分県と大分市が主体となって続けられており、焦土層の下から宗麟時代の資料や遺構が出土し、当時の土器、瓦、その他遺物の解析から生活の様子などが明らかになってきている[15]。すなわち焦土層は1587年の侵攻でできた層であり、この層

の下から発掘される資料は宗麟時代までの資料と考えられる。それ故、これら資料の中から、金属資料約160点の資料を取り上げ、化学組成と鉛同位体比を測定し、資料の材質と材料産地を推定してみた。資料を分類すると、キリスト教関連資料（メダイ：■）が28点、一般資料（分銅、キセル、小柄、箸、取手、火皿など：○）が112点、鉛玉（△）が22点となる。これら資料の鉛同位体比分布を見るためにキリスト教関連資料に関して図6と図7、一般資料に関して図8と図9、鉛玉に関して図10と図11で示す。

Ⓐキリスト教関連資料：

　キリスト関連資料として28点のメダイを取り上げる。資料のうち純銅製と青銅製のメダイは1点ずつで、残りの26点は鉛あるいは鉛-スズの合金製である。メダイの他にロザリオの玉、あるいはコンタと呼ばれる鉛ガラス製の玉があるが、とりあえずこれらを考慮しない。それらの分布を図6と図7で示し、その特徴を次にまとめた。

1）28点の産地はタイ・ソントー鉱山（N領域）産鉛が12、華南産が12、朝鮮半島・その他産が4点である（混合は0.5と判断）。
2）ソントー産材料と中国産材料（12点）がほぼ同数である。
3）日本産材料はまったく利用されていない（B式図でキリスト教関連資料は日本産材料領域に1個も含まれていない）。
4）純銅および青銅製メダイの2点は華南産材料である。

　検出された鉛製メダイのかなりの部分は豊後府内町特有の形であることから、これらを府内型メダイと称する。このメダイを作るために鉛材料を東南アジア、中国華南、朝鮮半島から輸入し、府内町で鋳造していると示唆している。なぜ、日本産の材料が使われていないのだろうか。

　まず、日本産材料が使われていない理由として、日本産の鉛の生産量がそれ程大きくなかったのかもしれない。あるいは値段が高かったとも考えられる。鉛は銀の製錬や鉄砲の弾として利用されているので、当時の大名がその生産を管理していたとも考えられ、市中にそれ程流通していなかった可能性もある。一方、キリスト教関連物資であるメダイなどに利用

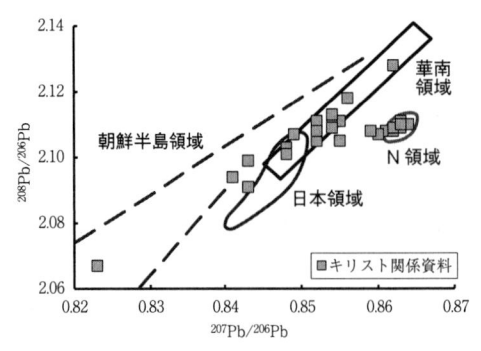

図6　大分県豊後府内町跡出土のキリスト教関連資料の鉛同位体比分布（A式図）

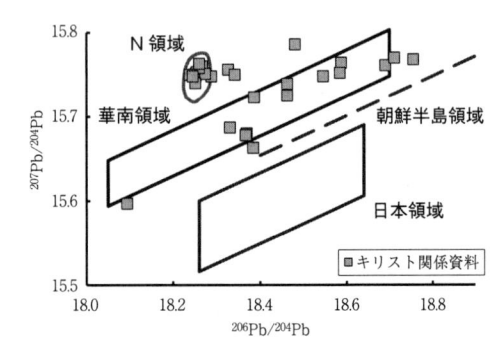

図7　大分県豊後府内町跡出土のキリスト教関連資料の鉛同位体比分布（B式図）

された鉛は宣教師が持ち込んだとしてもおかしくはない。その意味では中国華南のマカオを中心とした地域で拡がったキリスト教の影響を受け、純銅や青銅製のメダイはこの地で製作され、日本へ運ばれた可能性が高い。日本では急激に信者数が増え、メダイを大量に必要としたことから、鋳造が簡単で、費用が安い鉛でメダイを作ったとすれば、タイや中国華南産の鉛が多いという鉛同位体比分布は理解できる。メダイに関する詳細な内容に関しては本書の後藤論文を参照されたい。

Ⓑ一般資料：

一般資料112点の鉛同位体比分布を次に示す。一般資料とは生活関連資料などで、キリスト教関連遺物と鉛玉以外の資料すべてを含めることにする。

それら資料の鉛同位体比分布は図8と図9で示される。全体数が多くなると、全体の傾向ははっきりしてくる。これら資料の産地を取りあえずまとめると表1となり、特徴が次に示される。

1）全体の55％は華南産材料である。
2）タイ・ソントー鉱山（N領域）産の鉛が含まれる資料は1点しかない。この1点も後述のとおり鉛塊なので、生活関連物資とは言い難い。それ故、これを除くと、一般資料にはタイ産材料は使われていない。
3）日本産材料は約18％であり、少なく思われる。
4）産地不明の資料が約17％ある。この中には2つの産地が混合している資料も含まれているかもしれない。また、タイのソントー鉱山だけでなく、東南アジアの諸国（ベトナムやミャンマーなど）の鉛を利用した製品が含まれている可能性もある。
5）小柄や鎖などの資料は、本来はキリスト教関連遺物なのかもしれないが、とりあえずここに含めておく。真鍮製品であり、華南産である。

一般資料の産地分布がキリスト教関連資料の産地分布とは大

表1　大友出土一般資料の鉛産地の分布

	点数	％
日　　本	20	18
朝鮮半島	10	9
中国華南	62	55
タ　イ	1	1
不　　明	19	17
合　　計	112	100

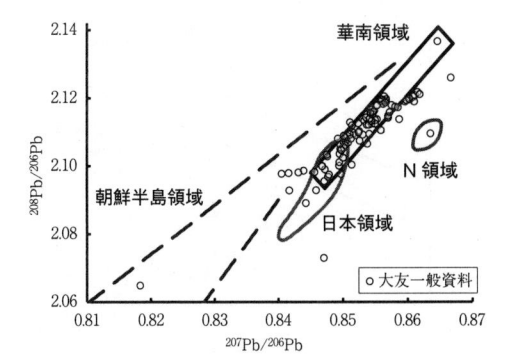

図8　大分県豊後府内町跡から出土した一般資料の鉛同位体比分布（A式図）

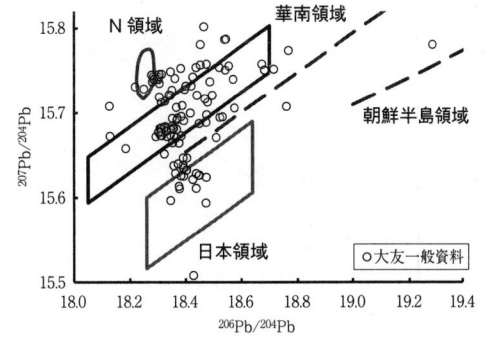

図9　大分県豊後府内町跡から出土した一般資料の鉛同位体比分布（B式図）

きく異なっていることは大切な問題点である。一般資料のほとんどが青銅あるいは真鍮製品であることから、製品化するには鋳造という技術が必要であり、この技術は中国南部地方に集約されるからだろうか。青銅や真鍮などの一般資料にN領域（タイ・ソントー産）の鉛が利用されておらず、産地不明の材料が見つかることは何を意味するのだろうか、今後の問題である。

外国産材料は80％を超える。これほどまでに日本産材料が少なく、外国産材料が多いことは、豊後府内が単に国際貿易港だからというだけでなく、金属素材あるいは製品を中国・東南アジアに依存していた当時の日本の金属生産力や工業力を反映しているのかも知れない。

ⓒ鉛玉：

次に鉛玉の鉛同位体比分布を図10と図11で示し、産地の分布内訳を表2で示す。

鉛玉に関しては大友軍の弾なのか、島津軍の弾なのかは注意する必要がある。鋳造関連施設で見つかったのであれば、大友軍の鉛弾とも推測されるが、島津軍による府内町への侵攻時であれば、島津軍の鉛弾である可能性を否定できない。ともかくも分布図から見える特徴を次に示す。

1) 鉛玉22点のうち、日本産鉛は約1/3の8点（36％）ある。朝鮮半島産が2点（9％）、中国華南産3点（14％）、タイ産5点（23％）、不明4点（18％）である。

2) タイ産鉛は5点（23％）とかなり比率が高い。

3) 日本産鉛が約1/3あることは注目に値する。キリスト教製品にはまったく使われておらず、一般資料でも約20％である。それなのに鉛玉では36％であり、その比率は一般資料の約2倍近い。また、一般資料に比べて、華南産材料がきわめて少ない。これらの増減は何を意味するのだろうか。

4) 鉛玉の数が22点と少ないので、どこまで推測できるかはわからないが、外国産鉛は2/3を占める。問題になるのは日本における鉛の生産量だろうか。

表2 大友出土鉛玉の推定された産地

地 域	点数	％
日　　本	8	36
朝鮮半島	2	9
中国華南	3	14
タ　イ	5	23
不　　明	4	18
合　　計	22	100

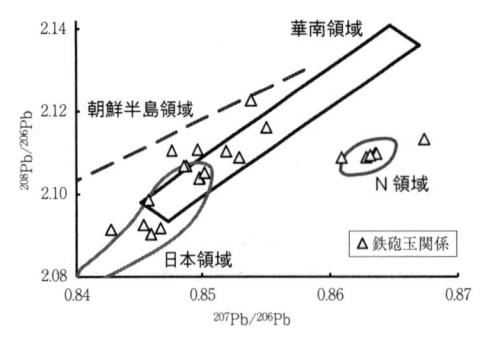

図10　大分県大友豊後府内町跡から出土した鉛玉の鉛同位体比分布（A式図）

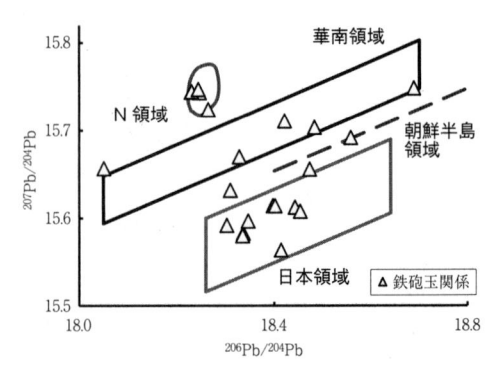

図11　大分県大友豊後府内町跡から出土した鉛玉の鉛同位体比分布（B式図）

鉛は銀生産のためにも利用されたはずなので、鉛の総生産量が足りなかった可能性もある。また、鉛が火薬とセットで外国から導入されていれば、鉛玉材料として外国産鉛が導入された可能性は十分にある。国内産の鉛は主として、銀製錬と鉛玉に回され、一般にはそれ程たくさんの量が出まわらなかったのだろうか。

　ポルトガル船側から考えると、鉛が火薬とセットの商品だと日本でより高く売り付けることができる。その鉛も東南アジアで中国よりも安く手にいれられれば、当然東南アジア産の鉛が多くなり、中国産鉛は少なくなるだろう。そんな構図がこれらの数値から見えてくる。ただし、22点の鉛玉では少なすぎるので、より数多く検出され、鉛同位体比が測定されれば、これらの推論を補強できる。また、銀の生産拠点、たとえば石見銀山や佐渡の金銀山で鉱山滓としてこれら外国産の材料が見つかるかどうかも重要な点である。

　この時期に日本で鉛生産量がどれほどあったのかは問題であるが、外国産の鉛が鉛玉の2/3を占めていたことから、この鉛と火薬が日本の戦国時代における戦争の基盤を支えたことは明白であり、また銀鉱山でも外国産鉛が見つかれば、日本の経済にも外国産鉛が影響を与えたことになる。ただし今までのところ、石見銀山でも佐渡金銀山でも、日本産鉛が利用されたことはわかっているが、外国産鉛の形跡は見つかっていない（後述）。

(4)　田中城跡の鉛玉

　熊本県の北部、旧三加和町（みかわまち）の和仁城跡［通常、田中城跡と呼称（1587年：秀吉軍5万と籠城側一揆軍2,000との戦跡）］から鉛製鉛玉56点が出土している[16]。これら鉛玉の鉛同位体比分布を図12と図13で示す。

　図から、N領域産の鉛がかなり多い比率で含まれていることが示される。また日本や中国産材料領域に含まれない資料もある。そこで、これらの図から産地をまとめると表3となる。外国産の鉛は合計すると50％を超える。この戦いにおける軍勢の数を考えると、ほとんどの銃弾は秀吉軍側から発射されたと推測される。鉛玉の数が56点とかなり多くなったことはそれだけ全体傾向を把握する信頼性が増してくる。鉛同位体比分布から外国産鉛がこれだけ多く利用されていることは全国制覇を目指す秀吉軍にとっては当然の結果かもしれない。すなわち、豊臣秀吉も織田信長の鉄砲を主体とする戦法を踏襲し、外国産の鉛と火薬を積極的に輸入していたと推測される。

　すなわち、田中城の鉛玉に日本とタイの鉛が主として利用されていたことから秀吉が外国産の鉛と火薬に自分の命運を託していたことが示唆される。大友宗麟の府内町出土の鉛玉にも外国産鉛の比率が高かったことは秀吉の戦略とも共通する。

　外国産鉛の利用頻度が高いことが偶然なのか、戦国時代に必然な結果なのかによって、外国産鉛の重要性が異なる。そこで、戦国時代の総決算ともいえる島原の戦いに関して調べてみる。

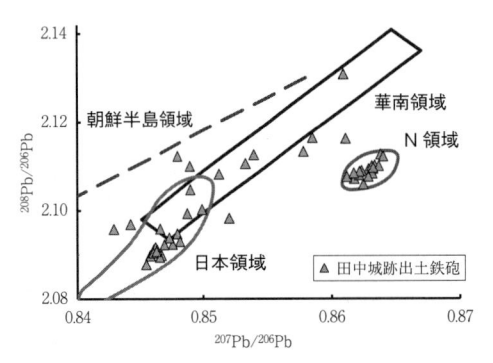

図12 熊本県田中城跡から出土した鉛玉の鉛同位体比分布（A式図）

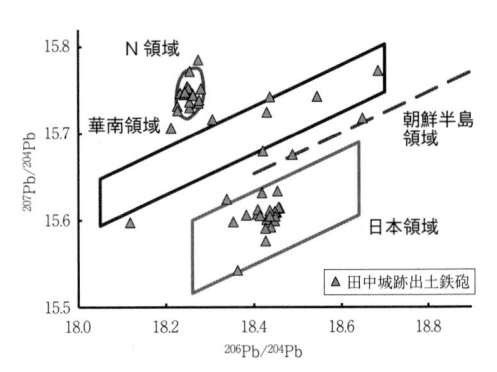

図13 熊本県田中城跡から出土した鉛玉の鉛同位体比分布（B式図）

(5) 長崎県島原半島の原城跡

鉄砲の威力は1637年の島原の乱と呼ばれる戦いに集約される[17]。幕府軍が12万6,000人、籠城軍が3万7,000人ともいわれ、4か月に亘って交戦が続いた。この戦いの意義や戦況の説明は他本に譲る。幕府側の攻撃軍ではその半数の兵士が鉄砲を持っていたといわれ、発射された鉛量は10tにのぼると推定される（例：1挺の鉄砲で20発発射。銃弾1発が10gと仮定。20発×10g=200g、200g×60,000=12,000,000g。12tの鉛）。

表3 熊本県田中城跡から出土した鉛玉の産地の分布

産地	鉛玉数	比率(%)
華　　南	6	11
朝鮮半島	3	5
日　　本	25	45
タイ・ソントー	21	37
未知地域	1	2
合　　計	56	100(%)

今までの発掘で約1,000点の鉛玉をはじめとして、キリスト教関連遺物、鉄砲、人骨など当時の生々しい実態が明らかになりつつある。それぞれの資料が示す意義が大きいので、鉛玉、キリスト教製品、銀製品の3種に分けて次にまとめる。

Ⓐ鉛玉：

現在、発掘の途中であり、また測定の途中であるが、鉛玉約200点の鉛同位体比分布が図14と図15で示される。

これら鉛玉の産地に関する特徴は次のようにまとめられる。

1）日本産と推定される鉛は50％を超える。

2）タイ・ソントー鉱山産の鉛（N領域）は20％程度含まれており、中国・朝鮮半島・その他産の鉛はソントーと比べると少ない。このことは1603年に徳川幕府となって、30年以上経った後でも、まだ鉛玉材料としてタイ・ソントー鉱山産の鉛が重要であったことを示唆している。

3）朝鮮半島産材料が多くなる。図14と図15には少ないながらも朝鮮半島産材料と推定される鉛が含まれており、朝鮮半島との交流は少ないながらも繋がっていることが示される。また、産地がわからない資料もある。このことはまだ知られていない産地、たとえば、ベトナム、フィリピン、ミャンマーなどに鉛鉱山があるため、確定できない部分である。加

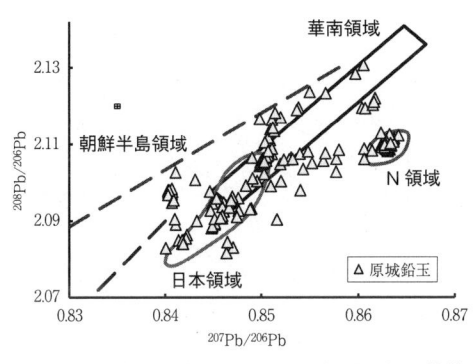

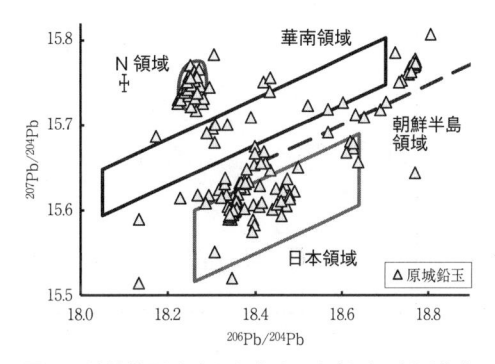

図14 長崎県原城跡から出土した鉛玉の鉛同位体比（A式図）

図15 長崎県原城跡から出土した鉛玉の鉛同位体比分布（B式図）

えて、他国の材料でも、たまたま日本産材料領域と重なる分布を示す鉱山がないとはいえない。このように戦国時代における鉛の産地はまだ解明し尽されていないので、今後の展開は重要である。

各大名は鉄砲用に鉛をどれだけ備蓄していたのだろうか。金沢城、江戸城の鉛瓦が備蓄のためかどうかはわからないが、注目すべき鉛である。鉛を重要視した例として、江戸幕府初期に、家康自身が鉛を中国から購入していると文書に残っている。またオランダの使節が家康を表敬訪問した際に持参した献上品目の中に、黄金杯2杯、象牙などとともに鉛約1tが含まれている事があげられる。火薬をどうしたのかはわからないが、流通する物資の中で鉛が重要品目の一つであることを示唆している

Ⓑキリスト教製品：

原城跡からは鉛製の十字架や青銅・真鍮製のメダイが出土しており、それらの鉛同位体比を測定したので、図16と図17として示す[18]。

十字架やメダイが原城内にあったことは籠城軍側にキリスト教徒が参加していたという傍証であろう。鉛製の十字架は籠城してからでも原城内で作ることができる。これらの鉛同位体比図から十字架にはタイ・ソントー鉱山産の鉛材料が、あるいはソントー産鉛と日本産鉛との混合材料が頻度高く利用されているということもわかる。また、メダイには真鍮製の場合があり、その中のいくつかはスペイン・バルセロナで見られた16-18世紀のメダイと同様の鉛同位体比が確認された[19]。

このことは真鍮製のメダイに関してはヨーロッパからもたらされた可能性を示唆している。また、鉛製の十字架にはソントー産の鉛が用いられていることから、宣教師によって持ち込まれた鉛で作られたと考えられる。ここは大きな問題である。外国商人が鉛を貿易で取り扱う場合に鉛と火薬をセットにすればより高く売ることができる。すなわち、宣教師は貿易商人と同様に鉛と火薬をセットで持ち込んでいる可能性が高い。おそらく、東南アジアで鉛（と火薬）を手に入れ、中国で火薬を手に入れ、両方をセットとして、キリスト教とともにこれらを持ち込んでいたのであろう。このことは大友の遺跡の場合にも共通している。

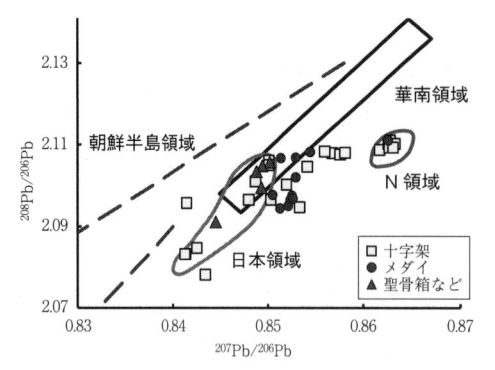

図16 長崎県原城跡から出上したキリスト教関連資料（A式図）

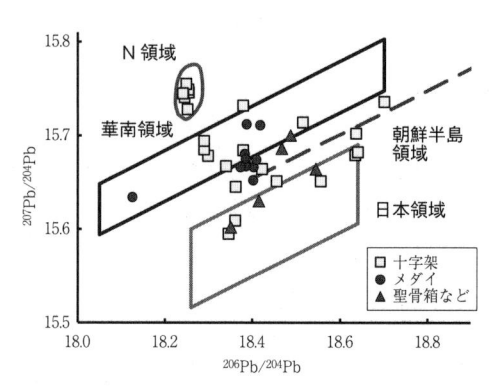

図17 長崎県原城跡から出土したキリスト機関連資料（B式図）

このようにして、外国産鉛が鉛玉材料として流入していたが、日本における鉛生産はどうなっていたのだろうか。鉛は銀生産のために大量に消費される。その量は鉛玉とは比較にならないほど多かったろう。銀生産に利用された鉛の産地に関しては未だ証拠が十分には揃っていない。各銀鉱山には資料が残っているのかもしれないが、十分に調べ切れていない。そこで、次節以下で江戸時代初期に利用されたと推定される銀生産用の鉛に関して示す。

ⓒ銀製品：

原城の遺物の中に、豆板銀が20点ほど含まれている。これらに関して、鉛同位体比測定の結果を図18と図19で示す。

銀に含まれる鉛は灰吹法で使われた材料鉛と考えられる。灰吹法とは大量の融解した鉛の中に銀鉱石を加え、銀を鉛に溶かして抽出する方法である。それ故、この製錬時に用いられた鉛が最終的には銀の中に残っているはずである。そしてその鉛は銀製錬のためにどこの産地の鉛が利用されたかを示唆する。しかし、原城跡で発掘された豆板銀がどこで生産された銀であるかはわからないが、とりあえずお互いの生産地に関わらず市中から集まった豆板銀と仮定して考えてみる。結果は日本産材料だけと示される。鉛玉やキリスト教関連製品に関

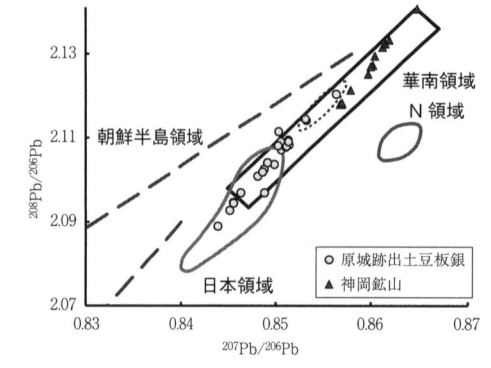

図18 長崎県原城跡から出土した豆板銀の鉛同位体比分布（A式図）

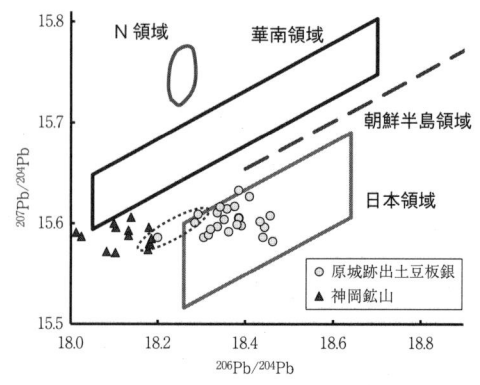

図19 長崎県原城跡から出土した豆板銀の鉛同位体比分布（B式図）

しては外国産鉛が多く影響しているが、銀製錬には日本産鉛だけが利用されているように見える。この分布から、材料はかなりばらついているように見えるが、いくつかは系統的な分布と見えないこともない。その一つとして、岐阜県神岡鉱山の鉛が使われているように示唆される。しかも、破線で囲ったA式図の資料3点はB式図で囲った3点であり、神岡鉱山産鉛と一般的な他の日本産鉛とを混合して用いているように見える。あるいは神岡産鉛で製錬した銀があり、日本産鉛で製錬した別の銀があり、これらの銀が銀材料となってから混合されたかも知れない。

3　銀の生産

　当時の日本で銀を生産する有名な鉱山は石見銀山であり、また佐渡金銀山だろう。そこで、石見銀山へ行き、石見銀山資料館館長の仲野義文氏の案内で、銀製錬に利用された製錬鉛滓を20点ほどを調べてみた。その結果は図20と図21のようになり、日本産材料だけが利用されていることがわかった。

　これらの資料は年代がそれほど確実ではなく、江戸時代のどの時期に利用された鉱滓であるかよくわかっていない。それ故、これら資料に関しては再調査が必要かも知れない。しかしながら、これら資料に日本産材料のみが利用されていることには重要な意味がある。また数値がばらばらでないことから、お互いに関連する製錬滓である可能性を示唆する。関連性があるということは、たとえば同じ鉛鉱山から採掘された鉛、あるいは2種類の鉱山から得られた鉛を混合している鉛であるかも知れない。

　これら鉛の産地として石見銀山近くの鉛鉱山（石見鉛鉱山と大屋鉛鉱山）が考えられる。これら鉱山は石見銀山の北約10kmのところにあり、山陰本線の大田市駅の西、五十猛駅の近くである。両鉛鉱山から、方鉛鉱（鉛生産の主鉱物で鉛とイオウの化合物［PbS］）資料を採取し、鉛同位体比を測定した結果が図20と図21で示される。両図から、石見鉛鉱山は鉱滓の分布から離れているが、大屋鉛鉱山はまさに鉱滓分布の中央に含まれる。このことから、石見鉛鉱

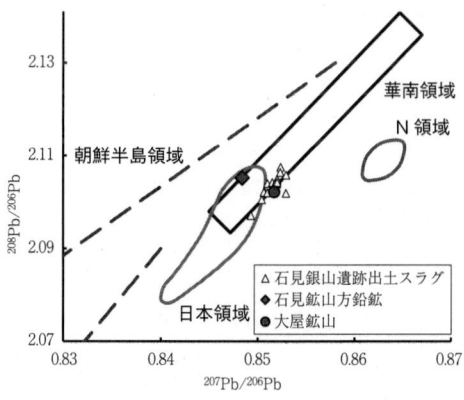

図20　島根県石見銀山跡の鉛鉱滓が示す鉛同位体比（A式図）

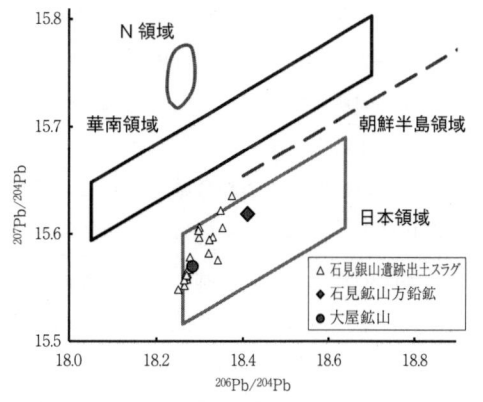

図21　島根県石見銀山跡の鉛鉱滓が示す鉛同位体比（B式図）

山産の鉛は今回分析した鉱滓とは分布が異なるので、使われていなかったろう。しかし、大屋鉛鉱山産の鉛が鉱滓の中心に位置することから、先に測定された約20点の鉱滓資料は大屋鉛鉱山から得られた鉛で銀を製錬した残渣であるという証拠になる。仲野氏によれば、この大屋鉱山の坑道内で江戸時代に鉛を採掘した跡が見つかっているという。このことからも、大屋鉛鉱山産の鉛が石見銀山で利用されていた可能性が高いといえる。

類似資料として、新潟県の佐渡金銀鉱山跡で172枚（約7t）の鉛塊が発見されている。これら資料は文献から1675年に保管された鉛塊の一部であると推定されている。これら資料の発見あるいは意義に関する詳しい情報はそれぞれの報告書に譲るが、鉛同位体比測定から、172枚すべての鉛塊がほとんど同一の値を示した。鉱山としては新潟県村上市の蒲萄鉱山産の鉛と同位体比が一致している[20]（本書魯・平尾論文参照）。また、佐渡には鶴子鉱山という佐渡相川の金山よりも古くから利用されていた鉱山がある。この鉱山から得られた古い鉱滓からも、蒲萄鉱山産鉛と類似した鉛同位体比が検出されている。これら2つの鉱山から得られた鉛塊は鎖国後の資料であり、国内産鉛の利用は当然といえば当然であろう。鎖国前の資料に関しては今のところわからない。より詳しい鉛鉱山の解析は今後の資料に依存する。

4　江戸時代の鉛

江戸時代に入ると、戦争に明け暮れしたそれまでの時代とは違い、社会的に落ち着き始めたと考えられる。そこで、鉛の利用について考えてみると、

1）江戸時代の鎖国以降、鉛の生産量は日本国内産で十分量となる。
2）銀製錬用の鉛を国内産でまかなえるようになる。
3）火薬が日本でも生産できるようになり、必要量はまかなえるようになる。そうなると、外国産の鉛と火薬を購入する必要がなくなる。

などという状況になると考えられる。

江戸時代初期において、宣教師が布教活動の一環として鉛と火薬を持ち込んでいたとすれば、これは江戸幕府にとって重大な問題である。織田信長や豊臣秀吉の時代には天下統一という目標があり、また石山寺の仏教徒に対抗するためなどの諸事情が重なり、キリスト教とともに外国産の鉄砲と鉛、火薬を大いに利用した。その後、徳川政権になって天下が統一されると、鉛と火薬を外国船が日本へ持ち込み、各地の大名がそれらを備蓄することは幕府側にとって軍事的に大きな脅威であろう。豊臣秀吉、また徳川家康は当時の大名が長崎や平戸でキリスト教会へ土地を提供したことから、キリスト教そのものを禁止する処置をとる。しかし実際のところは宣教師が教義とともに鉛と火薬を日本へ持ち込むことを快くは思っていなかったからだろう。それ故、長崎にあったキリスト教会へ提供された土地をとりあげ、また、宣教師の流入を制限するようになる。そのような状況下で1637年に島原の乱が起きたことは幕府にとって重大な脅威となったであろう。

これらのことから推測すると、幕府が島原の乱を契機として、1641年に鎖国体制を敷いた

ことは、外国からの鉛と火薬の流入を防ぐ意味が本意ではないだろうか。名目としてはキリスト教を布教させないため、実質は鉛と火薬の輸入を禁止するための処置と考えることもできる。具体的には、もし、第2、第3の島原の乱が起きたならば、再度12万の大軍を出兵させる政治力あるいは経済力が江戸幕府にあったかどうかの問題である。幕府がこのような事態を恐れたとすれば、鎖国体制を敷き、島原の乱を「特別な乱」として取り扱い、「キリスト教を布教させない」ためという名目で、鎖国体制を作り上げたとも考えることができる。こう考えると、島原の乱は江戸幕府にとって非常に大きな方針を決めるきっかけとなった戦いであり、特殊例としての島原の乱ではなく、日本史の大きな転換点だったと考えることができる。

　江戸幕府は鎖国政策をとりながら、一方でオランダ船を長崎出島へ入港させて、貿易を続けている。すなわちキリスト教に関係なく貿易をしてくれるオランダは日本にとって必要だったのであり、外国とのつながりを完全に切ったわけではないのである。また、中国船の入港も密かに認めていたといわれる。一説には年間50隻もの中国船が日本へ寄港していたという。外国との貿易に重要性を認めながら、それを鎖国という体制で維持しようとした理由は鉛と火薬の流入を阻止するためではなかったろうか。

（1）古寛永

　江戸時代の鉛材料が鎖国前と鎖国後と異なる例は寛永通宝で示されるかもしれない[3, 21]。1636年から1659年までに発行された寛永通宝を通常「古寛永」と呼び、1668年以降に発行された寛永通宝を「新寛永」と呼ぶ。1659年までという年代は必ずしも鎖国前（1641年以前）とは言い難いが、鉛を大量消費した一つの例として考えてみる。これら貨幣の鉛同位体比分布は古寛永通宝に関しては図22と図23、新寛永通宝に関しては図24と図25で示される。

　古寛永通宝に関する二つの分布図を見てみると、日本産材料が利用されている比率が非常に高い。そして図22の中央部分の日本と中国の両方に関わる領域に分布する資料は図23の中央部の中国産材料領域に分布している資料でもある。それ故、中国産材料が一部含まれているが、主体は日本産材料であることがよくわかる。寛永通宝の発行量は非常に多いのに対して、鉛同位体比を測定した寛永通宝が約200枚であることを考慮するとどれだけ全体の傾向を反映しているかは問題であろう。また、鉛同位体比は鋳造場所や材料の流通地域にも影響を受けているかも知れない。その意味では資料をどのように集めたか、あるいは古寛永・新寛永の判断にも問題があるかも知れない。しかし、市中で使われた資料のある断面を示しているはずである。

（2）新寛永

　新寛永通宝の鉛同位体比分布は図24と図25で示される。これらの図では日本産材料を利用する率が古寛永通宝よりも多くなることが示されている。これは鎖国のために外国産の材料

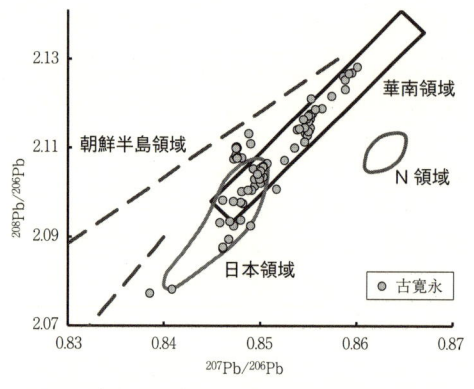

図22 古寛永通宝の鉛同位体比分布（A式図）

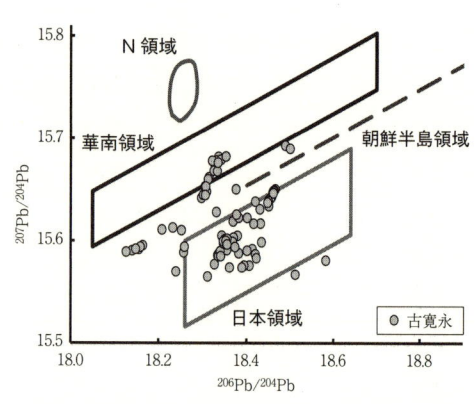

図23 古寛永通宝の鉛同位体比分布（B式図）

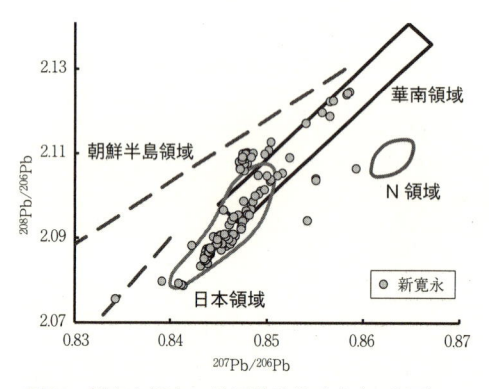

図24 新寛永通宝の鉛同位体比分布（A式図）

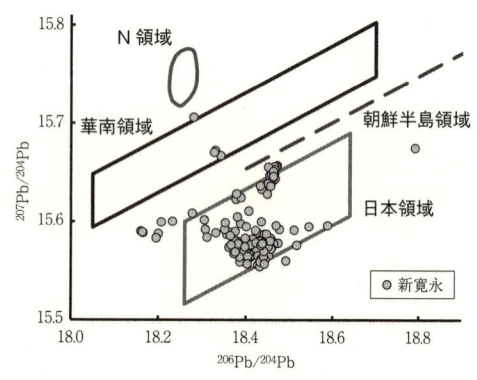

図25 新寛永通宝の鉛同位体比分布（B式図）

が入手できなくなったからという事情を端的に示している。しかし、ソントー鉱山産の鉛と日本産鉛との混合と推定される資料が一部（4点）見える。これは本来ならばソントー鉱山からの鉛の輸入が続いていると判断できなくはないが、それよりも江戸幕府が安定してきて、鉄砲玉用に備蓄されていた鉛が一部放出されたと見ることの方がより無理が少ないと思われる。しかしながら、この鉛材料に関してはまだ研究の余地が残っていそうである。

　江戸時代になると、鉛の生産は寛永通宝に、また銀精錬のために日本産材料が利用されていることから、鉛は十分に生産され、外国産鉛に依存する必要がなくなったのであろう。しかし江戸時代の文献には外国産鉛の輸入、あるいは日本産鉛の生産が追いつかないため品薄状態で、供給が不安定であったことなどが記されているとも言われ、江戸時代の鉛供給の問題はまだまだ奥が深そうである。

5　鉛塊の輸入

　時代を少しさかのぼって、戦国時代に話題を戻そう。鉛はどこから、どのような経路で日本へ輸入されたのだろうか。アユタヤの博物館等に残る文書には銅、錫、鉛は棒状の棹として、流通していたと記されている。しかし、大分市の豊後府内の遺跡からは図26で示される

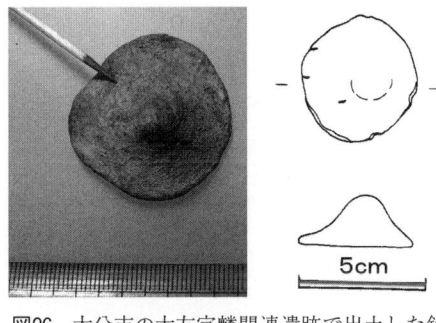

図26 大分市の大友宗麟関連遺跡で出土した鉛塊（大分県教育委員会提供）

図27 ソントー鉱山にあった鉛製作用鋳型

形をした直径 37mm、高さ 14.6mm、質量 55g の円錐形の鉛塊が 1 点出土している。また類似した形の鉛塊は長崎市の万才町から 2 点、高知県の長曾我部資料館には岡豊城から出土した 1 点が所蔵されている。さらに長崎県五島列島の小値賀島から 1 点、和歌山県で 2 点、静岡市の駿府城遺跡から 2 点出土している。これら出土した資料の鉛同位体比を測定してみると、すべてタイ・ソントー鉱山鉛と一致しており、産地が同一であると示されている。日本におけるこれら資料の出土地をまとめると次のようになる。

1）大分県大分市府内町出土 1点：長径37.0mm、高さ14.6mm、質量 55.21g

2）長崎県長崎市万才町出土 1点：長径49.4mm、高さ20.6mm、質量146.08g

3）長崎県長崎市万才町出土 1点：長径37.9mm、高さ14.4mm、質量71.74g

4）高知県高知市長曾我部資料館 1点：長径 50.1mm、高さ22.3mm、質量190.22g

5〜9）フィリピン・マニラ沖サンディエゴ号 5点 法量未測

10）長崎県小値賀島海底 法量未測 1点

11, 12）静岡県静岡市駿府城遺跡 法量未測 2点

13）和歌山県和歌山市城山遺跡 1点：法量 長径5.1cm、高さ2.1cm、質量147.1g

14）和歌山県和歌山市城山遺跡 1点：法量 長径4.9cm、高さ2.0cm、質量137.1g

これらの例が集まれば集まるほど鉛塊が鉛材料として日本へ運ばれたことがより確実な証拠となるだろうし、日本のどこへ運んだかに関して推測が成り立つ。

たとえば、高知県の長曾我部氏が持っていたことと、和歌山市にあったことは東南アジアでこの鉛塊を手に入れた外国船（中国のジャンク船？）が高知、さらに和歌山を経由して、堺へ到達していることを予想させる。そしてそれらが織田信長に繋がったのではないだろうかと。あるいは織田信長と長曾我部氏は友好関係にあったため、信長からこの鉛を供与されたとも考えられる。和歌山の資料は根来衆、雑賀衆などとの関連を示すものかもしれない。

この円錐形の鉛塊が鉛素材であるかどうかの判断は難しいと考えていたが、いとも簡単に明らかになった。タイ・カンチャナブリ県のソントー鉱山の鉱山管理室に、図27で示されるような鋳型が置いてあったのである。鉱山管理の説明者によれば、このような鋳型はソントー鉱山でいくつも見つかるという[22]。この鋳型こそ日本で見つかった鉛を作った鋳型と

同類と考えられる。もちろん、鋳型はいくつもあったろうから厳密には形が違っていても当然である。前述の円錐形鉛塊の鉛同位体比を測定すると、すべてがN領域の中に分布した。

ここで、長崎市の資料、長曾我部資料館の資料などがソントー鉱山の鉛同位体比と「同一の値を示すであろう」という場合と、「同一の値であった」というのでは歴史的な価値が異なる。それ故に、実際の測定が重要になってくる。このうち、長曾我部資料館の鉛塊は城壁近くの発掘で、鉛玉1点とともに検出されている。鉛玉の同位体比もソントー鉱山鉛と一致していることが調査の結果わかっている。このことから、この塊がもっとあったことが予想される。そして、これらの推定が測定で裏付けられれば、この塊から鉛玉を作っていることの直接の証明にならないかということである。

フィリピンのマニラ沖で見つかったスペイン船サン・ディエゴ号は1600年にオランダとの海戦で沈没したとされており、その積み荷の中に船の歯科医用の道具とともに5つの円錐形鉛塊が発見された（図28）。これらがどんな目的で利用されたのかわからないが、鉛同位体比を調べてみるとソントー鉱山産の鉛と同じ同位体比を示した。歯科道具と一緒ということであれば、あるいは虫歯の詰め物用だろうか。

タイでは全時代を通じてソントー産の鉛をふんだんに利用できていたと考えられる。アユタヤ時代（14～18世紀）の資料には鉛製のコイン、鉛製仏像、仏像が線彫りされた鉛塊、鉛製ネックレス、鉛製錘、鉛入り銅製品などが数限りなくある。これら資料の鉛同位体比を測定してみると、そのかなり多くの部分がソントー鉱山と同一の同位体比を示す。そうなると、この鉱山がいつ頃から開かれていたかという問題になる。鉛が豊富に産出されていなければ、このような利用はできない。

これに関して、上述の鉛製品の鉛同位体比を測定している時に、タイにおいて考古学的な発掘調査で出土した紀元前3世紀頃の青銅資料に、N領域の鉛材料が用いられていたことが確認された[23]。また、8世紀以降のタイのシーテープ[24]出土の鉛製仏像、仏絵鉛塊などからも同一鉛同位体比が検出された。加えて、12～14世紀のアンコール・トムの発掘現場から得られた鉛製品にもソントー鉱山産鉛と同一の鉛同位体比が検出された。

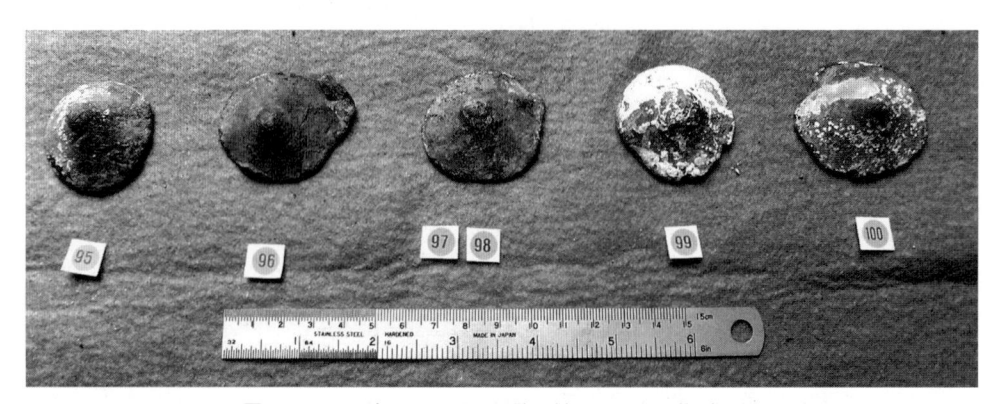

図28　マニラ沖サンディエゴ号で見つかった円錐形の鉛

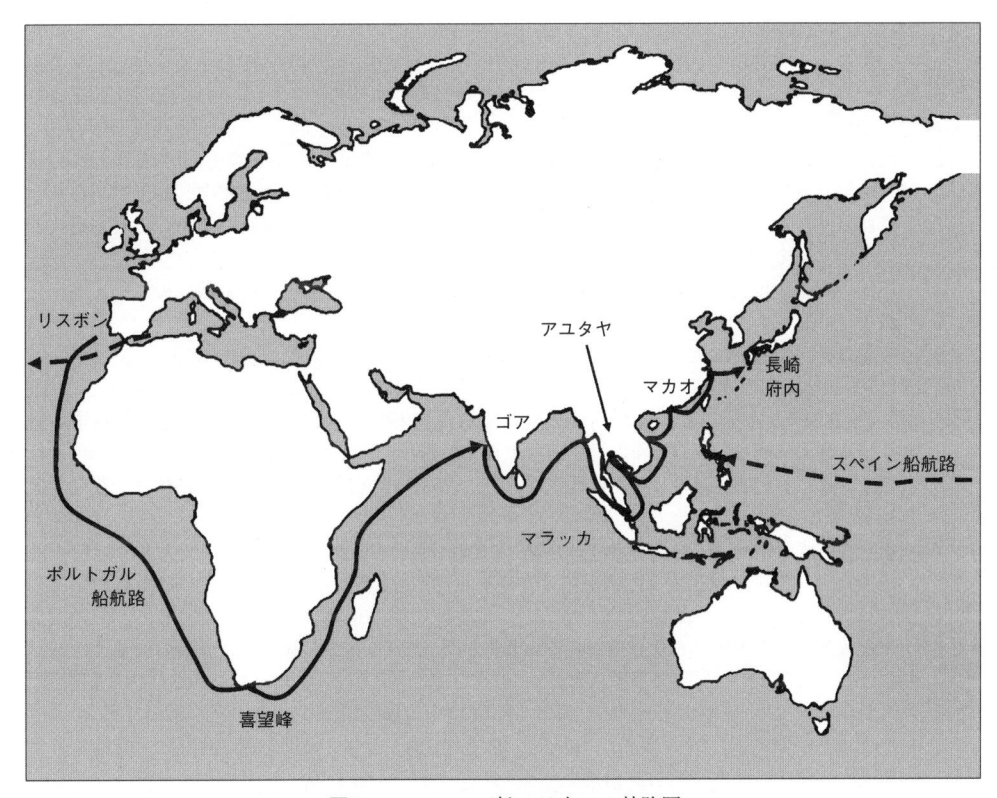

図29 ヨーロッパ船の日本への航路図

ポルトガルは1510年ゴアへ。1513年広東へ。その後、1543年に日本の種子島へ。スペインはポルトガルより遅れて、太平洋航路で1571年マニラへ。その後日本へは1580年代に来航。

　そして、16～17世紀の日本の鉛製品にもソントー鉱山と同一の鉛同位体比が確認されている。それ故、2003年にこの鉱山が閉鎖されるまで、少なくとも紀元前3世紀から現代、21世紀まで継続的に利用されていたと推定される。ちなみに閉山直前の鉛生産量は4万t/年、埋蔵量は数百万tと推定される。

　このような歴史の流れの中で、16～17世紀頃に図29で示されるように、ポルトガル船やスペイン船がアユタヤへ、またパタニ[24]へ来航していることから、これらの船が鉛とともに火薬（あるいは硝石）を積み込み、日本へ向かったのだろう。火薬は中国で積み込んだかも知れないが。

　ポルトガルのアジア進出は1498年にインドのカリカットへ、そして1510年ゴアへ、その後1511年マラッカへ、そして1513年広東へ、1543年に日本の種子島へと進んだ。スペインは太平洋を横断する航路でアジアへ到達し、1571年にマニラを征服し、セブ島などへ進出する。日本とは1580年代から接触した（実質的には1590年代から）。オランダは1619年にインドネシアのバタヴィアを要塞化する。

〔引用文献および注〕

（1）　仲野義文「石見銀山と灰吹き法」（別府大学文化財研究所・九州考古学会・大分県考古学会編『キリシタン大名の考古学』別府大学文化財研究所企画シリーズ②、「ヒトとモノと環境が語る」、思文閣出版、2009年、142-143頁）。

（2）　馬淵久夫、平尾良光「鉛同位体比による水落遺跡出土銅管の原料産地推定」（奈良国立文化財研究所編『飛鳥・藤原宮発掘調査報告Ⅳ——飛鳥水落遺跡の調査——』1995年、143-150頁）。

（3）　斉藤努「日本の銭貨の鉛同位体比分析」（斉藤努編「同位体・質量分析法を用いた歴史資料の研究」国立歴史民俗博物館研究報告86集、2001年、65-128頁）。

（4）　原田一敏、平尾良光「東京国立博物館所蔵経筒の科学的研究——蛍光X線分析、鉛同位体比法分析——」（『東京国立博物館紀要』41、2006年、151-250頁）。

（5）　平尾良光「鉛同位体比法の応用——歴史資料の産地推定——」（RADIOISOTOPES 57、2008年、709-721頁）；平尾良光「鎌倉大仏の素材は中国銭」（Isotope News No.656、2008年、22-27頁）；平尾良光、早川泰弘、鈴木浩子「高徳院鎌倉大仏周辺から出土した銅塊の自然科学的研究」（『鎌倉大仏周辺発掘調査報告書』鎌倉市教育委員会、平成13年度、2002年、34-43頁）。

（6）　青方文書：七〇順性御物以下注進状案（『青方文書第一』校訂　瀬野精一郎、続群書類従完成会、1986年、62-67頁）。

（7）　新安沖海底遺物『韓国中央博物館カタログ』（2007年）244-249頁。

（8）　馬淵久夫「雲版の現在量はどこからきたか」（『国宝と歴史の旅（7）鎌倉大仏と宋風の仏像』「日本の国宝」、2000年、33頁）。

（9）　平尾良光、榎本淳子「古代日本青銅器の鉛同位体比」（平尾良光編『古代青銅の流通と鋳造』鶴山堂、1999年、29-41頁）；平尾良光、早川泰弘、金正耀、トム・チェイス「古代中国青銅器の自然科学的研究」（平尾良光編『古代東アジア青銅の流通』鶴山堂、2001年、187-252頁）；平尾良光「鉛同位体比法」（平尾良光、山岸良二編『青銅鏡・銅鐸・鉄剣を探る』文化財を探る科学の眼-3、国土社、1998年、13-19頁）。

（10）　平尾良光、榎本淳子「鉛製弾丸の自然科学的調査、釘・錠の化学的調査」（文化庁編『東大寺南大門国宝木造金剛力士立像修理報告書本文編』1993年、142・156頁）。

（11）　西田京平、平尾良光「設楽原、長篠城跡から出土した鉛玉の鉛同位体比」設楽原を守る会へ報告（2011年）；西田京平、平尾良光「愛知県新城市設楽原の石座神社遺跡から出土した金属製品の産地推定」愛知県埋蔵文化財センターへ報告（2011年）。

（12）　桐野作人『火縄銃・大筒・騎馬・鉄甲船の威力』（新人物往来社、2010年）。

（13）　半減期：元素が放射能を出して壊変するときに、今ある量の半分になるまでにかかる時間。

（14）　馬淵久夫「漢式鏡の化学的研究（3）——鉛同位体比法に鉛モデル年代の導入を提案する——」（『考古学と自然科学』63号、2012年、1-27頁）。

（15）　大分市教育委員会、大分県教育委員会発行の各『中世大友府内町跡調査報告書』（1996～2012年）。

（16）　熊本県玉名郡三加和町教育委員会『田中城跡』三加和町文化財調査報告　第11集・12集（1997年）。

（17）　長崎県南有馬町教育委員会『原城跡Ⅱ』南有馬町文化財調査報告書第3集（2004年）；『原城跡Ⅲ』南有馬町文化財調査報告書第4集（2006年）。

（18）　魯禔玹、平尾良光「原城跡出土のキリスト教関連製品の鉛同位体比分析」（『原城跡Ⅳ』南島原市文化財調査報告書第4集、長崎県南島原市教育委員会、2010年、239-247頁）。

（19）　Jihyun Ro, Yoshimitsu Hirao, Hitomi Asano, Koichi Goto, "Lead Isotope Ratios and Chemical Compositions of Christian Medals in the Museu Nacional d'Art de Catalunya (Barcelona, Spain)", *Junshin Journal of Grants-in-Aid for Scientific Research*, No. 1, 2012, pp.31-48.

（20）　魯禔玹、平尾良光「佐渡奉行所跡から出土した鉛板・鉱石の鉛同位体比分析」新潟県教育委員会へ報告（2012年）。

（21）　矢野雅子「稲荷谷近世墓地から出土した寛永通宝の鉛同位体比分析」平成16年度別府大学大学

院修士論文（2004年）。
(22) Waiyapot Worakanok: The Standard and Characteristic of Lead Deposits of Thailand, Bureau of Mineral Resources, Report of Department of Mineral Resources, Bangkok, Thailand (published in Thai), 2009.
(23) Yoshimitsu Hirao and Jihyum Ro, "Chemical Composition and Lead Isotope Ratios of Bronze Artifacts Excavated in Cambodia and Thailand", ed. Yoshinori Yasuda, *Water Civilization from Yangtze to Khmer Civilizations*, Springer Publisher, 2013, pp.247-312.
(24) シーテープ（Si Thep）：バンコクから北東へ約200kmにある古代都市。8世紀から12世紀頃まで栄えた。古代建築、仏像、仏絵鉛塊などが有名。
(25) パタニ：タイのマレー半島中央部東側にあった当時の貿易港。

〔追記〕 タイの鉛関連資料を提供して下さった山村道生氏に感謝致します。

コラム③

16世紀後半のアユタヤ交易と日本

岡　美穂子

▶中継交易港マラッカとアユタヤ◀

　1511年、アフォンソ・デ・アルブケルケの艦隊によるマラッカ（ムラカ）攻撃により、ポルトガル人たちはアジアの交易ネットワークに参入するための強力な礎を掌中におさめた。1498年、喜望峰をまわってインド西沿岸部の港町カリカットに到着したヴァスコ・ダ・ガマは、その町で取引される商品の中に、中国産の陶磁器や絹製品を見出した。そしてポルトガル国王以下、インド派遣司令官たちは、それらが積み出されるマラッカの地がアジア商品の重要な中継貿易港であることを知るにいたり、武力をもって、その地を占拠することを計画したのである。

　マラッカの攻略そのものは激闘の末、ポルトガル艦隊の砲撃の威力もあって、スルタン・マフムード・シャーと王族が脱出したことにより、比較的容易に運んだ。その背景には、マラッカ王国宮廷内の重臣によるポルトガル人との内通という事情もあった。マラッカ王国は建国当初、アユタヤ王国に朝貢する従属地域とみなされていたが、鄭和艦隊の南海遠征以来、より強大な明皇帝への朝貢と冊封を選び、アユタヤとの従属関係の解消を試みていた。アユタヤ朝とマラッカ王国の攻防は、ポルトガル人の侵攻時期まで続いていたが、王国同士の関係とは別に、両地域間では主にシャムのコメとマラッカに集積する諸地域の産物ならびに島嶼部出身の奴隷を交換する交易が続いていた。

　マラッカ王家離散後、司令官アルブケルケは現地の事情に精通した親ポルトガル派の役人を任命し、これまで同港が有してきた中継貿易港としての機能の維持を図った。マラッカを拠点に交易活動をおこなうケリン人（コロマンデル人）有力者を、マラッカ王国宰相の地位に任じ、このケリン人が所有する交易船に便乗して、ポルトガル人は初めて中国へと向かった。1513年にはマラッカからアユタヤへ向かう華人の船に同乗し、ポルトガル人使節がアユタヤ宮廷に到着した。以後、ポルトガル人が支配するマラッカとアユタヤとの間に通商関係が築かれることになる。

▶アユタヤのポルトガル人◀

　同時代のアユタヤ朝は近隣の王国、とくにビルマとの攻防が激しく、火縄銃や大砲などの西洋式武器を大量にもたらし、それを巧みに操るポルトガル人は歓迎され、戦時の傭兵としても重用された。ビルマのタウングー朝の祖バインナウンの勢力が増大し、1548年、王城のあるアユタヤにまで攻撃軍が襲来した際、ポルトガル人は当時のアユタヤ国王チャクラパットを護衛して、戦闘に参加している。

　このアユタヤ側のポルトガル傭兵の頭領は、ディオゴ・ペレイラと言い、マラッカから胡椒を中国沿岸部に輸送し、倭寇と取引して一躍ポルトガル人のアジア交易の雄となった人物であった。ディオゴ・ペレイラは日本にキリスト教をもたらしたイエズス会士フランシスコ・ザビエルと親交があった。ザビエルみずからポルトガル国王に対し、ペレイラをポルトガルのインド領国（エスタード・ダ・インディア）の官職につけるよう進言したが、それは実現せず、結局のところポルトガル人の商人集団の長にとどまり、最終的にマカオのポルトガル人自治区の非公式の首長として生涯を終えた［岡 2010：49-50］。

16世紀半ばのアユタヤは、ポルトガル人のマラッカ＝中国間の交易路における重要な港で、その航路を往来する船は基本的に同港に寄港し、島嶼部から積んできた香辛料や奴隷などを降ろし、鹿皮や蘇木、銀、鉛、その他鉱物などの中国向け商品を積み込んだ。また水夫のリクルートや船舶の修理、その他継続航路の安全状況などの情報交換が同地でおこなわれていた。

　中国人や日本人等の海寇勢力との交わりもアユタヤがひとつの拠点であったと考える。天文12年（1543）のポルトガル人種子島来航に関する『鉄炮記』の記事との相似性が指摘されてきた、1542年に華人の船で日本近海を漂流したポルトガル人について言及するアントニオ・ガルヴァン『新旧発見記』では、ポルトガル人はアユタヤで華人船に乗り組んだとある。その他、メンデス・ピント『遍歴記』でも、日本へ行く華人船を見つけるためにアユタヤ港へ向かう記述（第181章）などがあり、当時のアユタヤが東南アジア＝中国・日本間の交易路において、類稀な重要性をもつ港であったのは明らかであるといえよう。

▶16世紀の日本＝アユタヤ間の交易◀

　16世紀中頃以降、東南アジアと九州の間では活発な貿易がおこなわれていた。しかしそれは、ポルトガル人の「南蛮貿易」の陰に隠れ、従来、十分に考察が及んでいるとは言い難い。近年、鹿毛敏夫氏の研究では、大友宗麟が支配した豊後府内には天正7年（1579）、カンボジアから国書を携えた船が入港し、天正元年（1573）には宗麟自身が「南蛮国（アユタヤか）」に貿易船を派遣したことが明らかにされている［鹿毛 2011：20-28］。

　大友氏に限らず、永禄6年（1563）には大村領の横瀬浦にポルトガル人船長のアユタヤ発ジャンク船が［フロイス（9）：100］、同8年（1565）に五島に、ポルトガル人を4～5名乗せたアユタヤからの華人のジャンク船［岡本 1974：403］がそれぞれ入港している。また平戸の松浦隆信も天正4年に平戸出入りの華人海商郭大官と呉大老からアユタヤ国王の国書を受け取っており、これを受けて松浦氏はアユタヤから年1隻の派船を請う書状を送った［岩生 1966：128］。また、イエズス会準管区長ガスパル・コエーリョの報告には、天正15年（1587）、五島列島の港（詳細不明）に、アユタヤから商船が不時着し、それがポルトガル人の船であったため、同地の領主五島純玄は喜び、領内のキリスト教禁教政策を緩和したことが記録されている［岡本 1974：478-479］。

　このように日本近海と東南アジアを往来する船の船主の出身地はさまざまであったが、マカオを経由しないポルトガル人である場合もあった。このような東南アジアを拠点に交易をおこなうポルトガル人は、基本的にポルトガルのインド領国による交易管理の範疇に属さない、私貿易商人たちであった。

▶ポルトガル人の私貿易◀

　ポルトガル人の交易といえば、マカオ＝長崎間のように、ポルトガル国王が任命するカピタン・モールが名目上独占している航路の印象がかつては強かったが、近年は彼らのアジア域内交易において、ポルトガル王国の権益とはほぼ無関係の、私貿易商人による交易網が幅広く存在したことが重視されている。日本＝マカオ間においても、カピタン・モール船以外に、ほぼ毎年私貿易商人の個人商船が来航しており、九州のキリシタン大名の中には、これらの個人商船との取引によって鉛を独占的に入手し、それを契機にキリスト教に入信した有馬晴信のような者もあった［フロイス(10)：160］。

　すなわち16世紀後半のアユタヤ＝日本間の交易は、華人、ポルトガル人、日本人といったさまざまなエスニシティの人びとが、国家による管理を受けることなく、複数の民族からなるグループを形成して船舶を操業し、相互に入り乱れておこなうものであった。

▶アユタヤ⇒日本向け商品◀

　岩生成一によると、当時アユタヤで取引される商品のうち、日本でとくに需要があったのは硝石

と鉄である［岩生 1966：128］。アユタヤではシャム勢力下の広大な領土から採れるあらゆる種類の金属が取引され、また遠隔地から運ばれてくる商品も多彩であった。シャムに関するピント『遍歴記』の記述では「高地には、何千というあらゆる種類の船を造ることのできるアンジェリンの木（ツルサイカチ）の深い森がある。銀、鉄、鋼、鉛、スズ、硝石、硫黄の鉱山が多数ある。また、絹、沈香、安息香、漆、藍、木綿の衣類、ルビー、サファイア、象牙、金があり、しかもいずれも非常に大量である。海岸の林には蘇芳と黒檀があり、毎年100隻以上のジャンク船がシナ、アイナン（海南島）、琉球、カンボジア、チャンパに積みだしている……」（第189章）とある。

　筆者は以前、ポルトガル人による中国＝日本間の仲介取引（いわゆる南蛮貿易）のうち、ある年（1585-1600年までと推定）のカピタン・モールの「公貿易」で取引された商品の詳細が判明する報告書を分析した［岡 2010：100-101］。中国から日本へともたらされる主要商品のうち、中国産でないものは、シャム産の鉛とマレー半島の錫のみであった。一隻の公貿易船で運ばれるシャム産鉛の量は2000ピコ（120トン）と記載されている。同時期のジャンク船は大きいもので積載量300トンクラス、ポルトガル人のナウ船で平均500トンであるから、鉛が占める比重の高さがうかがえよう。すなわち、硝石、鉄、鉛という、火器の需要と普及にともなって不可欠となった商品の供給地であったアユタヤとの交易には、さまざまな勢力を惹きつけてやまない魅力があったのである。

▶日本⇒アユタヤ向け商品◀

　アユタヤは、戦国時代の日本に不可欠な商品を齎す交易相手であった。では日本からは代価として何を積み出していたのであろうか。第一に、16世紀中葉に開発が本格化し、朝鮮からの灰吹法の導入で生産力が飛躍的に向上した石見の大森銀山などで産出される銀は絶対的な存在であった。そして日明貿易でも主要な輸出品であった日本製の刀剣は、東南アジアでも需要が高く、1589年に記されたスペイン史料では、アユタヤへ向けて日本の船が大刀・長刀などを積んで航行していたところ遭難し、マニラへ不時着したことなどが伝えられている［岩生 1966：128］。

　そして明らかにカンボジア、シャム方面へ向けて積み出されたのは人的資源、すなわち「奴隷」であったことは、天正15年6月19日に福岡の名護屋で秀吉が発令した「伴天連追放令」の前日の日付を持つ覚書（伊勢神宮文庫）やそれに対応するフロイス『日本史』の記述に明らかである。

　伊勢神宮文庫の覚書は、従来「伴天連追放令」の草案として位置づけられている。そこでは、「大唐南蛮高麗へ、日本人を売り遣わし候事、曲事なるべし……日本に於いては人之売買停止之事」と記され、当時日本で、ポルトガル人商人相手に、相当な規模で人身売買がおこなわれていたことがわかる。ここでは売られる先は「大唐」「南蛮」「高麗」と記されるが、フロイス『日本史』には、「予（秀吉）は、商用のために当地方に渡来するポルトガル人、シャム人、カンボジア人らが、多数の日本人を購入し、彼らからその祖国、両親、子供、友人を剥奪し、奴隷として彼らの諸国へ連行していることも知っている」［フロイス（1）：322］とある。

　両者を対照すると、「シャム、カンボジア」が6月19日付の覚書の「南蛮」という一語に置換されたと考えられる。先述のとおり、天正年間に、九州大名領内の港町と東南アジアとの交易が盛んであったのは明らかであり、秀吉がいうように、朱印船貿易によって日本と東南アジアの往来が頻繁になる以前の16世紀後半から、実際に多くの日本人が東南アジアへ輸送されていたのであろう。

▶アユタヤの日本人と鉛◀

　慶長9年（1604）には、シャム在住の与右衛門という日本人が家康からアユタヤ＝日本間の通航を認める朱印状を受けている。この時点ですでにシャムに定住し、船を仕立てるほどに富裕な商人であったことから、この人物が16世紀中に渡航した者であったと考えても良いように思われる。ア

ユタヤの日本人町が、いつ頃から存在したかは不明であるが、1610年頃の時点で、シャムには少なくとも300人以上の日本人が居住していたといわれる［岩生　1966：130］。

アユタヤの『オランダ商館長日記』1633年9月26日の条には、日本人町の頭領糸屋太右衛門がオランダ人の交易にも現地との仲介者として差配をふるっていたことが記されている。

「太右衛門殿の斡旋で、鉛棒100本を、ひそかにペグー商人数名から（非常に安価に）1本100斤（≒60kg）を3テール4分の1にて買入れたが、ペグー人は、この鉛を上の地方の鉛鉱山から、通例河水氾濫期に持ち下って、必ず国王の手代に引き渡さねばならぬものにして、この商品取引は特に厳罰を以て禁ぜられているので、中国人、日本人ならびにコーチシナ人等のジャンク船が当地に来航しても、1本につき4、5または5タエル半にて売却され、その輸出も、多額の献上品を呈して許可されている。この鉛は疑いもなく、近々ひそかに日本に送られなば、同地にて10割以上の利益あるべく、かつ船荷として少しも場所をとらない」［岩生　1966：177］。

ここには、アユタヤのオランダ商館がシャム北部産の鉛を、日本人町の頭領糸屋太右衛門の斡旋で、通常は国王独占商品であるにもかかわらず、安価で裏取引にて入手することが可能となった経緯が記されている。またアユタヤで取引される鉛は、ペグー人が流通経路を独占している商品であったこともわかる。

これらの鉛は最終的にオランダ船で長崎へ運ばれたと考えられるから、日本と東南アジアの直接通交が不安定なものとなっていった時期、アユタヤ在住の日本人は、オランダ商館との取引も重視するようになっていったと考えられる。

寛永16年（1639）以降、日本での公の対外交易港が長崎に限定され、取引相手が唐船、オランダ船に限定された後も、シャム産の鉛はそれらの船で日本に輸入され続けたであろう。

〔主要参考文献〕

岩生成一『南洋日本町の研究』（岩波書店、1966年。初版1940年）

岡美穂子『商人と宣教師――南蛮貿易の世界――』（東京大学出版会、2010年）

岡本良知『十六世紀日欧交通史の研究』（原書房、1974年。初版1942年）

鹿毛敏夫『アジアン戦国大名大友氏の研究』（吉川弘文館、2011年）

メンデス・ピント（岡村多希子訳）『東洋遍歴記』第3巻（平凡社東洋文庫、1980年）

ルイス・フロイス（松田毅一・川崎桃太訳）『日本史』第1巻、9巻、10巻（中央公論社、1977～79年）

コラム④

タイ ソントー鉛鉱山

平尾良光・魯禔玹・土屋将史・ワイヤポット・ボラカノーク

　鉛同位体比の解析を進める中で、戦国時代になって既知の産地とは異なる同位体比を示す鉛の産地（N領域）が見つかった。この同位体比を示す鉛は戦国時代の日本で発見された鉄砲玉やキリスト教の十字架・メダイなど数種類の資料に現れた。

　この鉛の産地を調査した結果、タイ カンチャナブリ県のソントー（Song Toh）鉱山（バンコクから北西へ約250kmのビラウッタウン山脈中）から得られており、戦国時代に南蛮貿易で日本へ運ばれたことがわかった。

　日本におけるソントー鉱山産の鉛の初現は奈良市の東大寺南大門の仁王像で見つかった鉛玉であり、これは1563年の三好-松永の戦いで利用された鉄砲玉と推定された[1]。その後、同様の鉄砲玉は、愛知県の長篠の戦跡（1575年）、大分県の大友の館跡（1587年）[2]、熊本県の田中城跡（1587年）[3]、長崎県島原の原城跡（1637年）でも見つかった[4]。またキリスト教関連資料として、大友の遺跡から出土したメダイ、原城遺跡から出土した十字架やメダイにも見つかった。さらに、この鉛がインゴットとして、日本へ輸入されたことを裏付ける円錐形の鉛塊が国内で発見された。

　この同位体比を示す鉛は東南アジアで広く使われており、前3世紀のカンボジアのプンスナイ遺跡、同時期のタイのバンポンマナオ遺跡から出土した青銅器に利用された鉛と一致することがわかった[5]。この鉛は8-10世紀にタイ バンコク近くのターマサラ遺跡で検出されており、12-14世紀のアユタヤで鉛製コインとしても利用されていた。12-14世紀のカンボジア アンコールトム遺跡でも、大量の鉛が利用されており、そのほとんどがソントー産の鉛であった[6]。

　ここでソントー鉱山の鉛鉱石の同位体比がN領域を示すことはわかったが、N領域に含まれる鉱石がソントー鉱山産だけであるかどうかは次の問題である。もし同一の鉛同位体比を示す鉱山が別の山にあれば、N領域材料の産地は2つ以上あることとなる。そこでタイ北部の鉛鉱石資料を採取し、鉛同位体比を測定した。それらの鉛鉱山の地図を図1に示し、測定された鉛同位体比を表1で示した。これらの値を図化すると、図2と図3となる。

　ソントー鉱山近くのボーヤイ鉱山、ムエナン鉱山からの鉛鉱石はN領域に含まれ、タイ北部のバンクエッドチャン（Ban Kued Chang）鉱山、バンドンノイ鉱山（Ban Dong Noi）からの鉛鉱石は鉛同位体比の図でN領域とは有意に異なって位置した。このことはタイ北部の鉱山がソントー鉱

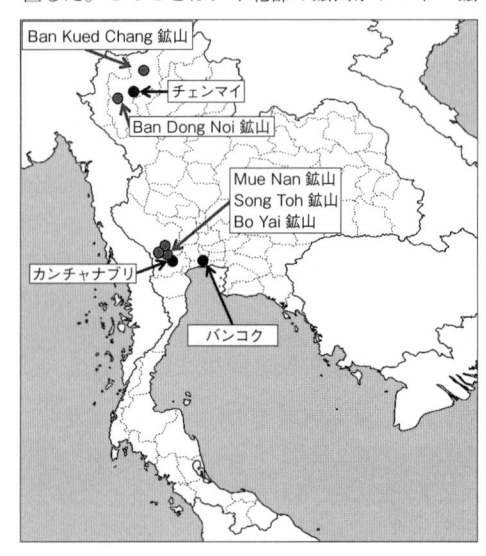

図1　タイに所在する鉛鉱山位置

タイ ソントー鉛鉱山

表1 タイの鉛鉱山の鉛同位体比

資料名	地 域	鉱 山 名	207Pb/206Pb	208Pb/206Pb	206Pb/204Pb	207Pb/204Pb	208Pb/204Pb	分析番号
方鉛鉱	カンチャナブリ県	ソントー(1)	18.228	15.745	38.460	0.8638	2.1099	BP2852
方鉛鉱	カンチャナブリ県	ソントー(2)	18.229	15.745	38.461	0.8637	2.1099	BP2853
方鉛鉱	カンチャナブリ県	ムエナン(1)	18.227	15.747	38.468	0.8640	2.1105	BP2850
方鉛鉱	カンチャナブリ県	ムエナン(2)	18.232	15.751	38.481	0.8639	2.1107	BP2851
方鉛鉱	カンチャナブリ県	ボーヤイ	18.230	15.746	38.468	0.8638	2.1101	BP2854
方鉛鉱	チェンマイ付近	バンクエドチャン	18.633	15.796	39.071	0.8478	2.0969	BP2855
方鉛鉱	チェンマイ付近	バンドンノイ	18.343	15.809	38.823	0.8618	2.1165	BP2856
誤 差			±0.010	±0.010	±0.030	±0.0003	±0.0006	

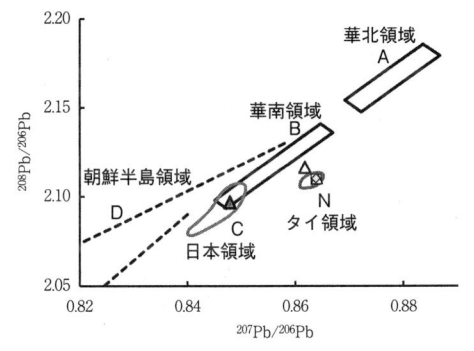

図2 タイの鉛鉱山が示す鉛同位体比図（A式図）

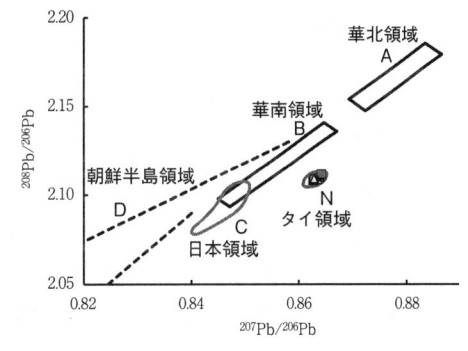

図4 円錐形鉛塊が示す鉛同位体比（A式図）

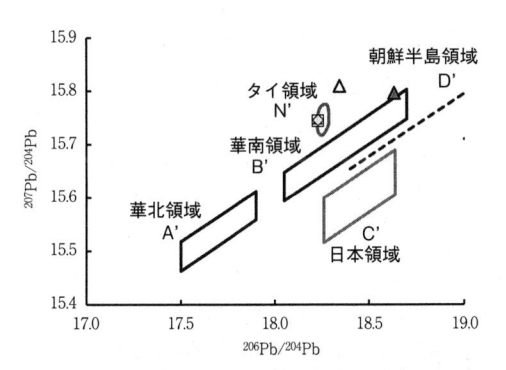

図3 タイの鉛鉱山が示す鉛同位体比図（B式図）
凡例：■ソントー鉱山、△ムエナン鉱山、◇ボーヤイ鉱山、▲バンクエッドチャン鉱山、△バンドンノイ鉱山

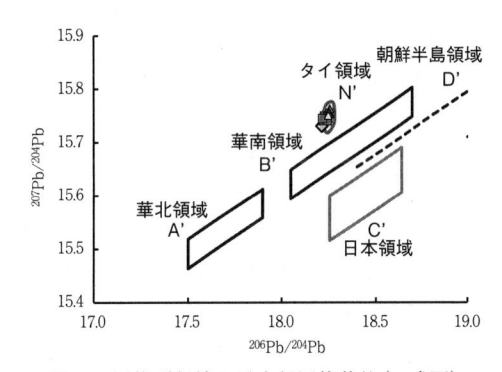

図5 円錐形鉛塊が示す鉛同位体比（B式図）
凡例：■長崎市、▲高知市、◇大分市、△静岡市、■五島列島、■和歌山市、△マニラ

山と異なる鉛同位体比を持つことを示している(7)。

タイの他地域あるいは他の国を調査すれば、ソントー鉱山と同一の同位体比を示す鉛鉱山があるかもしれないが、ソントー鉱山がN領域材料の産地であることは強く示唆される。

ソントー鉱山への実地調査で、鉛塊（インゴット）を製作した鋳型と推定される素焼きの土器板が鉱山管理室に保管されていた(8,9)。現地の鉱山管理人の話ではこのタイプの鋳型はいくつも発見されるという。今までに確認された円錐状の小型鉛インゴットはタイ ターマサラ遺跡で2点、フィリピン マニラ沖で沈没したサン・ディエゴ号（スペイン船）で5点、大分県大友府内遺跡で1点、長崎県万才町遺跡で2点(10)、高知県岡豊城跡で1点、長崎県五島列島の小値賀島から1点、静岡県駿府城遺跡から2点、和歌山市から2点である。

77

表2　円錐型鉛インゴットの鉛同位体比

資料名	地　域	遺跡など	207Pb/206Pb	208Pb/206Pb	206Pb/204Pb	207Pb/204Pb	208Pb/204Pb	分析番号
円錐形鉛塊	大分市	大友府内町遺跡	18.218	15.731	38.429	0.8635	2.1095	BP1506
円錐形鉛塊	長崎市	万才町遺跡	18.247	15.741	38.472	0.8626	2.1084	BP2876
円錐形鉛塊	長崎市	万才町遺跡	18.228	15.737	38.443	0.8633	2.1090	BP2877
円錐形鉛塊	高知市	岡豊城城壁跡	18.232	15.749	38.477	0.8639	2.1104	BP4007
円錐形鉛塊	静岡市	駿府城濠中	18.248	15.747	38.489	0.8629	2.1092	BP5744
円錐形鉛塊	静岡市	駿府城濠中	18.231	15.742	38.456	0.8635	2.1093	BP5745
円錐形鉛塊	長崎県五島列島	小値賀島海底	18.259	15.755	38.515	0.8629	2.1094	BP5783
円錐形鉛塊	和歌山市	城山遺跡	18.243	15.741	38.471	0.8628	2.1088	BP5936
円錐形鉛塊	和歌山市	城山遺跡	18.221	15.745	38.483	0.8642	2.1120	BP5937
円錐形鉛塊	フィリピンマニラ	沈船San・Diago号	18.260	15.762	38.535	0.8632	2.1103	BP9379
円錐形鉛塊	フィリピンマニラ	沈船San・Diago号	18.256	15.753	38.511	0.8629	2.1095	BP9380
円錐形鉛塊	フィリピンマニラ	沈船San・Diago号	18.256	15.757	38.520	0.8631	2.1100	BP9381
円錐形鉛塊	フィリピンマニラ	沈船San・Diago号	18.255	15.754	38.515	0.8630	2.1098	BP9382
円錐形鉛塊	フィリピンマニラ	沈船San・Diago号	18.253	15.750	38.499	0.8629	2.1092	BP9383
誤　　差			±0.010	±0.010	±0.030	±0.0003	±0.0006	

鉛同位体比測定の結果を表2および図4～5で示した。

これまでの考古遺物に関する鉛同位体比研究の例を見ると、原料となった鉛鉱山と考古遺物がソントー鉱山のように一致した例は非常に少ない。一つにはギリシャのラウリオン鉱山産の鉛が紀元前の時代から各種資料に利用されていることが知られており、また、日本の神岡鉱山産の鉛が各種材料として利用されている例がある。

しかしながら、これらの例と比較してソントー鉱山から出荷された鉛は2000年以上使用されており、近隣の東南アジア諸国から東アジアまで拡がっており、この地域における重要な鉛鉱山であることが確認された。

〔参考・引用文献〕

（1）平尾良光、榎本淳子「鉛製弾丸の自然科学的調査、釘・鎹の化学的調査」（文化庁編『東大寺南大門　国宝木造金剛力士立像修理報告書本文編』1993年、142-156頁）

（2）後藤晃一「豊後府内出土キリシタン遺物，南蛮貿易と金属材料」（別府大学文化財研究所・九州考古学会・大分県考古学会編『キリシタン大名の考古学』別府大学文化財研究所企画シリーズ②、2009年、85-99頁）

（3）魯禔玹、西田京平、平尾良光「南蛮貿易と金属材料」（『キリシタン大名の考古学』2009年、131-141頁）

（4）平尾良光「鉛から見える世界」（『文化財学へのいざない』平尾良光先生古稀記念論集、2013年、25-84頁）

（5）Yoshimitsu Hirao, "Ji-Hyun Ro: Chemical Composition and Lead Isotope Ratios of Bronze Artifacts Excavated in Cambodia and Thailand", ed., Yoshinori Yasuda, *Water Civilization from Yangtze to Khmer Civilizations*, Springer Publisher, 2013, pp. 247-312.

（6）山口将史、平尾良光、山本信夫「第8章　金属製品の文化財科学的な調査」（『アンコール遺跡における出土貿易陶磁器の様相解明』、平成19-22年度科学研究費補助金（基盤研究（A）海外）研究成果報告書、研究代表者 山本信夫、2011年、159-184頁）

（7）平尾良光、山口将史「タイ ソントー（Song Toh）鉱山の鉛」（『鉛同位体比法を用いた東アジア世界における金属の流通に関する歴史的研究』、平成21-23年度科学研究費補助金（新学術領域研究）研究成果報告書、研究代表者 平尾良光、2012年、187-210頁）

（8）坂本嘉弘、友岡信彦、原田昭一、槙島隆二、吉田寛、後藤晃一編『豊後府内4　中世大友

府内町跡第 9 次・第12次・第18 次・第22次・第28次・第48次調査区――一般国道10 号古国府拡幅事業に伴う埋蔵文化財発掘調査報告書（2）――』（大分県教育庁埋蔵文化財センター調査報告書第 9 集、大分県教育庁埋蔵文化財センター、2006年）

（9）　本書後藤論文参照。

（10）　西田京平、山口将史、平尾良光「長崎市興善町遺跡から出土した陶器付着ガラスの科学分析」（『興善町遺跡――長崎県市町村共済組合事務所建設計画に伴う埋蔵文化財発掘調査報告書――』長崎市教育委員会、2012年、65-74頁）

鉛の流通と宣教師

後藤晃一

はじめに

　本稿では、16世紀後半から17世紀前葉までのいわゆる戦国期から江戸初期の段階における鉛の流通システムを考察する。

　2003年、大分県大分市内に位置する中世大友府内町跡で出土した資料の鉛同位体比分析を別府大学の平尾良光氏が中心となり行ったところ、これまで鉛の産地として認知されていた中国（華南・華北）・朝鮮半島・日本の領域のいずれにも属さない鉛を原料とした資料がまとまって確認された。その資料とは、中世大友府内町跡で製作されたキリスト教信心具であるメダイであった。

　中世大友府内町跡は戦国時代、大友宗麟の城下町であった場所に位置する遺跡で、当時この城下町は府内と呼ばれていた。本遺跡は大友宗麟がキリシタン大名だったこともあり、キリシタン文化が花開いた場所であった。記録によれば、教会やコレジオ（宣教師を養成する学校）、そして病院や育児院までもが建てられた。大友宗麟はこの教会や病院を建てるために、土地を分け与えることまでして援助した。病院では日本で最初の外科手術が行われ、教会ではヴィオラなどの楽器を使って合唱や演劇などが催されるなど、異国情緒豊かな雰囲気が町中には漂っていた。

　そうした歴史的背景を反映するように、本遺跡からは多数のキリシタン関係の資料が発見されている。遺構としては、キリシタン墓が発見され、伸展葬の木棺墓が1基と、育児院の存在を想定させる、8歳以下の小児・乳幼児の墓が8基確認された[1]。また遺物としては、メダイ、コンタツ、指輪、チェーンなどが出土した[2]。なかでも最も多いものはメダイで、出土メダイは大きく2つのタイプに分かれる。一つは、ヴェールに映ったキリストの顔、いわゆる真の像を描いた「ヴェロニカのメダイ」、もう一つは府内で当時宣教師たちがもっていたメダイを模倣して製作したと考えられる「府内型メダイ」[3]である。前述の新しい領域に属する鉛を含むメダイは、この「府内型メダイ」が中心をなす（図1・2）。そして、この「府内型メダイ」が示す鉛同位体比値は非常に近接しており、新たな領域として認知され、

鉛の流通と宣教師

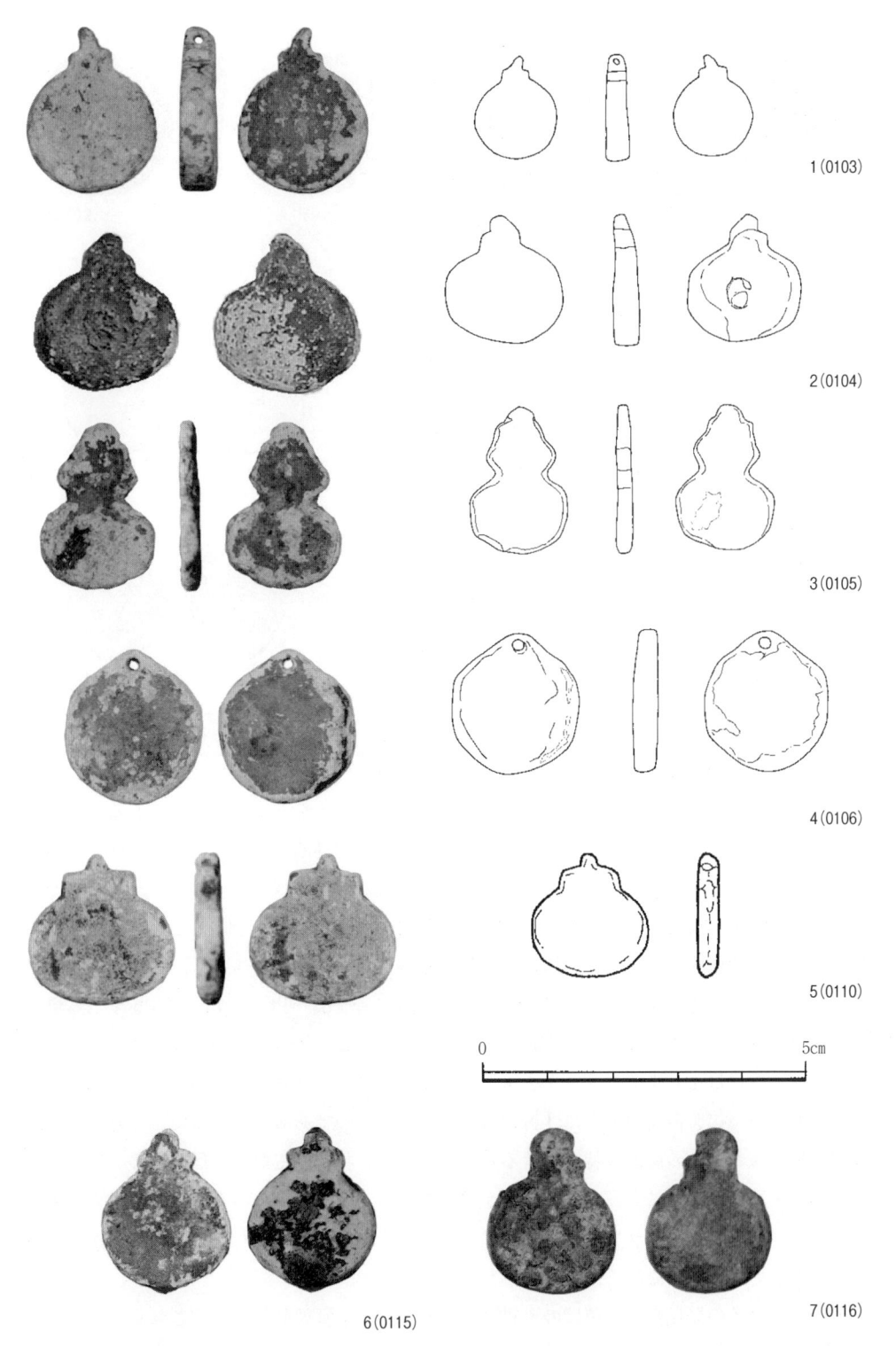

1 (0103)

2 (0104)

3 (0105)

4 (0106)

5 (0110)

6 (0115)　　7 (0116)

図1　中世大友府内町跡出土府内型メダイ（実測図は1/1）　※（　）内の数字はグラフ2・4の番号
（大分県教育庁埋蔵文化財センター提供、図2も同じ）

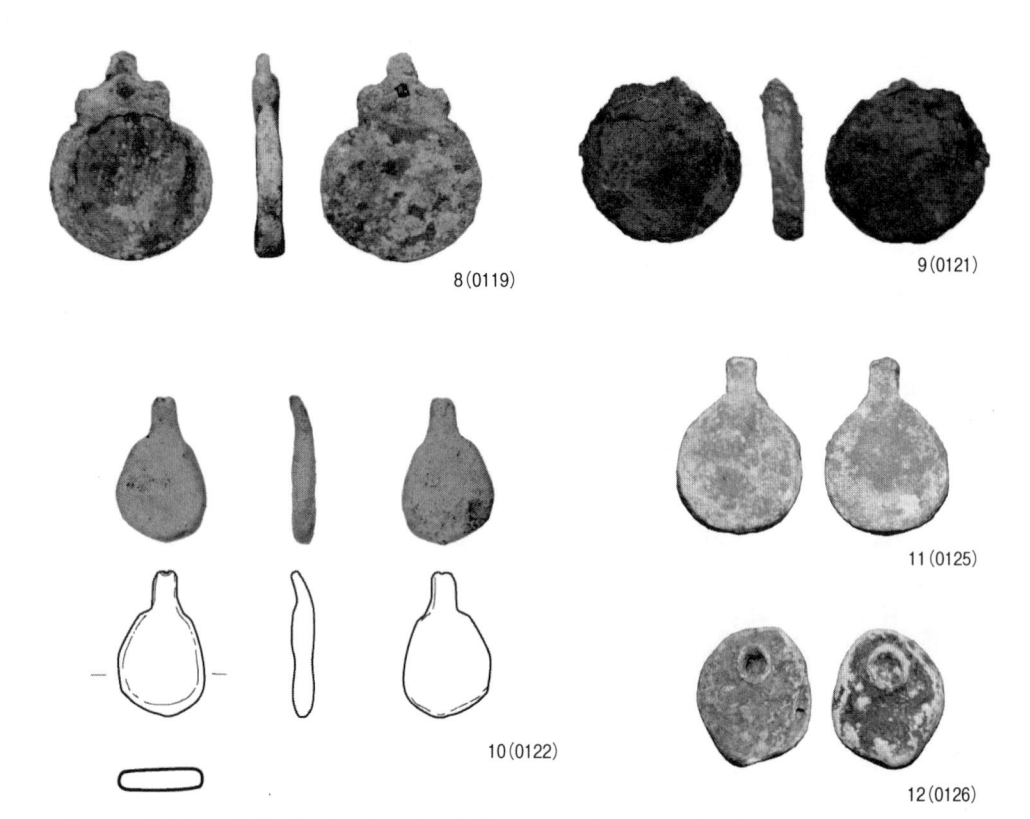

図2　中世大友府内町跡出土府内型メダイ（実測図は1/1）　※（　）内の数字はグラフ2・4の番号

前述の調査において「N領域」として位置づけられた（グラフ1～4）[4]。

　ところでこの鉛同位体比分析とは金属に含まれる鉛の産地を同定する方法である。多くの元素は時間が経過しても同位体比が変化しないが、鉛は例外的な元素で、その性格を利用して鉛の産地を導き出す。具体的には同位体の量が地球の誕生から変わっていない^{204}Pbと、変化した^{206}Pb、^{207}Pb、^{208}Pbとの比を測定し、文化財資料の鉛同位体比と世界の鉛鉱山の同位体比とを比較することで、鉛の産地の異同を判別することができる[5]。鉛同位体比のグラフについては、通常ｘｙ軸にグラフ1・2のように^{207}Pb/^{206}Pb－^{208}Pb/^{206}Pbをとる場合と、グラフ3・4のように^{206}Pb/^{204}Pb－^{207}Pb/^{204}Pbをとる場合の2つが使用される。

　このグラフにはこれまでのデータをもとに、華南・日本・朝鮮半島等の領域が示されている。これにさらに、前述のように「N領域」が加わったのである。ところで、これらいずれかの領域に入ればその産地が特定できるわけであるが、特定するためには前述の2種類のグラフの両方で同一領域に入っていることが原則である。つまり一方のグラフで華南産に入っていても、もう一方のグラフでは日本産に入っているとしたら、これは産地の特定が現段階では不能ということになる。

　府内型メダイの発見後、N領域の資料はメダイ以外の金属製品にも確認されるようになり、さらには日本国外においても確認され、その種類や数を増していった。現在までに、174点

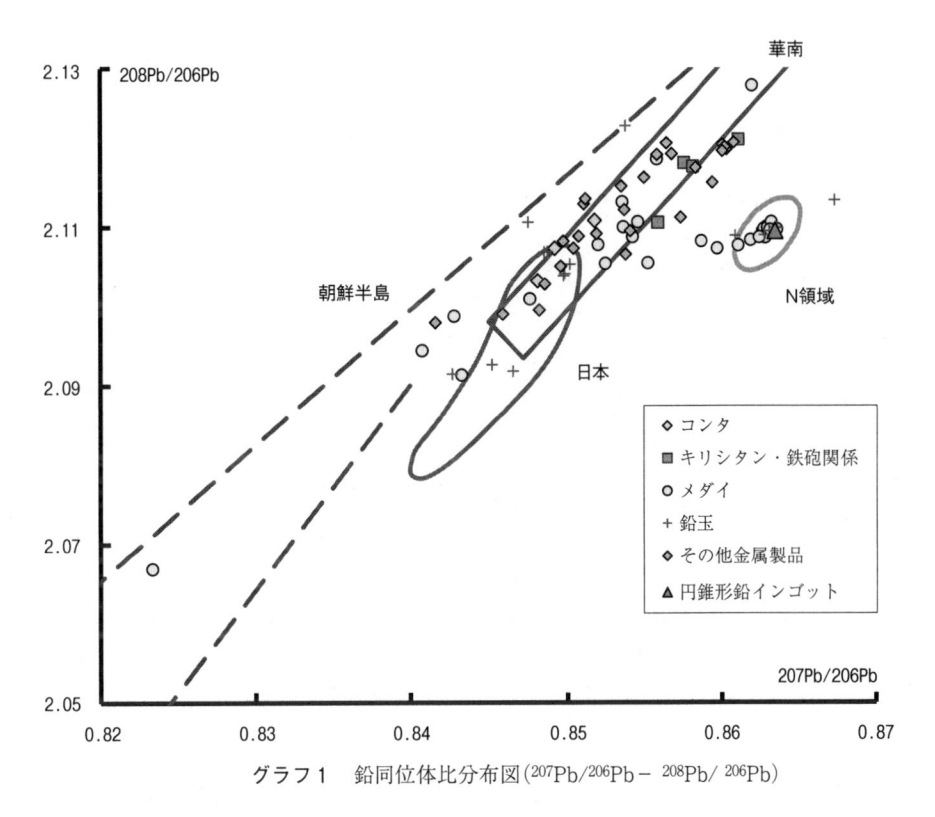

鉛の流通と宣教師

グラフ1　鉛同位体比分布図（$^{207}Pb/^{206}Pb - {}^{208}Pb/{}^{206}Pb$）

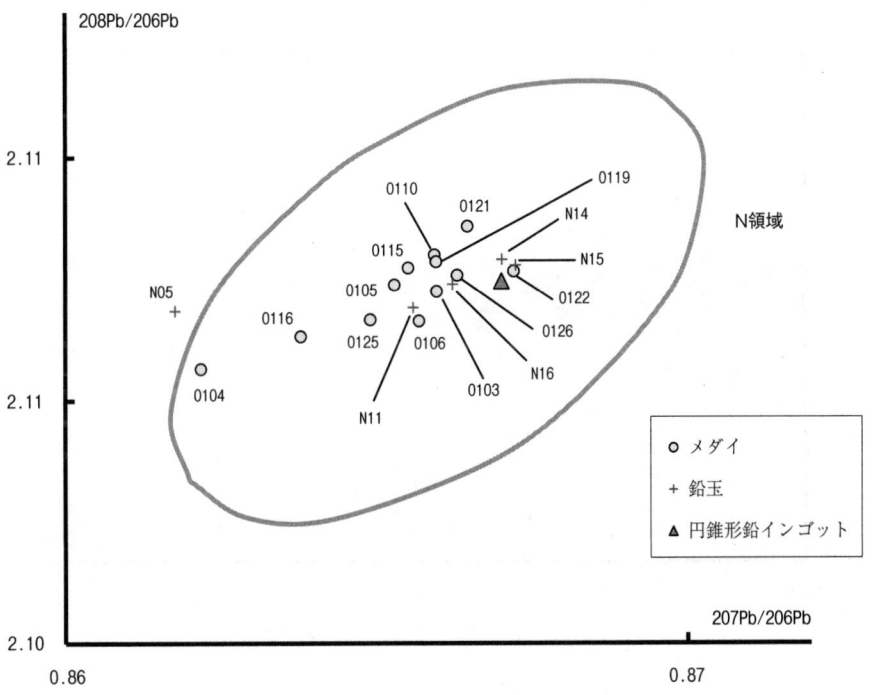

グラフ2　グラフ1の拡大図

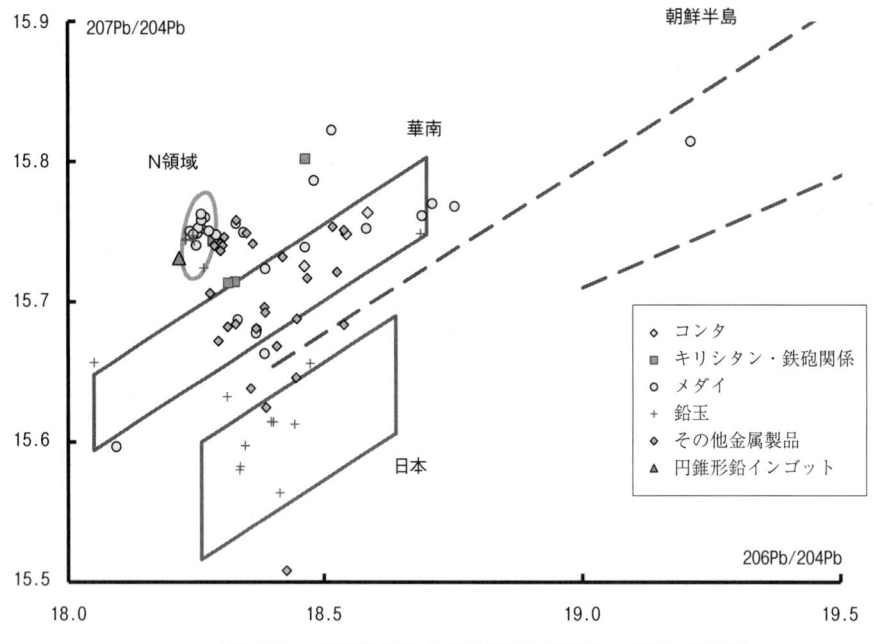

グラフ3　鉛同位体比分布図(^{206}Pb/^{204}Pb − ^{207}Pb/^{204}Pb)

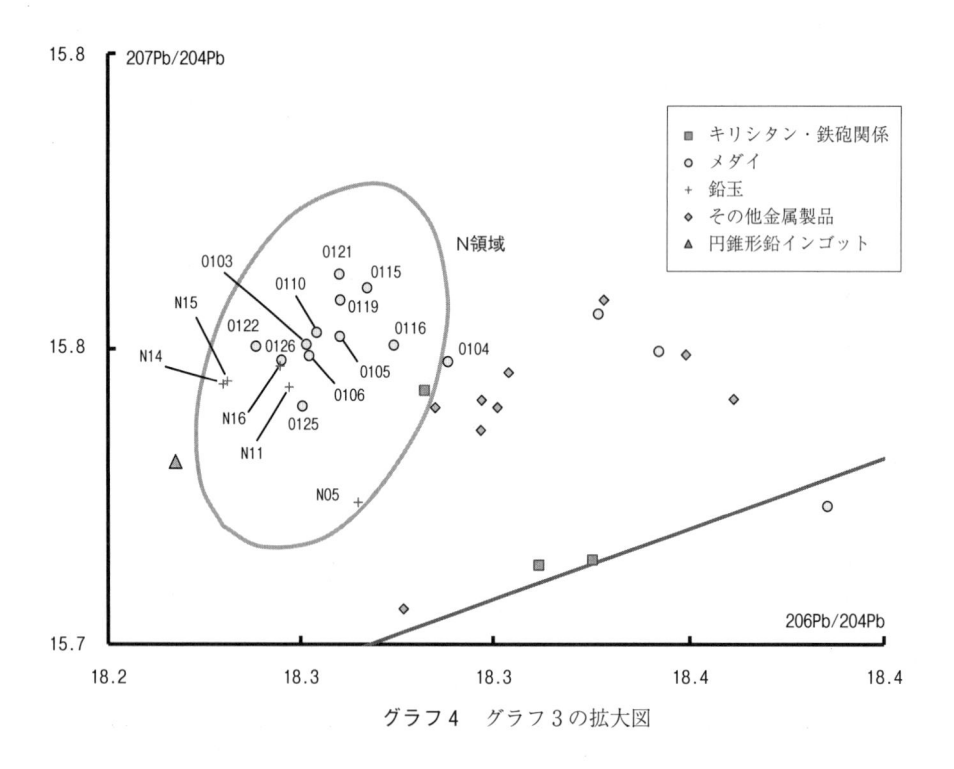

グラフ4　グラフ3の拡大図

の資料を確認するにいたっている[6]。本稿は16世紀後半から17世紀前葉における鉛の流通システムを考察することを主眼としているため、この174点のうち、当該期資料の75点を取り扱うこととする。

1 N領域はどこか

2010年、平尾良光氏を中心とする研究グループがタイの鉱山資料を計測したところ、N領域のデータを示す鉱山が発見された。その鉱山とはタイの西部に位置するソントー鉱山であった。この発見はつまり、前述の府内で製作されたメダイの素材が、タイのソントー鉱山で産出される鉛であることを示す。府内型メダイは素材である鉛をタイから輸入し、それを使用して製作されたのである。このルートはまさしく南蛮貿易ルートである。

先述のとおり中世大友府内町跡は大友宗麟の城下町跡であり、宗麟が南蛮貿易を積極的に行った証として、さまざまな貿易品が出土している。具体的には中国の景徳鎮窯系の陶磁器や、東南アジア産の陶磁器であり、その出土量も豊富である。この中にはタイ産の陶器も含まれる。クンディー（乳房形の注ぎ口と長い頸部を有する水注、第13次調査区　図3-1）、鉄絵合子（宋胡録）（香などを入れた容器、第18次調査区　図3-2）、クロッ（香辛料などをすりつぶすための乳鉢、第41次調査区　図3-3）、四耳壺（第12次調査区等　図3-4）等が確認されており、タイとの交易は盛んであったことがうかがえる。メダイに使用された鉛は、この交易品のなかの一つとして、府内に持ち込まれたものであろう。

それでは、その素材となった鉛とは、一体どういう形でもたらされたのであろうか。ここで注視すべき点がある。それは前述の府内型メダイ28点のうち9点が、ほぼ純鉛製で（本稿末表1）、さらに、鉛同位体比も非常に近い数値を示しているのである（グラフ1～4）。これは、府内型メダイが同じ鉛の固まりから造り出されたことを想定させる。換言すれば、メダイ製作の背景に、インゴットが存在していることを示唆している。前述のように府内型メダイの素材はタイのソントー鉱山に求められることから、府内型メダイはタイからインゴットを輸入して、製作された可能性が高い。そして、実際それを裏付ける資料が確認されたのである。次にその資料について見ていきたい。

（1）円錐形鉛インゴット

中世大友府内町跡第22次調査区から1点の円錐形をした鉛製品が出土した。図4-1に示す資料がそれである。底径が最大径で3.7cm、高さ1.4cmの円錐形を呈し、重さは55.2gである。この22次調査区は、府内古図によれば、大友氏館の東側に隣接する「桜町」の一画にあたる。調査区内には、井戸や廃棄土坑が多数見られ、調査区西側を南北に通る第2南北街路に面した町屋の裏手の状況を示している。鉛製品は、この裏手の井戸SE012から出土した。さらに井戸のなかでも、井筒のなかから出土しているため、鉛製品の混入時期はこの井戸の機能時もしくは廃絶期にあたる。同じ井筒内からはE群の景徳鎮窯系碗をはじめ京都系土師器皿等

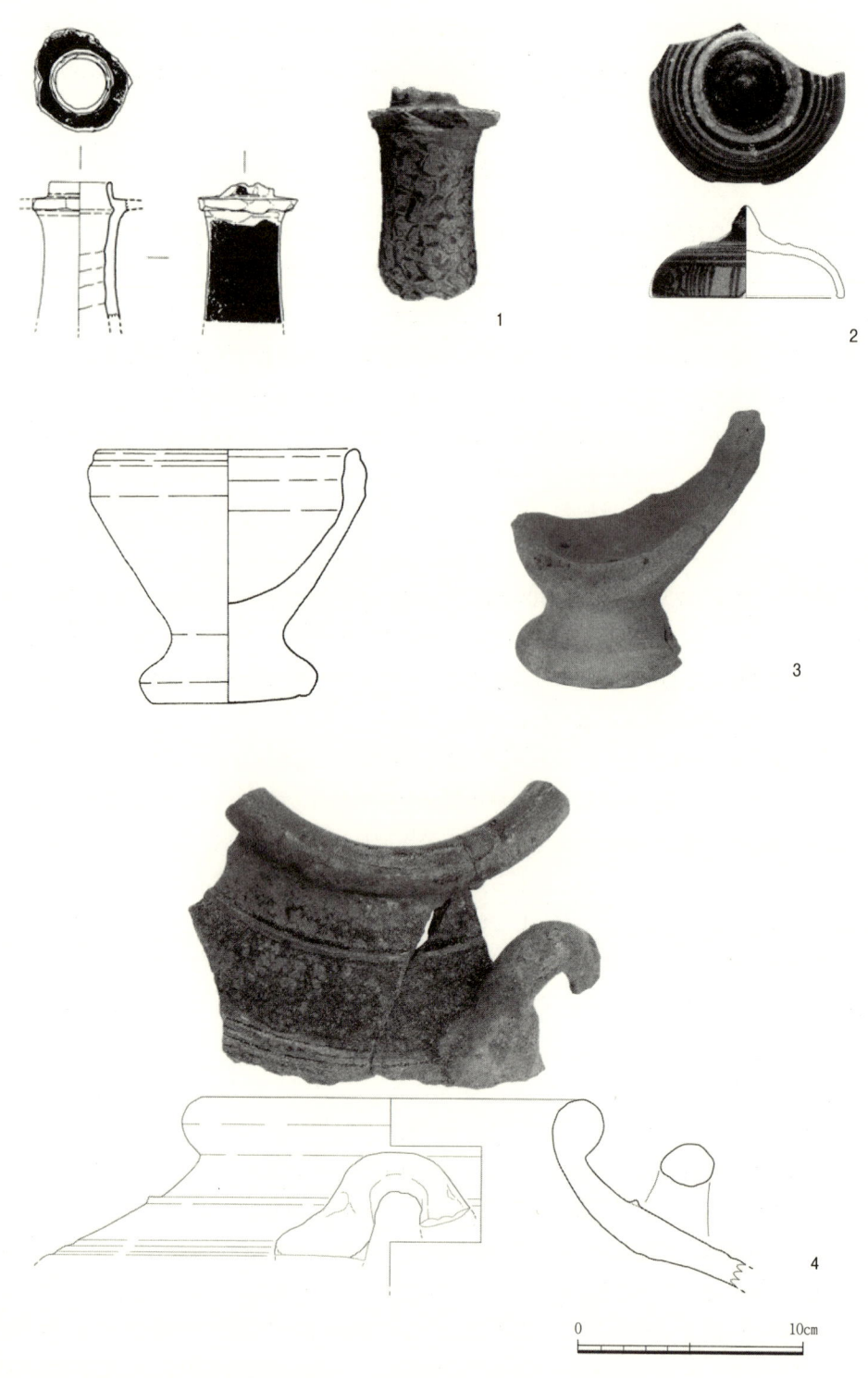

図3　中世大友府内町跡出土タイ産陶器（大分県教育庁埋蔵文化財センター提供）

鉛の流通と宣教師

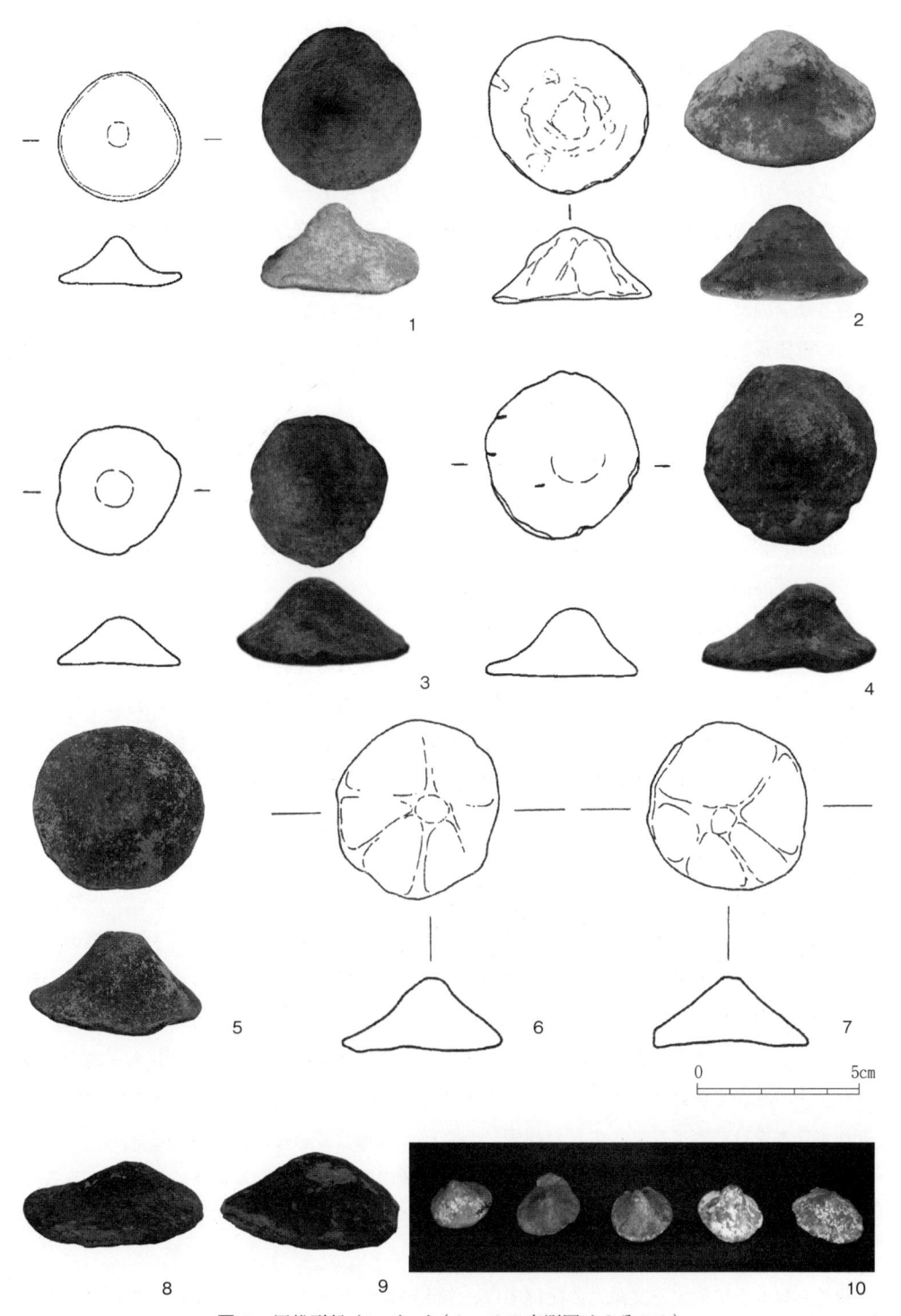

図4　円錐形鉛インゴット（1〜6の実測図は2分の1）

1：大分県教育庁埋蔵文化財センター提供　2：高知県教育委員会提供　3・4：長崎市教育委員会提供
5：長崎県小値賀町教育委員会提供　8・9：静岡市教育委員会提供　10：フィリピン国立博物館提供

の遺物が共伴して出土しており、さらに井戸の掘削面の層位的関係から16世紀後葉から末葉に位置づけが可能である[7]。

　この鉛製品は、蛍光X線分析の結果、鉛85％のほぼ純鉛製品であることが判明した（表1-1）。さらに鉛同位体比分析の結果、前述のN領域、つまりは、タイのソントー鉱山のものを素材とすることが判明した（グラフ1～4）。この分析データは、前述の府内型メダイの分析結果と非常に近似している。つまり、金属組成と素材の産地において、府内型メダイとこの鉛製品との間に密接な関係が存在することを示唆している。換言すれば、この円錐形の鉛製品は府内型メダイのインゴット（材料）である可能性が高まったのである。

　この円錐形鉛製品の正体は、偶然にも2010年のタイにおける調査中に発覚した。平尾良光氏を中心とするメンバーでタイのソントー鉱山の調査[8]へ訪れた際、その鉱山で発見された鉛のインゴットの鋳型を実見することができた（図5）。本鉱山を案内してくれたWaiyapot Worakanok博士は、16-17世紀頃の鋳型だとする。発掘調査によって出土したものではないが、鋳型の形態からその頃に比定できるとする。また、タイのSilpakorn大学のSurapol Natapintu教授によれば、16-17世紀のアユタヤにおいて、こうした形態の鉛のインゴットは主要な貿易品として、広汎に流通していたという。

　鋳型は一部破損しているが、長径約28.5cm、短径約18cmの直方体をなす。土製の鋳型で、十数個のインゴットが一度に作られる。一つ一つの窪みは直径約3～5cm、深さ約3cmの逆円錐形を呈しており、ここに不純物の混ざった鉛を流し込むと、比重の大きい鉛は下に沈んでいく。さらに鉛は金属の中でも融点が低いために、先に凝固した他の金属を取り除くことによって、高純度の鉛が抽出される。よってこの鋳型からは、円錐形の高純度の鉛のインゴットが取り出されるのである。

　先に示した中世大友府内町跡第22次調査区で出土した円錐形の鉛製品は、底径3.7cm、高さ1.4cm高純度の鉛製品であった。高さが若干府内出土のものは低いが、インゴット製作工程上、上に浮いた不純物を取り除くことを考えれば、出来上がったインゴットは鋳型の深さより低いことは十分に考えられる。つまり、円錐形の鉛製品はまさに図5のような形態の鋳型から作り出された、鉛のインゴットであり、さらにはそのインゴットはソントー鉱山からもたらされたものであることが判明したのである。前述のように、タイのソントー鉱山の鋳型が、その鉱山で発見されていることを考えると、当時は鉱山現地でインゴットが製作され、それが日本をはじめアジアの広汎な範囲にわたって流通していたことがわかる。

　そして、府内型メダイの大半が純鉛製で、その鉛の産地がタイのソントー鉱山であることを勘案すると、府内型メダイは、タイからもたらされたこの鉛のインゴットから作り出されたと判断できる。

　鉛インゴットに関する文献上の記録では、若干時期が下った17世紀初頭に、英蘭両国商人からシート状のものと棒状のものが日本市場にもたらされた[9]とあるが、円錐形の鉛インゴットには言及がない。16世紀と17世紀では鉛のインゴットの形態に変化が認められる。こ

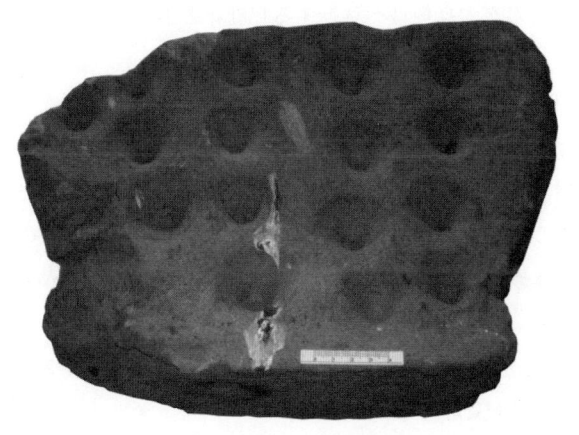

図5　円錐形鉛インゴットの鋳型(タイ ソントー鉱山)

の背景には、16世紀はポルトガル主導の南蛮貿易ルート、17世紀にはイギリス・オランダの貿易ルートといった、貿易ルートや貿易の形態の差異が反映していることが想定できる。

なお、これまでにこうした円錐形以外の形状の鉛インゴットの出土例も数遺跡で知られている。福井県一乗谷朝倉氏遺跡では棒状の鉛インゴットが57点、和歌山県根来寺遺跡で延板状のものが1点出土している。いずれも、理化学分析はなされておらず、産地等については不明である。また静岡県駿府城跡からは、大型の楕円形鉛インゴットが13点報告されており[10]、鉛同位体比分析の結果、華南産のデータが得られている[11]。

さらには、若干時期が下るが、佐渡の金山奉行所から鉛板が出土している。佐渡金山奉行所出土のインゴットは、その形は扁平楕円形で、さらに長径70cm、短径30cmで重さ40kgに及び、形態、大きさ、重量ともにまったく異なるものである[12]。産地については鉛同位体比分析により、日本産のデータが得られている。これらの鉛インゴットが、その形状において円錐形鉛インゴットと異なっているのは、産地が異なることに起因していると考えられる。

(2) 他の円錐形鉛インゴット資料

現在、中世大友府内町跡以外で確認できている円錐形鉛インゴットは13点に及ぶ。長崎県山見沖海底遺跡出土資料1点、長崎県万才町遺跡出土資料2点、高知県岡豊城跡出土資料1点、和歌山県城山遺跡出土資料2点、静岡県駿府城出土資料2点の計8点の国内資料に加え、フィリピン北部で沈没したスペイン船サン・ディエゴ号の出土資料5点が確認されており、中世大友府内町跡出土資料を加えて全部で14点が確認されていることとなる。報告されているものを中心に、以下個別に見ていくこととする。

①岡豊城跡出土資料（高知県南国市岡豊町）　図4-2

長宗我部氏の居城である岡豊城跡から円錐形鉛インゴットが1点出土している[13]。円錐形鉛インゴットはT7区の土塁から出土しており、大きさは底径（最大径）4.8cm、高さ2.3cmで、重量は190gである。本遺跡からは、鉛玉も出土しており、報告書では鉄砲玉の素材の

可能性も指摘している。また岡豊城跡は下限が大高坂城へ移転する1588年とされており、それ以前に位置づけが可能な資料である。
②万才町遺跡出土資料（長崎県長崎市）　図4－3、4－4
　長崎市内に位置する万才町遺跡からは、2点の円錐形鉛インゴットが出土している。同遺跡は、代々町年寄を受け継いだ高島家屋敷跡地にあたる。初代当主の高島四郎兵衛茂春がキリシタンだったこともあり、メダイやクルスといったキリシタン遺物も出土している。この2点の円錐形鉛インゴットは、16世紀後葉から17世紀前葉に位置づけられる溝状石列3から出土した[14]。図4－3は底径（最大径）3.8cm、高さ1.6cm、図4－4は底径（最大径）5.0cm、高さ2.0cmで、先にあげた中世大友府内町跡出土の鉛インゴットと同形態、同種のものである。
③山見沖海底遺跡出土資料（長崎県北松浦郡小値賀町）　図4－5
　円錐形鉛インゴットは、小値賀島唐見崎の東海岸に面した沖合約100m、水深約5mの地点で行われた確認調査によって出土した。船体等は発見されていないが、共伴遺物として、16世紀から17世紀にかけてのタイ、ベトナム、中国産の輸入陶磁器が多数出土しており、これらは沈没船の積荷の可能性が高いとしている[15]。その陶磁器のなかでも多数を占めるのが、タイの四耳壺で、タイからの物資の移動がうかがえる。さらには移動式竈やクロッ等の、商品というよりは、船上の使用品と思われるものが出土しており、タイ人の乗組員の乗船の可能性を示唆している。これまで、鉛同位体比分析によって得られている円錐形鉛インゴットの産地が、いずれもタイのソントー鉱山であることを考えると、この山見沖海底遺跡出土遺物の出土傾向は非常に興味深いものである。
④城山遺跡出土資料（和歌山県和歌山市木ノ本）　図4－6、4－7
　この遺跡は天正5年（1577）の織田信長による紀州攻めの際に、中野城を攻め落とした時に築城した「織豊系の陣城」の蓋然性が高いとされる[16]。ここから2点の円錐形鉛インゴットが出土している。図4－6は底径（最大径）5.1cm、高さ2.1cmで、重量は147.1ｇ、図4－7は底径（最大径）4.9cm、高さ2.0cmで、重量は137.1ｇである。
　金属組成は、奈良国立文化財研究所により蛍光Ｘ線分析が行われ、図4－6が99.8％、図4－7が99.6％の高度の純鉛製品であることが確認されている[17]。北野隆亮氏はこの分析データとさらには形態的特長等を他の円錐形鉛インゴットと比較検討し、城山遺跡出土のインゴットもタイのソントー鉱山に産地が求められるとしている[18]。
⑤駿府城跡出土資料（静岡県静岡市）　図4－8・4－9
　本遺跡からは、楕円形の大型の鉛インゴットの出土が18点報告されているが[19]、それ以外に円錐形鉛インゴットが2点出土している。円錐形鉛インゴットは報告されている大型の鉛インゴットとは明らかにその形状、サイズ、さらには前述のように産地においても異なっている。遺物の時期としては、1607年と1635年の火災焼土との関係から、1635年以前に位置づけられている[20]。
⑥サン・ディエゴ号出土資料[21]（フィリピン）　図4－10

フィリピン北部、バタンガス州西方海上において、1600年にオランダとの海戦で沈没したスペイン船サン・ディエゴ号の出土遺物のなかに、この円錐形インゴットが5点含まれている（図4-10）。写真の資料は、フィリピン国立博物館所蔵のものである。
　以上、現在までに円錐形の鉛インゴットは国内で計9点、海外で5点の合計14点が確認されており、この確認例は今後増えてくるものと思われる。

（2）円錐形鉛インゴットの理化学分析
　ここでは、上記の円錐形鉛インゴット資料の理化学分析結果から考察を行う（グラフ5・6）。理化学分析はまず蛍光X線分析による金属組成の把握と、鉛同位体比分析による産地同定を中心とする。分析は別府大学の平尾良光氏によって行われた。
　まず、高知県岡豊城跡出土資料については、蛍光X線分析で、鉛が98.1％含まれる高純度の純鉛製品であることが判明した（表1-2）。また、鉛同位体比分析では、N領域に属するという結果が出ている[22]。
　次に長崎県万才町遺跡出土資料については、蛍光X線分析により、図4-3は鉛96.9％、図4-4は鉛97.4％といずれも高純度の純鉛製品である（表1-3・4）ことが判明した。鉛同位体比分析のデータについては、N領域に位置しており、タイのソントー鉱山からもたらされたものと考えられる。
　さらにサン・ディエゴ号の資料については、鉛同位体比分析の結果、5点すべてがN領域に属した。
　以上、これらの円錐形鉛インゴットの純度は、府内の資料が85％と若干低いものの、その他はすべて鉛90％以上の純鉛製品で、さらにその産地はすべてN領域、つまりタイのソントー鉱山であった。また、発見されている場所は、南蛮貿易港として栄えた、長崎、府内、そして海外で発見されているのは、南蛮貿易と関係の深いスペイン船のなかからであった。
　これらの資料の示すデータは、タイのソントー鉱山で発見されたインゴットの鋳型から作られた円錐形の鉛インゴットが、スペイン船等の貿易船を介して、日本へ運び込まれている姿を想定させる。まさに南蛮貿易の流通システムのなかで運ばれているのである。
　そこで問題となるのが、これらの円錐形インゴットは何を目的として日本にもたらされたかという点である。前述のように、「府内型メダイ」がこのインゴットから作られていることが確認されているが、このようにキリスト教信心具を作ることが主な目的だったのか。
　そこで、その点を明らかにするために、タイのソントー鉱山産、つまりはN領域の鉛を使用している資料にどういうものがあるかを見ていきたい。

2　N領域の資料

（1）16世紀後半から17世紀前葉のN領域資料
　表2には、これまで鉛同位体比分析によって判明した16世紀後半から17世紀前葉における

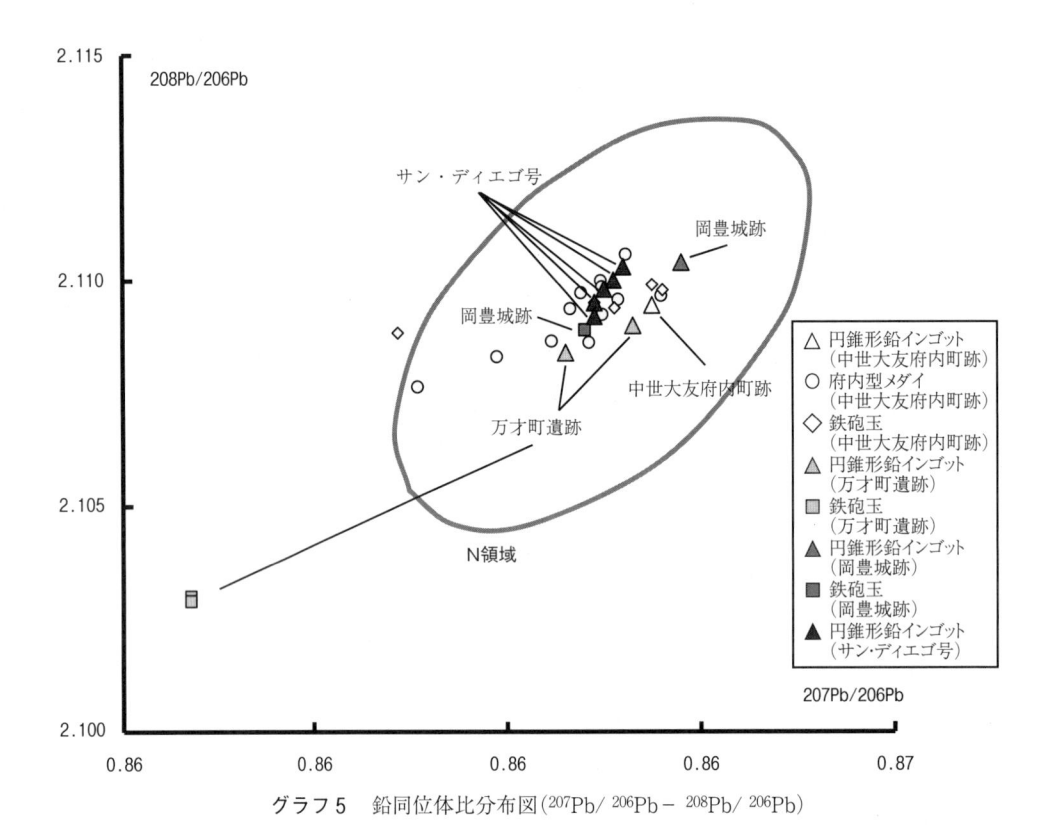

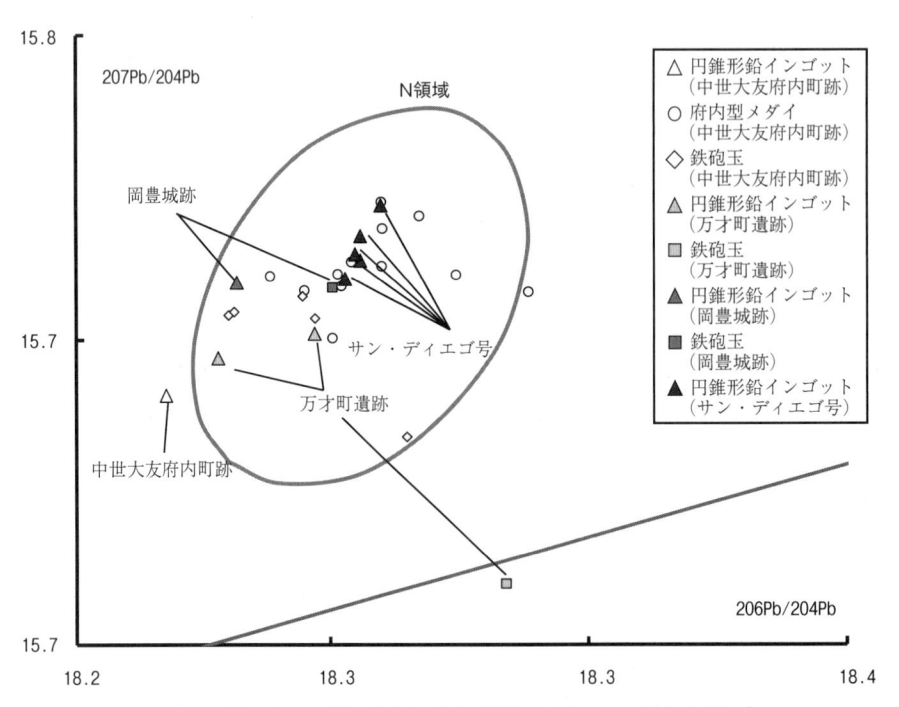

グラフ5　鉛同位体比分布図（$^{207}Pb/^{206}Pb - ^{208}Pb/^{206}Pb$）

グラフ6　鉛同位体比分布図（$^{206}Pb/^{204}Pb - ^{207}Pb/^{204}Pb$）

N領域の全資料を掲げた。その結果、鉄砲玉と円錐形鉛インゴットとメダイ、指輪、十字架等がN領域の資料として確認される。こうして見てみると、実は製品だけで見た場合、鉄砲玉とキリシタン遺物しかないのである。

ただ、こうした鉄砲玉とキリシタン遺物ばかりを分析していれば、当然それが主体であるように見えてしまうので、そこで大友氏の城下町跡である中世大友府内町跡で出土している金属製品80点について鉛同位体比分析の結果をみていきたいと思う。表3には80点の内訳を記しているが、大きくはメダイ等のキリシタン遺物33点、鉄砲玉16点、円錐形インゴット1点、その他の金属製品が30点となる。上記の鉄砲玉と円錐形鉛インゴットおよびキリシタン遺物以外の資料が約4割含まれている。

グラフ1～4に示す鉛同位体比分析の結果から、中世大友府内町跡出土資料80点のうち、N領域に入る資料は、メダイ12点と円錐形鉛インゴット1点と鉄砲玉4点である。残り65点の資料はN領域には属さず、華南、日本、朝鮮半島のいずれかの素材である。このN領域に属さない資料のなかにも、コンタツやメダイといったキリシタン遺物は含まれるが、キリシタン遺物と鉄砲玉、円錐形インゴット以外の金属製品で、N領域に属する遺物はない。

つまり府内で確認されているさまざまな金属製品を見ても、現段階ではキリシタン遺物と鉄砲玉および円錐形鉛インゴット以外にはN領域に属する資料、つまりはタイのソントー鉱山産鉛を使用している製品は確認できないのである。

この分析結果は、円錐形鉛インゴット輸入の主な目的が、キリスト教信心具と鉄砲玉を製作することにあることを示唆している。しかし、当時キリスト教信心具の製作だけを主な目的として、わざわざ鉛のインゴットを輸入したということは考えにくい。当時の日本のキリシタンたちはメダイやコンタツなどのキリスト教信心具を渇望しており、その需要が高かったことは事実である[23]。しかし、信心具を製作する程度の鉛は、国内で十分に確保可能であったであろう。むしろもっと莫大な需要ということになれば、やはり軍事的目的で必要であった鉄砲玉の獲得が目的ということになろう。先の表1に示すように、現在日本全国で把握できているN領域の資料では、75点中41点が鉄砲玉であり、N領域のなかでも最も多い。

さらにこれまで日本国内で円錐形鉛インゴットが出土している遺跡の中では、中世大友府内町跡、万才町遺跡、岡豊城跡、駿府城において鉄砲玉が出土しているが、そのなかで、中世大友府内町跡出土鉄砲玉、岡豊城出土鉄砲玉（図6）および万才町遺跡出土鉄砲玉（図7）が、N領域に属することが測定の結果判明した（万才町遺跡の資料は、N領域の枠内にないが、日本とN領域の間に位置することから、両者の鉛を混合したと推定される）（グラフ5・6）。

以上より、鉄砲玉の確保を主目的として、円錐形鉛インゴットをタイから輸入していた様相が看取される。そして時期が確認できる中世大友府内町跡出土資料が1587年以前、岡豊城跡出土資料は1588年以前であり、これらの時期比定から、円錐形鉛インゴットは、16世紀後半の南蛮貿易を中心とした流通システムに乗ってもたらされたものと考えられる。16世紀後半の鉛の入手形態は、こうした円錐形鉛インゴットが一つの主流であった可能性は高いとい

図6　岡豊城跡出土鉄砲玉
（実測図は2分の1）

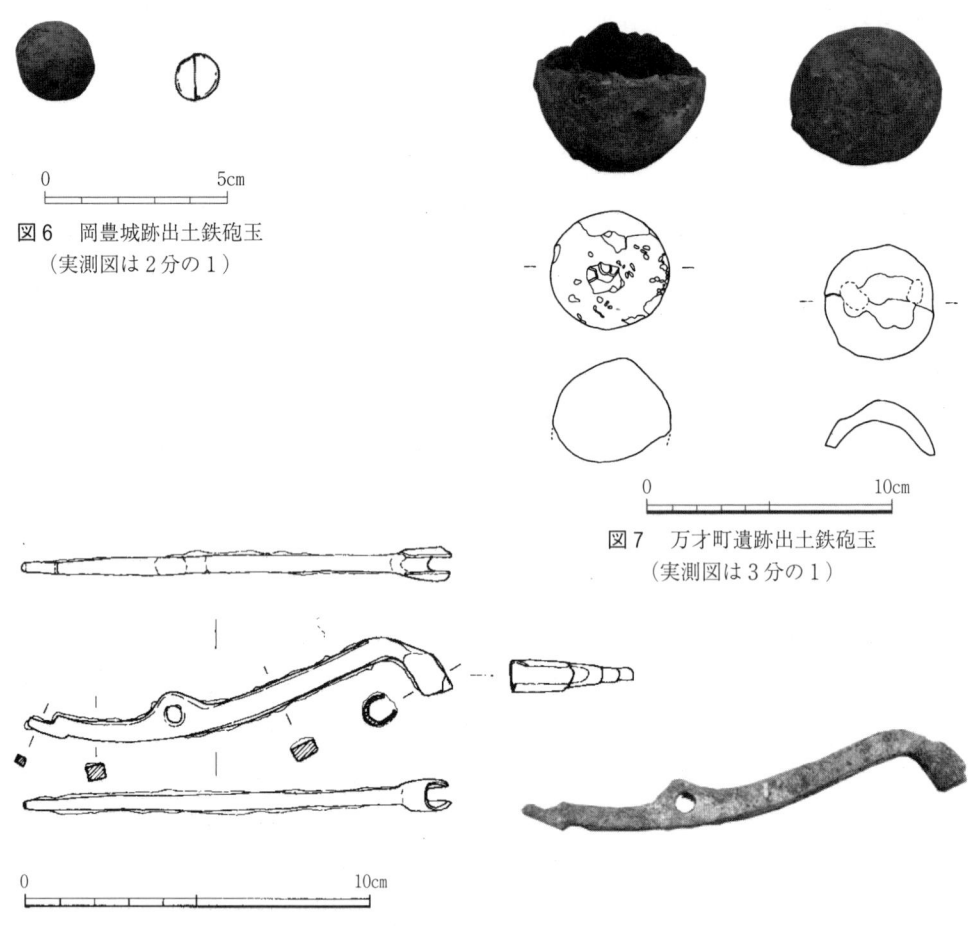

図7　万才町遺跡出土鉄砲玉
（実測図は3分の1）

図8　中世大友府内町跡出土火縄銃火挟み（第43次調査区）

えるだろう。そして、この円錐形鉛インゴットから作られたものが、鉄砲玉以外にキリシタン遺物しか見られないということは、鉄砲玉の輸入にキリスト教が大きく関係しているということを示している。つまり、宣教師が鉄砲玉の素材供給に関与している可能性を示唆している。

(2) 文献に見る宣教師と鉛インゴットの関係

フロイスの「日本史」の中で、1580年（天正8）、巡察師ヴァリニャーノが、龍造寺隆信に包囲された有馬晴信へ軍事援助を行った部分の一節に、

　　またこの目的のために定航船から十分に仕入れておいた鉛と硝石を提供した[24]。

とある。宣教師が軍事援助として、鉛を供給していることがうかがえる一節であるが、注目されるのは、提供したのが鉄砲玉ではなく、あくまで鉛であるところである。16世紀後半、宣教師が軍事支援として鉛インゴットを戦国大名に供給していた可能性を示唆するものである。

また、鉛ではないが、1567年(永禄10)に、大友宗麟がマカオの司教に対して、

> 予の領国を防御するため、カピタン・モールに命じて毎年予のもとに良質の硝石十ピコを持参させることである。(1567年10月17日付　豊後国主(大友宗麟)書簡)[25]

という要求をしており、やはり宣教師を通じて軍需品を手に入れていた状況がうかがえる。

このように、鉛や硝石を海外から入手していた様相が文献からもうかがえるが、基本的に鉄砲や弾薬の原材料は海外輸入に依存していたと考えられる。佐々木稔氏によれば、鉄砲に用いられた銃鉄は輸入に頼っていたとし、さらにバネ材には真鍮を用いており、それは中国産であったとする[26]。中世大友府内町跡においては、青銅製の火縄銃の火挟みが出土しており(第43次調査区　図8)[27]、鉛同位体比分析で、日本国内のものではないデータが出ている。ただし、こうした輸入状況については、1590年頃の特に豊臣秀吉の朝鮮出兵頃を境に変化しており、たとえば硝石については、日本は輸入国から輸出国へ転じたと中島楽章氏は指摘している[28]。

結　語

以上、円錐形鉛インゴットを通して見えてくる、16世紀後半から17世紀前葉における鉛の流通システムについて再度ここでまとめて結語としたい。

現在確認できている、円錐形鉛インゴットについては、海外のものを含めて全部で15点、その中で鉛同位体比分析を行った、中世大友府内町跡、万才町遺跡、岡豊城跡、サン・ディエゴ号のすべての出土資料が、タイのソントー鉱山のものであることが判明した。そして時期がある程度把握できるものとしては、中世大友府内町跡出土資料が1587年以前、岡豊城跡出土資料は1588年以前、サン・ディエゴ号出土資料が1600年以前、駿府城跡資料が1635年以前に位置づけられる。和歌山県城山遺跡については、1577年の織田信長による紀州攻めの際の陣城と考えられることからその頃に比定できる可能性が高い。長崎県万才町遺跡についてもさほど大きく時期を違えず16世紀後半から17世紀初頭に収まるものと考えられる。つまり16世紀後半から17世紀初頭にかけて、日本にタイからもたらされた鉛のインゴットは、こうした円錐形の小ぶりのものであったことが判明した。

そして、この形態のインゴットが日本にもたらされた目的は、軍事的なものにあったことが、日本国内で発見されている他のタイのソントー鉱山産鉛を使用している製品から確認された。現段階、分析されている16世紀後半から17世紀初頭のソントー鉱山産素材を使用した資料、75点すべてについて見たところ、鉄砲玉とキリシタン遺物(メダイ・十字架・指輪)しかないことが判明した。今後資料の増加を待ってさらに検証すべきことではあるが、キリシタン遺物や鉄砲玉以外の遺物の鉛同位体比分析を行った、中世大友府内町跡の出土資料80点について見てみても、やはりタイのソントー鉱山の素材をもつものは、鉄砲玉とキリシタン遺物のみであった。つまりタイのソントー鉱山産鉛は、主に鉄砲玉とキリシタン遺物に使われていたことがうかがえる。

さらになかでも最も多いのが鉄砲玉で、先に述べた16世紀後半から17世紀の初頭にかけて、タイのソントー鉱山の素材を使用した資料75点のうち、41点が鉄砲玉であった。当時の日本においてキリシタン遺物の需要も高かったのは事実であるが、それよりも莫大な需要があったのは、やはり軍需品であろう。ソントー鉱山産の円錐形の鉛インゴット輸入の主目的は、鉄砲玉の製作にあったと考えられる。

　そして、その鉄砲玉以外の資料がキリシタン遺物であることは、その供給に宣教師が関わっていたことを想定させる。日本での布教における資金不足を、宣教師たちは貿易で補っており、その貿易に関わるなかで、当時の戦国大名たちの需要ともあわさって、自然と軍事品の供給にも関わっていったと考えらえる。

　これまで文献的研究等から、16世紀後半から17世紀前葉にかけて、鉛が主要貿易品であったことは周知のことであったが、円錐形鉛インゴットの出土とその理化学分析、さらには円錐形鉛インゴットの鋳型の発見によって、よりその実態が把握できるようになったといえる。ただし、現段階では資料的に豊富とはいえず、まだ一つの側面を明らかにできた段階にすぎない。そもそも、かなりの需要にもとづいて、軍事的目的で鉛を輸入した場合、このような小ぶりの円錐形鉛インゴットのみで賄えたとは到底考えられず、当然異なった鉛の入手形態も考えておかなければならない。当時の戦国大名たちの鉱山の掌握状況や宣教師との関わり方等によって、鉛の入手形態はそれぞれであったであろうし、そうしたさまざまな状況を明確にしていくためにも、こうした資料の分析を積み上げていく必要があろう。そしてこのような鉛の流入形態の検証を通して、当時の南蛮貿易やキリシタン文化の、新たな側面が実態をもって把握できてくるものと考える。

（1）　坂本嘉弘・田中祐介・後藤晃一編『豊後府内6　中世大友府内町跡第10次調査区――大分駅付近連続立体交差事業に伴う埋蔵文化財発掘調査報告書（5）――』（大分県教育庁埋蔵文化財センター調査報告書第15集、大分県教育庁埋蔵文化財センター、2007年）。

（2）　坂本嘉弘・原田昭一・松本康弘・後藤晃一編『豊後府内2　中世大友府内町跡第9次・第13次・第21次調査区――一般国道10号古国府拡幅事業に伴う埋蔵文化財発掘調査報告書（1）――』（大分県教育庁埋蔵文化財センター調査報告書第2集、大分県教育庁埋蔵文化財センター、2005年）。

　　坂本嘉弘・友岡信彦・原田昭一・槙島隆二・吉田寛・後藤晃一編『豊後府内4　中世大友府内町跡第9次・第12次・第18次・第22次・第28次・第48次調査区――一般国道10号古国府拡幅事業に伴う埋蔵文化財発掘調査報告書（2）――』（大分県教育庁埋蔵文化財センター調査報告書第9集、大分県教育庁埋蔵文化財センター、2006年）。

（3）　後藤晃一「豊後府内出土のキリシタン遺物――府内型メダイの再考を中心として――」（別府大学文化財研究所・九州考古学会・大分県考古学会編『キリシタン大名の考古学』思文閣出版、2009年）。

（4）　魯禔玹「南蛮貿易と金属材料――自然化学的方法を用いた中世キリスト教関連遺物の研究――」（『キリシタン大名の考古学』九州考古学会夏季（大分）大会発表資料、2007年）。

（5）　平尾良光編『古代青銅の流通と鋳造』（鶴山堂、1999年）。

（6）　厳密にいえば、N領域の資料として最初に発見されたものが府内型メダイというわけではない。

府内型メダイ出土以前から、N領域のデータを示す資料は確認されていたが、当時は資料数が少なかったため、一領域としては認識されていなかった。

（7）　前掲註（2）『豊後府内4』参照。
（8）　平成22年度科学研究費補助金（新学術領域研究）「鉛同位体比法を用いた東アジア世界における金属流通に関する歴史的研究」（研究代表者平尾良光）により実施した。
（9）　岡田章雄『日欧交渉と南蛮貿易』岡田章雄著作集Ⅲ（思文閣出版、1983年）。
（10）　山本宏司編『駿府城跡Ⅰ（遺物編1）』（静岡市埋蔵文化財調査報告44、静岡市教育委員会、1998年）。
（11）　西田京平、上野淳也、平尾良光、山本宏司「駿府城跡から出土した鉛インゴットなどの鉛同位体比」（『日本文化財科学会第30回大会　研究発表要旨』日本文化財科学会、弘前大学人文学部附属亀ヶ岡文化研究センター、2013年）。
（12）　平尾良光氏のご教示による。
（13）　森田尚宏『岡豊城跡Ⅱ──第6次発掘調査報告書──』（高知県埋蔵文化財センター発掘調査報告書第6集、財団法人高知県文化財埋蔵文化財センター、1992年）。
（14）　大橋康二・櫻木晋一・扇浦正義・高田美由紀編『万才町遺跡──朝日生命ビル建設に伴う埋蔵文化財発掘調査報告書──』（長崎市埋蔵文化財調査協議会、1996年）。
（15）　林田憲三・塚原博編『山見沖海底遺跡──小値賀町山見沖海底遺跡確認調査報告──』（小値賀町文化財調査報告書第16集、九州・沖縄水中考古学協会・小値賀町教育委員会、2002年）。
（16）　北野隆亮「和歌山平野における円錐形鉛インゴットと鉛製鉄砲玉──城山遺跡の「織豊系陣城」評価と出土遺物の検討──」（『紀伊考古学研究』16号、2013年）。
（17）　註（16）に同じ。
（18）　註（16）に同じ。
（19）　註（10）に同じ。
（20）　註（11）に同じ。
（21）　*Treasures of the SAN DIEGO*, National Museum of the Philippines1996
（22）　山口将史、西田京平、平尾良光：長曾我部資料館へ報告（2011年）。
（23）　五野井隆史「キリスト教布教とキリシタンの道具（一）」（『英知大学キリスト教文化研究所紀要』20巻1号、2005年）。
（24）　松田毅一・川崎桃太訳『完訳フロイス日本史』1〜12（中公文庫、2000年）。
（25）　松田毅一監訳『十六・七世紀イエズス会日本報告集』第Ⅲ期第三巻（同朋舎、1998年）。
（26）　佐々木稔編『火縄銃の伝来と技術』（吉川弘文館、2003年）。
（27）　坂本嘉弘・友岡信彦編『豊後府内8　中世大友府内町跡第34・43次調査区──一般国道10号古国府拡幅事業に伴う埋蔵文化財発掘調査報告書（4）──』（大分県教育庁埋蔵文化財センター調査報告書第23集　大分県教育庁埋蔵文化財センター、2008年）
（28）　中島楽章「十六世紀末の九州─東南アジア貿易──加藤清正のルソン貿易をめぐって──」（『史学雑誌』118編8号、2009年）。

〔理化学分析関係参考文献〕
1．平尾良光、山口将史、魯褆玹、角川茂「カンボジア（プンスナイ遺跡）とタイ（バンポンマナオ遺跡）から出土した青銅製品に関する科学的調査」2006年〜2009年度資料（『年縞の分析による年単位の環境史復元と稲作漁労文明の興亡』平成18年度〜平成22年度科学研究費補助金（基盤研究研S）研究成果報告書、研究代表者 安田喜憲、2011年）222-268頁。
2．山口将史、平尾良光、山本信夫「第8章　金属製品の文化財科学的な調査」（『アンコール遺跡における出土貿易陶磁器の様相解明』平成19年度〜平成22年度科学研究費補助金（基盤研究（A）海外）研究成果報告書、研究代表者 山本信夫、2011年）159-184頁。
3．平尾良光「鉛同位体比から見た日本の中世戦国時代における南蛮船で運ばれた鉛材料」（『大航海時代における東アジア世界の交流』第60回西洋史学会（口頭発表）、2010年）。

4．「長崎県万才町遺跡から出土した鉛製品の文化財科学的な調査」内部資料未公開（2011年）。
5．「九州国立博物館が所蔵する東南アジアおよび東アジア青銅器の自然科学的調査」内部資料未公開（2009年）。
6．魯禔玹、西田京平、平尾良光「南蛮貿易と金属材料」（別府大学文化財研究所・九州考古学会・大分県考古学会編『キリシタン大名の考古学』思文閣出版、2009年）131-141頁。
7．平尾良光・鈴木浩子「長崎県原城跡から出土した十字架・鉛玉の鉛同位体比」長崎県南有馬町教育委員会へ報告（2003年）。
8．平尾良光・榎本潤子『奈良県東大寺南大門で発見された鉛製弾丸の自然科学的調査　東大寺南大門――国宝木造金剛力士像修理報告書――』（1993年）142-156頁。
9．魯禔玹、平尾良光「中世大友府内町跡出土金属製品に関する自然科学的調査」（『豊後府内8　中世大友府内町跡第34・43次調査区』――一般国道10号古国府拡幅事業に伴う埋蔵文化財発掘調査報告書（4）――』大分県教育庁埋蔵文化財センター調査報告書第23集、大分県教育庁埋蔵文化財センター、2008年）291-298頁。
10．魯禔玹、平尾良光「中世大友府内町跡出土金属製品・ガラス玉の鉛同位体比分析」」『豊後府内4　中世大友府内町跡第9次、・第12次・第18次・第22次・第28次・第48次調査区――一般国道10号古国府拡幅事業に伴う埋蔵文化財発掘調査報告書（2）第3分冊――』大分県教育庁埋蔵文化財センター調査報告書第23集、大分県教育庁埋蔵文化財センター、2006年）205-212頁。
11．西田京平、山口将史、平尾良光「第1節　中世大友府内町跡から出土した金属製品と鋳造関連遺物の文化財科学的調査」『豊後府内16　中世大友府内町跡第77次調査区　第4分冊――庄の原佐野線建設工事に伴う埋蔵文化財発掘調査報告書（5）――』大分県埋蔵文化財発掘調査報告書　第9集、大分県教育庁埋蔵文化財センター、2010年）281-297頁。
12．西田京平、山口将史、平尾良光「２.中世大友府内町跡第83次調査区出土の金属製品の鉛同位体比」『大友府内15　中世大友府内町跡第83・83-2次調査――店舗建設に伴う埋蔵文化財発掘調査報告書――』大分市埋蔵文化財発掘調査報告書　第102集、大分市教育委員会、2010年）50-52頁。
13．魯禔玹、平尾良光「中世大友府内町跡出土金属製品に関する自然科学的調査」『豊後府内6　中世大友府内町跡第10次調査区――大分駅付近連続立体交差事業に伴う埋蔵文化財発掘調査報告書（5）――』大分県教育庁埋蔵文化財センター調査報告書第15集、大分県教育庁埋蔵文化財センター、2007年）303-310頁。
14．魯禔玹、平尾良光「中世大友府内町跡出土金属製品に関する自然科学的調査」『豊後府内7　中世大友府内町跡第20次調査区――一般国道10号古国府拡幅事業に伴う埋蔵文化財発掘調査報告書（3）――』大分県教育庁埋蔵文化財センター調査報告書第16集、大分県教育庁埋蔵文化財センター、2007年）324-331頁。
15．魯禔玹、金奎虎、平尾良光「武寧王陵から出土したガラスに関する鉛同位体比調査」（『武寧王陵』国立公州博物、2007年）126-131頁［韓国語］。
16．平尾良光、魯禔玹、石川優生、韓ソルイ、早川泰弘「琉球王国のガラスの科学的調査」（『沖縄のガラス・玉等製品関係資料調査報告書　沖縄県史料調査シリーズ第5集』沖縄県文化財報告書第149集、沖縄県教育委員会、2011年）78-98頁。
17．魯禔玹・下村智・平尾良光・池田朋生「熊本県小田良古墳出土ガラスに関する材料の産地推定」『日本文化財科学会第26回大会研究発表要旨集』日本文化財科学会、2009年）262-273頁。
18．魯禔玹・平尾良光「原城跡出土のキリスト教関連製品の鉛同位体比分析」（『原城跡Ⅳ』南島原市文化財調査報告書第4集、長崎県南島原市境域委員会、2010年）239-247頁。
19．魯禔玹、平尾良光「原城跡出土の青銅製品に関する鉛同位体比分析」南島原教育委員会へ報告済み（2010年）。
20．魯禔玹、上野淳也、平尾良光「福岡県北九州市黒崎城跡から出土したメダイの自然科学的研究」（『黒崎城跡3』北九州市埋蔵文化財調査報告書375、北九州市芸術文化振興財団、2007年）303-309頁。

鉛の流通と宣教師

表1　蛍光X線分析データ

No.	グラフ番号	遺物	出土遺跡・発見地	出土遺構	Cu銅	Sn錫	Pb鉛	Asヒ素	Fe鉄	Ag銀
1		円錐形鉛インゴット	中世大友府内町跡第22次調査区	井戸SE012	1.0%	0.2%	85.0%	13.0%	0.7%	―
2		円錐形鉛インゴット	岡豊城跡		<0.1	0.3%	98.1%	10.0%	10.0%	0.1%
3		円錐形鉛インゴット	万才町遺跡		0.2%	1.5%	96.9%	1.2%	1.2%	<0.0
4		円錐形鉛インゴット	万才町遺跡		0.1%	1.5%	97.4%	0.8%	0.8%	<0.0
5	01 03	メダイ	中世大友府内町跡第12次調査区	SB01　焼土層	0.2%	6.6%	91.0%	0.1%	0.2%	―
6	01 04	メダイ	中世大友府内町跡第12次調査区	L-12区	0.0%	0.5%	96.0%	0.1%	0.7%	―
7	01 05	メダイ	中世大友府内町跡第12次調査区	K-12区	1.2%	9.4%	86.0%	0.0%	3.4%	―
8	01 06	メダイ	中世大友府内町跡第12次調査区	南北大路町屋側側溝	0.0%	0.5%	93.9%	0.1%	1.5%	―
9	01 10	メダイ	中世大友府内町跡第13次調査区	30K区	1.3%	0.4%	97.6%	0.0%	0.8%	―
10	01 15	メダイ	中世大友府内町跡第41次調査区	S005（浅い土坑状）	1.1%	0.3%	97.6%	0.0%	1.0%	―
11	01 16	メダイ	中世大友府内町跡第43次調査区	包含層（S-15　No.1）	1.2%	0.3%	97.7%	0.0%	0.8%	―
12	01 19	メダイ	中世大友府内町跡第51次調査区	K-31区　道路第1面 No.1	1.1%	0.3%	93.7%	0.0%	4.9%	―
13	01 21	メダイ	中世大友府内町跡第51次調査区	S345　町屋整地層 K-32区　No.1	0.1%	54.4%	39.9%	0.0%	2.8%	―
14	01 22	メダイ	中世大友府内町跡第20次調査C区	包含層（L-37区）	0.1%	1.9%	97.9%	0.1%	0.1%	―
15		火挟み	中世大友府内町跡第43次調査区		38.0%	0.6%	45.0%	0.1%	16.0%	―

註：グラフ番号はグラフ2・4に対応。

表2　確認されている16世紀後半から17世紀前葉のN領域資料（鉛同位体比値）

No.	資料名	遺跡名	時期	$^{206}Pb/^{204}Pb$	$^{207}Pb/^{204}Pb$	$^{208}Pb/^{204}Pb$	$^{207}Pb/^{206}Pb$	$^{208}Pb/^{206}Pb$
1	円錐形鉛インゴット	中世大友府内町跡第22次調査区	1587年以前	18.218	15.731	38.429	0.8635	2.1095
2	円錐形鉛インゴット	岡豊城跡	1588年以前	18.232	15.750	38.477	0.8638	2.1104
3	円錐形鉛インゴット	San Diego	1600年以前	18.26	15.762	38.535	0.8632	2.1103
4	円錐形鉛インゴット	San Diego	1600年以前	18.256	15.753	38.511	0.8629	2.1095
5	円錐形鉛インゴット	San Diego	1600年以前	18.256	15.757	38.52	0.8631	2.11
6	円錐形鉛インゴット	San Diego	1600年以前	18.255	15.754	38.515	0.863	2.1098
7	円錐形鉛インゴット	San Diego	1600年以前	18.253	15.75	38.499	0.8629	2.1092
8	円錐形鉛インゴット	万才町遺跡	16世紀末～17世紀初頭	18.247	15.741	38.472	0.8626	2.1084
9	円錐形鉛インゴット	万才町遺跡	16世紀末～17世紀初頭	18.228	15.737	38.443	0.8633	2.1090
10	十字架	原城跡	1637年以前	18.245	15.741	38.515	0.8628	2.1110
11	十字架	原城跡	1637年以前	18.252	15.728	38.488	0.8617	2.1087
12	十字架	原城跡	1637年以前	18.255	15.746	38.521	0.8626	2.1102
13	十字架	原城跡	1637年以前	18.254	15.749	38.504	0.8627	2.1093
14	十字架	原城跡	1637年以前	18.242	15.745	38.481	0.8631	2.1095
15	十字架	原城跡	1637年以前	18.249	15.755	38.509	0.8633	2.1102
16	十字架	原城跡	1637年以前	18.241	15.745	38.476	0.8631	2.1093
17	メダイ	黒崎城跡	1620年代以前	18.279	15.715	38.512	0.8597	2.1069

No.	資料名	遺跡名	時期	206Pb/204Pb	207Pb/204Pb	208Pb/204Pb	207Pb/206Pb	208Pb/206Pb
18	メダイ	中世大友府内町跡第13次調査区	1587年以前	18.254	15.753	38.516	0.8630	2.1100
19	メダイ	中世大友府内町跡第20次調査区C区	1587年以前	18.238	15.750	38.477	0.8636	2.1097
20	メダイ	中世大友府内町跡第41次調査区	1587年以前	18.267	15.760	38.539	0.8628	2.1097
21	メダイ	中世大友府内町跡第43次調査区	1587年以前	18.274	15.751	38.528	0.8619	2.1083
22	メダイ	中世大友府内町跡第51次調査区	1587年以前	18.260	15.758	—	0.8630	2.1099
23	メダイ	中世大友府内町跡第51次調査区	1587年以前	18.260	15.763	38.539	0.8632	2.1106
24	メダイ	中世大友府内町跡第12次調査区	1587年以前	18.252	15.751	38.497	0.8630	2.1092
25	メダイ	中世大友府内町跡第12次調査区	1587年以前	18.288	15.748	38.545	0.8611	2.1076
26	メダイ	中世大友府内町跡第12次調査区	1587年以前	18.260	15.752	38.518	0.8626	2.1094
27	メダイ	中世大友府内町跡第12次調査区	1587年以前	18.252	15.749	38.487	0.8628	2.1086
28	メダイ	中世大友府内町跡第53次調査区	1587年以前	18.251	15.740	38.484	0.8625	2.1087
29	メダイ	中世大友府内町跡第53次調査区	1587年以前	18.245	15.748	38.489	0.8631	2.1096
30	指輪	原城跡	1637年以前	18.260	15.734	38.509	0.8616	2.1089
31	指輪	原城跡	1637年以前	18.249	15.730	38.484	0.8620	2.1088
32	鉄砲玉	東大寺　南大門	1567年	18.266	15.764	38.536	0.8630	2.1097
33	鉄砲玉	東大寺　南大門	1567年	18.259	15.756	38.503	0.8629	2.1087
34	鉄砲玉	設楽原・長篠城跡	1575年	18.307	15.786	38.686	0.862	2.1131
35	鉄砲玉	設楽原・長篠城跡	1575年	18.256	15.756	38.520	0.863	2.1099
36	鉄砲玉	中世大友府内町跡第77次調査区	1587年以前	18.230	15.744	38.462	0.8635	2.1099
37	鉄砲玉	中世大友府内町跡第7次調査区	1587年以前	18.265	15.724	38.518	0.861	2.109
38	鉄砲玉	中世大友府内町跡第18次調査区Ⅳ区	1587年以前	18.247	15.743	38.481	0.863	2.109
39	鉄砲玉	中世大友府内町跡	1587年以前	18.231	15.745	38.464	0.8636	2.1098
40	鉄砲玉	中世大友府内町跡	1587年以前	18.245	15.747	38.485	0.8631	2.1094
41	鉄砲玉	田中城跡	1587年	18.247	15.750	38.497	0.8632	2.1097
42	鉄砲玉	田中城跡	1587年	18.244	15.745	38.478	0.8630	2.1091
43	鉄砲玉	田中城跡	1587年	18.274	15.785	38.607	0.8638	2.1127
44	鉄砲玉	田中城跡	1587年	18.274	15.735	38.672	0.8611	2.1162
45	鉄砲玉	田中城跡	1587年	18.254	15.751	38.504	0.8629	2.1093
46	鉄砲玉	田中城跡	1587年	18.249	15.755	38.507	0.8633	2.1102
47	鉄砲玉	田中城跡	1587年	18.233	15.747	38.472	0.8637	2.1100
48	鉄砲玉	田中城跡	1587年	18.241	15.745	38.477	0.8632	2.1094
49	鉄砲玉	田中城跡	1587年	18.243	15.746	38.483	0.8631	2.1094
50	鉄砲玉	田中城跡	1587年	18.226	15.732	38.427	0.8632	2.1083
51	鉄砲玉	田中城跡	1587年	18.212	15.707	38.352	0.8624	2.1059
52	鉄砲玉	田中城跡	1587年	18.254	15.730	38.464	0.8617	2.1072
53	鉄砲玉	田中城跡	1587年	18.261	15.746	38.511	0.8623	2.1089
54	鉄砲玉	田中城跡	1587年	18.227	15.727	38.415	0.8628	2.1076
55	鉄砲玉	田中城跡	1587年	18.254	15.737	38.479	0.8621	2.1080
56	鉄砲玉	田中城跡	1587年	18.251	15.753	38.510	0.8631	2.1100
57	鉄砲玉	田中城跡	1587年	18.262	15.744	38.510	0.8621	2.1088
58	鉄砲玉	田中城跡	1587年	18.244	15.748	38.487	0.8632	2.1096
59	鉄砲玉	田中城跡	1587年	18.254	15.772	38.557	0.8640	2.1122

鉛の流通と宣教師

No.	資料名	遺跡名	時期	206Pb/204Pb	207Pb/204Pb	208Pb/204Pb	207Pb/206Pb	208Pb/206Pb
60	鉄砲玉	田中城跡	1587年	18.276	15.739	38.518	0.8612	2.1076
61	鉄砲玉	田中城跡	1587年	18.280	15.752	38.542	0.8617	2.1084
62	鉄砲玉	岡豊城跡	1588年以前	18.2505	15.7486	38.4992	0.8629	2.1095
63	鉄砲玉	万才町遺跡	16世紀末～17世紀初頭	18.284	15.700	38.451	0.8587	2.1030
64	鉄砲玉	万才町遺跡	16世紀末～17世紀初頭	18.284	15.700	38.449	0.8587	2.1029
65	鉄砲玉	原城跡	1637年	18.242	15.740	38.477	0.8628	2.1093
66	鉄砲玉	原城跡	1637年	18.255	15.742	38.514	0.8624	2.1098
67	鉄砲玉	原城跡	1637年	18.246	15.755	38.512	0.8635	2.1106
68	鉄砲玉	原城跡	1637年	18.259	15.760	38.537	0.8631	2.1106
69	鉄砲玉	原城跡	1637年	18.246	15.747	38.488	0.8631	2.1094
70	鉄砲玉	原城跡	1637年	18.246	15.750	38.497	0.8632	2.1099
71	鉄砲玉	原城跡	1637年	18.246	15.750	38.497	0.8632	2.1099
72	鉄砲玉	原城跡	1637年	18.243	15.745	38.480	0.8631	2.1094
73	鉄砲玉	原城跡	1637年	18.239	15.747	38.480	0.8633	2.1097
74	鉄砲玉	原城跡	1637年	18.237	15.744	38.471	0.8633	2.1095
75	鉄砲玉	原城跡	1637年	18.262	15.727	38.511	0.8612	2.1088

表 3　中世大友府内町跡出土金属製品の鉛同位体比値

	グラフ番号			資料名	遺跡名	時　期	206Pb/204Pb	207Pb/204Pb	208Pb/204Pb	207Pb/206Pb	208Pb/206Pb
1				コンタ	第48次調査区	S010　J区	18.462	15.725	38.968	0.852	2.111
2				コンタ	第48次調査区	S019（上層）	18.545	15.748	39.078	0.849	2.107
3				コンタ	第8次調査区		18.587	15.764	39.090	0.848	2.103
4				指輪	第43次調査区		18.463	15.802	38.967	0.856	2.111
5				真鍮製チェーン	第43次調査区		18.325	15.714	38.812	0.858	2.118
6				火挟み	第43次調査区		18.282	15.743	38.776	0.861	2.121
7				小柄	第20次調査区	SD01	18.312	15.713	38.776	0.858	2.118
8				円錐形鉛インゴット	第22次調査区	SE012	18.218	15.731	38.429	0.863	2.109
9				メダイ	第12次調査区	12次	19.208	15.814	39.700	0.823	2.067
10				メダイ	第12次調査区	12次	18.331	15.687	38.834	0.856	2.118
11	01	03		メダイ	第12次調査区	12次SB01焼火層	18.252	15.751	38.497	0.863	2.109
12	01	04		メダイ	第12次調査区	12次L-12区	18.288	15.748	38.545	0.861	2.108
13	01	05		メダイ	第12次調査区	K-12区	18.260	15.752	38.518	0.863	2.109
14	01	06		メダイ	第12次調査区		18.252	15.749	38.487	0.863	2.109
15				メダイ	第12次調査区	M-12区	18.584	15.752	39.042	0.848	2.101
16				メダイ	第13次調査区	土坑	18.515	15.822	39.077	0.855	2.111
17				メダイ	第13次調査区		18.327	15.756	38.619	0.860	2.107
18	01	10		メダイ	第13次調査区	30K区	18.254	15.753	38.516	0.863	2.110
19				メダイ	第18次調査区IV区	包含層（L-14区　Ⅲ層）	18.462	15.739	38.870	0.852	2.105
20				メダイ	第21次調査区	SD087（溝）	18.342	15.750	38.668	0.859	2.108
21				メダイ	第28次調査区	包含層	18.690	15.761	39.087	0.843	2.091
22				メダイ	第41次調査区	S005（浅い土坑状）	18.755	15.768	39.280	0.841	2.094
23	01	15		メダイ	第41次調査区	包含層（S-15　No.1）	18.267	15.760	38.539	0.863	2.110
24	01	16		メダイ	第43次調査区	包含層（H-65　No.3）	18.274	15.751	38.528	0.862	2.108
25				メダイ	第43次調査区	包含層（H-63　No.4）	18.369	15.680	38.757	0.854	2.110
26				メダイ	第43次調査区		18.094	15.597	38.500	0.862	2.128
27	01	19		メダイ	第51次調査区	S200　J-37区	18.260	15.758	38.527	0.863	2.110

鉛の流通と宣教師

28		メダイ	第51次調査区	S200 (137区)	18.480	15.786	38.969	0.854	2.109
29	01 21	メダイ	第51次調査区	S345 (K32区) 町屋整地層	18.260	15.763	38.539	0.863	2.111
30	01 22	メダイ	第20次調査C区	L37	18.238	15.750	38.477	0.864	2.110
31		メダイ	第69次調査A区	60B	18.367	15.678	38.811	0.854	2.113
32		メダイ	大友氏館跡第1次調査区	庭園埋め戻し埋土	18.386	15.723	38.709	0.855	2.105
33	01 25	メダイ	第53次調査区	S101 P-71	18.251	15.740	38.484	0.862	2.109
34	01 26	メダイ	第53次調査区	S140 上層	18.245	15.748	38.489	0.863	2.110
35		メダイ	第7次C調査区		18.384	15.663	38.747	0.852	2.108
36		メダイ	第77次調査区		18.711	15.770	39.268	0.843	2.099
37		鉄砲玉	第28次調査区	M-17区 No.14	18.310	15.632	38.865	0.854	2.123
38		鉄砲玉1	第20次調査C区		18.346	15.597	38.623	0.850	2.105
39		鉄砲玉2	第5次調査A区	99B 1回目(美No179)	18.473	15.656	38.987	0.848	2.111
40		鉄砲玉3	第8次調査区	SK5 No7	18.442	15.613	38.577	0.847	2.092
41	N05	鉄砲玉6	第7次調査区	II層 G区 S751	18.265	15.724	38.518	0.861	2.109
42		鉄砲玉7	第18次調査区IV区	L14 5層 No6	18.336	15.583	38.579	0.850	2.104
43		鉄砲玉8	第18次調査区IV区	L14 No8 5層	18.335	15.580	38.572	0.850	2.104
44		鉄砲玉9	第18次調査区IV区	L14 No57	18.051	15.657	38.147	0.867	2.113
45		鉄砲玉10	第18次調査区IV区	L15 No1	18.397	15.614	38.759	0.849	2.107
46		鉄砲玉11	第18次調査区IV区	K15 3～4層 No2	18.401	15.614	38.768	0.849	2.107
47	N11	鉄砲玉12	第18次調査区IV区	L14 No119	18.247	15.743	38.481	0.863	2.109
48		鉄砲玉16	第18次調査区IV区	K16 整地層	18.688	15.749	39.085	0.843	2.091
49		鉄砲玉16	第9次調査区	III区 25層	18.414	15.564	38.532	0.845	2.093
50	N14	鉄砲玉17	第77次調査区	No.135	18.230	15.744	38.462	0.864	2.110
51	N15	鉄砲玉18	中世大友府内町跡	A－2区	18.231	15.745	38.464	0.864	2.110
52	N16	鉄砲玉19	中世大友府内町跡	A－2区	18.245	15.747	38.485	0.863	2.109
53		台座	第69次調査区		18.447	15.688	38.873	0.850	2.107
54		ガラス玉	第69次調査区		18.540	15.683	38.916	0.846	2.099
55		分調	第5次調査区	包含層2A5回目	20.772	16.032	41.399	0.772	1.993
56		鍵	第7次調査区	C地区 P229	18.518	15.754	39.049	0.851	2.109
57		鍵	第7次調査区	C地区 P256	18.297	15.741	38.784	0.860	2.120

グラフ番号	資料名	遺跡名	時　期	206Pb/204Pb	207Pb/204Pb	208Pb/204Pb	207Pb/206Pb	208Pb/206Pb
58	分銅	第10次調査区	II区11-A	18.293	15.672	38.765	0.857	2.119
59	クサリ	第10次調査区	II区SK146	18.301	15.740	38.804	0.860	2.120
60	太鼓型分銅	第16次調査区	L44 No68	18.328	15.670	38.785	0.855	2.116
61	分銅未製品	第18次調査区IV区		18.361	15.741	38.763	0.857	2.111
62	分銅	第12次調査区	J12区	18.419	15.732	38.854	0.854	2.109
63	トリベ	第12次調査区	K12区 No6	18.467	15.717	39.018	0.851	2.113
64	不明銅製品	第43次調査区		18.327	15.684	38.835	0.856	2.119
65	錠前	第34次調査区	S-066	18.427	15.508	38.658	0.842	2.098
66	不明銅製品	第34次調査区	S-066	18.357	15.638	38.717	0.852	2.109
67	銅小仏	第43次調査区		18.311	15.682	38.830	0.856	2.121
68	分銅	第43次調査区	H-64　No.25	18.540	15.751	39.027	0.850	2.105
69	銅釘	第43次調査区	H-63　S-017	18.285	15.740	38.777	0.861	2.121
70	ハバキ	第43次調査区		18.368	15.681	38.795	0.854	2.112
71	小柄	第43次調査区	I-66	18.384	15.696	38.725	0.854	2.107
72	耳かき	第34次調査区	S-066	18.304	15.746	38.805	0.860	2.120
73	五角形銅製品	第18次調査区IV区	17トレンチ　掘り下げ	18.445	15.646	38.725	0.848	2.099
74	トリベ破片付着物	第48次調査区	SO10　L11区	18.408	15.668	38.905	0.851	2.113
75	角形棒状青銅品	第48次調査区	SO10	18.297	15.736	38.780	0.860	2.120
76	分銅	第48次調査区	北区	18.349	15.749	38.853	0.858	2.117
77	丸形分銅	第48次調査区	(南)No.2	18.386	15.692	38.887	0.854	2.115
78	ビタ銭	第18次調査区IV区	S-79　グライ層	18.526	15.721	38.956	0.849	2.103
79	ビタ銭	第51次調査区	S-533(I-36区)下層	18.387	15.624	38.762	0.850	2.108
80	洪順通寶	第12次調査区		18.277	15.706	38.664	0.859	2.116

註：グラフ番号はグラフ2・4に対応。

コラム⑤

サンチャゴの鐘

平尾 良光

▶はじめに◀

　大分県竹田市は九州中央部にある阿蘇山の東側に位置している静かな町である。この町の中川神社に「サンチャゴの鐘」と呼ばれるキリスト教会で使われる形のベル（鐘）が保存されている（写真1）。この鐘は高さ80.5cm、口径66.0cm、質量108.5kgというかなり大きな銅製の鐘である。外周に「HOSPITAL SANTIAGO 1612」と陽刻されており、長崎県長崎市酒屋町（現 栄町・魚の町）に1611年（？）から1620年に存在したといわれる「聖ヤコボ病院」（サンチャゴはヤコボのラテン語読み）に設置されていた銅鐘であるとも推定されている。形式的にはキリスト教会で利用される典型的な形であり、1612は製作年代だろう。

　写真で示されるような教会用のこの鐘がなぜ神社に伝わっているのか、長い間、疑問として残っている。この鐘はヨーロッパ、あるいは中国で製造され、その後日本へ持ち込まれたとも考えられている。この鐘が輸入されたのち、どこかに設置・利用されてから竹田市へ運ばれたとも、初めから竹田市へ搬入されたとも考えられている(1)。

　この銅鐘がどこで作られたかを科学的に調べるために、化学組成と鉛同位体比を測定し、材料の組成および材料産地を考察した。

▶化学組成◀

　化学組成を蛍光X線分析法で測定する場合、その精度を上げるため

写真1　サンチャゴの鐘

には数か所を測定する必要がある。4か所を測定すると、表1のようになった。このように大きな資料になると、偏析や鋳造時の材料の違いなどで各部位によって化学組成に違いが出ることがあるからである。また、表面錆の影響などもあるので元素濃度のバラツキを調べることも大切である。それらをどのように考えたらよいのかは本来の化学組成を推定する上で大切である(2)。

▶材料産地の推定◀

　銅鐘の材料産地推定には鉛同位体比法を利用した。鉛同位体比法の詳しい説明は別稿に譲る（本書所収の拙稿も参照）(3)。

　鉛の産地を推定するために、図1と図2という異なる鉛同位体比値を軸とした2種類のグラフを利用する。これらの同位体比値を軸にすると、産地がより明瞭に表現できるからである。

　図中にはこれまでの先行研究から、東アジア地域の産地として日本領域、中国華北領域、中国華

表1　サンチャゴの鐘の化学組成測定結果(質量%)

測定箇所	銅 Cu	スズ Sn	鉛 Pb	鉄 Fe
竜頭 湯口	80	5.9	5.9	8.5
鐘外肩口 金属	87	8.3	2.9	2.2
鐘内胴部分	78	11	8.3	4.9
鐘外胴部分 金属	80	6.6	5.9	7.1

表2　サンチャゴの鐘の推定化学組成(質量%)

推定化学組成	銅 Cu	スズ Sn	鉛 Pb	鉄 Fe
金属部分	87	8	3	2

南領域、朝鮮半島領域、N領域（東南アジア）が設定されている[4〜6]。未知資料の鉛同位体比を測定して、両方の図で設定されている領域に含まれるか否か、もしくは付近に位置するか、といった点で資料の鉛材料の産地を推定する。

▶結 果◀

①化学組成の結果：

4か所の化学組成は表1のように示される。その結果、本資料は銅・錫・鉛を主成分とする鉛入りの青銅である。測定はクリーニングを行った直後に行ったため、余分な土や錆の付着は少ないと考えられる。しかしすべての錆を取り除くことはできなかったため錆が各部位の測定値に影響していると考えられる。一般的に青銅は錆になる時に銅が抜けて行き、スズや鉛は残りやすい。それ故、銅鐘本来の化学組成は表2の値と推定される。

②鉛同位体比の結果：

上記の4か所とは別に、錆を3か所から集めて測定した鉛同位体比値を表3で示し、図1と図2

表3 サンチャゴの鐘の鉛同位体比測定結果

資料名	$^{206}Pb/^{204}Pb$	$^{207}Pb/^{204}Pb$	$^{208}Pb/^{204}Pb$	$^{207}Pb/^{206}Pb$	$^{208}Pb/^{206}Pb$	分析番号
銅鐘-1	18.414	15.690	38.613	0.8521	2.0970	BP5733
銅鐘-2	18.417	15.693	38.616	0.8521	2.0967	BP5733
銅鐘-3	18.426	15.692	38.627	0.8516	2.0963	BP5734
誤差範囲(σ)	±0.010	±0.010	±0.030	±0.0003	±0.0006	

銅鐘-1）竜頭（鈕）部分からの錆
銅鐘-2）鐘の身の上面裏側にあたる面から全体的に採取した錆
銅鐘-3）鐘の身の上面裏側に付着していた錆の塊

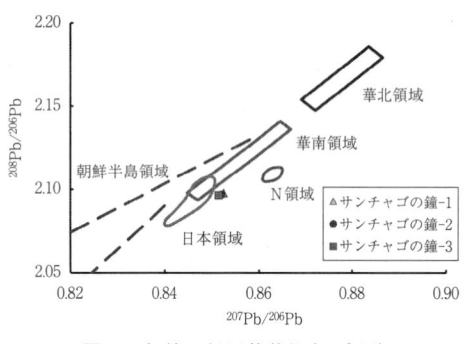

図1 銅鐘の鉛同位体比（A式図）

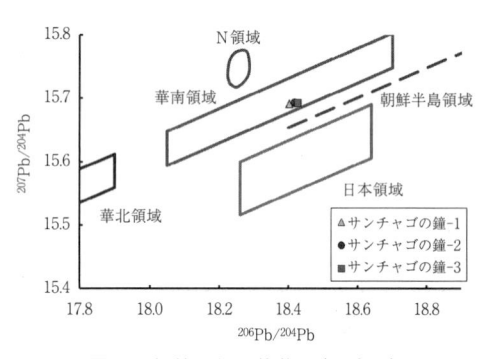

図2 銅鐘の鉛同位体比（B式図）

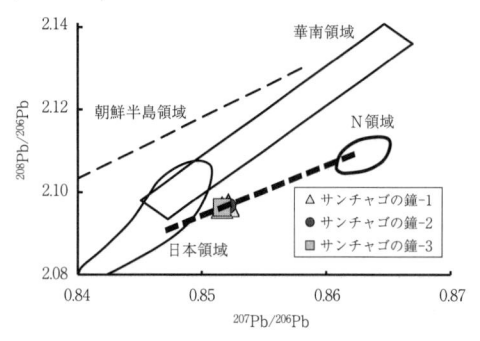

図3 銅鐘の鉛同位体比の解析図（A式図）

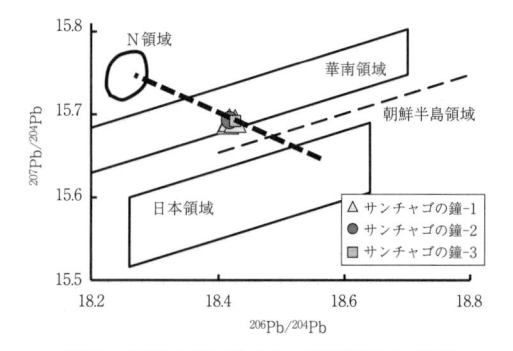

図4 銅鐘の鉛同位体比の解析図（B式図）

に作図した。これらの図から3か所の測定値は一致しており、一つの材料で作られていることが示される。図1ではこれら資料の位置は日本領域の右外側、華南領域の下側、そして日本領域からはN領域方向である。図2では華南領域内に位置する。このような鉛同位体比を示す鉱山はこれまでに知られておらず、また、資料も見つかっていない。2種類の図で既存の領域内に位置しなかったことから、材料の産地は不明であり、これまでに知られていない未知の材料が利用されている可能性がある。可能性としてはミャンマー、ベトナム、フィリピン等の国々から得られた鉛材料であるとも考えられなくはない。しかしこれらの地域から青銅材料が日本へ輸入されていれば、他の資料にも同じ値が見つかってもおかしくはない。そのような製品がいままでに見られないことから、このような値を示す材料あるいは製品を輸入していたとは考えにくい。

別の考え方として、図3と図4とで示されるように、これらの試料は日本領域とN領域を結んだ線の間に位置していると判断できる。すなわち日本産鉛とタイ産鉛とを混合して利用した可能性が考えられる。混合とすれば、日本で混合した（鋳造した）と考えるほうが素直である。

その場合、日本のどこで鋳造地したかについてはわからない。しかし、1612年に鋳造されたとすると、徳川幕府によるキリスト教弾圧がだんだん厳しくなる時期であり、どこでも作ることができる状態ではなかっただろう。銅を溶かし、鋳造するという技術を持っている場所でなければならず、鐘が持つ形式から西洋的な雰囲気が強いので、西洋人（宣教師）が形を示すことができる場所でなければならない。加えて、東南アジアの鉛を手に入れることができる場所である。このような場所としては長崎の可能性が大きいかも知れない。

今後、歴史学や美術史的な見地から、製作地などについて研究が進み、銅鐘の製作についてより明らかになる事が期待される。

〔参考・引用文献〕

（1）　竹村寛『キリシタン遺物の研究』（開文社、1964年）
（2）　中井泉『蛍光エックス線分析の実際』（朝倉書店、2005年）
（3）　平尾良光『古代東アジア青銅の流通』（鶴山堂、2001年）
（4）　魯覗玹、平尾良光「中世大友府内町跡出土金属製品・ガラス玉の鉛同位体比分析」（『豊後府内4 中世大友府内町跡第9次・第12次・第18次・第22次・第28次・第48次調査区』『一般国道10号古国府拡幅事業に伴う埋蔵文化財発掘調査報告書（2）第3分冊』205-212頁、2006年）など
（5）　平尾良光、馬淵久夫「表面電離型固体質量分析計ＶＧ Sectorの規格化について」（『保存科学』28、1989年）17-24頁
（6）　平尾良光、山口将史「タイ ソントー（Song Toh）鉱山の鉛」（『鉛同位体比法を用いた東アジア世界における金属の流通に関する歴史的研究』科学研究費成果報告書、2012年）

コラム⑥

コンテナ陶磁のもつ意味

川口洋平

▶コンテナ陶磁とは◀

　歴史時代の遺跡を発掘すると、国内産・海外産を問わず、さまざまな陶磁器が出土する。一般的には、日常的に卓上で使われる碗や皿などの器がまず思い浮かぶであろう。これらは、その用途からして薄く、軽く、また見た目にも美しいものが多い。そして、器そのものが商品として売買の対象であった。

　一方、遺跡からは、液体や粉末などの商品を貯蔵・運搬したと推測される壺や甕などの陶磁器も出土する。これらはその性格上、堅牢で厚く、重く、見た目にも地味なものが多い。そして器そのものは商品ではなく、運搬容器であることから「コンテナ陶磁」とも呼ばれている。

▶どんな場所からみつかるのか◀

　コンテナ陶磁は、中身の商品が消費された時点で一旦その役割を終える。その後は、不要になって棄てられることもあれば、別の何かの貯蔵のために転用されることもあった。いずれの場合でも、中身が消費された都市や城館などの場所から出土することが多く、豊後府内や堺、琉球の首里城などはその代表例である。

　また時として、沈没船からコンテナ陶磁が引き揚げられることもある。これらは、商品を積んで消費地に向かう途上の船か、あるいは水・酒・油などを貯蔵した長期の航海のための船であったと考えられる。1613年にセント・ヘレナ島沖で沈没したオランダ船、ヴィッテ・レーウ号や、1600年にマニラ沖で沈没したスペイン船、サン・ディエゴ号からは多数のコンテナ陶磁が引き揚げられている。

　港町の遺跡でもコンテナ陶磁が出土する。コンテナ陶磁で運ばれた商品が、船から荷揚げされた後、小分けにされて、その役目を終えるものが多い。それを裏付けるように、博多や長崎からは、コンテナ陶磁が豊富に出土している。

　さらに日本においては、独自の美意識からコンテナ陶磁を茶席で用いることが試みられた。その結果、堺など茶の湯の盛んな都市で桃山陶などとともに出土することがある。

▶さまざまなコンテナ陶磁◀

　コンテナ陶磁は、日本においても土器の時代から生産されてきたが、海外から日本に運ばれたものに目を向けてみよう。コンテナ陶磁は、さまざまな国でつくられている。

　中国では、南部の福建や広東などで黒褐釉の壺が焼かれた。これらの中には、フィリピンを経由して日本にもたらされ、「呂宋壺」の呼称で茶壺として珍重されたものもある。また、龍などの文様を貼り付けた装飾的な灰釉壺もつくられ、長崎などで出土している。

　ベトナムでは、円柱状の長い胴をもつ焼締の壺がつくられた。朱印船貿易を中心に日本に運ばれ、景色のよいものは「切溜」と称されて花入れとして珍重された。

　タイでは、ノイ川の流域で長期に渡って四耳壺がつくられた。中世後期から日本にも運ばれ、沖縄の首里城からは1459年の火災にともなう倉庫跡から、胴部が細くラッパ状に口が開く黒褐釉の四耳壺がまとまって出土している。時代が下ると胴部は丸くなり、頸部に何重もの沈線が巡る焼締のタイプに変化し、豊後府内や長崎などで出土して

ミャンマーでは、積み出しした湾の名前からとった「マルタバン・ジャー」と呼ばれる黒釉の壺が焼かれた。光沢のある釉と、肩部に間隔を置いて縦方向に施される列点文が特徴で、日本では、豊後府内や長崎などで、ごく少数が出土している。

さらに近年、長崎と大坂で新たに出土が確認されたコンテナ陶磁に、オリーブオイルを運ぶための液体運搬容器（アンフォラという）の「オリーブ・ジャー」がある。丸底で、卵形の胴部、かえしのついた口縁部で、レンガ色の土に黄色い釉薬がかかるものと、釉薬のかからない素焼きのものとがある。沈没船の引き揚げ資料との比較から、釉薬のかかる長崎出土のものはポルトガル産、素焼きである大坂のものはスペイン産と推測される。

▶コンテナ陶磁から何がわかるか◀

コンテナ陶磁は、運搬容器という性格から、何を運んだのかがわかれば、中身である商品の流通や消費の指標（バロ・メーター）となり得る。しかし、オリーブオイル用の運搬容器であるオリーブ・ジャーを除けば、コンテナ陶磁の多くは特定の商品のためではなく、さまざまな用途のために使われたというのが実態であろう。

そのような中、近年、長崎・大坂・京都の三都市で出土したタイ産の焼締四耳壺（図1）に付着していた黒色物質について自然科学分析を行ったところ、タイ産の「チチオール」（日本でいう黒漆）が共通して検出された。このことで、タイ産の焼締四耳壺の運搬商品のひとつが明らかになったといえる。

この話には余談がある。近世に海外に輸出された日本漆器からも東南アジア産のチチオールが検出されたのである。文献なども含めた幅広い検討から、東南アジアから材料を輸入し、国内で製品化して再度海外へ輸出するという、現代にも通じる日本のモノづくりの体制が早くも確立されていたことが、明らかになりつつある。

コンテナ陶磁は、見た目の美しい商品ではない。

図1　チチオール付着のタイ産四耳壺（旧・柳池中学校出土／京都市埋蔵文化財研究所提供）

しかし、学際的に連携し、運ばれた中身を検証することで、世界規模のダイナミックな経済活動を示す物証となり得るのである。

〔参考文献〕

アーレン・ヘギンボサム＆マイケル・シリング「17世紀日本輸出用漆器における東南アジア産漆の使用に関する新証拠」（S.リバーズ、R.フォークナー、B.プレッツェル編『東洋漆器――その文化史、科学と保存修復――』アーキタイプ・パブリケーションズ、2011年）

川口洋平・宮本康治・Wilfredo P. Ronquillo「日本とフィリピンにおけるオリーブ壺の比較研究」（『長崎県埋蔵文化財センター研究紀要』1号、長崎県埋蔵文化財センター、2011年）

北野信彦ほか「桃山文化期における輸入漆の調達と使用に関する調査」（『日本文化財科学会第27回大会研究発表要旨集』2010年）

金銀山開発をめぐる鉛需要について

仲野義文

はじめに

　『新校正山相秘録』[1]は、江戸後期の経世家佐藤信洲が、祖父元伯の原著『山相秘録』に校正を加えて文政10年（1827）に成立した江戸時代の代表的な鉱山書である。その中で鉛の特性について次のように述べられている。

　　抑も此鉛と云ふ者は、諸金を自在に変化するの効能あるのみならず、火鉢・屋根瓦・秤錘・鉄炮丸を造り、且つ白粉と為り、黄丹と為り、密陀と為り、白蠟と為り、其他種々の薬物とて、医師・画師・染師・陶工・髹工等には極て用なる

　鉛は扱いやすい金属であるため、建築資材から薬や化粧などまで幅広い用途に利用された。文化11年（1814）、鉛の販売に関する大坂・銅吹屋泉屋（住友家）からの銅座への報告によれば、白粉地・丹地10万斤、硝子地1万5,000斤、猟方・鋳物方30万斤とあり、大量でかつ多様な利用がうかがわれるのである[2]。

　ただし、鉛の最大の消費は、むしろ鉛の出所と同じ鉱山においてであったといえる。とくに、金銀の生産は、鉛の存在なくしては成し得ないのであり、その意味でいえば鉛の最大の市場は鉱山にあったとみることができる。

　本稿では16世紀からはじまる国内の金銀開発ブームと鉛需要の関係について、灰吹法との関連から検討する。

　灰吹法は金銀と鉛との親和力を利用し、鉱石中の金銀を抽出する方法であり、この技術の導入を契機に、石見・佐渡・生野などの金銀山が開かれ、日本は世界有数の銀生産国となるのである。

　このような金銀生産の拡大は、当然ながら生産資材である鉛の需要を高めたことはいうまでもないが、その具体的な実態についてはあまり検討されてこなかったように思われる。そこで本稿では、16世紀からはじまる金銀山開発の様相とその原動力となった灰吹法について考察するとともに、その2つを結びつける存在である鉛の調達について、石見・佐渡・院内の事例から検討したいと思う。

1　中近世移行期の金銀山開発の様相

（1）　石見銀山の開発と金銀山の開発ラッシュ

　わが国の金銀山開発は、16世紀石見銀山の開発を契機に活発化する。石見銀山は大永6年（1526）、博多商人神屋寿禎によって発見・開発されたといわれる。開発当初には山元（採鉱地）での製錬は行われず、鉱石のまま邇摩郡馬路村の鞆ヶ岩浦から博多へと移送された。その後、天文2年（1533）には寿禎によって博多から宗丹と慶寿という2人の技術者が招かれ、灰吹法による生産が山元で開始される[3]。

　灰吹法の導入は石見での銀生産を本格化させるとともに、たちまち各地へと広まり、天文11年（1542）には越後の商人外山茂右衛門によって佐渡鶴子銀山が開発された。同じ年、但馬生野銀山も発見されたが、「生野銀山旧記」には「石州より金堀・下財・金吹」とあり、開発にあたって石見の技術者が関与したとされる。石見にもたらされた灰吹法は急激に各地に普及していったのである。

　生産された銀は当初、国内流通に先行して多くが明・朝鮮に輸出された。李朝の『中宗実録』によると「倭国造銀未及十年我国流布已為賤物」（中宗37年〈1542〉閏5月）[4]とあり、1542年頃には日本銀はすでに賤物となっていたという。その逆に銀を求めて日本へと向かう中国海商の姿も多く現れるようになり、ついには天文12年（1543）、種子島へのポルトガル人の来航へとつながっていく。

　一方、国内では戦国大名のもとで鉱山開発が積極的に進められた。金銀は家臣への恩賞や兵糧購入などに必要であったが、とくに鉄砲の登場は彼らの開発意欲を一層促進させた。なかでも、火薬の原料となる硝石は中国や東南アジアからの輸入に依存しており、これらを調達するためにも銀の確保は不可欠であった。

　戦国大名毛利元就は死の直前、吉川元春等に対し「温泉銀山御公領之事、此間洞春様如被仰付候、少茂自余之御用ニ不被仕、御弓矢之可被御用候」[5]と述べ、石見銀の使途については軍費に充てるよう指示しているが、実際毛利氏の場合、宣教師を通じて中国から硝石を購入している事実が認められる[6]。

　さて、金銀山の開発は16世紀から17世紀初頭にかけてピークを迎えるが、国内においてどの程度の金銀山が存在したかは定かではない。そのなかで慶長3年（1598）『蔵納目録』[7]は、当該期の開発状況をうかがうことのできる数少ない史料といえよう。

　この目録は、全国の金銀山から豊臣秀吉に対して公納された運上金銀の内訳が記載されたものである。秀吉は金銀に対する占有主義をとり、生野銀山や多田銀銅山などは直轄地として支配したほか、大名領国にある鉱山についても金銀運上の公納を命じた。とくに朝鮮出兵で多額の戦費が必要となると、運上の増額や直轄による支配を強めた。

　『蔵納目録』によって、16世紀末の金銀山開発の状況を見ると、表1のとおりである。秀吉のもとに上納された運上は、金山21か所で黄金3,397枚余、銀山10か所で銀子79,415枚余に

表1　近世初期の金銀山の状況

金銀山名	運上額	納人
常陸国佐竹領黄金山	221枚7両3朱	佐竹義宣
出羽国最上領黄金山	163枚8両4匁1分	山形出羽守
陸奥国伊達領黄金山	700枚	大崎少将
越後国黄金山	1,124枚4両1匁4分2厘	上杉景勝
佐渡国黄金山	799枚5両1匁6厘	上杉景勝
出羽国庄内黄金山	97枚8両8分5厘	上杉景勝
甲斐国黄金山	22枚	浅野弾正
陸奥国相馬領黄金山	25枚6両2匁8分5厘	相馬長門
陸奥国南部領黄金山	40枚5両5分	南部信直
徳川領黄金山	10枚	徳川家康
信濃国佐久郡黄金山	12枚6両	仙石越前
信濃国伊那郡黄金山	8枚9両2匁1分	京極修理
信濃国黄金山	6枚6両2分	石川玄蕃
越前国今荘黄金山	5枚5両2匁6分	浅野弾正
出羽国八島分黄金山	7両1分6厘	浅野弾正
下野国宇都宮領黄金山	18枚4両3分	浅野弾正
信濃国黄金山	3両1分3厘5毛	浅野弾正
但馬国中瀬山黄金山	127枚	別所豊後・伊藤石見・岡本権兵衛
駿河国黄金山	9枚	中邨式部少補
美濃国広瀬黄金山	1枚	広瀬加兵衛
三河国黄金山	2枚1両7分1厘	田中兵部大輔
越前国北袋銀山	22枚7両3匁2分	浅野弾正
越前国府中槇谷銀山	360枚	京三條口　又右衛門
中国ニテ所々銀山	4,869枚	柳沢監物
飛騨国銀山	数欠	金森法印
越前国大野郡銀山	298枚9両	林伝右衛門
因幡国銀山	9,282枚36匁3分	宮部法印
但馬国銀山	62,267枚	伊藤石見
摂津国多田荘銀山	476枚	八島（名欠）
但馬国中瀬銀山	350枚	四方善五郎
越中国銀山	1,490枚	前田肥前守

出典：慶長3年『蔵納目録』（『大日本租税志』中篇）

も達している。金山の場合、砂金山を含め東日本が多く、なかでも越後黄金山が最大であった。越後には高根・猿田・山後俣・大毎などに金山があり、「越後黄金山」はこれらの金山の総称である。

　佐渡の約800枚は主として西三河砂金山のものである。同所は平安時代末期の『今昔物語』に載る「能登国の鉄を掘る者、佐渡国に行きて金を掘」った比定地とされるなど、古代からの産金地であった。また『佐渡年代記』には、弘治年中、松浪遊仁なる人物が砂金を稼

ぎ、公納の外に砂金2匁4分を毎日納めたとあり、天正17年（1589）の上杉景勝領有以後には、家臣大井田監物と富永備中の両名が砂金山を預かり、毎年3駄の砂金を豊臣秀吉に上納したという。いずれにせよ、相川金銀山が開発されるまでは主要な産金地であったといえる。

　甲斐では黒川金山や湯之奥金山（中山・内山・茅小屋の3金山）が、駿河には梅ケ島、伊豆では北条氏の時代以来土肥・縄地の金銀山が開かれたが、慶長期に入って新たに湯ヶ島や縄地が発見された。

（2）　幕藩体制による金銀山開発

　17世紀に入ると、徳川家康による積極的な鉱山政策もあって、開発の波はさらに加速する。家康は秀吉と同様地下資源に対する占有主義をとった。すなわち鉱山を「天下の御宝山」とし、石見・佐渡・生野等の主要鉱山を悉く直轄地として収公したのである。この理論はまた院内銀山などの大名領の鉱山にも及び、当該大名に対しては金銀の上納が命じられた。この結果、家康の下には毎年多くの金銀が納められたが、たとえば、慶長12年（1607）、家康は駿府退隠にあたって、将軍秀忠に対し、江戸城に保管する銀1万3,000貫目、金15万枚を授けたという[8]。また、宣教師ロドリゲスによると、慶長14年（1609）、出納係長（勘定奉行）の報告として「銀貨だけで八三〇〇万テールすなわち八三〇〇万金クルザードの銀貨があり、その他にも大量の金があった」[9]とし、やや誇張気味ではあるものの家康が大量の金銀を保有していたことが知られる。

　直轄鉱山からの収入はまた、幕府の財源にとって大きなウエートを占めたことはいうまでもない。大野瑞男氏によると、徳川幕府の初期の直轄地は約230万石から250万石、うち年貢収入は約100万石で、米価に換算すると金25万両となる。対する石見等の直轄鉱山からの収入は約16万両となり、年貢米と並ぶ程の存在であったことがわかる[10]。しかも、金銀は、通貨・軍事・外交・経済といった幕府の進める重要な施策とも直接的に関係しており、鉱山の領有なくしてはこうした政策の実現は不可能であったといえるのである。

　慶長5年（1600）の関ヶ原の戦いに勝利した徳川家康は、その直後に石見銀山の領有を図った[11]。代官頭の大久保長安を石見に下向させ、11月18日付で毛利氏から銀山の接収を行わせ[12]、翌年には長安を奉行として支配させた。長安は毛利氏が特定の個人や職業組織（組・座）を基にした運上請負体制を採ったのに対し、このような請負人という中間的な存在を否定し、個々の鉱山経営者を陣屋が直接支配することで、新たな生産の仕組みを構築した。その上で「間歩請候所、鏈の様子見届け、その上談合候て請させ申さるべき事」[13]と、個別の間歩（鉱区）経営までも陣屋が厳しく管理することでその支配を強めていったのである。

　また、御直山という公費による開発を積極的に推進したことも、銀産の拡大につながった。とくに山師安原伝兵衛の開発した釜屋間歩は3,600貫目の運上を納めたとして、慶長8年（1603）8月1日、伏見城での御目見えを許され、辻ヶ花染丁字文道服を拝領した。

　この頃、産銀は増大したようで、『当代記』にも「石見国金山も倍増して四、五千貫目納

められ」とあり、産銀量は年5,000貫目に達した。

　佐渡では、慶長6年（1601）7月に鶴子銀山の山師三浦次兵衛・渡辺儀兵衛・弥次右衛門の3名により相川に鉱脈が発見され、道遊・割間歩・六拾枚間歩などが開発された[14]。慶長8年には大久保長安による支配となり、御直山として開発されたことによって金銀生産量は飛躍的に増加した。

　佐渡の御直山は有力な間歩36か所を指定して、石見・伊豆出身の山巧者36名を山師に任命し、彼らに禄米のほか生産に必要な鍛冶炭・油・蠟燭などを陣屋から公給して生産にあたらせ、その見返りとして出鉱量の3分の1ないし4分の1を運上として公納させた。『当代記』には「佐渡国に銀倍増して一万貫目余上へ納められ」とあり、年間銀1万貫目の産出があったという。

　伊豆金山もまたこの頃最盛期を迎えた。当地には土肥・瓜生野の両金山がすでに稼行されていたが、慶長期にいたって湯ケ島や縄地にも金銀山が開かれた。なお、湯ケ島については、慶長6年12月付「大久保十兵衛外代官頭連署状」[15]によると、銀山見立て御用のため石見銀山役人吉岡隼人を派遣したことがわかる。この頃、伊豆は代官頭彦坂元正の支配下にあったが、鉱山の開発にあたっては大久保長安による積極的な関与があったといえよう。

　長安による伊豆金山の直接的な支配は、彦坂失脚後の慶長11年（1606）からで、慶長13年（1608）頃には、銀生産はピークを迎えた。縄地には「上かたよりかねほり多く参り」[16]と、上方をはじめ各地から商人や労働者が参集した。

　生野銀山は、豊臣秀吉の直轄鉱山として慶長3年（1598）には年間7万枚にも及ぶ銀を公納した。江戸時代には石見や佐渡と同様徳川氏の直轄地として支配された。

　生野では天文期以降、口銀屋・小野・竹原屋を中心に開発が行われたが、慶長5年頃には新たに白口の樫木・若林・蟹谷に開発が進み「樫木平に有る山、一ヶ月銀三千二百枚に買請くる。八百枚、千枚に買請くる山数十ヶ所有り」[17]と、1か月の運上銀が3,000枚を超える間歩が数十か所もできたという。

　一方、諸大名による開発も積極的に行われた。前田領の加能越三国でも、中世末から近世初期にかけて多くの金銀鉛山が開かれた。能登の宝達山、加賀の鞍ヶ嶽・倉谷・九谷などに金銀山があった。また、越中には河原波・虎谷・松倉・亀谷・吉野・下田・長棟などに金銀鉛山があり、これらを総称して「越中七かね山」と称した。

　幕藩制成立以後にあって、金銀山の開発が進むのは東北地方であろう。当該地域は日本有数の砂金地帯で古代より主要な金生産地であったが、灰吹法の普及によって従来の砂金のほかに「山金」と呼ばれる金鉱石にも開発が及び、この結果金銀山の開発が一気に進んだのである。とくに秋田では慶長7年（1602）に佐竹義宣が入部したのを契機に、領内の鉱山開発が積極的に進められた。

　秋田実季の時代には檜木内・早口・大葛の金山が開発されていたが、佐竹氏の入部後には杉沢・阿仁・院内・荒川・増田・畑などがそれぞれ開かれた。なかでも慶長11年（1606）に

開発された院内銀山は最大で年間の産銀量は4,000貫に及んだとされる。

　南部領では、慶長9年（1604）に白根金山、同10年には西道金山がそれぞれ開発された。『当代記』によると、慶長13年（1608）には「奥州南部に金有りとて、金鑿共彼山へ佐渡国より相下り」と、佐渡より多数の金掘が入り込むほどの活況を呈したことが述べられている。

　津軽領でも河原沢・虹貝・入良川に金銀山が開かれ、出羽最上領では延沢銀山、上杉領では半田銀山がいずれも慶長年間に開発された。また、会津では慶長5年（1600）に石村金山、同8年（1603）に石ヶ森金山、同11年（1606）に檜原金銀山がそれぞれ開発された。

　九州では寛永期に、豊後国の馬上金山と鶴成金山が、薩摩でも期を同じくして山ヶ野金山が発見されたという。

　このように石見銀山の開発を契機に、16世紀から17世紀初頭にかけて、国内各地で金銀山開発が本格化し、日本はスペイン領アメリカと並んで、世界有数の金銀生産国となったのである。

2　金銀の生産と鉛

（1）灰吹法とは

　16世紀以降における金銀山の開発ラッシュの背景には、灰吹法という金銀製錬法の存在がある。一般に灰吹法は、金銀の製錬方法であり、いずれも金銀と鉛が合金に成り易いという親和性を利用する。灰吹法を用いた実際の金銀製錬法については後述するとして、あらかじめその原理について簡単に述べておこう。

　銀の場合、砂金（自然金）で入手できる金とは異なり、自然銀の状態で存在するのは稀であり、たいていは銀の硫化物や銅・鉛などの鉱物と共伴するため、それらの不純物を取り除いて銀のみを製錬によって抽出する必要がある。そこで用いられるのが鉛である。鉛は金銀との親和力が強く、合金に成り易いという性質がある。

　まず銀鉱石と鉛とを炉内で溶解し、銀鉱石中の銀を鉛に移して合金にし、不純物はスラグとして排出する。こうして出来た合金を貴鉛という。

　次にこの貴鉛を灰吹法によって銀と鉛に分離する。炉は鉄鍋や地床に骨灰や樹木灰などの灰を詰め、その表面を平らにならして中央部に窪みをつける。そこに貴鉛を置いて木炭にて加熱して熔解させる。灰吹の温度は、銀の融点が962℃、酸化鉛888℃、鉛328℃であるため1000℃前後で行われる。

　温度の上昇にしたがって融点の低い鉛が熔け、このとき鞴から送られる酸素と化合して酸化鉛となる。酸化鉛は金属鉛と比べて比重が小さくなるため、熔けた酸化鉛は銀の上層へと浮かんでくる。さらに表面張力も小さく濡れ性が高いため、炉の灰に次々と滲み込んでいき、表面張力の大きい銀は灰に滲み込むことなく、炉の中央部にボタン状に留まる、というものである。

(2) 皿吹法から灰吹法へ

　灰吹法は、西アジアではすでに紀元前には存在したといわれ、中国でも唐代には記録に見える。日本の場合、16世紀に石見銀山にこの方法が導入されたのをその始まりとする見方が一般的であったが、近年このような説に修正を加えるべき研究成果が報告されている。

　石見での灰吹法の導入は、「銀山旧記」に「此年寿亭博多より宗丹・桂寿と云うものを伴ひ来り、八月五日相談し鏈（銀と石と相雑ものを鏈と云）を吹熔し、銀を成す事を仕出せり、是銀山銀吹の始り也」とあり、神屋寿禎が天文2年（1533）に博多から宗丹・慶寿を招き、石見銀山に灰吹法を導入したという。

　従来この記述をもって日本における灰吹法の開始とする理解が一般的であったが、7世紀後半の飛鳥池遺跡（奈良県）の工房跡から、灰吹法の痕跡がある土器片や凝灰岩製の石製ルツボが出土している。調査にあたった村上隆氏は、かかる土器片や石製ルツボを分析し、その内部から金銀に加え鉛やビスマスが検出されたことに注目して、これらの遺物が灰吹法に用いられたものであることを指摘した。これは16世紀以降に一般化する灰吹法が前述のように鉄鍋や地床に灰を詰めて炉とし、それに溶けた鉛を滲み込ませて金・銀と鉛を分離するというものとは異なり、多孔質な土器や石製ルツボを炉として使用することで、溶けた鉛を直接それに滲み込ませて金銀を得るというものである。なお、村上氏はこのような灰を使わない製錬法を「石吹法」もしくは「皿吹法」と呼んでいる[18]。

　ところで、石製皿もしくは陶製皿を利用した灰吹法は、日本固有のものではなく、フォーブスが紹介した古代のギリシア・ローマでも類似した精錬法が見られる。たとえば、フォーブスは「古代の灰吹皿は、アガタルキデスがケラメオン（kerameon）とよんだものも、プリニウスのカティニ（Catini）も、ローマのカッシオドルス（Flavius Magnus Aurelius Cassiodorus, 487頃－583頃）のフィクティリア（fictilia）もみな特別な種類の粘土でつくられた」と言い、また「ベネヴィスト（E.Beneviste）はギリシア語のオブリザ（obryza）、ラテン語のオブルッサ（obrussa）が灰吹法を意味することを明らかにし、それらの単語がフリル語の「陶製の」容器、灰吹皿を意味するフブルシ（hubrushi）に由来するとした」と述べている[19]。つまり、前述の飛鳥池遺跡と同様、古代のギリシア・ローマ世界においても土器による灰吹が行われたのであり、灰吹法の発展を考える上でこの共通性は重要といえよう。

　さて、前述の飛鳥池遺跡で見られる古代の灰吹が、その後どのような展開をたどったかは不明であるが、古代と同様陶製の皿を利用した形態のものは中世期に開発された甲州の黒川および湯之奥の両金山でも見られるという。甲斐金山遺跡の調査はすでに1980年代に行われたが、2007年になって出土遺物の科学調査が実施された。その結果、両金山遺跡から出土した土器片に金粒が付着していること、さらに元素分析によって金のほかビスマスや鉛が含まれていることなどが確認され、土器を使った灰吹法の実態が解明されたのである[20]。

　さらに、皿を使用する灰吹法は、近世期の史料によっても認めることができる。弘化4年（1847）「大葛金山金製法順達覚控」[21]は、秋田大葛金山の金製錬方法を記した史料であるが、

それによると「小皿の如キ土の爐に先ツ鉛を解し置、包たる砂金を鉛の中に置キ炭火を覆ひ、暫く蒸し置候へば砂金ハ鉛の下タに沈、鉛は砂金の上に冠たる時、火吹竹にてそろ〴〵と口吹に仕候へば山吹金に相成申候」とあり、「小皿の如キ土の爐」を利用して行われていることが記述されている。

このように金銀の製錬法である灰吹法は、すでに古代より存在した技術であり、その方法は中近世の鉱山で一般的な灰を用いたものではなく、土器や石などを炉としてそれに直接酸化鉛を染み込ませるものであった。しかも、その系譜を引く技術は少なくとも19世紀まで行われており、古代より連綿と受け継がれた技術であったといえよう。

ただ、「皿吹」「石吹」は、管見ながら一部の鉱山、しかも金生産のような比較的小規模なものに限られており、銀のような大量生産には不向きであったといえる。このように見ると、わが国の金銀製錬は、16世紀からはじまる貴金属の大需要時代にあっては最早技術的な限界を迎えていたと考えられ、ここに時代の要請としての技術革新、もしくは他からの技術移入といった新たな局面が期待されていたものといえるのである。そこに登場するのが、朝鮮半島からもたらされた新技術としての灰吹法であったといえよう。

この灰吹法が、朝鮮半島から伝播された技術であったことは朝鮮側の史料からうかがい知ることができる。たとえば『中宗実録』によれば「憲府啓曰、倭奴売銀貿貨始於近年、縁我国奸細之徒、潜教造銀之法」（中宗37年〈1542〉4月）[22]とあり、朝鮮人と倭人との密貿易を通じて銀製錬法が倭人に伝授されたことを載せており、このような記述から灰吹法が朝鮮国から日本に伝えられたものと推察される。なお、この頃の朝鮮の銀製錬法に関しては『燕山君日記』[23]に端川銀山の技術が記されており、これによると鋳鉄製の鍋に灰を充填して炉としていることが見え、1998年度に石見銀山遺跡藤田地区で出土した鉄鍋との関連が指摘されている[24]。

（3）金銀の製錬法

16世紀以降の灰吹法は、文字通り灰を使うことにその特徴があるといえよう。灰を使うことで炉の大きさを任意にすることが可能となり、結果的に金銀の大量生産の道を開いたといってよい。そこで本項では、灰吹法による金銀の具体的な製錬実態について文献資料から見ることにしよう。

下記の史料は「銀山方留書」[25]に収録された但馬中瀬金山の金製錬法である。

　　中瀬金山吹方
一、金山ニ而山吹金吹立候ハ、先ツ敷内ニ而掘上ヶ候金石布之袋ニ入ゑぶと申て藤ニ而あみ候物ニ入、敷内より持出候金石を石盤に乗、かね之鎚ニ而細カニ砕、夫々桶ニ水を入、金石を移シ上エ下タかき廻しよく洗ひ、挽臼ニ而挽キ細末ニいたし、尤金石ハ三度位挽候而も宜候得共、性合不宜金石之分ハ五六度斗ニも挽返シ粉ニいたし候而、汰鉢ニ而ゆり立候、尤四五返シもゆりかへし候而元ニ残り候もの取之、右ゆりはち先キ江流落候分

ハ不残汰舩之底ニ居付候、是を又ねこだと申ものニ懸ヶ候、此ねこだと申者者、巾壱尺、長六尺斗成ル縁取候板ヲ居エ、其中ニ布を敷、右ゆりはち先江流シ候仕クズ之分取上ヶ少々宛置、水を流しかけ候得ハ、金気有之候分者右敷布ニ溜り、素石こもり候分者ねこだ先江流落申候、如此段々手ヲ詰メ元ゆり物与一所ニいたし、夫より灰吹ニいたし候、是を炉と申候而かろき灰を鍋ニ入、上をならし中ニ少し之くほみをほり、其中江鉛を入吹子ヲさし、右鉛湯ニ吹解候節、右金石を紙ニ包ミ、水ニてひたし鉛湯之内ヘ入、吹子をシズカニ為吹候得者、自然与鉛ハ灰引、其外性悪敷ものをさり金ハ中ニ残候、かふり湯与申者も金ニ成ル事、其節紙を水ニぬらし右金之上江置冷シ候間、取上ヶ候、是を灰吹金与申、如此吹立候事

　金鉱石は、石英のなかに自然金のほか銅・鉄・ヒ素・珪酸などが不純物として含まれているため、選鉱によって極力不純物を除去し、最終的には灰吹法によって金を抽出する。

　掘り出した金鉱石は鎚にて細かく砕き、水を張った桶のなかで洗い、さらに鉱山用の挽臼にて粉末にした。粉鉱は、ゆり鉢に入れ水中でゆりながら比重選鉱を行い、金と石英などの不純物を選びわけた。

　また、桶に沈殿した粉鉱は、ねこだと称し、巾1尺、長さ6尺くらいの板を据え、その板に布を敷き、水と粉鉱を同時に流して比重の大きな金を布に留め、石英などの不純物を流して分離した。ただし、選鉱で得た金にはまだ不純物が含まれているため、灰吹によって金のなかに含まれる不純物を除去した。

　灰吹の炉は、鉄鍋に灰を詰めたもの使い、この上に鉛を置いて木炭にて加熱し熔解する。鉛が熔解したところで、粉鉱を紙に包んで水に浸したものを溶解した鉛の中に投じる。吹子にて送風して、温度を上げ、鉛は酸素と化合して酸化鉛となる。この熔けて酸化した鉛は金の表面に浮かび、その上表面張力が小さいため灰にも濡れやすく、最後には鉛と不純物は灰に滲み、灰の上に金だけが残る、というものである。

　次に銀製錬について、石見銀山の事例から見ることとしよう。

一、右正味鏈六拾貫目ニ白面三拾貫目 此白面ト唱候石ハ銀鉛銅気無之白キ石ニ御座候　鈴鏈拾貫目 此鈴鏈ハ鉛ニ相成申候　炉糟拾貫目 此炉糟ハ鉛を吸セ候モノニテ灰吹ヲイタシ候節出来候モノニ候　カラミ拾貫目 此カラミト唱候モノハ鏈ニ付居候石ノ燦候モノニ御座候　都合百弐拾貫目ヲ八ツニ分置吹床ニ 此吹床ハ中庭江深四尺径り三尺五寸位ノ穴ヲ掘炭ノ粉ヲ赤土ニテ煉り、右穴江込入深五寸、長壱尺二寸巾八寸位ノ溜リニ成り候様築上ヶ候モノニ御座候　炭を入吹立半火ニ成候節、分置候壱ツ分ノ鏈を掛、其上エニ炭ヲ掛吹燦シ候テ炭ヲ潜り床ノ上エ流入候節、炭ヲ除カラミト唱候、右ノ燦候ヲ掻除、又其上エ炭ヲ掛鏈ヲ掛吹候義如前八度吹仕舞候得者、床ノ上エ銀鉛相交リモノ斗相残申候、夫を水ニテヒヤシ取揚申候、是を床尻鉛ト唱申候

一、灰ニテ径り弐尺五寸より三尺位深三寸位ノ浅平キ床ヲ拵エ、床尻鉛ヲ入炭火ニテ吹溶シ渡木 此渡木ハ樫櫨の丸太周り壱尺位より三尺余位長三尺五寸位ノモノニ御座候　ヲ幾本モ並掛渡シ吹立候得者鉛者無残床ノ灰エ吸取、銀斗床エ残り申候、是ヲ灰吹銀ト唱申候、此床エ吸候鉛ヲ炉糟ト唱申候

一、右灰吹銀ヲ掛目弐百六拾目ツヽニシテ清吹所江銀吹持参仕、灰ニテ径り三寸五分位深

五分位ノ床ヲ拵、灰吹銀ヲ入吹燦シ花降与 此花降卜申位ハ燦候銀ノ上エ花ノ様 申位ニ相成候迄
　　　　　　　　　　　　　　　　　　　　　　成紫ノモノ浮出候ヲ花降卜唱申候
　　　吹候度トイタシ、水ニテシヤシ揚申候、夫江銀吹共銘々ノ印ヲ打、清吹師ノ極印ヲ打、
　　　御役所差出御役所ニテ極印ヲ打判銀ト唱申候(26)

　明治5年の史料ではあるが、これによると、1日八ツ吹を1操業とし、正味鏈60貫目に、白面錬(しらつら)30貫目、鉐鏈(あえ)（鉛鉱石）10貫目、炉粕(ろかす)10貫目、からみ10貫目を加え、都合120貫目を処理した。

　製錬炉は、地面を径2尺5寸から3尺位、深さ3寸位の浅く平らな穴を掘り、その内側に炭灰(すばい)と称して炭粉を赤土で練ったものを塗って、深さ5寸、長さ1尺2寸、巾8寸位の溜(たまり)になるよう築く。

　炉の中に木炭を入れて燃やし、そのなかに鉱石など15貫目を入れて、木炭をふりかけて吹き熔かす。やがて熔けた銀と鉛は親和力によって合金を形成し、比重の大きさで床の底に溜まっていく。鉱石中に含まれる酸化鉄・二酸化珪酸・アルミナなどの不純物は炉壁とともにからみ（スラグ）となって、比重が小さいため炉の上部に浮かんでくる。このからみを丁寧に炉の外に搔きだすと、炉の底部に床尻鉛(とこじりなまり)と呼ばれる銀鉛合金（貴鉛）のみが留まる。これに水を打って冷却させて引き上げる。この床尻鉛を銀と鉛に分離するのが灰吹である。

　灰吹床は、直径2尺5寸より3尺位、深さ3寸位の穴を掘り、その中に松葉を焼いた灰を入れて表面を均し、炉作りと称する道具にて中央に窪みをつける。そこに先ほどの工程でできた床尻鉛を置き、その上に燃料として渡木という樫や槇の丸太を並べて加熱する。吹子にて送風しながら温度を1000℃前後まで上昇させ、熔けた鉛を酸化鉛にして灰の中に次々と滲み込ませて銀を抽出したのである。

　このように金銀の新技術としての灰吹法とは、灰を使用するもので、また鉛を使用して貴鉛を作り、最後には鉛を酸化鉛にして灰に滲み込ませる、というものであった。

　さて、金銀製錬と鉛との関係でいえば、石見の事例からわかるように実に鉛の使用量が多量であったことがわかる。石見の場合、銀製錬に用いられる鉛量は、銀鉱石60貫目を処理するにあたって鉐鏈10貫目、炉糟10貫目の都合20貫目にも及んでいる。鉱石と鉛の割合では3：1であったといえる。

　元禄期の史料でも銀鉱石1,000貫目を処理するにあたって炉糟140貫目が必要であると述べているが、このうち「炉滓百四拾貫目程入申候得共、灰吹仕候節百弐拾貫目程出申」(27)とあるごとく、20貫目が消失分であった。つまり、1,000貫目を処理することで鉛20貫目が消耗されることになるのである。

　また、『坑場法律』(28)によると、鉱石300貫目を製錬する場合、鉛200斤（32貫目）が必要とされ、うち20貫目が減消すると述べている。なお、小葉田淳氏は、この記述を参考に銀1,500貫目を生産するにあたって鉛1万貫目が減消すると推計している(29)。この論を援用した場合、年間で銀1万貫目を生産した佐渡では鉛6万7,000貫目、銀5,000貫目の石見では3万3,500貫目が消費されたことになる。ただし、これらは消費される分であるから、製錬に供される鉛

はその1.6倍にも上ったことになる。

　ところで、金銀製錬と鉛に関連するものとして、次の『折りたく柴の記』[30]の記述に注目したい。この記述は、正徳銀の貨幣改鋳にともなう鉛の消費について述べたものであるが、これによると「諸国銀山より出る鉛をもて、当時の新銀共に雑れる銀と銅とを吹分わけて、其銀をもて、古の製のごとくに造られんには、其料とすべき鉛凡ソ二百七十六万弐千貫目余を用ふべし。しかるに、当時一年に産する所、諸国銀山より出来る鉛凡ソ三千七百三十六七貫に過ず。さらば、其功の終わらむ事七百三十九年余を経べし」とあり、貨幣改鋳にあたって実に276万2,000貫目もの鉛が必要であるとしている。正徳銀は慶長銀の品位（銀80％、銅20％）と同等であり、原料は宝永銀などの低銀位貨幣である。この場合、原料となる銀貨に鉛を加え、銀銅鉛の合金とし、これを南蛮絞にかけて銀鉛合金と銅に分離し、最後は灰吹によって銀を抽出した。これに要する鉛が276万貫余にも及ぶと試算されているのである。

　このように見ると、山元での製錬や貨幣鋳造など、鉛は金属生産のさまざまな場面でかかわっており、その需要は相当な額に達したものと想像できよう。

　ただし、前掲『折りたく柴の記』によると、正徳期には諸国銀山で生産される鉛はわずかに3,736貫目であり、江戸中期ですら国産鉛のみではその需要を十分には満たし得なかった。それでは16世紀から17世紀初頭の最盛期に、各鉱山ではいかにして金銀生産に必要な鉛調達が図られたのであろうか。以下この問題について検討を進めよう。

3　金銀山における鉛の調達

(1)　佐渡金銀山

　佐渡では、慶長初期の相川金銀山の開発以後生産は拡大し、年間銀1万貫目にも達した。当然、このような金銀生産の拡大は鉛の大量消費をもたらし、結果的には製錬用の鉛が不足するという事態をもたらしたのであった。

　　　　　　覚
一、三月廿八日之一書、四月十三日に披見候事
一、大よこ相入目之儀一同きりに大工あらためいたし上申付候由満足申候、此方ゟ参候目付も右之分に申候間、満足ニ候事
一、大床やの儀其元にあいも無之候ハヽ、二とこを一とこにいたし壱床分をかねふき共石州へもとし可被申事
一、爰元ニ者候よきあい共多く候てふかせ申候、か様之儀者有間敷候と上下申候事
一、石州ゟあい鏈参候者、床壱つニてそろそろとふかせ可被申事[31]

　この史料は大久保長安から佐渡の山方である宗岡佐渡に宛てた指示書である。年号が未記載のため具体的な年代は不詳であるが、概ね慶長12、13年（1607-08）頃と推察される。これによれば当時佐渡では「あい鏈」が不足し金銀の製錬に支障が出ていること、またそれを石見から取り寄せていたこと、などが述べられている。ここでいう「あい鏈」とは「あへ鏈」

すなわち鉛鉱石のことであり、鉛不足のため石見から製錬用の鉛鉱石を取り寄せていたのである。

　このような鉛の不足は一方で、その供給地である鉛山自体の開発を促進させた。たとえば、佐渡奉行所の下張文書である川上家文書には、それに関する以下の史料が収録されている[32]。
（A）其地なまり山へ、山かうしやの者こし可申候由被仰下候、備中之なまり山仕候者三人、
　　石見ゟ参者二人、右之者共召連杉針右近まいらせ候て、御山貸可申由被申候間、一両日中ニさしこし申候事
（B）昨日杉針右近所ゟ飛脚越申候、上田五十沢鏈山一段能所御座候由申越候、切山五ツ仕候処ニはや二口鏈ニ付申候、心身致候ヘハ鏈拾貫目ニなまり五貫目おり申候由申越候

　この2点の史料は、慶長11、12年（1606-07）頃と推定されているが、これによると、備中鉛山の山師3人、石見の2人をそれぞれ呼び寄せ、相川の山師杉針右近に越後の五十沢鉛山の開発を行わせていることがわかる。開発直後にはすでに出鉱があったようで、鉱石10貫目に鉛5貫目が生産できたことが述べられているから、かなり有望であったことが察せられる。

　元和年間には佐渡への鉛供給地として越後葡萄鉛山が有力となる。元和7年（1621）6月28日には「鉛買佐州ゟ参之由、得其意候、鉛之ね段銀壱匁付而てんひんめ三百目之上、五匁、拾匁程やすく候共、払候而可然候」[33]とあり、佐州より鉛の購入に来たことが述べられているほか、同年12月には「佐渡鉛座松木五兵衛方へ、鉛壱万五千貫目、此代銀五拾貫目に払被申通珍重候」[34]とあり、佐渡鉛座の松木五兵衛によって鉛1万5,000貫目が購入されている。

　また、『佐渡年代記』によると、村上から寛永9年（1632）には鉛3万506貫目、慶安3年（1650）には鉛4万貫目がそれぞれ購入されていることが見え、葡萄鉛山が依然有力な供給地であったことが知られる（表2）。

　このほか村上鉛以外では、天和3年（1683）に越中より鉛3,641貫目余が購入されている。越中には長棟鉛山や亀谷鉛山があり、寛永期には生産がピークを迎えた。なかでも長棟の産出量は多く、寛永6年（1629）には年間8万6,000貫目にも達した（表3）。おそらく寛永期には、葡萄鉛山と同様佐渡の有力な供給地であったのであろう。

　前述のとおり佐渡の鉛の供給地は基本的に越後や越中などの近国であったが、天明3年（1783）には国内での鉛価格の高騰を受け、オランダ船が積載した紅毛鉛の購入も図られている。『佐渡年代記』によると、佐渡から長崎に送った俵物の代銀を紅毛鉛の購入資金に充てることとし、寛政元年（1789）から6年間実施された。なお、文政3年（1820）には再び紅毛鉛の購入も考えられたが「紅毛鉛直段長崎奉行え及問合候処、落札直段高下有之、三ヶ年平均百目に付百五拾八文程に相成、越後鉛と差引高直の旨申来ル」[35]とあり、越後鉛よりも高値という理由で見送られた。

　寛政2年（1790）から4年間は、秋田鉛4万斤が購入され、享和元年からは佐渡の入川村の鉛山も開発された。文化2年（1805）から同5年（1808）までは佐渡産の鉛で1,000貫目の生産があったが、文化10年（1813）頃には「入川村鉛引請稼望のもの無之」という事態と

表2　『佐渡年代記』記載の鉛関係記事

年号	記　　　事
元和6年	金銀吹立に用る鉛運上金千五拾両の積りを以今年三月より十二月迄、越中清兵衛と云者請負之儀願出候所、片山勘兵衛と云山主千五拾両にて受負となる
寛永9年	本多能登守領分越後村上の蔵入鉛を三万五千六貫目佐渡へ買入金銀吹立に用る
寛永17年	村上鉛之儀堀式部へ致談合候へともやすくは売間敷由に候間其心得可有候其元鉛事闕候はヽ人を遣し鉛買可被申事
慶安3年	越後村上より鉛四万貫目買入る
天和2年	十月廿日鉛七千四百弐拾四貫四百匁代金五百九拾三両三分と銀拾三匁壱分にて加賀十右衛門と云者より買上る諸色之下直なる事を知るへし／山出銅之内より銀を絞り取へき旨十一月廿一日江戸より申来る今年銅壱万八千貫目余他国へ売出せしと云
天和3年	越中鉛三千六百壱拾壱貫九百九拾目之代金壱両に付鉛拾壱貫目宛に買上る
貞享3年	越後高田の城去巳年より御番城となりし故にや鉛並鋳玉とも九千四百三拾九貫百目、硫黄八百四拾貫目、佐州へ可被差遣候間受取銀山御用に遣ひ可申旨、御勘定頭より申遣せしとなり
正徳元年	佐州限り通用の極印銀元和四午年鎮目市左衛門支配の時吹始め、其後追々吹増し正保年中印銀所類焼の時吹直せし印銀は四六吹とて銀六匁に鉛四匁の割合を以吹直し通用仕来りし処、今年荻原近江守差図して元印銀壱貫目此内鉛ありに銀五百八拾目銅百目を加へて吹直す
享保2年	新銭鋳立の主法は、銅壱万貫目に白目錫三百貫目、上錫千貫目、鉛弐千八百貫目を加へて、寛永通宝の四字を彫裏には佐の字あり
享保3年	前々より非常備として鉛を貯へ陣屋内地中に埋置し、高九千弐拾五貫目八百七拾五匁ありしを、若林六郎左衛門支配の時穿出して売払ひしにより曾根五郎兵衛是を補ひ、延宝三卯年四月鉛七千弐百四拾九貫五拾弐匁買入、元の如く埋置しを、又候今年十月穿出すへき旨を差図せしといへとも有所を知らさるにより、辻六郎左衛門か老父へ尋る処印銀所土蔵と役所の間明地の所に埋入れし事を覚へし由を申すに付、目役松永吉左衛門を掛りとなし、十月廿日より人足入立つ穿出処、同廿八日埋鉛六百八拾枚穿出し取上、鉛七百四拾九貫五拾弐匁、此数六百七拾九枚と小切壱ツ、延宝三年卯四月八日御運上屋役人白須利兵衛・渡安左衛門・太田次右衛門・久保十左衛門・目付内藤兵右衛門と板札添有之、古代よりの残鉛千八百七拾六貫八百弐拾三匁有之所、不知場所を替御金蔵棚の内をも穿割穿鑿すれとも不知と云
延享2年	下戸町伝兵衛柴町久兵衛印銀拾五貫目借受大須村きろん間歩取明稼をなす、町内に銅床屋を取建鉛鏈問吹すと云
宝暦10年	佐州において銀山筋金山吹銀並分筋金小判所焼立金銀に至る迄鉛差加へさることなし然るに勝手次第町方にて売買致為致候ては内々金銀吹立の程も難計御取締に拘り候間以来在町共鉛売買堅く止させ右入用丈ヶ他国にて出方有之所より直買入に取計ひ候は、金壱両に付六割余下直に当り一ヶ年凡金百拾両余買石徳分に成故冥加として半金可出由を申に付此分は惣勝場並敷内修復入用五拾両へ打込取扱ひ尤も飾細工師鉄砲猟師等なくては家業可差支間是等は願出るものは別段に渡遣す事に申上
天明3年	山出金銀吹立ニ用ふる鉛近年格別高直ニ相成其上遣方余計ニ付佐州より長崎え遣す煎海鼠干鮑と紅毛持渡の鉛と交易し其余も買入之積長崎奉行え懸合之処差支無之趣殊ニ紅毛鉛は性合よろしくて近国買入より下直ニ付俵物交易之外をも買入之積り且俵物代は迄々年々佐州御金蔵より請負人え相渡長崎奉行より代銀江戸御金蔵え納来し処以来交易ニ付ては佐州ニおゐて鉛御買上代之内を俵物請負人え相渡其買入代銀は佐州より直ニ長崎表会所え渡遣す積り其後佐州御蔵より繰替可相成俵物代銀長崎奉行より江戸御金蔵え返納ニおよひ不申間右之趣取計度旨石野平蔵戸田主膳書面進達す
寛政元年	紅毛鉛高直に付長崎より買入相止近国より和鉛買入長崎廻り俵物代は佐渡御金蔵え相納候積り伺の上極る
寛政2年	金銀山吹立入用鉛四万斤程当戌年より四年の間佐竹右京太夫領分羽州秋田より雇船を以て佐州へ廻し代銀は銅代を以大坂銅座にて引替に相成候積り極る／当戌年大坂銅座へ相廻候去々申年分山出荒銅代銀三拾四貫六百九拾八匁弐分五厘秋田鉛御買上代銀為替に成る
寛政3年	当亥年大坂銅座え相廻候去々酉年分山出荒銅代銀四拾四貫六百七拾参匁四分三厘弐毛秋田鉛買上代為替になる

金銀山開発をめぐる鉛需要について

寛政4年	当子年大坂銅座え相廻候去々戌年分山出荒銅代銀四拾七貫九百弐拾七匁八分五毛秋田鉛買上代為替になる
寛政5年	金銀ろかす百三拾斤江戸表御入用に付上る
寛政6年	山出金銀吹立御入用鉛佐竹右京太夫領分羽州秋田湊より年々四万斤宛買上来候処、直段高直に付近国安直段鉛買上の積りになる／越後国蒲原郡河内谷十三ヶ村入会山の内霧ヶ谷杉谷仙見谷迚鉛山三ヶ所有之旨被及御聞候間、佐州より其筋の者を遣し見分を致候様早々可申達旨、松平伊豆守殿御勘定奉行え被仰渡、右村には私領入会も無之見分の者遣候ても差支無之候間、其筋心得候者両人も早々可差出旨御勘定奉行よりの達書十月四日来るに付、地方取蔵田友太夫目付役頭取高田六郎兵衛見分申渡、大工仕事師等召連れ十月六日出立、彼地に於て御普請役立会見分せし処、雪深にて取明等難相成趣御普請役より御勘定所え申立、支配役人よりも申立来四五月に至り一同見分の上相済み御入用積等も為取調候積り、御勘定奉行より伺の上、松平伊豆守殿被仰渡、去年大坂え相廻候、去る亥年分山出荒銅代銀七拾参貫四百八拾三匁八分四厘九毛の内、秋田鉛並硫黄代輜代等為替に成残銀は江戸詰の者宰領帰国佐州御金蔵へ上納
寛政7年	去冬越後鉛山見分の者弐人再見分のため四月廿一日大林輿兵衛送りを兼相川出立、七月十日迄鉛山にありて御普請役立会見分せし処、三ヶ所の内壱ヶ所御差引にも叶ひ候処有之、壱ヶ年凡六七百斤も出来立可申旨を申立、蔵田友太夫は江戸詰に付、越後より直に奥州通り江戸え出府高田六郎兵衛は七月十四日帰国す
寛政9年	鳥越間歩敷内並浅右衛門立合といふ所にてきら鍵穿取鉛百貫目余出来立御雑蔵え納る
寛政10年	同年分山出銅六千八拾六貫五百目、此金積り千三百七拾弐両弐分永七拾八文、鉛百三拾九貫三百五拾目、此金積り弐拾弐両永百六文五分
寛政11年	同年分山出銅四千八百七拾弐貫九百目、此金積り千四拾三両弐分永八拾六文、鉛四貫弐百目、此金積り弐分永百五拾九文四分
享和元年	入川村鉛山試稼始り出役の者五月十四日相川出立／蜂屋源八郎巡村のため八月五日相川出立入川鉛山をも見分国仲筋村々より西浜通り同十八日帰着
享和2年	入川村鉛山引続相稼候積りにて出役遣ス／同年分山出銅四千七百九拾七貫百目、此金積り八百八拾九両壱分永弐百拾壱文七分、鉛百弐拾七貫弐百目、此金積り三拾六両壱分永九拾文五分
享和3年	同年分四千弐百四拾三貫目、此金積り七百八拾七両弐分永百四拾壱文、鉛四百五拾壱貫四百目、此金積百弐拾八両弐分永四拾壱文七分
文化元年	同年分山出銅五千弐百貫四百目此金積り九百五拾八両永弐拾壱文、鉛三百拾壱貫三百六拾目此金八拾六両壱分永七拾参文壱分／八月十四日、鈴木新吉大間浜より乗船にて入川鉛山え相越、組頭阿久沢弥平次随身見分相済、翌十五日帰着／山出金銀吹方に用候鉛代相増候に付、本途銅稼山吹銀代増方並山吹銀入目相止諸入用請取方御手当組直等の義、戸田采女正殿え伺候処、伺の通り被仰付／荒銅再絞り之儀戸田采女正殿え相伺候処、佐州において絞方相止、其儘大坂え相廻候様被仰渡／去ル亥年分山出銅五千弐百弐貫四百目此金積り九百五拾八両永弐拾壱文、鉛三百拾壱貫三百六拾目此金積八拾六両壱分永七拾三文壱分
文化2年	同年分山出銅四千八百四拾八貫七百目、此金積り八百七拾八両弐分永八拾三文、鉛千拾弐貫百目、此弐百七拾五両三分永百三拾六文三分／去子年分山出銅四千八百四拾八貫七百目、此金積り八百七拾八両弐分永八拾三文、鉛千弐貫百目、此金弐百七拾五両三分永百三拾六文三分
文化3年	同年分山出銅五千弐貫九百目、此金積り八百七拾三貫三分永三文三分、鉛千三貫五百目、此金弐百七拾両三分永七拾六文九分／去丑年分山出銅五千弐貫九百目、此金積り八百七拾両三分永三文三分、鉛千三貫五百目、此金弐百七拾両三分永七拾六文九分
文化4年	同年分山出銅四千五百九拾壱貫五百目、此金積り七百五拾壱両弐分永百弐拾八文三分、鉛千百四百三百目、此金弐百拾五両三分永百五拾七文壱分／去寅年分山出銅四千五百九拾壱貫五百目、此金積七百五拾壱両弐分永百弐拾八文三分、鉛千百四貫三百目、此金弐百五拾九両三分永百五拾七文壱分
文化5年	新規御渡大筒に附候玉鉛八百四拾貫目調合薬弐百六貫弐百五拾目増御渡方土井大炊頭殿え伺候処、伺之通被仰渡、鉛は佐州御雑蔵より請取候積り／同年分山出銅四千弐百七貫四百八百目、此金積り六百九拾五両三分永百八拾六文七分、鉛千五百五拾三貫四百七百目、此金四百弐拾弐両永百弐拾六文七分／去卯年分山出銅四千弐百七拾四貫八百目、此金積り六百九拾五両三分永百八拾六文七分、鉛千五百五拾四貫七百目、此金積り四百弐拾弐両永百弐拾六文七分

文化6年	同年分山出銅三千四百弐拾五貫五百目、此金積り六百壱両三分永百三拾八文三分、鉛九百八拾七貫九百目、此金弐百六拾九両三分永弐百三拾八文七分／入川村鉛山仕事師四十物町市内と云ふもの稼所にて突埋られ即死に及ふ／去辰年分山出銅三千四百弐拾五貫五百目、此金積六百壱両三分永百三拾八文三分、鉛九百八拾七貫九百目、此金弐百六拾九両三分永弐百三拾八文三分
文化7年	同年分山出銅弐千七百三拾五貫五百目、此金積り四百八拾四両三分永弐百八文三分、鉛四百九拾壱貫百目、此金百三拾四両壱分永弐百拾九文六分／去る卯年分山出銅弐千七百三拾五貫五百目、此金積り四百八拾四両三分永弐百八文三分、鉛四百九拾壱貫百目、此金百三拾四両壱分永弐百拾九文六分
文化8年	同年分山出銅三千九百八拾四貫弐百目、此金積り七百拾五両永三拾壱文七分、鉛四百六拾弐貫百目、此金百拾七両永四拾七文壱分／去午年分山出銅三千九百八拾四貫弐百目、此金積り七百拾五両永三拾壱文七分、鉛四百六拾弐貫百目、此金百拾七両永四拾七文壱分
文化9年	同年分山出銅四千九百六拾七貫六百目、此金積り千四拾三両三分永百三拾文六分、鉛四百七拾三貫五百目、此金百弐拾八両三分永弐百弐拾四文弐分／入川村鉛山出方不進にて去寅年迄請負人相納候鉛直段より高直に相当り候へ共国の産に付当申年より引続稼方申付候旨六月中申上置候処如前の請負稼に申付候方出方も可相進事に付右の趣相含取調可申旨十一月中牧野備前守殿御書取御渡有之／諸国出鉛近年払底の由にて直段高下有之趣に付、向後国々鉛山方より大坂銅座え一手に買入御用に相成候外は同所より望のものへ可売渡旨御触有之
文化10年	入川村鉛稼引請望のもの無之、最是迄鉛山請負稼等には無之近年まで相川町人共の内他国鉛買入相納候処、請負人損分相嵩請負差免候義に付、鉛山稼請負等は差望不申旨牧野備前守殿へ申上ル／同年分山出銅五千弐拾九貫、此金積り千弐拾両永弐百弐拾文壱分、鉛三百六拾弐貫七百目、此金九拾七両永九拾七文弐分五分
文化11年	入川村鉛山請負稼望のもの無之に付御勘定奉行え掛合の上大坂表より鉛買入の積りを以手本鉛取寄取調候処、是迄直段より下直に付入川村鉛稼差止大坂より鉛千貫目御廻船に積入、来亥年鉛下已後買入高は金銀山出方の様子に応し候積り御勘定奉行え掛合／諸国荒鉛払底にて直段高下有之趣に付、向後国々の鉛大坂銅座へ可相廻旨去々申年相触候処、追々出方相進下直相成候間、如以前勝手次第手広に可令売買旨御触有之
文化12年	越後国三島郡島崎村勘兵衛と云もの来り金銀山御入用鉛百目に付代銀壱匁五分つゝ、に売上冥加として鉛千貫目に付拾貫目、無代にて運用銅可相納旨申立ル
文政3年	紅毛鉛直段長崎奉行え及問合候処落札直段高下有之、三ヶ年平均百目に付百五拾八文程に相成越後鉛と差引高直の旨申来ル
文政4年	本途銅稼え秋田鉛相渡是迄の鉛直段より下直に付金銀代の内を減、本途山吹銀壱貫目に付銭九拾六貫五百文に成
天保元年	山出金銀吹方に用ひ候鉛夷町嶋屋金五郎近国より買入相納候分銀気籠り候よし申立吹様候処、鉛拾壱貫八拾目に而灰吹銀百四拾七匁有之、其後相納候鉛四貫弐拾目の内銀一匁有之、右両度の鉛買元出所相糺候処、買元は松平下総守領分越後蒲原郡五泉町與右衛門と申ものより買入出所は堀丹波守領分同国同郡五百川山と申所より出候趣申立候処、他支配の義に付別段糺に不及、銀は他国産出の儀に付御用序江戸表へ可差出間銀座におゐて改の上御買上相成候様いたしたき旨、御勘定奉行へ及掛合候処、相当の直段に而御買上にいたし候様座えへ申付候様可、尤引続出銀も候は、其段申聞候様挨拶に付出銀は掛合之通取計其後買上鉛には右様の品不相見候間、其段及再答置
天保13年	大吹所大床脇仕事師共居場取片付候砌手道具を落し尋ル候処、敷板下に怪き品有之旨申に付役人立会土底を為穿見候処、竿鉛四拾三本入川鉛に似寄たる分四本合貫目百弐拾弐貫五百目有之旨を届ル
天保14年	山出金銀銅吹方に用ひ候鉛之儀、年来越後商人之内請負有之御買上いたし候処、追々高直に相成候に付、入川村鉛山文化十四年より稼相止候場所水路仕付柄山流払候御普請申付、当九月中旬より取掛罷在候処、先年稼之節穿残置候鉛鏈体之もの相見穿取差出候に付、大吹所に而粉成吹銀気相備居、猶鏈石百荷程粉成吹為仕候処、金銀銅鉛共備居、当時金直当に而御益に相成、追々相稼可申処、深山に而十月初旬より雪降積業難相成稼方並御普請共為引取、尤鉛稼見込之場所は当時柄山下に而充分之稼に到り不申、来春雪消之上御普請取掛柄山流払次第鉛取共押張為相励、其節之様子に随ひ猶取調可申上、且此度之出来金銀銅は其筋々え相納、鉛は金銀銅吹立に相用ひ候に付、別段御断不申上旨出方差引書付相添、十二月十四日土井大炊頭殿え進達

なっている。

なお、佐渡金銀山については本書魯・平尾論文も参照。

(2) 院内銀山

次に、秋田の院内銀山について見ることにしよう。近世初期の秋田藩には檜木内・早口・大葛・杉沢・阿仁・院内・荒川・増田・畑などに金銀山があったが、なかでも院内銀山は秋田藩最大の銀山で、最盛期には年間4,500貫目の産銀量があったとされる。領内で生産された金銀は江戸幕府への上納を基本としたため、秋田藩では鉱山で消費される米や鉛の販売収益が重要な収入となったことから、鉛は藩の厳しい管理のもとに置かれた。

表3 長棟鉛山の生産高

(単位：貫目)

年号	間歩運上鉛	出来鉛
寛永4	1,297.0	7,782.0
5	3,004.3	18,019.0
6	14,378.2	86,269.0
16	7,700.0	45,200.0
17	12,090.0	72,540.0

出典：『富山県史』通史編Ⅲ近世上（1982年）

ところで、近世期の秋田藩は金属生産の主要産地であり、領内には数多くの鉱山があった。表4は文化2年（1805）の状況を整理したものである。鉄山を含め全体では433か所に及ぶが、このうち鉛山は203か所もあった。文政頃には「近来佐竹家にて鉛を多く掘り、其中を三百三十万斤程を大坂に運送せし」[36]とあり、鉛52万8,000貫目を大坂に送ったという。ただ、表5に示した山本郡の例からもわかるように、開発年代はおよそ18世紀以降であり、金銀山の最盛期にはごく少数の鉛山に限られていたものといえるのである。したがって、初期に鉛山で生産された鉛は、そのほとんどを周辺の金銀山で消費されたものと推察できよう。

院内銀山における鉛消費量については、慶長17年（1612）頃で4-5万貫目であり、続く元和年間には年間1万貫目程度であったとされる[37]。こうした鉛は基本的には領内の鉛山などから調達されたが、『梅津政景日記』[38]（以下『日記』）によると、慶長から寛永期にかけて見える鉛山は、藤琴・土倉・繋などで、このほか阿仁石銀山・新城銀山・八森銀山でも鉛の産出があった。

各鉛山でどの程度の産量があったかは定かではないが、藤琴鉛山では八代市右衛門・国分又兵衛の両人の購入分として、寛永6年（1629）6,217貫560目、寛永7年（1630）1万5,209貫105匁がそれぞれ鉛運上として支払われている。なお、運上目は鉛10貫目につき銀35匁であり、上記の購入高に対して銀で支払われた。

同じく、寛永7年の八森銀山の鉛運上は2万3,219貫目余であり、この両鉱山だけで鉛運上は4万貫目近くになった。

ただし、周辺の鉛山だけでは賄いきれなかったようで、事実『日記』（元和5年12月2日）によると「越後ニ而所望致候御鉛六百梱、最上金山迄持為参由」とあり、越後より鉛

表4 秋田藩領の鉱山 （単位：箇所）

郡名	金山	銀山	銅山	鉛山	鉄山	小計
雄勝郡	12	42	10	20	4	88
平鹿郡	3	6	1			10
仙北郡	21	37	18	44	7	127
川辺郡				1		1
秋田郡	37	41	52	121	2	253
山本郡		8	2	18	2	30
合計	73	134	8	203	15	433

出典：「鉱山紀年録」

表5　秋田藩の鉛山（山本郡のみ）

鉱山名	開発年	鉱山名	開発年	鉱山名	開発年	鉱山名	開発年
平山鉛山	文永元年	矢櫃山鉛山	延宝9年	大湯ノ沢鉛山	元文元年	猿間沢金山	享保19年
三ツ石沢鉛山	元文元年	金堀沢鉛山	享保7年	岩神沢銅山	元文元年	谷地中銅山	元禄8年
長場内鉛山	延宝年中	比立内鉛山	元禄17年	志根苅銀山	宝永3年	谷地頭銀山	延宝5年
久タノ沢鉛山	元禄12年	田代金山	慶安2年	雪沢銅山	元禄17年	大桂沢銀山	延宝8年
加セ沢鉛山	寛保元年	木津沢鉛山	元文元年	赤沢銅山	延宝7年	位木金山	元禄10年
赤石沢鉛山	寛保元年	若猿銀山	享保20年	山館沢鉛山	元文2年	祖父カ沢鉛山	享保18年
入山沢鉛山	寛保2年	鴫沢鉛山	正徳5年	天狗沢鉛山	享保12年	湯沢内鉛山	元禄17年
谷地銀山	慶安2年	平ノ内鉛山	元禄17年	寺ノ沢銅山	元禄12年	葛原沢鉛山	元禄10年
岩子銀山	延宝3年	冷水鉛山	元禄17年	吉ヶ沢鉛山	宝永3年	坊沢鉛山	享保18年
立又沢	元禄17年	内沢金山	元禄18年	餌釣沢鉛山	宝永7年	銭屋沢銅山	元禄12年
開拝滝銀山	元禄15年	外町沢金山	元禄19年	朝日沢銅山	元文2年	小舟木銀山	正徳3年
八森銀山	延宝元年	日影沢鉛山	元文2年	馬立沢鉛山	享保18年	矢板沢鉛山	宝永元年

出典：「山本郡平山沿革記」（『日本鉱業史料集』第五期近世篇中、白亜書房、1984年）

600梱が調達されたほか、翌年には「去年越後ぶどう山鉛買参候内、当正月八日より四月廿日まて、払高四千四百弐十三貫七百弐十弐匁ノ内より四百五十五貫七百六十壱匁払出し」（『日記』元和6年4月）とあり、正月から4月までの間に葡萄鉱山鉛4,400貫目余が買入れられている。つづく、元和7年（1621）には「鉛壱万六千六百弐拾貫目、□(秋)田銀山商人にうり遣」[39]とあり、葡萄鉛1万6,000貫余が秋田商人によって購入されている。

さらに、『日記』（元和8年2月18日）によると「仙台領ニて釘ノ事、藤琴山石かね、秋田ニ無之候由先立被申上候、ぶどうハ不及申ニ、藤琴釘よりも仙台領ノ釘壱はい安ク候由申越候ニ付、左候ハ、用所之ほとハ為買候へと御意ニ候」とあり、仙台領の鉛値段が藤琴産鉛よりも安いことから、その購入が図られている。なお、仙台領の鉛とは、細倉銀山産と推察され、この時期には領内鉱山のほか、越後や仙台などの鉛が購入されたのである。

(3) 石見銀山

最後に石見銀山について見てみよう。石見銀山でも鉛鉱石の産出はある。たとえば、仙ノ山山頂付近を石銀(いしがね)というが、この石銀は鉛鉱石であり、開発初期には銀鉱石と同様それ自体が銀の生産原料として利用された。石見銀山の歴史を記した「おべに孫右衛門ゑんき」[40]にも「大工吉田与三右衛門殿、同藤左衛門殿、おべに孫右衛門殿、両三人頭として鉛を堀り申候」とあり、神屋寿貞が発見した当初には、鉛鉱石が採掘され、そのまま博多へと送られたという。なお、『中宗実録』には「朴継孫・王豆応知・安世良・張世昌等以倭鉛鉄作銀于黄允光家、至于七八日云」（中宗23年〈1528〉2月壬子）[41]とあり、朴継孫らの地方役人が「倭鉛鉄」すなわち日本産鉛を入手してそれから銀を製錬していたことが述べられている。

石見銀山では基本的に鉛鉱石の産出があったが、他の鉱山からの移入も見られた。たとえば、慶長7年（1602）9月25日付「大久保十兵衛覚」[42]によると「自浜田ろかす・カラミ参

り候間越申候、増左談合候てこしらへ各奉行ニて其許ニて御ふかせ可有候」とあり、石見国西部の浜田から炉糠が到来し、製錬に利用されたことがわかる。

また、寛永期には、石見銀山の外港である温泉津港を通じて、他地域の鉛や炉糠の調達が図られた。表6は温泉津港で水揚げされた諸物資を整理したものであるが、米や大豆などとともに鉛や炉糠などの水揚げがあることがわかる。なお、寛永9年（1632）6月には1か月で7,290斤（1,166貫目）の水揚げがあり、年間では約1万斤（1,600貫目）となっている。また、炉糠は寛永8年（1631）で5,787斤（926貫目）、鉛の移入分を合わせると7,789斤（1,246貫目）となっている。

これらの鉛や炉糠がどこからもたらされたものかは不明であるが、おそらく越中産の鉛であろう。前述のとおり越中には長棟・亀谷の両鉱山があり、寛永期にかけて多くの鉛を生産した。越中産鉛は、前述のごとく佐渡へと送られたほか、寛永7年（1630）には但馬生野銀山へ鉛720貫目が送られている[43]。さらに、北国地域はすでに文禄年間以来、米の売買を通じて交流があり[44]、こうした事実を勘案すれば石見銀山でも越中産鉛の購入は十分に考えられるであろう。

また、時代は下るが18世紀でも他国産の鉛購入が見られる。明和6年（1769）「銀山方御用日記」[45]（2月13日）に「大田仁右衛門取次大坂鉛十弐貫匁入弐十五丸到来之内、少々懸欠有之追而足鉛持参致候様使之者へ申渡」とあり、大田町の仁右衛門を通じて銀精錬に必要な鉛を大坂より購入していたことが見える。石見ではこの時期鉛が不足したようで、大坂鉛のほかに広嶋鉛などの名称が見え、各地からの鉛の調達に力を入れていた様子がうかがわれる。

他国からの正鉛（しょうえん）を買入れる一方で、領内の鉛山の探索にも力を入れ、明和2年（1765）には邇摩郡磯竹村の鉛山の開発に着手した。

> 是者亡父平右衛門支配之節銀鏈吹方ニ交候あへ鏈無之吹方差支候ニ付銀山附村々穿鑿仕候処磯竹村ニあへ鏈山古間歩有之由銀山役人見分為仕存寄相糺右間歩取明相稼候処あへ鏈多分堀出銀鏈ニ遣余り候分銀ニ吹分ケ候得共格別御益有之儀、然ル所石州ニハ銀吹分ケ候もの無之候ニ付、平右衛門相伺平岡彦兵衛支配所但州生野銀山ゟ銀吹大工呼寄石州大工共伝受為仕銀吹分出来仕候[46]

この史料によると、石見では代官川崎平右衛門支配のとき、製錬用のあへ鏈（鉛鉱石）が枯渇したため、領内の鉛山の穿鑿が行われ、銀山近くの磯竹村に古間歩があることがわかり、代官所役人を派遣して見分させ、その結果公費による再開発が実施されたのである[47]。

ところで、引用部の後段に興味深い記述があることに注目したい。これによると、磯竹鉛山の開発によって出た余剰の鉛鉱山を金属鉛に製錬するため、但馬生野銀山から技術者を招聘していたことがわかる。これについて生野側の史料[48]に次のようにある。

> 川崎平右衛門様御代官所、石州磯竹山之内、古間歩より掘出候鉛鏈正鉛ニ吹分ケ候義、石州吹大工南蛮鉸手馴不申候ニ付、但州生野銀山鉛吹分ケ鍛錬之もの石州大工江致伝授候様、江戸表より被仰渡候ニ付、吹方巧者之もの吟味仕可申上旨被仰渡承知仕候、依之

表6　寛永8年(1631)温泉津港における鉛・炉糟水揚げ状況

月	項目	数量	役銀(判銀)
1月	米水上役 銀山入米役 万水上小役	79石9斗7升 38駄	213匁5厘 114匁 4匁2分5厘
	合計		331匁5分
2月	米水上役 銀山入米役 万水上小役	364石2斗4升8合 72駄2俵	971匁3分3厘 218匁 3分5厘
	合計		1貫189匁6分8厘
3月	米水上役 大豆水上役 鉛水上役 炉糟水上役 銀山入米役 万水上小役	652石5斗2升6合 1石4斗7升6合 658斤 2,010斤 196駄	1貫740目7厘 3匁9分4厘 9匁8分7厘 15匁1分2厘 588匁 26匁7分1厘
	合計		2貫383匁7分1厘
4月	欠		
5月	米水上役 酒水役 炉糟水上役 万水上小役	176石2斗8升4合 182樽 790斤	470目9厘 258匁 5匁9分2厘 220目1厘
	合計		956匁2分
6月	米水上役 酒水役 銀山入米役 銀山大豆役 炉糟水上役 万水上小役	95石8斗8合 79樽 58駄 2駄 320斤	255匁4分9厘 118匁5分 174匁 6匁 2匁4分 85匁4分2厘
	合計		641匁8分1厘
7月	米水上役 大豆水上役 小麦水上役 大麦水上役 酒水役 銀山入米役 銀山入大豆役 銀山入小麦役 万水上小役	481石9斗9升2合 18石8斗5升6合 4石6斗3升8合 5石5升 45樽 174駄1俵 11駄 2駄	1貫285匁3分1厘 50目2分8厘 9匁2分7厘 6匁7分4厘 44匁2分5厘 523匁 33匁 6匁 47匁5分7厘
	合計		2貫5匁4分2厘
8月	米水上役 大豆水上役 小豆水上役 大麦水上役 銀山入米役 銀山入大豆役 万水上小役	1,356石7斗2升7合 52石5斗4升9合 1石2斗7升 5石7斗 297駄1俵 25駄2俵	3貫617匁9分4厘 140目1分3厘 3匁3分9厘 7匁6分 892匁 77匁 160目5分6厘
	合計		4貫898匁6分2厘

月	項目	数量	役銀(判銀)
9月	米水上役 大豆水上役 小豆水上役 鉛水上役 炉糟水上役 銀山入大豆役 万水上小役	186石4斗7升6合 36石1斗6升9合 3斗 1,344斤 1,632斤 12駄	497匁2分7厘 96匁4分5厘 8分 20目1分6厘 22匁4厘 36匁 40目9分
	合計		703匁8分2厘
10月	欠		
閏10月	米水上役 万水上小役	325石1斗5升4合	867匁8厘 49匁8分92厘
	合計		916匁9分
11月	炉糟水上役 万水上小役	1,035斤	7匁7分6厘 54匁2分5厘
	合計		62匁1厘
12月	米水上役 餅米銀山入役 万水上小役	86石6斗4合 46駄2俵	230目9分5厘 140目 18匁3分
	合計		389匁2分5厘

出典:寛永8年「温泉津舟表水上御役御算用事」多田家文書

表6-1　鉛の水揚げ状況（単位：斤）

年	月	数量
寛永8年	3月	658
	9月	1,344
寛永9年	6月	7,290
	7月	77
	12月	2,444
寛永11年	2月	436
	4月	968
	7月	2,647
	閏7月	2,016
	8月	1,720
	12月	2,508
寛永14年	9月	2,396
寛永15年	9月	4,937

出典:「温泉津舟表水上御役御算事」多田家文書

表6-2　炉糟の水揚げ状況（単位：斤）

年	月	数量
寛永8年	3月	2,010
	5月	790
	6月	320
	9月	1,632
	11月	1,035
寛永9年	6月	96

出典:同左

私共立会内吟味仕候処、奥銀屋町かね宗十郎組下宗四郎与申もの前方者買吹商売仕候処、
　　　近来身上不如意ニ罷成、吹床所持難仕買吹商売相止メ、当時吹大工仕月々所々江被相雇
　　　吹立仕、大吹、南蛮鉉数年手掛巧者ニ仕候故、右之者被差使候様仕度奉存候

　この史料から、奥銀屋町の宗四郎なる人物が派遣されたことがわかる。生野銀山でも鉛鉱石の産出があり、その多くが同鉱山で消費されたが、延享3年（1746）にいたって炉糟から金属鉛を生産することが始められた。石見の場合、鉛鉱石や炉糟はそのまま灰吹の鉛源として利用されたため、鉛の製錬についてはほとんど行われなかった。そのためそれに詳しい生野銀山の技術者を招聘したのである。

　なお、石見では天保6年（1835）にも領内の鉛山の探索が行われ、その結果邑智郡酒谷村の鉛山が開発された[49]。石見銀山でも銀生産と同様に鉛の調達が経営上きわめて重要な問題であったといえるのである。

まとめ

　以上、16世紀にはじまる金銀山開発ブームの様相と、灰吹法の技術的変遷とその技術、さらには各鉱山における鉛調達について見てきたが、ここで若干のまとめをしておくこととしたい。

　灰吹法は従来、石見銀山に伝来したのをそのはじめとしてきたが、近年の研究により古代から存在した技術であったことが明かとなった。その技術は、石や陶器の皿に鉛を直接滲み込ませて金銀を抽出するものであり、16世紀以降にみられる灰を使用するものとは異なるものであった。「石吹」ないし「皿吹」と呼ばれるプリミティブな技術は、中近世にも小規模な鉱山では継承されたが、16世紀からはじまる貴金属の大需要時代にあっては技術的な限界にきており、ここに時代の要請を受けて新技術としての灰吹法が登場することとなったのである。この灰吹法は、朝鮮半島からもたらされた新技術で文字通り灰を使用した方法であり、その結果炉の大型化が実現し、金銀の大量生産を可能とした。

　その一方で金銀の大量生産は、同時に鉛の需要を増大させ、周辺の鉛山からの鉛を大量に調達することとなったのである。

　このように見ると、国内の鉛山の鉛は大量に生産される金銀山で消費されたのであり、鉛山の開発が18世紀以降に活発化する状況を考えれば、国内には余剰の鉛は少なかったといえる。そこに、本書の各論考で論じるように鉛を輸入する余地があったのではなかろうか。

（1）　鴇田恵吉編『佐藤信淵鉱山学集』（冨山房、1944年）。
（2）　小葉田淳「住友家の越前大雲銅鉛山稼行と化政期の鉛の取扱について」（『住友史料館報』27号、1996年）。
（3）　「石見国銀山旧記」高橋家文書。
（4）　『李朝実録』第廿四冊（学習院東洋文化研究所、1977年）。
（5）　元亀2年6月26日「吉川元春外連署状」（『大日本古文書』家分け8　毛利家文書、東京大学出

版会、1920年)。
(6) 1567年付「豊後の領主がシナ滞在中のニセヤの司教ドン・ベルショール・カルネイロに贈りし書簡」(『イエズス会士日本通信』)には、毛利氏による硝石購入について以下の記述が見られる。
 予が山口の王に対して勝利を望むは、かの地にパードレ等を帰住せしめ、始め彼等が受けたるよりも大いなる庇護を与んがためなり。而して予が希望を実現するに必要なるは、貴下の援助により硝石の当地輸入を一切禁止し予が領国の防御のためにカピタン・モールをして毎年良質の硝石を持ち来らしめんことなり。予はこれに対し百タイスまたは貴下が指摘せられる金銀を支払ふべし。この方法によれば、山口の暴君は領国を失ひ、予がもとに在る正統の領主その国に入ることを得べし。
(7) 『大日本租税志』中篇(復刻、思文閣出版、1971年)。
(8) 「台徳院殿御実紀」(『新訂増補国史大系徳川実紀』吉川弘文館、1929年)。
(9) ジョアン・ロドリゲス『日本教会史』上、大航海時代叢書(岩波書店、1967年)。
(10) 大野瑞男『江戸幕府財政史論』(吉川弘文館、1996年)。
(11) 慶長5年9月26日付「徳川家康禁制」吉岡家文書。この禁制は、関ヶ原の戦いのわずか10日後に銀山周辺の7か村に出されたもので、家康による石見銀山の領有はきわめて早い段階で行われたものといえる。
(12) 慶長5年11月18日付「子歳石見国諸役銀請納書」吉岡家文書。
(13) 慶長7年10月26日付「大久保長安覚」吉岡家文書。
(14) 『佐渡年代記』によると、相川金銀山の発見は慶長6年とするが、慶長初年には開発されたと考えられる。
(15) 吉岡家文書。
(16) 「伊豆仕置覚」(和泉清司『代官頭文書集成』文献出版、1999年)。
(17) 「生野銀山旧記」生野書院所蔵。
(18) 村上隆『金銀銅の日本史』(岩波書店、2007年)。
(19) 平田寛ほか監訳『フォーブス 古代の技術史』上・金属(朝倉書店、2003年)、28-29頁。
(20) 『甲斐金山展』(山梨県立博物館、2009年)。
(21) 出羽国秋田郡南比内大葛金山荒谷家文書、国文学研究資料館蔵。
(22) 『李朝実録』第廿四冊(学習院東洋文化研究所、1987年)。
(23) 『李朝実録』第十九冊(学習院東洋文化研究所、1986年)。
 良人金甘仏・掌隷院奴金倹同、以鉛鉄錬銀、以進曰、鉛一斤錬得銀二銭。鉛是我国所産、銀可足用。其錬造之法、於水鉄鑢鍋内用猛灰作囲、片截鉛鉄墳其中、因以破陶器四囲覆之、熾炭上下以鑠之、伝曰、其試之
これは端川銀山において鉛鉱石から銀を抽出することにはじめて成功したことを伝えるもので、これによると、鋳鉄製の鉄鍋に灰を詰め、その上に鉛鉱石を置いて銀を抽出するものであったことがわかる。つまり、鉄鍋に灰を充填したものを炉としていたのである。
(24) 植田晃一「16世紀初頭の李氏朝鮮端川銀坑の灰吹法と石見銀山への伝来について」(『日本鉱業史研究』32号、1999年)。
(25) 浅田家文書(生野書院蔵)。
(26) 明治5年「鏈吹方手続書」高橋家文書。
(27) 元禄4年「銀山覚書」阿部家文書。
(28) 前掲註(1)『佐藤信淵鉱山学集』。
(29) 小葉田淳「院内銀山」(『日本鉱山史の研究』岩波書店、1968年)。
(30) 『戴恩記 折りたく柴の記 蘭東事始』日本古典文学大系95(岩波書店、1964年)。
(31) 年未詳4月16日付「大久保石見守覚」宗岡家旧蔵文書。
(32) 相川町史編纂委員会編『佐渡相川の歴史』資料集三・「金銀山史料」(1973年)。
(33) 元和7年6月28日「堀直寄より堀主膳宛書状」(『村上市史』資料編2近世-藩政編、1992年)。
(34) 元和7年12月25日「堀直寄より堀主膳宛書状」(前掲註33『村上市史』)。

(35) 佐渡郡教育会編『佐渡年代記』中巻（臨川書店、1974年）。
(36) 前掲註（1）『佐藤信淵鉱山学集』。
(37) 小葉田淳『日本鉱山史の研究』（岩波書店、1968年）。
(38) 東京大学史料編纂所編『大日本古記録』梅津政景日記（岩波書店、1961年）。
(39) 元和7年11月1日「堀直寄より堀主膳宛書状」（前掲註33『村上市史』）。
(40) 高橋家文書。
(41) 『李朝実録』第廿二冊（学習院東洋文化研究所、1971年）。
(42) 吉岡家文書。
(43) 小葉田淳『長棟鉱山史の研究』（長棟鉱山史研究会、1951年）。
(44) 温泉津の問屋木津屋は、文禄4年（1595）に能登一宮の米120俵を、加賀宮越の竹内新右衛門の船にて運んでおり、早くから北国地方の米が銀山の飯米として移入されていた（文禄4年5月13日付「米積手形」中島家文書）。
(45) 中村家文書。
(46) 「永久稼方一件伺一件」龍善徳氏所蔵文書。
(47) 磯竹鉛山の開発については、拙稿「近世石見銀山領における諸鉱山の概要とその支配」（『日本鉱業史研究』35号、1998年）に詳しい。
(48) 天保13年「銀山方御用大下書」浅田家文書（生野書院蔵）。
(49) 前掲註(47)拙稿。

江戸時代初期に佐渡金銀鉱山で利用された鉛の産地

魯禔玹・平尾良光

はじめに

　佐渡島は新潟県の日本海上に位置し、古くから金や銀が採掘される島として知られている。佐渡島が金銀生産で有名になったきっかけは戦国時代後期に採掘が開始された同島内の鶴子鉱山での銀生産であった。慶長6年（1601）に鶴子銀鉱山の山師3人が近くの相川地区で金の鉱脈を発見して以来、江戸幕府の注目を集めることとなった。徳川家康は佐渡島を幕府の直轄地とし、相川地区の金銀鉱山の開発を進めた。相川金銀鉱山は17世紀初めの最盛期に年間で金400kg、銀25t以上を産出し、幕府の財政を支えるなど、江戸幕府の重要な財源となった。

　相川地区における金と銀の埋蔵量が多く、発展の可能性を予見した当時の佐渡代官である大久保長安は慶長8年（1603）に鶴子鉱山にあった陣屋の機能を相川に移転して新奉行所を建設し、佐渡の政治・経済の中心として発展させた。

　平成6～10年（1994～1998）にかけて奉行所の復元整備にともなう発掘調査が行われ、奉行所跡の庭の中央付近で見つかった楕円形土坑の中から鉛板172枚が出土した。鉛板は水平状態で積まれており、1枚が平均65×25cmの楕円形で、厚さは約5cmである（平均約40kg、総重量約7t）。この鉛板はその形から、地面に浅い穴を掘り、直接溶鉛を流し込んだように思われる。鉛板の表面には目方の核印と調査印が押捺されており、その他生産者と思われるマークの押印が認められる。調査によると、これら鉛板の純度は98％以上であり、上質な鉛である。

　『佐渡国略記』には寛永18年（1641）に埋鉛9,125貫875匁の記録があり、寛文年間（1661-1671）に掘り出されたことが記録されている。その後、19代佐渡奉行曾根五郎兵衛が延宝3年（1675）に7,249貫52匁（679枚 約27t）の鉛を埋め入れ、享保3年（1718）に掘りだそうとしたが、1,876貫823匁（約7t）の行方がわからなかったと記録されている。これらの状況から今回の佐渡奉行所跡で出土した鉛板は延宝3年に埋められた鉛板の一部と推定されている。

なお、これらの鉛板は金銀の精錬（灰吹法）のために必要とされたもので、『佐渡年代記』、『佐渡国略記』、『堀家文書』などの記録には奉行所が原料の鉛を買入れた国と鉱山名が書かれている[1,2]。

　本稿では佐渡奉行所跡から出土したこれら鉛板172枚に関して鉛同位体比を測定し、鉛の原産地を考察する。鉛買入所の記録を参考として相互比較することで、これら鉛の原料がどの地方のどこの鉱山からもたらされたのかを明らかにすることができるであろう。

　今回、前述の鉛板172枚に加えて佐渡島が属している新潟県に所在するいくつかの鉱山の鉱石に関しても調査を行った。調査対象となった鉱山は加茂市の加茂鉛鉱山と小乙（こおと）鉛鉱山、佐渡市の相川金銀鉱山付近の鳥越脈の鉛鉱石、村上市の葡萄鉛鉱山、佐渡市の鶴子鉱山屏風沢鉱滓（こうさい）などからの鉱石と鉱滓である。これらの鉱石と鉱滓に関しては蛍光X線分析法でその化学組成を測定し、鉛が含まれている資料に関して鉛同位体比を測定した。それに加えて過去に鉛同位体比が測定された佐渡奉行所跡出土の鉛製円盤も一緒に考察する。本稿で用いた研究方法である蛍光X線分析法と鉛同位体比分析法の原料や測定方法などは他の報告に準じる（50-53頁参照）。

1　試　料

（1）　葡萄鉱山の鉱石（新潟県村上市）

　葡萄鉱山は新潟県村上市に所在する鉱山で、江戸時代には越後国に属している。正確な開発時期は明らかではないが、慶長年間（1596～1615）ごろに開発されたと推測されている。その後、断続的に稼働していたが、昭和35年（1960）に閉山した。葡萄鉱山では金・銀・鉛・亜鉛などを産出したが、江戸時代を通じて最も多く採掘されたのは鉛である。特に、江戸初期に越後国村上藩主の堀氏の積極的な政策によって鉛山の開発は盛況となり、各地から村上産鉛へ注文が殺到したという。秋田藩家老の梅津正景が記した『梅津正景日記』には各地からの村上産鉛の注文内容が書かれており、記録によると佐渡奉行所も元和6年（1620）、慶安4年（1651）に大量購入している。佐渡奉行所から出土した鉛板172枚は延宝3年（1675）に埋められた鉛板の一部である可能性があり、これらの鉛板は江戸時代前期に活況を呈した葡萄鉱山産の鉛である可能性が高く考えられる[3,4]。

　筆者らは葡萄鉱山を現地調査し、鉱石を1点採取した。この鉱石は坑道入口脇の捨石（ズリ）の中から採取された。鉛が十分量含まれていたため、鉛同位体比測定に供した。

（2）　小乙鉱山の鉱石（新潟県加茂市）

　江戸時代の村松藩領の宮寄上村・上高柳村一帯にあった小乙鉱山が発見されたのは江戸中期の安永8年（1779）とされている。小乙鉱山は村松藩の経済的な負担によって試掘され、鉱脈が発見された初期には藩営として採掘を開始する。しかし、寛政3年（1791）以降になると、民間の商人・農民などに請け負わせ、一定の運上金を徴収する請山（うけやま）として稼働する。

鉛の採掘量は安政年間が最も多く、安政2年（1855）〜安政4年（1857）の間に7,500貫目（約28t）を生産したと伝われているなど、小乙鉱山はこのころ窮乏していた村松藩の財政再建の一助ともなる。これらの鉛は佐州御用達をつとめる加茂町若狭屋（小柳）喜助・丸川屋（小林）松之丞などの商人を通して、御用鉛として佐渡の金銀山に送られ、金銀の精錬用として用いられたほか、鉄砲玉の原料、女性用のお白粉となったともいわれる[5,6]。
　今回、小乙鉱山の鉱石6点を採取し、鉛同位体比を測定した。

（3）　佐渡金銀山の鳥越脈の鉱石（新潟県佐渡市）
　佐渡島には合わせて十数か所の金銀鉱脈があるが、その中でも相川金銀山は最も規模が大きい。相川金銀山の中に鉱脈はいくつかあるが、北東部にある鳥越脈もその一つである[1]。本研究では相川金銀山の鳥越脈の鉛鉱石に関しても同位体比を測定した。鳥越脈から鉱石1点を採取して化学組成を調べたところ、鉛が検出されたので鉛同位体比を測定した。

（4）　鶴子鉱山代官屋敷跡出土の鉱滓（新潟県佐渡市）
　鶴子鉱山代官屋敷跡は鶴子銀山跡の南側にある遺跡で、慶長8年（1603）に相川へ陣屋が移されるまでの間、金銀山を統括するために機能していたと考えられている。鶴子鉱山代官屋敷跡に関しては平成19年（2007）7月〜11月初旬まで佐渡市教育委員会によって発掘調査が行われ、遺跡周辺に残されている採掘痕跡、テラス、石垣などが検出されている[1,7,8]。
　本稿では鶴子鉱山代官屋敷跡から出土した鉱滓4点に関してその化学組成を調べた。その結果、代官屋敷跡出土の鉱滓の方が鶴子鉱山の屏風沢の鉱滓よりも銅と鉛の含有量が多かったことから、銀精錬に用いられた鉱滓である可能性が高い。代官屋敷跡出土の鉱滓4点からは十分量の鉛が確認されたため、表面から少量の試料を採取し、鉛同位体比を測定した。

2　考　察

　佐渡奉行所跡から出土した鉛板172枚と鶴子鉱山代官屋敷跡出土の鉱滓4点、葡萄鉱山、小乙鉱山、相川金銀山の鳥越脈の鉱石を1点ずつ、総179点に関して鉛同位体比を測定し、原料となった鉛の原産地と各鉱山との関係を調べた。得られた鉛同位体比値を本稿末の表1で示し、図1〜図6にまとめた。
　図1と図2から佐渡奉行所出土の鉛板172枚はすべて日本産の鉛領域に分布することがわかる。これらの鉛板に用いられた鉛に関しては現在、残っている文献からいくつかの鉱山が鉛の原産地の候補としてあがるが、日本のどの鉱山産の鉛であるかはこのままではわからない。そこで本研究ではこの問題を明らかにしたい。
　まず、図3と図4では日本全国に所在する鉛鉱山がどのような鉛同位体比分布を示しているのかを比較する[9]。鉛鉱山は所在地域によって北海道、東北、中部、中国、九州地方に分ける。各地域の鉛鉱山は細かくみると、お互いの鉛同位体比値が誤差範囲内で重なる場合も

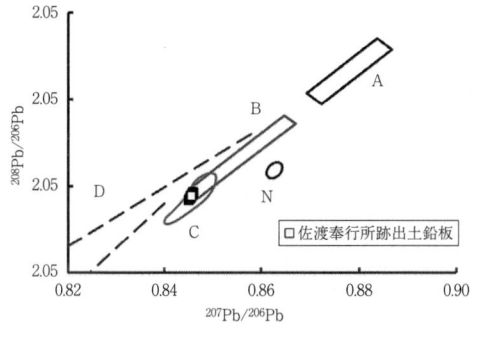

図1 佐渡奉行所跡出土鉛板の鉛同位体比
（207Pb/206Pb-208Pb/206Pb）

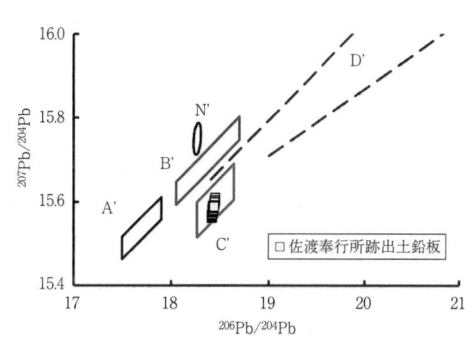

図2 佐渡奉行所跡出土鉛板の鉛同位体比
（206Pb/204Pb-207Pb/204Pb）

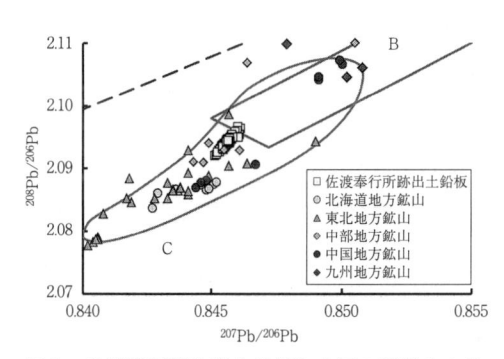

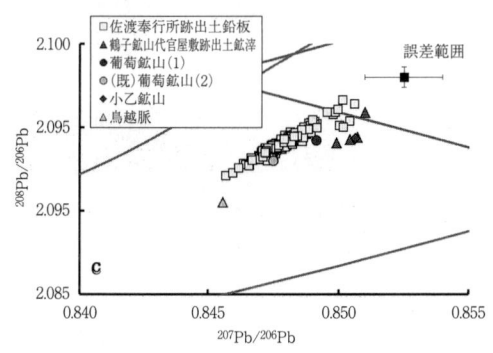

図3 佐渡奉行所跡出土鉛板と全国の鉛鉱山の鉛同位体比（207Pb/206Pb-208Pb/206Pb）

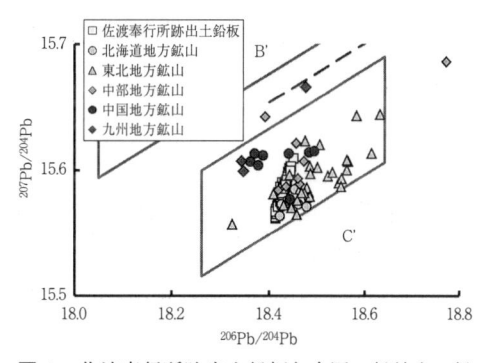

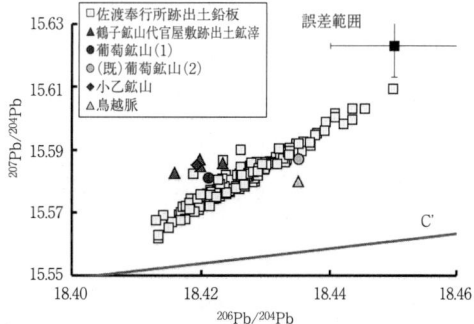

図4 佐渡奉行所跡出土鉛板と全国の鉛鉱山の鉛同位体比（206Pb/204Pb-207Pb/204Pb）

図5 佐渡奉行所跡出土鉛板と新潟県所在鉱山の鉛同位体比（207Pb/206Pb-208Pb/206Pb）

図6 佐渡奉行所跡出土鉛板と新潟県所在鉱山の鉛同位体比（206Pb/204Pb-207Pb/204Pb）

あったが、新潟県が含まれる中部地方の鉱山は今回の資料である鉛板と類似した分布範囲を示している。

今回、鉛同位体比を測定した3か所の鉱山の鉱石と鉱滓の一部は佐渡奉行所跡出土の鉛板と類似している（図5・図6）。まず、鶴子鉱山代官屋敷跡出土の鉱滓4点は誤差範囲を考慮すると、佐渡奉行所跡出土の鉛板と小乙鉱山、葡萄鉱山と類似性がある。しかし、より詳し

くみると、小乙鉱山の鉱石は鶴子鉱山代官屋敷跡出土の鉱滓と重なって分布し、原料的には類似性が非常に強く見える。すなわち、鶴子鉱山代官屋敷跡出土の鉱滓に含まれている鉛は葡萄鉱山よりも小乙鉱山の鉛分布により似ている。

それに対して、佐渡奉行所跡出土の鉛板は小乙鉱山よりも葡萄鉱山の鉛同位体比に一致するため、葡萄鉱山産の鉛である可能性が高い。図の中で鉛板の各値は右斜め上方向に分布する傾向がある。これは測定する際に質量分析器が持つバラツキである可能性もあるが、葡萄鉱山の鉱石自身が持つバラツキの可能性も考えられる。葡萄鉱山の鉛鉱石に関して本研究では1点の鉛同位体比を測定したのみであるが、このほかにすでに測定された値もある。それらも一緒に考察すると[9]、葡萄鉱山産の鉛鉱石の鉛同位体比の測定値は2点となる。同じ鉱山からの鉱石でありながら、それら2点の鉛鉱石の同位体比は図で示されるように少し異なる。この両者の違いは葡萄鉱山の鉱石が本来持っているバラツキであり、葡萄鉱山といっても鉛鉱石を採取した場所によって鉛板と同じように、その分布が広がる可能性がある。それ故、測定値のバラツキは葡萄鉱山が本来持っているバラツキであり、測定機器が示すバラツキではないと考えられる。

相川金銀山の中にある鳥越脈の鉱石は鉛板とは少し離れたところに位置し、佐渡奉行所跡出土の両者に原料的な類似性はないと判断される。すなわち、今回の測定からは鳥越脈の鉛は使用されていないと結論できる。

ところで、佐渡奉行所跡から出土した鉛製円盤2点に関して約10年前に鉛同位体比測定が行われたことがある（表2、写真1、図7・図8）[10]。2点の鉛製円盤のうち、鉛製円盤1は詳しい出土地が不明で、鉛製円盤2は御金蔵の北側地区から出土したとされている。詳細な出土地点、用途は不明であり、当時は2点の資料を測定しただけで、その結果を考察するほどの試料が集まっていなかった。本稿では今回の鉛板とともに

写真1　佐渡奉行所跡出土の鉛製円盤

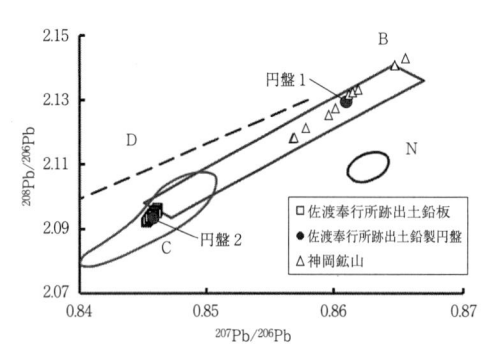

図7　佐渡奉行所跡出土鉛板と鉛製円盤の鉛同位体比（$^{207}Pb/^{206}Pb$-$^{208}Pb/^{206}Pb$）

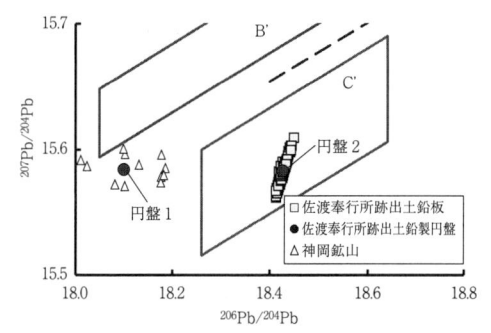

図8　佐渡奉行所跡出土鉛板と鉛製円盤の鉛同位体比（$^{206}Pb/^{204}Pb$-$^{207}Pb/^{204}Pb$）

それらの鉛製円盤2点を比較してみる。

　2点の鉛製円盤のうち、1点（鉛製円盤2）は今回の鉛板と同一の鉛同位体比であり、葡萄鉱山から得られた鉛が用いられた可能性が非常に高い。他の1点の鉛製円盤1は佐渡奉行所跡出土の鉛板とは異なる鉛を用いたことがわかる。この鉛製円盤1は岐阜県飛騨市に所在する神岡鉱山産の鉛を用いた可能性が非常に高い。神岡鉱山は日本各地の鉱山とは異なる鉛同位体比を示すことが特徴である。佐渡奉行所跡出土の鉛製円盤1が神岡鉱山の分布範囲に含まれていることは、神岡鉱山産の鉛で作られた鉛製円盤がたまたま商品として佐渡島まで持ち込まれたか、あるいは金銀精錬のために神岡鉱山産の鉛が佐渡島まで導入されていたかを示唆する。

　神岡鉱山は奈良時代養老年間（720年頃）から採掘が始まり、2001年に採掘が中止された生産期間の長い鉱山である。2点の鉛製円盤の原料が異なることは、これら鉛製円盤の製作時代が異なる可能性も考えられる。その際に、172枚の鉛板と同様の鉛が確認された鉛製円盤2は佐渡奉行所が運営されていた時代、葡萄鉱山が採掘されていた時代と近接している可能性が高い。一方、もし2点の鉛製円盤の時代が近接しているのであれば、佐渡島では同時期に近くの新潟県からだけではなく、岐阜県の神岡鉱山からも鉛を導入していたのであろうか。

ま と め

　江戸時代を通して佐渡島の金銀は江戸幕府の重要な財源であったため、当時の最先端技術が導入され、日本最大の金生産量を誇った。佐渡では灰吹法を用いて短時間に大量の金と銀を生産したが、このために各地から大量の鉛を導入したことが記録に残っている。今回分析に供した佐渡奉行所跡から出土した鉛板はこのような鉛の例で、172枚（約7t）もの鉛インゴット（鉛塊）が1か所から出土した例はほかに聞かない。多くの文献記録と豊富な関連遺物や遺跡が残っている中で、佐渡奉行所跡出土の鉛板の原料がどこから運ばれたかを明らかにすることは、当時の幕府の政策と他地域との関係、佐渡における鉱業状況などを理解する際に重要な意義がある。

　本研究では佐渡奉行所跡から出土した鉛板が新潟県内の葡萄鉱山から持ち込まれた可能性の高いことが確認された。相川金銀山よりも以前に採掘された鶴子鉱山でも葡萄鉱山の鉛が用いられた可能性は考えられるが、なお鶴子鉱山では小乙鉱山産の鉛が利用されたようにも判断される。しかし、小乙鉱山で鉛が発見されたのは江戸時代中期の安永8年（1779）とされており、葡萄鉱山は慶長年間（1596～1615）頃に開発されたと推定されている。そして、鶴子鉱山代官屋敷跡は16世紀後半～17世紀前半に活動していたと推定されている。したがって、今回の鶴子鉱山の代官屋敷跡出土の鉱滓が小乙鉱山産の鉛であるとすると、小乙鉱山の活動時期と必ずしも合わないことになり問題である。

〔参考・引用文献〕
（1）　佐渡市教育委員会『金と銀の島、佐渡──鉱山とその文化──』（世界遺産暫定一覧表記載資産候補提案書、新潟県・佐渡市、2007年）
（2）　新潟県佐渡郡相川町教育委員会『佐渡金山遺跡（佐渡奉行所跡）』（相川町埋蔵文化財調査報告書第3、2001年）
（3）　新潟県教育委員会「二　越後の金銀・鉛山」（『新潟県史』通史編3近世、1987年）
（4）　村上市教育委員会『村上市史』資料編2近世 藩政編（1993年）
（5）　賀茂市教育委員会『賀茂散策』（加茂市教育委員会教育課発行、2012年）
（6）　加茂市教育委員会『加茂市史』（2012年）
（7）　佐渡市教育委員会『鶴子銀山跡──鶴子鉱山代官屋敷跡発掘調査現地説明会資料──』（新潟県佐渡市世界遺産推進課、2010年）
（8）　佐渡市教育委員会『鶴子鉱山代官屋敷跡遺跡・鶴子荒町遺跡現地説明会資料』（新潟県佐渡市教育委員会世界遺産・文化振興課、2007年）
（9）　馬淵久夫・平尾良光「東アジア鉛鉱石の同位体比──青銅器との関連を中心に──」『考古学雑誌』73号、日本考古学会、1987年、199-210頁
（10）　私信：榎本淳子・平尾良光、2000年

江戸時代初期に佐渡金銀鉱山で利用された鉛の産地

表1 佐渡奉行所跡出土鉛板・新潟県所在鉱山の鉛同位体比

No.	資料名	206Pb/204Pb	207Pb/204Pb	208Pb/204Pb	207Pb/206Pb	208Pb/206Pb	測定番号
1	佐渡奉行所-鉛板1	18.429	15.585	38.600	0.8457	2.0945	BP9091
2	佐渡奉行所-鉛板2	18.438	15.595	38.631	0.8458	2.0952	BP9404
3	佐渡奉行所-鉛板3	18.431	15.586	38.604	0.8457	2.0946	BP9092
4	佐渡奉行所-鉛板4	18.432	15.586	38.603	0.8456	2.0944	BP9093
5	佐渡奉行所-鉛板5	18.427	15.584	38.595	0.8457	2.0944	BP9094
6	佐渡奉行所-鉛板6	18.432	15.586	38.604	0.8456	2.0944	BP9095
7	佐渡奉行所-鉛板7	18.435	15.590	38.617	0.8456	2.0947	BP9096
8	佐渡奉行所-鉛板8	18.434	15.589	38.612	0.8457	2.0946	BP9097
9	佐渡奉行所-鉛板9	18.433	15.587	38.603	0.8456	2.0942	BP9115
10	佐渡奉行所-鉛板10	18.427	15.582	38.587	0.8456	2.0941	BP9116
11	佐渡奉行所-鉛板11	18.430	15.585	38.596	0.8456	2.0942	BP9117
12	佐渡奉行所-鉛板12	18.432	15.590	38.618	0.8458	2.0951	BP9118
13	佐渡奉行所-鉛板13	18.428	15.582	38.587	0.8455	2.0940	BP9119
14	佐渡奉行所-鉛板14	18.442	15.598	38.642	0.8458	2.0953	BP9120
15	佐渡奉行所-鉛板15	18.431	15.588	38.609	0.8457	2.0947	BP9121
16	佐渡奉行所-鉛板16	18.421	15.577	38.573	0.8456	2.0939	BP9122
17	佐渡奉行所-鉛板17	18.422	15.577	38.572	0.8456	2.0938	BP9123
18	佐渡奉行所-鉛板18	18.422	15.577	38.575	0.8456	2.0939	BP9124
19	佐渡奉行所-鉛板19	18.430	15.584	38.595	0.8456	2.0942	BP9125
20	佐渡奉行所-鉛板20	18.428	15.584	38.596	0.8457	2.0945	BP9126
21	佐渡奉行所-鉛板21	18.426	15.582	38.589	0.8456	2.0942	BP9127
22	佐渡奉行所-鉛板22	18.433	15.589	38.610	0.8457	2.0946	BP9128
23	佐渡奉行所-鉛板23	18.424	15.580	38.583	0.8456	2.0942	BP9129
24	佐渡奉行所-鉛板24	18.420	15.575	38.566	0.8455	2.0937	BP9130
25	佐渡奉行所-鉛板25	18.421	15.573	38.562	0.8455	2.0934	BP9131
26	佐渡奉行所-鉛板26	18.428	15.580	38.585	0.8455	2.0938	BP9132
27	佐渡奉行所-鉛板27	18.441	15.602	38.659	0.8461	2.0964	BP9133
28	佐渡奉行所-鉛板28	18.428	15.586	38.602	0.8458	2.0947	BP9134
29	佐渡奉行所-鉛板29	18.423	15.578	38.582	0.8457	2.0942	BP9135
30	佐渡奉行所-鉛板30	18.426	15.580	38.589	0.8456	2.0943	BP9136
31	佐渡奉行所-鉛板31	18.426	15.582	38.590	0.8457	2.0943	BP9186
32	佐渡奉行所-鉛板32	18.426	15.590	38.610	0.8461	2.0954	BP9187
33	佐渡奉行所-鉛板33	18.421	15.575	38.567	0.8455	2.0936	BP9188
34	佐渡奉行所-鉛板34	18.417	15.569	38.547	0.8454	2.0931	BP9189
35	佐渡奉行所-鉛板35	18.421	15.573	38.561	0.8454	2.0933	BP9190
36	佐渡奉行所-鉛板36	18.424	15.578	38.576	0.8455	2.0938	BP9191
37	佐渡奉行所-鉛板37	18.424	15.577	38.570	0.8455	2.0935	BP9192
38	佐渡奉行所-鉛板38	18.417	15.570	38.551	0.8454	2.0932	BP9193
39	佐渡奉行所-鉛板39	18.427	15.580	38.584	0.8455	2.0939	BP9194
40	佐渡奉行所-鉛板40	18.428	15.580	38.583	0.8454	2.0938	BP9195
41	佐渡奉行所-鉛板41	18.428	15.581	38.587	0.8455	2.0939	BP9196
42	佐渡奉行所-鉛板42	18.427	15.581	38.588	0.8456	2.0941	BP9197
43	佐渡奉行所-鉛板43	18.426	15.579	38.578	0.8455	2.0937	BP9198
44	佐渡奉行所-鉛板44	18.425	15.578	38.575	0.8455	2.0936	BP9199
45	佐渡奉行所-鉛板45	18.433	15.587	38.607	0.8456	2.0945	BP9200
46	佐渡奉行所-鉛板46	18.421	15.575	38.565	0.8455	2.0935	BP9201
47	佐渡奉行所-鉛板47	18.429	15.586	38.601	0.8457	2.0947	BP9202
48	佐渡奉行所-鉛板48	18.420	15.571	38.553	0.8453	2.0930	BP9203
49	佐渡奉行所-鉛板49	18.450	15.609	38.681	0.8460	2.0966	BP9204
	誤差	±0.010	±0.010	±0.030	±0.0003	±0.0006	

No.	資料名	$^{206}Pb/^{204}Pb$	$^{207}Pb/^{204}Pb$	$^{208}Pb/^{204}Pb$	$^{207}Pb/^{206}Pb$	$^{208}Pb/^{206}Pb$	測定番号
50	佐渡奉行所-鉛板50	18.436	15.593	38.626	0.8458	2.0953	BP9205
51	佐渡奉行所-鉛板51	18.424	15.580	38.583	0.8456	2.0942	BP9206
52	佐渡奉行所-鉛板52	18.428	15.582	38.589	0.8455	2.0940	BP9207
53	佐渡奉行所-鉛板53	18.421	15.576	38.571	0.8456	2.0939	BP9208
54	佐渡奉行所-鉛板54	18.426	15.579	38.584	0.8455	2.0940	BP9209
55	佐渡奉行所-鉛板55	18.420	15.572	38.557	0.8454	2.0932	BP9210
56	佐渡奉行所-鉛板56	18.427	15.582	38.592	0.8456	2.0943	BP9211
57	佐渡奉行所-鉛板57	18.422	15.574	38.565	0.8454	2.0934	BP9212
58	佐渡奉行所-鉛板58	18.426	15.579	38.581	0.8455	2.0939	BP9213
59	佐渡奉行所-鉛板59	18.431	15.586	38.604	0.8456	2.0944	BP9214
60	佐渡奉行所-鉛板60	18.429	15.584	38.598	0.8456	2.0944	BP9215
61	佐渡奉行所-鉛板61	18.423	15.579	38.580	0.8456	2.0941	BP9216
62	佐渡奉行所-鉛板62	18.425	15.579	38.580	0.8455	2.0938	BP9217
63	佐渡奉行所-鉛板63	18.418	15.574	38.565	0.8456	2.0938	BP9218
64	佐渡奉行所-鉛板64	18.428	15.586	38.602	0.8458	2.0947	BP9219
65	佐渡奉行所-鉛板65	18.421	15.575	38.569	0.8455	2.0937	BP9220
66	佐渡奉行所-鉛板66	18.424	15.582	38.590	0.8458	2.0946	BP9221
67	佐渡奉行所-鉛板67	18.428	15.583	38.590	0.8456	2.0941	BP9222
68	佐渡奉行所-鉛板68	18.423	15.577	38.573	0.8455	2.0938	BP9223
69	佐渡奉行所-鉛板69	18.417	15.570	38.550	0.8454	2.0932	BP9224
70	佐渡奉行所-鉛板70	18.426	15.585	38.599	0.8458	2.0948	BP9225
71	佐渡奉行所-鉛板71	18.426	15.577	38.575	0.8454	2.0935	BP9226
72	佐渡奉行所-鉛板72	18.439	15.599	38.645	0.8460	2.0958	BP9227
73	佐渡奉行所-鉛板73	18.427	15.583	38.591	0.8456	2.0942	BP9228
74	佐渡奉行所-鉛板74	18.441	15.600	38.650	0.8460	2.0959	BP9229
75	佐渡奉行所-鉛板75	18.439	15.596	38.636	0.8458	2.0954	BP9230
76	佐渡奉行所-鉛板76	18.444	15.603	38.659	0.8460	2.0961	BP9231
77	佐渡奉行所-鉛板77	18.445	15.603	38.660	0.8459	2.0959	BP9232
78	佐渡奉行所-鉛板78	18.435	15.592	38.622	0.8458	2.0951	BP9233
79	佐渡奉行所-鉛板79	18.420	15.575	38.566	0.8456	2.0937	BP9234
80	佐渡奉行所-鉛板80	18.438	15.595	38.630	0.8458	2.0952	BP9235
81	佐渡奉行所-鉛板81	18.432	15.589	38.615	0.8457	2.0950	BP9236
82	佐渡奉行所-鉛板82	18.433	15.586	38.604	0.8456	2.0943	BP9237
83	佐渡奉行所-鉛板83	18.430	15.586	38.602	0.8457	2.0945	BP9238
84	佐渡奉行所-鉛板84	18.424	15.579	38.579	0.8456	2.0940	BP9239
85	佐渡奉行所-鉛板85	18.428	15.583	38.594	0.8456	2.0943	BP9240
86	佐渡奉行所-鉛板86	18.426	15.580	38.582	0.8456	2.0939	BP9241
87	佐渡奉行所-鉛板87	18.418	15.568	38.545	0.8453	2.0928	BP9242
88	佐渡奉行所-鉛板88	18.429	15.582	38.590	0.8455	2.0940	BP9243
89	佐渡奉行所-鉛板89	18.422	15.574	38.565	0.8454	2.0934	BP9244
90	佐渡奉行所-鉛板90	18.426	15.581	38.587	0.8456	2.0942	BP9245
91	佐渡奉行所-鉛板91	18.424	15.578	38.578	0.8455	2.0939	BP9246
92	佐渡奉行所-鉛板92	18.428	15.585	38.599	0.8457	2.0946	BP9247
93	佐渡奉行所-鉛板93	18.419	15.582	38.589	0.8460	2.0951	BP9248
94	佐渡奉行所-鉛板94	18.427	15.580	38.584	0.8455	2.0939	BP9249
95	佐渡奉行所-鉛板95	18.430	15.584	38.598	0.8456	2.0943	BP9250
96	佐渡奉行所-鉛板96	18.417	15.572	38.557	0.8455	2.0935	BP9251
97	佐渡奉行所-鉛板97	18.435	15.592	38.623	0.8458	2.0951	BP9252
98	佐渡奉行所-鉛板98	18.428	15.583	38.593	0.8456	2.0942	BP9253
99	佐渡奉行所-鉛板99	18.430	15.586	38.603	0.8457	2.0946	BP9254
	誤差	±0.010	±0.010	±0.030	±0.0003	±0.0006	

江戸時代初期に佐渡金銀鉱山で利用された鉛の産地

No.	資 料 名	$^{206}Pb/^{204}Pb$	$^{207}Pb/^{204}Pb$	$^{208}Pb/^{204}Pb$	$^{207}Pb/^{206}Pb$	$^{208}Pb/^{206}Pb$	測定番号
100	佐渡奉行所-鉛板100	18.426	15.580	38.584	0.8455	2.0939	BP9255
101	佐渡奉行所-鉛板101	18.428	15.584	38.595	0.8457	2.0943	BP9256
102	佐渡奉行所-鉛板102	18.424	15.577	38.574	0.8454	2.0936	BP9257
103	佐渡奉行所-鉛板103	18.418	15.572	38.559	0.8455	2.0936	BP9258
104	佐渡奉行所-鉛板104	18.423	15.578	38.577	0.8456	2.0939	BP9259
105	佐渡奉行所-鉛板105	18.415	15.567	38.539	0.8453	2.0927	BP9260
106	佐渡奉行所-鉛板106	18.418	15.572	38.555	0.8455	2.0934	BP9261
107	佐渡奉行所-鉛板107	18.425	15.578	38.574	0.8455	2.0936	BP9262
108	佐渡奉行所-鉛板108	18.417	15.568	38.542	0.8453	2.0928	BP9263
109	佐渡奉行所-鉛板109	18.418	15.571	38.551	0.8454	2.0931	BP9264
110	佐渡奉行所-鉛板110	18.413	15.562	38.523	0.8451	2.0921	BP9265
111	佐渡奉行所-鉛板111	18.421	15.572	38.559	0.8453	2.0932	BP9266
112	佐渡奉行所-鉛板112	18.415	15.567	38.538	0.8453	2.0927	BP9267
113	佐渡奉行所-鉛板113	18.413	15.563	38.526	0.8452	2.0923	BP9268
114	佐渡奉行所-鉛板114	18.419	15.570	38.551	0.8453	2.0930	BP9269
115	佐渡奉行所-鉛板115	18.421	15.576	38.571	0.8456	2.0938	BP9270
116	佐渡奉行所-鉛板116	18.424	15.578	38.573	0.8455	2.0937	BP9271
117	佐渡奉行所-鉛板117	18.423	15.587	38.597	0.8460	2.0950	BP9272
118	佐渡奉行所-鉛板118	18.414	15.569	38.548	0.8455	2.0934	BP9273
119	佐渡奉行所-鉛板119	18.418	15.573	38.561	0.8455	2.0936	BP9274
120	佐渡奉行所-鉛板120	18.424	15.577	38.574	0.8455	2.0937	BP9275
121	佐渡奉行所-鉛板121	18.423	15.577	38.571	0.8455	2.0937	BP9276
122	佐渡奉行所-鉛板122	18.423	15.575	38.567	0.8454	2.0935	BP9277
123	佐渡奉行所-鉛板123	18.444	15.600	38.647	0.8458	2.0954	BP9278
124	佐渡奉行所-鉛板124	18.424	15.580	38.581	0.8456	2.0940	BP9279
125	佐渡奉行所-鉛板125	18.433	15.587	38.606	0.8456	2.0944	BP9280
126	佐渡奉行所-鉛板126	18.431	15.586	38.600	0.8456	2.0943	BP9281
127	佐渡奉行所-鉛板127	18.430	15.585	38.598	0.8456	2.0943	BP9282
128	佐渡奉行所-鉛板128	18.423	15.577	38.573	0.8455	2.0938	BP9283
129	佐渡奉行所-鉛板129	18.426	15.582	38.586	0.8456	2.0941	BP9284
130	佐渡奉行所-鉛板130	18.424	15.578	38.576	0.8455	2.0937	BP9285
131	佐渡奉行所-鉛板131	18.415	15.565	38.535	0.8452	2.0926	BP9286
132	佐渡奉行所-鉛板132	18.426	15.579	38.579	0.8455	2.0937	BP9287
133	佐渡奉行所-鉛板133	18.427	15.582	38.589	0.8456	2.0941	BP9288
134	佐渡奉行所-鉛板134	18.424	15.576	38.572	0.8454	2.0936	BP9289
135	佐渡奉行所-鉛板135	18.426	15.580	38.582	0.8455	2.0939	BP9290
136	佐渡奉行所-鉛板136	18.428	15.586	38.600	0.8458	2.0947	BP9291
137	佐渡奉行所-鉛板137	18.424	15.580	38.582	0.8456	2.0941	BP9292
138	佐渡奉行所-鉛板138	18.434	15.591	38.616	0.8458	2.0949	BP9293
139	佐渡奉行所-鉛板139	18.425	15.582	38.591	0.8457	2.0944	BP9294
140	佐渡奉行所-鉛板140	18.429	15.584	38.594	0.8456	2.0942	BP9295
141	佐渡奉行所-鉛板141	18.432	15.590	38.615	0.8458	2.0950	BP9296
142	佐渡奉行所-鉛板142	18.428	15.583	38.593	0.8456	2.0943	BP9297
143	佐渡奉行所-鉛板143	18.413	15.567	38.539	0.8455	2.0930	BP9298
144	佐渡奉行所-鉛板144	18.424	15.578	38.577	0.8456	2.0939	BP9299
145	佐渡奉行所-鉛板145	18.423	15.581	38.581	0.8457	2.0941	BP9300
146	佐渡奉行所-鉛板146	18.421	15.575	38.570	0.8455	2.0937	BP9301
147	佐渡奉行所-鉛板147	18.420	15.576	38.568	0.8456	2.0938	BP9302
148	佐渡奉行所-鉛板148	18.419	15.574	38.567	0.8455	2.0938	BP9303
149	佐渡奉行所-鉛板149	18.420	15.576	38.568	0.8456	2.0938	BP9304
	誤　差	±0.010	±0.010	±0.030	±0.0003	±0.0006	

No.	資料名	206Pb/204Pb	207Pb/204Pb	208Pb/204Pb	207Pb/206Pb	208Pb/206Pb	測定番号
150	佐渡奉行所-鉛板150	18.426	15.582	38.590	0.8456	2.0943	BP9305
151	佐渡奉行所-鉛板151	18.426	15.580	38.583	0.8455	2.0939	BP9306
152	佐渡奉行所-鉛板152	18.425	15.578	38.578	0.8455	2.0937	BP9307
153	佐渡奉行所-鉛板153	18.424	15.576	38.571	0.8454	2.0936	BP9308
154	佐渡奉行所-鉛板154	18.427	15.578	38.578	0.8454	2.0936	BP9309
155	佐渡奉行所-鉛板155	18.426	15.579	38.580	0.8455	2.0937	BP9310
156	佐渡奉行所-鉛板156	18.425	15.578	38.574	0.8454	2.0935	BP9311
157	佐渡奉行所-鉛板157	18.427	15.579	38.581	0.8455	2.0938	BP9312
158	佐渡奉行所-鉛板158	18.418	15.571	38.553	0.8454	2.0932	BP9313
159	佐渡奉行所-鉛板159	18.422	15.575	38.566	0.8454	2.0935	BP9314
160	佐渡奉行所-鉛板160	18.424	15.576	38.572	0.8454	2.0936	BP9315
161	佐渡奉行所-鉛板161	18.424	15.576	38.570	0.8454	2.0935	BP9316
162	佐渡奉行所-鉛板162	18.423	15.579	38.577	0.8456	2.0940	BP9317
163	佐渡奉行所-鉛板163	18.433	15.589	38.612	0.8457	2.0947	BP9318
164	佐渡奉行所-鉛板164	18.434	15.590	38.615	0.8457	2.0948	BP9319
165	佐渡奉行所-鉛板165	18.423	15.580	38.584	0.8457	2.0944	BP9320
166	佐渡奉行所-鉛板166	18.429	15.583	38.591	0.8456	2.0941	BP9321
167	佐渡奉行所-鉛板167	18.426	15.582	38.587	0.8456	2.0941	BP9322
168	佐渡奉行所-鉛板168	18.437	15.591	38.619	0.8457	2.0947	BP9323
169	佐渡奉行所-鉛板169	18.437	15.592	38.622	0.8457	2.0948	BP9324
170	佐渡奉行所-鉛板170	18.432	15.586	38.601	0.8456	2.0943	BP9325
171	佐渡奉行所-鉛板171	18.429	15.585	38.600	0.8457	2.0945	BP9326
172	佐渡奉行所-鉛板172	18.434	15.588	38.608	0.8457	2.0945	BP9327
173	鶴子鉱山代官屋敷跡-鉱滓1	18.420	15.585	38.576	0.8461	2.0943	BP9087
174	鶴子鉱山代官屋敷跡-鉱滓2	18.423	15.586	38.580	0.8460	2.0941	BP9088
175	鶴子鉱山代官屋敷跡-鉱滓3	18.420	15.587	38.605	0.8462	2.0959	BP9089
176	鶴子鉱山代官屋敷跡-鉱滓4	18.416	15.583	38.570	0.8461	2.0944	BP9090
177	葡萄鉱山-鉱石	18.421	15.581	38.578	0.8458	2.0942	BP9406
178	小乙鉱山-鉱石	18.419	15.585	38.576	0.8461	2.0943	BP9407
179	相川金銀山鳥越脈-鉱石	18.435	15.580	38.539	0.8451	2.0905	BP9409
	誤差	±0.010	±0.010	±0.030	±0.0003	±0.0006	

表2　佐渡奉行所跡出土の鉛製円盤(榎本淳子・平尾良光2000年以前測定)

No.	資料名	206Pb/204Pb	207Pb/204Pb	208Pb/204Pb	207Pb/206Pb	208Pb/206Pb	測定番号
1	鉛製円盤1(出土地不明)	18.100	15.584	38.545	0.8610	2.1295	KP1804
2	鉛製円盤2(御金蔵北側地区)	18.426	15.583	38.578	0.8457	2.0936	KP1805
	誤差	±0.010	±0.010	±0.030	±0.0003	±0.0006	

大砲伝来──日本における佛朗機砲の伝播と受容について──

上野淳也

「なかでも彼らを驚かせたのは、チーナでは見たことも聞いたこともない巨大な大砲だった。これに火を注いだのはクゥアントーネ〔広州〕市に数多くいたマオメット〔マホメット〕教徒のサラチェーノ〔サラセン〕人だった。彼らはただちにチーナ人にこれはフランキだと言った。マオメット教徒はエウローパのキリスト教徒をこう呼んでいた。（チーナ語にはrがないので、それを発音できず、ファランキ Falanchi〔仏郎（朗、狼）機〕と呼ぶようになり、現在に至っている。しかも大砲もその名で呼び、いまでもほかの名称はない。）」

(マッテーオ・リッチ〈1552-1610〉『中国キリスト教布教史1』)

プロローグ

1498年、ポルトガルのヴァスコ・ダ・ガマは、喜望峰を経てカリカットに到着し、インド航路を発見した[1]。ガマは、1503年に再びインドを訪れたが、すでにカリカットの王は西洋型の火砲を備えていたというトーメ・ローペッツ（Tohme Lopez）の以下の報告文には注目しなければならない[2]。

「この印度火砲の格段の進歩の裏には次の事実があった。それはミラノ（イタリア）生まれの二人のイタリア人でヨハン＝マリイ（Johan Marie）及びペテル＝アントニオ（Peter Antonio）という鋳金師[3]が、ヴァスコ＝ダ＝ガマの第一回航海に乗船してカリカットに来て、ガマの艦隊が本国に帰港したとき、カリカットに残っていたのであるが彼らはカリカット王に買収され、印度人のために、火砲を鋳造したのであった。」

同年、カリカットの王は、コチンに艦隊を派遣している。この年、すでにカリカットの船にはCative（独）というボンバード砲が備え付けられていたという。そして、イタリア人鋳金師たちは、小ファルコーネット砲〔Falconetlin（独）〕と仏郎機式後装砲〔Kamern（独）〕[4]とを造った。すなわち、ガマは、インド航路の発見と同時に、のちにポルトガル人たちを苦しめることになる西洋型火砲の生産技術をインド・イスラム圏へ伝えたのである。

また、フェルナン・ロペス・ダ・カスタニェーダの『ポルトガル人によるインディアの発

見と征服の歴史』[5]には、「この(ポルトガルによる香辛料貿易を妨害する)目的のために、ヴェネザ〔ヴェネチア〕の国とポルトガルの王家の間には古くからの友情があるというのに、同国はソルダン(スルタン)に多数の船大工、まいはだ工、火砲の鋳造師を派遣したことが確認されている」と記されている[6]。カトリック教国同士の争いが、第三国たるイスラム教国へ火砲を伝播させていたのである[7]。

1　東アジアへの佛朗機砲の伝来について

(1)　マラッカ攻略——中国砲との混交——

　ポルトガルは、16世紀初頭にコチン(1503-1662年)、ゴア(1510年以降)、カリカット(カレクト、1511-26年)を相次いで攻略し、インド洋西岸における制海権を手中にした。1509年、ポルトガルは、イスラム教国であるマラッカ王国に到達したが、スルタン・マームドとの通商交渉が決裂すると、1511年、インド副王アルブケルケはマラッカを占領した[8]。

　1510年、マラッカに捕えられていたルイ・デ・アラウジョからの報告は以下のようにある。

> 「当地にあるかれらの臼砲はその大部分がラッパ銃のようなもので、のこりはカレクト(カリカット)にでもあるようなものです。それは砲口から砲丸を装填して発射するものです[9]。」

　また、マラッカが保持していた火砲の数に関しても、ポルトガルのジョアン・デ・バロスによる以下の報告がある。

> 「火砲も、ルイ・デ・アラウジョの話によると市内には8000あるとのことであったが、3000ほどしかなかった。持ち去った火砲のうちの一部はマラカの王が自分といっしょに運ばせた。残っていた火砲のなかには、ほんのすこし前にカレクトの王から贈られた数門の非常に大型の火砲と一門の立派な火砲があった[10]。」

　また、バロスは、その3000門の内訳に関して、以下のように報告している。

> 「鹵獲された火砲は、3000門に達し、その中2000門は青銅製で、その中にはカレクト王より贈られた巨砲があり、他の1000門は鉄製であった[11]。」

　イスラム教国のマラッカ王国は、建国以来の忠実な大明帝国の朝貢国であり、1516年に西洋人として初めてパタニの地を踏んだポルトガル人ゴディーニョ・デ・エレディアによると、マラッカにおいて捕獲された火砲は、中国の影響が強いものであったという。その中には、同じく中国の影響を受けたシャムやビルマから輸入された小型砲も含まれていた[12]。中国は、世界史上、初めて「火薬」を発明した国であり、中国独自の火砲の歴史および文化圏を保持していたのである。

　ポルトガル軍の火砲に関する報告文には、"arthelharia"＝「火砲」と総称されている場合が多いが、例外的にバロスの報告には、火砲の記載が明確な分類に基づいている記述が多く、1kg～2kg程度の砲弾を用いるベルソ砲(Berços)～ファルカン砲・ファルコーネット砲(Falcão, Falconete)、4kg程度までの砲弾を用いるエスペラ砲(Espera)[13]、カメロ砲(Camelo)、

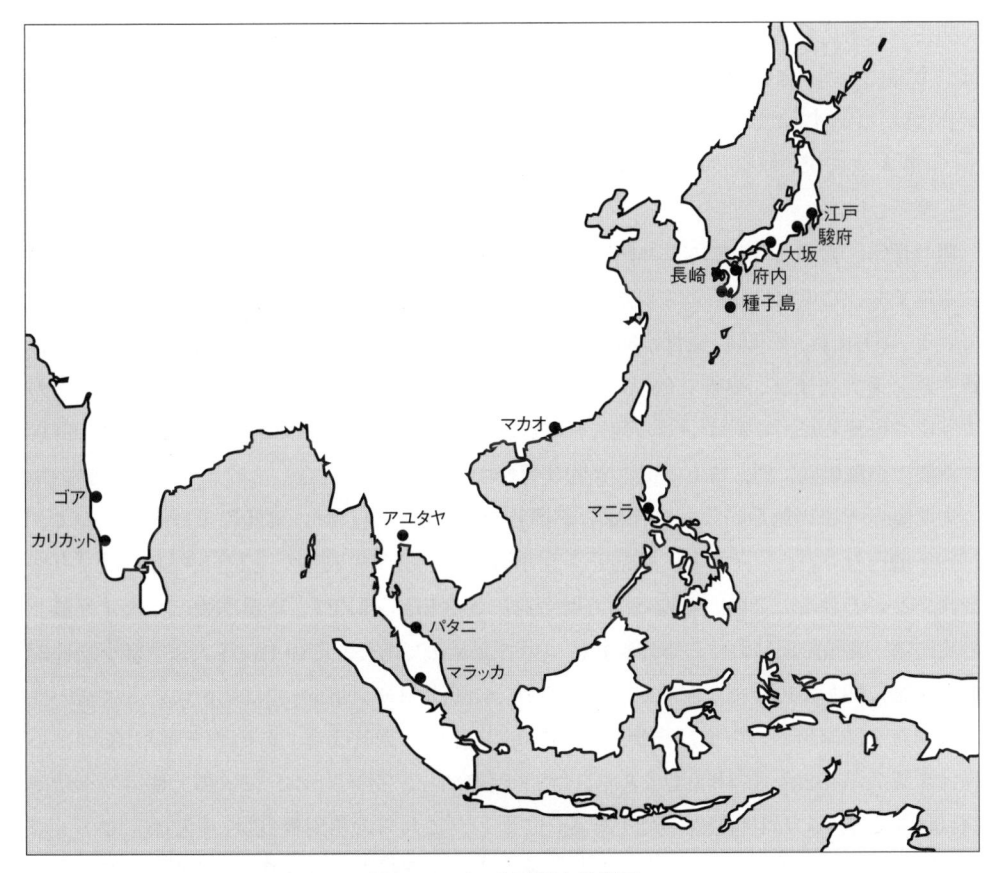

図1　アジア主要都市位置図

セルペ砲（Serpes）等を書き分けている(14)。

　この頃、ポルトガル海軍は、艦載砲として「後装砲」を多様していた。「後装砲」は、構造的に軽砲弾用であるので、概ね、1～4kgの砲弾を撃つ、小口径のベルソ砲やファルコネット砲から、大口径でもエスペラ砲程度までに限られた。これらの火砲は、比較的軽量な旋回式（swivel-gun, a pivoting yoke）の大砲であり、速射性を重視した子砲（chamber, powder casing, mug-shaped chamber）を用いる後装式（breech-loading）であった。旋回式台座は、"Turkish"pivotとも呼ばれ(15)、中東にて発明され、砂漠の海を駱駝（camelo）の背に乗せて移動させていた。

　これらの西洋式後装砲が、中国に伝来し、「佛朗機砲」と呼称されるようになる。

（2）　大明帝国における西洋砲の受容——広州——

　1511年にマラッカを攻略したアルブケルケは、1513年にジョルジュ・アルバレスを大明帝国のマカオに派遣した。時は安化王の乱（1510年）をはじめとした皇族による反乱が相次いだ明の武宗、正徳帝（在位1505-21年）の治世下であった。

1519年、南昌の皇族、寧王朱宸濠が乱を起こすが、遡ること2年前の正徳12年（1517）には、すでに火器（佛郎机銃）を私造し乱の準備に取りかかっていたという[16]。『刑部問寧王案』には、以下のようにある。

　「遣人往広東、収買皮帳、制作皮甲、及私制槍刀盔甲、幷佛郎机銃兵器、日夜造作不息[17]。」

　明の世宗、嘉靖帝（在位1521-1566年）即位の翌年（1522）、ポルトガルは、マラッカ王国の投錨地であった屯門島(トゥモン)に石造の要塞を築いて不法に占拠していたが、これを明軍に駆逐されている。『名山蔵』[18]には、「世宗即位、佛朗機、率其属疎世利等千餘人、破巴西国、入寇、新会県海道副使汪鋐、襪得其銃以献、名佛朗機銃」とある[19]。一見、西洋式の鉄砲伝来のようにも思えるが、これは小型の砲（小火器）の伝来を伝えるものである。中国においては、青銅製の小型の砲に関しても「銃」と呼び習わす。

　大明皇帝孝宗の勅命によって徐溥らが撰じた『大明会典』は、楊廷和らの修訂を経て、1509年に刊行された。その後、張居正らが増修し、1587年に成った全228巻のものは『万暦会典』といわれる。このいわゆる『万暦会典』巻之193工部13の「軍器軍装二」の「火器」の項には、嘉靖年間における軍器軍装について記載してあり、その中に「大様中様小様佛朗機銅銃」に関しての詳細な記載が見受けられる。嘉靖2年（1525）には銅鋳による大様の佛朗機銅銃を32副造り、中様は嘉靖22年（1543）に「碗口銅銃改造」のものを毎年105副、小様は嘉靖7年（1528）に4,000副、8年には300副追加し、23年（1544）には馬上使用の小仏朗機1,000副と43年には100副造ったとある。しかし、これらの佛朗機銃は、「大様」であっても「長二尺八寸五分（≒1m弱）」ほどで、あくまでもそれまでの中国における「銅銃」を改造したものであった。事実、中様のものは、「碗口銅銃改造」との記載が見受けられ、それまでの中国銃を改造したものであった。前述したルイ・デ・アラウジョが「ラッパ銃のようなもの」と表現したものを改造したものであろう（図2・3参照）。いずれにしても、1522年の明軍による屯門島のポルトガル船の駆逐と、『大明会典』にある嘉靖2年（1523）の銅鋳による大様の佛朗機銅銃を32副造った記録には、関連があるように思われる。

　明の正史である『明史』巻92志第68兵4には以下のようにある[20]。

　「至嘉靖八年（1529）、従右都御史汪鋐言、造佛朗機礟、謂之大将軍、発諸辺鎮、佛朗機者、国名也。正徳末、其国舶至広東白沙、巡検何儒得其制、以銅為之、長五六尺、大者重千餘斤、小者百五十斤、巨腹長頸、腹有修孔。以子銃五枚、貯薬置腹中、発及百餘丈、最利水戦。」

　「礟」は、「砲」である。長さは、「五六尺」とあるので150-180cm、「大者重千餘斤、小者百五十斤」とあることから、大様の600kg餘りのものから小様の90kg餘りのものまで多様に存在したことがわかる。ポルトガルの火砲分類に対比するとベルソ砲やファルコネット砲～エスペラ砲に当たるサイズである。そして、「腹有修孔。以子銃五枚、」という記載は、子砲式後装砲であったことを示している。

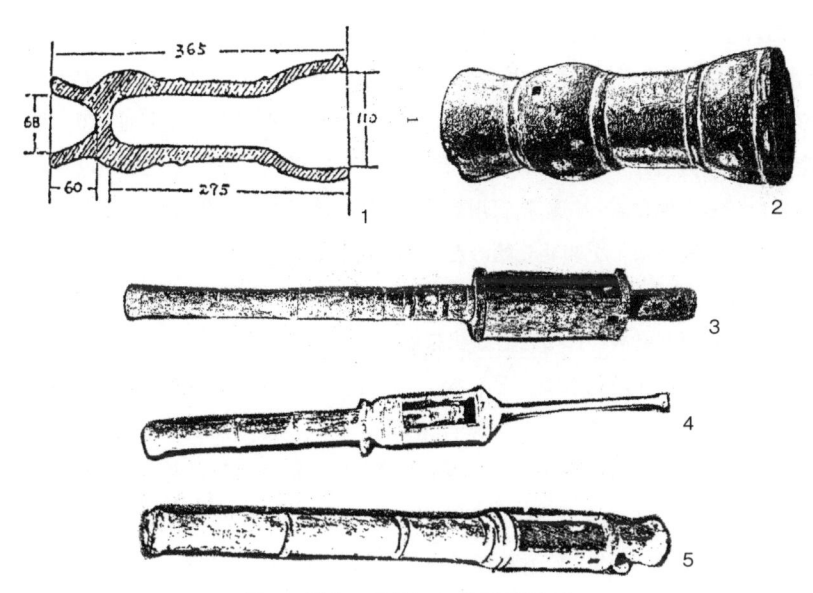

図2　明代の銅銃および青銅製大砲
出典：劉秋霖・劉健・王亜新・関琦『中国古代兵器図説』(天津古籍出版社、2002年)
1．洪武5年(1372)鋳造　大碗口筒炮(全長36.5cm)　2．洪武10年(1377)鋳造　大碗口銅銃(全長約1.0m)
3．嘉靖10年(1531)鋳造　勝字流星炮　4．嘉靖22年(1543)鋳造　勝字佛郎機銃
5．嘉靖23年(1544)鋳造　勝字佛郎機母銃

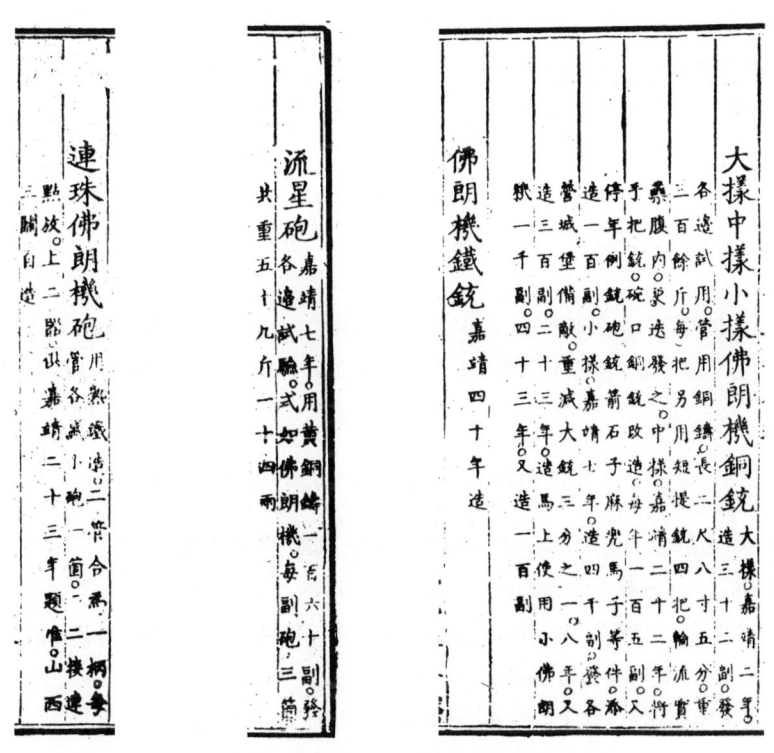

図3　『大明会典』巻193の佛朗機銃に関する記載

中国における西洋砲の影響を受けた子砲式後装砲の受容は、正徳年間（1506-21）では「銃」と表現される私造かつ小型の段階にあったが、嘉靖年間（1522-66）の前半には、屯門におけるポルトガル勢力の駆逐を経て奪取されたポルトガル砲の研究を通して、国家主導による国産化の中で大型化が進展し、「流星砲」や「大将軍砲」等に子砲を組み合わせる改造を加え始めた。その他にも、「連珠佛朗機砲」などの鉄製の砲を作成するなど、中国的な佛朗機砲すなわち「後装砲」を開発し始めたようである。

　以上のように、正徳帝の晩年から嘉靖帝の初期、実年代では1517-29年の間を、中国における西洋砲の導入期と位置づけることが出来る。

　また、『明史』には、「最利水戦」ともあり、海洋国ポルトガルが海戦向きに多用したのが後装砲であり、中国においては、これが早い段階に倭寇の目に留まったものと考えられる。前述した通り、嘉靖帝の治世下にあった明王朝は、1529年には国家主導で後装砲の国産化を成し遂げていた。しかし、その技術は、速やかに倭寇の手に渡ったようである。『甓余襍集』によると嘉靖27年（1548）に朱紈によって拿捕された倭寇林爛四の船には、147斤の大佛朗機銅銃2架と84斤の銅銃3箇が搭載されていたという。また、『明史』等によると倭寇の頭目であった王直には、毛烈（毛海峯、毛傲、王傲）という義理の息子がいた。南京中軍都督府の知検事であった万表が記した「海寇議」には、毛烈について以下のようにある。

　　「頗有勇力善佛狼機又弾射五峯因育為子。」

　倭寇の首領王直（＝五峯）は佛朗機の使用に長けていた毛海峯を養子としたという。また、同書には彼ら倭寇集団の活動について、以下の記載も見受けられる。

　　「如銅銭用以鋳銃鉛以為弾硝以為火薬。」

　驚くべき事に、中国銭を材料に小火器である銃を鋳造していた事が記されている。「海寇議」の成立年が嘉靖31年（1552）であるので、16世紀半ば、倭寇の活動領域である浙江から広西にかけての沿岸部では、すでに倭寇の手によって西洋型小火器が製造されていた事になる。

　この倭寇を利用した南蛮交易を熱心におこなったのが、日本の大友宗麟（義鎮）に代表される西国大名であった。1557年、ポルトガルは明国内のマカオに居留権を得ることに成功している。

2　日本における文献史料上の石火矢について

（1）　日本への佛朗機砲の伝来について（石火矢の輸入～国産への過渡期）
①弘治（1555-58）・永禄（1558-70）・元亀（1570-73）・天正（1573-92）

　日本における大砲に関する記載は、鉄砲伝来から17年後、永禄3年（1560）の足利義輝から大友宗麟（義鎮）宛の御内書が初見である[21]。

　　「石火矢竝種子嶋筒、以歳阿到来、殊無類候、別而喜入候也、
　　　　　三月十六日　　　　　御判

大友新太郎（宗麟）とのへ」

　宗麟は、入手経路が輸入に限定され、未だ戦術的に使用することのできない重火器を、まずは外交上の武器として有効利用したようである。戦国時代当時、日本では、大砲の事を「石火矢」と呼称していた。

　大友軍が他にも小型の砲を持っていたことは、天正３年（1575）の戸次道雪から娘の闇千代への譲り状「御城置物之事」からも把握される。

　「一、大鉄砲十五張　小筒　壱張、依拝領多年令秘蔵候、則御判有之
　　一、対鑓五十本黒柄鵜くび漆薄
　　一、塩砂　千斤　壷二十
　　一、鉛　千斤　十四包[22]」

　特に大鉄砲と小筒は、「秘蔵」していたものとのことである。これらが、輸入品であったのか国産品であったのかはわからないが、おそらく小筒に関しては南蛮地域からの輸入品であろう。

　これまで宗麟の大砲の入手経路は、ポルトガル勢力を中心としていたと考えられてきた。実際、宗麟は1573年にはポルトガル統治下にあったゴアのインド副王に大砲を所望している。当時、マカオ滞在中であったニセアのカルネイロ司教の書簡中には、以下のようにある。

　「また貴下ならびにコンパニヤ（イエズス会）のパードレ等の斡旋によりて総督が大砲一門（espera）を予（宗麟）に贈られたるを聞きたるにより、貴下のわが領国に来られんことを大に希望したればなり。右大砲がマラッカの船中にて失はれしは、わが不運なるが安全に到着したると等しくこれを感謝し、貴下に負ふところありと思考す。予は大砲を得るの幸福を失ひたれども、これがため他の大砲を得るの希望を棄てず。予がポルトガル国王の僕にしてその友なることは、デウスの事ならびにわが領国内に在るキリシタン等およびポルトガル人一同に対し庇護を加へ、好遇を与ふることによりて示し、またデウスが予に生命を与へ給ふ間は常にこれを継続し、貴下の要求せらるることをなすべきをもって、貴下が総督に書翰を贈りて、予が大砲の贈与を受くる資格あることを通知せられんことを希望す。予が再び大砲を求むるは、海岸に住みて敵と境を接し、防御のためこれを要すること大なるがためなり、予もし領国を防御し、これを繁栄ならしむるを得ば、領内のデウスの会堂、パードレ及びキリシタン等、ならびに当地に来るポルトガル人一同も亦然るべし[23]。」

　以上の記録から、ポルトガルが1557年にマカオに居留権を得た直後から、マカオと大友宗麟はイエズス会を介して強く結び付きつつあったことがわかるが、上記文面からは、大砲の入手交渉に非常に気を使っている宗麟の姿勢を読み取ることができる[24]。

　1577年から日本に滞在したイエズス会のジョアン・ロドリゲス[25]は、以下のように書き残している。

　「この領主（宗麟）は常にポルトガル人に対してはなはだ友好的であって、彼らをきわ

めて丁重にしかも寛大にもてなして非常に尊敬している気持を常に表わした。歴代のインディアの副王たちは彼に感謝して、時折高価な品物を持って彼を訪ねさせ、ある時は非常に立派な大砲を一門彼に贈ったこともある。そしてマカーウ〔マカオ〕の市民は、彼の存命中は、毎年貿易船が日本へ行くたびに使節を送って、彼から与えられる恩恵と好意に対する感謝の気持を表した。また、豊後公はその使節に20テールの報酬とその他の立派な品物を与えた[26]。」

大砲は、永禄9年（1566）・天正元年（1573）の2度の失敗を経て、天正4年（1576）、まず肥後の高瀬に揚げ、陸路を経て臼杵の宗麟のもとに届いており、その際の文書が残ってる[27]。

「至高瀬津石火矢着岸之条、急度可召越覚悟候、方角之儀候間、乍辛労夫丸之儀被申付、運送可祝着候、人数過分可入之由候間、別而御馳走肝要候、右津江奉行人差遣候趣、委細、志賀安房守可申候、恐々謹言

　　　正月十一日　　　　　宗麟
　　　城蔵人大夫殿」

1573年も天草沖で沈んだとのことなので、当初より高瀬に揚げる予定であったものと思われる。1573年の際には、マカオから大砲を積んだ船が発しているので、1576年の際にも同じくマカオから発したものと考えられる。ちなみに肥後高瀬は、永禄7年（1564）にキリスト教の布教が宗麟によって許可された町でもある[28]。

フロイスによると、天正6年（1578）10月3日、宗麟は、かなりの軍勢と「幾門かの大砲」を携えて日向へ出発した。しかし、大友軍は、同年11月12日、耳川の戦いに敗れ、島津軍に大砲を奪われている。

フロイスの『日本史』には、以下のようにある[29]。

「se partio logo ante-menhã com toda sua caza e gente, ficando e deixando alli grande parte de sua riqueza e mui boas peçcas de arthelharia que alli tinha, pela pressa que lhe davão;（かくて国主は、家臣から急き立てられた結果、その財宝の大部分と、その場に持っていた非常に優秀な大砲を放棄したまま出発して行った。）」

鹿児島の島津家に伝わる資料を収蔵している尚古集成館には、島津軍が大友氏との戦闘の中で得たものとされる佛朗機砲（石火矢）が収蔵されている。この大砲の由来に関しては、2つの説が伝わっている。1つ目は島津家に伝わる島津軍が大友氏の領国豊後国に侵攻した際に鹵獲したものであるという説[30]、2つ目は耳川の戦いにて鹵獲したとする説である[31]。この大砲に用いられた金属に関しては、鉛同位体比分析に基く産地同定から、日本産の金属を用いている事が判明している[32]。すなわち、「国産砲」である。

一方、大友軍が日向にて大敗する6日前の1578年11月6日[33]、大友宗麟と友好関係にあった織田信長は、木津川口の戦いにおいて、石山本願寺および毛利水軍・雑賀衆の連合軍に大勝している。

1578年（天正6）のイエズス会司祭オルガンティーノ書簡には、以下の記載がある[34]。

「豊後国王が鋳造させた数門の小型の砲を除けば、日本のどこにも他に砲がないことを我等が把握している。」

「(九鬼水軍の船は) 大砲3門を備えているが、これがどこからもたらされたのか私には想像がつかない。」

続いて、1585年（天正13）、ルイス・フロイスの1584年8月31日付書簡には、以下の記載が見られる[35]。

「（羽柴秀吉の水軍の将小西行長の軍船には、）豊後の国主が信長に贈った大砲一門を備えてあった。」

これら1578年のオルガンティーノと1584年のフロイスの書簡からは、1578年の木津川口の戦いで用いられたと考えられる九鬼水軍の所有した石火矢の少なくとも1門が、大友宗麟から贈られたものであったことが把握される。「豊後国王が鋳造させた数門の小型の砲」は、豊後において鋳造された大砲、すなわち、国産砲であった可能性がある。

信長死後の1585年（天正13）、フロイスの10月1日付書簡には、以下のような記載も見られる[36]。

「アゴスチニヨはその携へた大モスケテ銃ならびに信長がシナ人に命じて伊勢（Ixen）の国において鋳造させた大砲一門と、小砲数門を用いたが……」

すなわち、信長は、本能寺にて落命する1582年までの間に、中国人技術者を用いて大砲を鋳造させていたことがわかる[37]。前述の「海寇議」の毛烈に関する記載をふまえると、倭寇の技術が日本国内に流入したことが容易に推察される。

前述の1578年のオルガンティーノの書簡によると、九鬼水軍の軍艦には、大砲が積まれていたことがわかるので、信長は遅くとも1578-82年頃には外国人技術者を用いていたとはいえ、大砲の国産に成功していた。事実、元亀2年（1571）以降に信長配下に入った筒井順慶に関して、『多聞院日記』の天正8年（1580）閏3月17日条には、「ナラ中ツリ鐘従筒井被取（奈良）（釣）了、大門ニモ二ツ在之、今日取了、国中諸寺同前云々、クワキヶ峯ニテタタラヲ立、テツ（大乗院門跡）（会ヶ峰）（鉄砲）（鋳）ハウヲイサスルト云々」との記述があり、これは青銅で作られた「釣鐘」を徴収していることと、「タタラヲ立」や「鋳サスル」という表現からも、鍛造品の鉄砲ではなく青銅製の大砲であると考えられている[38]。

一方、大友宗麟は、渡辺宗覚という「石火矢大工」すなわち石火矢鋳造師を召し抱えていた。「大友家文書録」には、「義鎮好鉄砲、令渡辺氏者、学其工於南蛮人、所習而作、奇世以為珍、渡辺世々以此工為業[39]」とある。「譜牒余録」によると、この石火矢大工一族の創始者である渡辺宗覚は、唐（外国）へ行って「石火矢」の製法から撃ち方までを習得した人物であったことが伝わっている[40]。事実、寛永13年（1636）の銘のある「江戸城田安門金具」には、宗覚の長子「九州豊後住人石火矢大工渡辺石見守康直作」の篆刻が見られ、その存在に疑う余地はない。この南蛮渡来の石火矢大工の技術は、文禄の役における大友家22代当主大友義統の改易を経て、徳川家康の下へ流出した。宗覚は、関ヶ原の戦い直前の混乱期に、

府内の領主であった早川長敏（1595-97・1599-1600に在府内）から家康に差し出されたのである。慶長9年（1604）には、宗覚が、家康のために駿府で石火矢を鋳造したという記録も残っている。

　天正11年（1583）4月に大友宗麟（府蘭）が、志賀道輝・田原親家を通して後継者の大友義統へ心得を示した条々の中には、以下の一文がある[41]。

　一、屋敷普請等、折々、油断なく肝要、特に石火矢・火矢弥々、数を増加すべし

　この記載は、生産量増加とも輸入量増加、あるいはその双方を意味する記載のいずれともとれる。義統が実際にこの心得を守ったのかはわからないが、諸大名にとって大型の火器は未だ入手が困難なものであったようであり、このころにも贈答品としての効果を持っていたようである。

　天正18年（1590）、豊臣秀次から大友義統（吉統）への書状には、以下のようなものがある。

　　「石火矢如注文贈給候、誠被入御念躰、別而欣悦候、委曲従従黒田勘解由方可被申候、
　　恐々謹言、猶々右ノ□書付賜候事、満足存候、
　　　　　二月十三日　秀次
　　　　羽柴豊後侍従殿[42]」

　これも生産受注とも輸入受注ともとれる。しかし、宗覚の存在を考慮すると、これは生産量増加・生産受注の意にとるべきであると思われる。おそらくは、豊臣政権下に入り、大型火器はいよいよ国産の時代に入ったようで、他の武具と同様に、オーダーメイド製品が好まれる風潮が生じてきたものと推察される。

　宗麟・信長の時期における火器に関する記録は、イエズス会宣教師によるものが大半を占める。日本人が火砲を手に入れることに対して、いかにイエズス会宣教師たちが注意をはらっていたのかということを認識させられる。むしろ、オルガンティーノ書簡にある「豊後国王が鋳造させた数門の小型の砲を除けば、日本のどこにも他に砲がないことを我等が把握している」という記載からは、火砲導入期の日本における火砲流通はイエズス会にコントロールされていたような感すら受ける。

　宗麟と信長の他にも、永禄〜天正年間には、松浦氏や竜造寺氏、有馬氏といった九州大名による大砲の使用に関する記録も残っている。天正12年（1584）、龍造寺氏と島津氏・有馬氏連合軍による島原半島における戦闘を報告したイエズス会日本年報には、以下のような記載がある[43]。

　　「ドン・プロタジヨ（有馬晴信）は聖週となって、随所に大砲二門を据附けた。」
　　「（竜造寺）隆信は彼の仕へる悪魔より教を授けられたとみえ、その軍隊の排列はヨー
　　ロッパの戦術に熟したもののやうであった。……また少数ではあったが大砲を曳かせ、
　　……」
　　「併し中務（島津家久）は速に大砲二門を同所に在った有馬の執政の最も大きな船に載せ、
　　……」

「甚だよきキリシタンの船に二門の大砲があって、よく順序立てて、これを発射し……彼等の発射の順序は、まづ跪いて手を天に挙げ、パーテル・ノステルの祈禱を始め、パーテル・ノステル・クイ・エス・イン・セリス・サンチフィセツール・ノメン・ツウムと唱へ、而る後大砲を放ったが、……これを終って再び跪きパーテル・ノステルの他の句を述べ。終わって再び発砲した。」

　これらの記載からは、有馬・島津、竜造寺両陣営に、わずかではあるが、大砲が装備されていたことがわかる。これらの両陣営の火砲の入手経路は、キリシタン大名有馬・大村氏であったことが想像に難くない。また、その使用法は、城に配備する方法や、野砲として戦場に曳いて行く、船に載せ艦載砲として使用するなど多岐にわたっていることが把握される。有馬軍にいたっては、その使用法にパーテル・ノステルの祈りが織り込まれており、西洋砲術がキリスト教徒から教え込まれたものである事実と同時に布教にも利用されていたことが明らかである。

　カルネイロ、オルガンティーノ、フロイスらの記載から、当時の日本における火砲の導入は、イエズス会においてコントロールされていたと捉えるべきであろう[44]。すなわち、日本における石火矢の移入時期には、キリスト教勢力に友好的な九州のキリシタン大名を意図的に選択した石火矢の配布がなされていたのである。

　そして、もう一つの石火矢の入手ルートが、倭寇ルートであった。これは、種子島の鉄砲伝来に、王直（五峯）が関与している可能性が高いという事実からも想像に難くない。前述の「海寇議」の記載からも、少なくとも1552年までには、倭寇が「銅銃」を鋳造し、ジャンク船に装備していた事は間違いない。しかし、これらの大砲が、浙江省の双嶼や福建省南部の月港のみで鋳造されていたとは限らない。彼らの活動範囲は、極東から東南アジア海域までを含む、中華思想において「東夷」「南蛮」と呼称される範囲が活動領域であった。大友宗麟に代表される九州の戦国大名の入手した石火矢は、マカオを含めた中国製あるいは南蛮製の佛朗機砲である可能性が含まれていることを考慮しておく必要がある。先述の通り、1519-29年以降は、中国においても独自の後装式火砲の生産技術があり、すべての大砲が西洋からあるいはゴアから直輸入された西洋砲のみではなく、西洋砲を受容したイスラム勢力が鋳造したものや中国砲等の諸技術系譜が混交した「南蛮砲」ともいうべき存在も考慮しなければならない。

　キリスト教勢力に関しても、その初期の移動手段は、倭寇のジャンク船であり、この倭寇船の着岸記録は九州を中心に多くの記録がある。豊後大友氏に関しては、天文10年（1541）と同12年（1543）に、豊後府内の北西に位置する神宮寺浦に、同15年（1546）には佐伯浦に中国商人が入港している。大友宗麟の府内にもその着岸記録が見受けられるが、これらに乗船したのが渡辺宗覚のような技術者となって帰ってくる者であったのかもしれない[45]。もちろん、南蛮からの西洋人技術者あるいは中国人技術者、西洋技術を身に付けた中国人技術者等の渡航も十分に考えられる。

(2) 石火矢の国産時期について
①朝鮮出兵（文禄〈1592-96〉・慶長〈1596-1615〉）

　朝鮮出兵は、石火矢、大筒・大鉄砲等の重火器を戦略的に用いた戦闘への転換点として日本軍事史上の意義は大きい。

　1）文禄の役（1592-93年）

　大友宗麟（宗滴）は、天正15年（1587）に、島津氏の侵攻に耐え切れず、大坂城の羽柴（豊臣）秀吉のもとに出頭した。その際、宗麟は大坂城天守見物を許可されており、その様子を本国の家老衆に報告している。その文面には、「……下三重メヨリ上ニハ、大手火矢囚筒六挺つ、有之候、……」とあり、秀吉が大坂城の守城砲として、大手火矢・大筒を備えていたことがわかる。

　朝鮮渡海は、4月から始まるが、秀吉は家臣団に火砲の支給をおこなっている。文禄元年7月26日、三河吉田豊橋の池田輝政（照政）宛豊臣秀吉朱印状には、以下のようにあり、池田輝政が朝鮮出兵に使用する大船と大筒を受け取ったことがわかる[46]。

　　「其方請取之大船早々出来丈夫ニ見事候之条感悦不斜、然者大筒外如目録請取、上乗者被差上候、高麗仕置之儀も急度可相渡之条可心易候也、
　　　七月廿二日　豊臣秀吉
　　羽柴吉田侍従」

　文禄の役の際、輝政は、秀次御側として名護屋に在陣していたが、秀吉は、その秀次に命じて、諸大名の持つ重火器を回収させた[47]。文禄元年10月10日、関白秀次宛豊臣秀吉朱印状には、「先年佐久間甚九郎こしらへ候大鉄炮、河内きさいへ辺にタ之由候、滝川大砲美濃国津屋ニ有之由、筒井順慶所持之大鉄炮有所、並江戸大納言かたへも大鉄炮共之儀申遣、有次第早々可差越候事、……」とあるように佐久間信盛・滝川一益・筒井順慶・徳川家康および河内・紀州辺りの大鉄砲を集めさせている[48]。

　秀吉は重火器の国産化もおこなっていた。秀吉の奉行である吉田益庵は、以下のように播州の野里村に大鉄砲・石火矢といった重火器を発注している[49]。

　　「尚々急入御用候間、此状参着次第、可罷上者也、急度令申候、乃至仍唐入之御用大鉄炮、於聚楽被仰候、其元上手共召連、早々可罷上候由、関白様御諚候、無油断可上着候也、
　　　十月晦日　益庵宗則
　　播州野里村善五郎殿　かたへ」

　また、翌月には以下のように命じている。

　　「尚々御用ニ候條、早々可罷上候、以上、関白様石火矢被仰付候間、野里五郎右衛門親子之下知ニ付て、石火矢可仕之旨被仰出候間、此状参着次第可罷上候、於油断者可為曲事、御急之御用に候、恐々謹言
　　　十一月廿日　益庵」

かたゞかなや　小上かなや　に□いかなや　しゞみかなや　ほそかわかなや　とうぢや
うかなや　しんなやかなや」

　冶金術としては、大鉄砲は「鉄」、石火矢は「青銅」が材料になる。技術的には、鉄砲と
石火矢には「鍛造品」と「鋳造品」の差があり、職業的には「鍛冶屋」と「鋳物師」の差と
なる。両技術者集団が野里村に住していたこととなるが、この時代に「原料」「技術」に由
来する「石火矢」「大筒」(50)という用語の厳密な使い分けがおこなわれていたかに関しては
今後の検討を要する。

　文禄２年（1593）７月27日、秀吉は、４番備の島津義弘と６番備の小早川隆景、それぞれ
に宛てて朱印状を発給し、それぞれに「壱丁　大つつ」を支給している。おそらくは、他の
部隊にも支給されたものと推察されるが、島津義弘に関しては、翌年の文禄３年３月18日に
も以下のような支給を受けている(51)。

「　（前略）
一、石火矢弐挺、薬三百斤、玉三百斤、只今被遣候、幷先手被遣候大筒玉薬を、城々江割
　　符仕、可相渡旨、寺沢ニ被仰付候間、是又可請取候、猶増田右衛門尉・徳善院・長束
　　大蔵大輔可申候也、
　　　三月十八日　秀吉朱印
　羽柴薩摩侍従」

上記文中には、「石火矢」と「大筒玉薬」が併記してあり、「石火矢玉薬」とは記しておら
ず、「石火矢」「大筒」の区別が曖昧である。

　また、文禄５年（1596）の島津家文書の「覚」には、以下のようにある(52)。

「今度石治少様へ石火箭五丁進上申候、此内ばらひや壱丁、右之内幸侃(53)より石火矢弐
　丁、抱節より壱丁、以上、
　　文禄五　九月廿六日　鎌田出雲守政近　伊集院下野入道抱節　長寿院盛淳」

島津家臣団から石田三成へ、石火矢５丁の贈答がなされていたことが把握され、島津氏独
自の石火矢入手ルートが存在したことがうかがわれる。

　文禄５年（1596）のものと考えられる柳川の佐田文書には、以下のようにある(54)。

「　以上
大明人相働由風□之刻、従上様当城被籠置、大筒、小筒、同丸薬、当城□敵も無之候、
他□□□不相働候間、不入候、今日□早ゝ□□□注文無相違請取可入置候恐ゝ謹言、
　　十一月□□　　　　立花親成
　　　佐田清兵衛殿
　　　小野□□衛門尉殿」

安骨浦城における立花宗茂の籠城戦に関する文書であるが、秀吉は城を固める守将たちに
も火器および軍需物資の支給をおこなっている。

２）慶長の役（1597-98年）

慶長3年（1598）の3月18日の寺沢志摩守宛豊臣秀吉朱印状には、「朝鮮へ被遣石火矢玉薬之事」として以下のようにある[55]。

「　いし火矢五丁
　　くすり千斤　　　　小西摂津守（小西行長）
　　たま千斤
　　石火矢玉五拾、

　　いし火矢貳丁
　　くすり三百斤　　　羽柴薩摩侍従（島津義弘）
　　たま三百斤
　　石火矢玉貳拾、

　　いし火矢貳丁　　　固城柳川侍従（立花宗茂）
　　くすり三百斤　　　久留米侍従（毛利秀包）
　　たま三百斤　　　　高橋主膳正（高橋統増）
　　石火矢玉貳拾　　　筑紫上野介（筑紫広門）

　　いし火矢三丁
　　くすり五百斤　　　羽柴対馬侍従（宗義智）
　　たま五百斤
　　石火矢玉参拾

　　くすり百斤　　　　柳川権佐（柳川調信）

　　いし火矢貳丁
　　くすり三百斤　　　鍋島加賀守（鍋島直茂）
　　たま三百斤
　　石火矢玉貳拾

　　合石火矢拾四丁

　　合くすり貳千五百斤

　　合なまり貳千四百斤

　　合たま石火矢百四拾

　右之通被遣候条、各へ可相渡候、城々ニ入置、肝要之時、可召遣由、可申聞候也、
　　　　（慶長3年）
　　　三月十八日

　　　　　　　　寺沢志摩守とのへ」

　秀吉は、先手の小西行長および宗義知・柳川調信、四番の鍋島直茂、五番の島津義弘、朝鮮半島の諸城を固めるために安骨浦城の立花宗茂、竹島城の毛利（小早川）秀包、加徳城の高橋統増・筑紫広門に重火器とその火力維持にともなう消耗品、すなわち軍需物資を供給している。鉄砲玉の供給は、「なまり」としているのに対し、石火矢の玉に関しては「石火矢玉」と区別している点は「砲丸」の形で供給していることを示している。

　さらに、慶長3年の島津家家臣安楽氏の文書には、以下のようにあり、朝鮮の泗川城の戦いにて石火矢が使用されたことがうかがわれる[56]。

　「其後者不申通候、然ハ今度泗川御城江唐人廿万程ニて相応仕寄を仕、本口へ十丈計詰
　　石火矢なと被構候……高麗泗川
　　　　慶長三年戊十月十八日大隅浜之市ニ而　安楽大炊介殿人々御中」

　この慶長の役、6番備には中川秀成が配置されている。豊後国岡（現竹田市）の中川氏に

ついては、『寛永御年譜』『御系譜御覚書』『御家譜類本』『明和集録』等の家譜を基に、文政年間に第13代久教の時代に藩命によって歴代藩主の年譜を編纂しているが、慶長2年（1597）の3代秀成の譜に興味深い記述がある[57]。

　「一、二十二日、朝鮮征伐として岡城御出馬、御留主居中川左近長種　朝鮮御着眼且つ
　　御番所等詳かならず。此節唐金の大石火矢四挺出来御持成」

この注に①「朝鮮再征に際し秀成公唐金の大砲四門を鋳造す、総軍一千五百人」、②「この石火矢の筒、今御武具に蔵めあり、中川修理の四字鋳付あり」とある。

また、この家譜の別のものには、以下のようにもある。

　「一、二十二日、朝鮮征伐トシテ岡城御出馬、御留主居中川左近長種　朝鮮御着眼且つ
　　御番所等詳ナラス。此節唐金ノ大石火矢ノ筒四挺出来、御持セ　此石火矢ノ筒、
　　中川修理ノ四字鋳付アリ、御武具庫ニ蔵メアリシニ、天保年中一貫目玉筒出来ノ
　　節、四挺ノ内三挺ハ鋳潰シニナル　御供　諸士ノ姓名多ク伝ハラス、諸家譜ニ載
　　スル所ヲ記ス」

この外征の時代には、各大名自身の名を鋳出した石火矢を独自に鋳造していた様子をうかがうことができる。朝鮮の役以後の諸大名は、それぞれ重火器を自前で実装しはじめていたようである[58]。

ところで1575年ごろ、マカオに司教区が成立した[59]。イエズス会宣教師の利瑪竇、すなわちマテオ・リッチは、アレッサンドロ・ヴァリニャーノの招きに応じて1582年にマカオへ赴き、1598年、ついに北京にたどり着いたが、豊臣秀吉の朝鮮出兵の影響を受けて南京へ退去させられており、再び北京へ戻ることができたのは、1601年であった。この時期に、日本の軍備にイエズス会勢力が積極的に関与した記録はない。これは、天正15年（1587）に発布された秀吉による伴天連追放令の結果かと思われる。1590年に再来日したヴァリニャーノは、通訳をルイス・フロイスからジョアン・ロドリゲス（1561-1633）に替えている。皮肉なことに、この秀吉による伴天連追放令は、イエズス会と徳川家康を接近させたようである。文禄2年（1593）、ロドリゲスは、名護屋の秀吉を訪れた際に家康にも面会しており、秀吉の死後には、イエズス会会員の日本在住を家康と石田三成の両名に容認させている。

②関ヶ原の戦い（慶長5年〈1600〉9月15日）

関ヶ原の戦いにおける火器の使用については、石田三成が5門の大砲を鋳造させた記録などが存在するが、一次資料には認められず不確かである。くしくも、前述した島津家臣団から三成へ贈られた石火矢も5丁である[60]。前哨戦である大津城の攻防戦でも西軍（立花宗茂軍）の石火矢による砲撃が天守に命中し、京極高次の妹が気絶したという[61]。また、同じく前哨戦の大垣城攻めにおいても、東軍の石火矢が天守に命中したという記録がある[62]。

ちなみに「関ヶ原御合戦当日記」には、「治部少モ無心許思ヒ来リシ所、関東勢亦横ニ当リ、味方進兼ルヲ見テ、兼テ大坂ヨリ大筒三挺取寄セケルヲ、高所ニ置テ、三挺一度ニ放チケレバ、関東勢三十人計殺サレヌ」とある[63]。

ところで、関ヶ原の戦い直前の慶長5年6月に始まる徳川家康による上杉討伐に、1600年1月に豊後国臼杵佐志生に漂着したオランダ船リーフデ号の砲手が従軍していたことは、あまり知られていない。ポルトガル側の記録によるとリーフデ号には、「dezenove pecas de **artilheria de bronze** groffas（19門の青銅製の火砲）」と多数の鉄砲・砲弾・火薬が積まれていたことがわかっている[64]。

フェルナン・ゲレイロが編纂した「日本諸国記」には、以下のようにある。

「したがって通報に接した内府様は、船（リーフデ号）を都か堺に廻送させるために重鎮の一人をただちに豊後へ遣わした。そして堺において、日本の法律に従って同船を遺失物と見なし、乗り組んでいたオランダ人や十八ないし二十門の大砲もろとも、関東にある自らの所領の港へ運ばせた。積荷はことごとく接収されたが、大半は武器であり、火薬であった[65]。」

「関東にある自らの所領の港」とは、江戸あるいは駿府のことを指すものと思われる。

また、ディオゴ・デ・コウトは、「*Da Asia*」において以下のように記しており、これらの信憑性は高い[66]。

"Aquelle Rey tanto que mandou despejar a nao, mandou-a aos Raynos do Canto（関東）a carregar de Madeira ; c os Hollandezes, que estavam mais saos, os mandou servir de **bombardeiros**（砲手）em huma guerra, que mandava fazer a hum senhor alevantado, que se chamava Cangeatica（千坂景親）."

リーフデ号乗組員の砲手と火砲は、堺を経由して、家康のお膝元関東に集められたのである。おそらく、これらは関ヶ原の合戦に用いられることはなかったと考えられるが、家康軍もしくは秀忠軍、結城秀康軍のいずれかに配備されたものと推察される。

リーフデ号に搭載された大砲は、おそらくは先込め式（Muzzle-loading）の最新鋭大砲であったと考えられる。

この時期、海外では破壊力を重視した前装式の巨砲へと転換していた。その事実を、家康はプロテスタント勢力や文禄5年（1596）の漂着船サン・フェリペ号等を通じて把握しつつあったものと考えられる。

『明史』巻92志第68兵4には、以下のようにある。

「万暦中（1573-1620）、通判華光大奏其父所製神異火器、命下兵部。其後、大西洋船至、復得巨礮、曰紅夷。長二丈餘、重者至三千斤、能洞裂石城、震数十里。天啓中（1621-27）、錫以大将軍号、遣官祀之。」

「崇禎時（1628-44）、大学士徐光啓請令西洋人製造、発各鎮。」

『明史』巻325列伝第213外国6の和蘭条には、「（万暦）二十九年（1601）駕大艦、攜巨礮、直薄呂宋」とあるので、上述の「万暦中」は、1601年のことを指すものと考えられる。すなわち、中国も日本とほぼ同時期に、オランダ人（紅夷）の持ち込んだ巨砲、すなわち紅夷砲を手に入れ、西洋人技術者を使って国産化に入っていた。紅夷砲は、「長二丈餘、重者至三

千斤」とあるので、長さ6.5m 余り、重さ1,800kgと換算できる。まさしく「巨砲」であった。
③大坂の陣（冬の陣：1614年11月19日-12月20日・夏の陣：1615年5月6-7日）

　家康は、関ヶ原の戦いに勝利した後、積極的に対外交渉をおこない軍備調達を試みている。家康は、ロドリゲスを介してイエズス会・ポルトガル人商人との交易を維持し、フランシスコ会の関東宣教を容認してスペインとの交易を始めようとしていた。先述のリーフデ号の乗組員であったウィリアム・アダムス（三浦安針）・ヤンヨース・テン（耶楊子）も、家康の外交顧問としてプロテスタント勢力との通商開始に尽力した。

　家康は、1601年以降、安南（黎朝・鄭氏政権）、交趾（阮朝）、占城（チャンパ王国）、暹羅（シャム）、呂宋（マニラ）、柬埔寨（カンボジア）、太泥（パタニ）などの南蛮と呼ばれたエリアに使者を派遣し外交関係を開き、1604年には朱印船貿易が開始された。朱印船貿易家の中には、明国商人や福建の倭寇李旦も含まれている。

　これに合わせて、オランダ、イギリスの両東インド会社は、それぞれ慶長14年（1609）・同18年（1613）に平戸に商館を設けた。一方、これと入れ替わるようにイエズス会の宣教師ロドリゲスは、長崎奉行長谷川藤広と長崎代官の村山等安からの訴えにより、慶長15年（1610）に日本からマカオに追放されている。その後江戸幕府は、慶長17年（1612）から同19年にかけて、段階的に禁教令を布告している。

　「当代記」によると慶長17年（1612）3月25日の条に、「松平下総守(忠明)に大御所より、石火矢十二丁　大鉄放十二丁、其他鉄放三百丁、鑓弓番具足已下数百被下」とある。家康は、すでに大坂の陣への準備を開始していた[67]。

　「大坂冬陣記」には、慶長19年（1614）11月27日の条に長崎奉行の長谷川藤広が長崎に帰り、キリシタンを追放したこととともに、大坂冬の陣開戦直後にオランダ東インド会社から「大石火矢」が12門近日中に届くという報告が記されている。「大石火矢」とは、「紅夷砲」のことであろう。

　イギリス東インド会社に関しても、以下の記録が残っている[68]。

　　Letter to Richard Cocks at Hirado. Edo, June 4, 1614.
　　　"My last of the 22th ditto I hope you have received by Sanzabrou the Dutch Jurabasso by whom I wrote likwise unto Mr. Eaton of the occurences unto the coming of the Barke, since which time I have landed all the goods and delivered the lead(鉛) and ordnance(大砲) (ordinaunce) with the powder(火薬) into the possession of the Kings or Officers [King's Officers?]", Captain Adames having received a Receipt therof to cary the Emperour at Surungava(駿河) with the Galls and a muster of the tinn(錫), which I thinke he will also take."

　　Letter from Richard Cocks to the East India Company. Hirado, December 5, 1614
　　　"The Emperor took the four culverins(4門のカルバリン砲) and one saker(1門のセイカー砲) for one thousand four hundred taels and 10 barrels of powder(火薬) at one hundred eighty and four taels, and 600 bars of

　　　　鉛
　　lead poise 115 pecul and 10 catties at 6 condrins per catty（ten condrins making six
　　pence）is six hundred and nine（ty taels）."

　また、大坂冬の陣に関して、「大坂冬陣記」「駿府記」「当代記」に記されている火砲に関する記述を整理すると、以下のようになる[69]。

慶長19年（1614）11・12月

11月27日「十一月二十七日、長谷川左兵衛藤広、同忠兵衛、自長崎帰参申、奇利支丹徒党追放之事、阿蘭陀大石火矢十二、近日可渡来云々、仍令問南蛮唐船商買之事給云々」（「大坂冬陣記」）

11月30日「十一月晦日、脇坂淡路守献石飛矢十張」（「大坂冬陣記」）

12月4日「おらんどより四貫目五貫目の大石火矢被召寄、則打之者一両日中可持来と云々」（「当代記」）

　5日「政宗使者山岡志摩守来申云、御鉄放預り申度由言上、即召使者、弓火矢二挺大筒卅挺、玉目五十目、借賜之、松平右衛門（正綱）火矢二筋持来、出御前申云、是大栅（おおかき）衆所造也、飛過四町（約436m）云々」（「駿府記」）

　7日「寺沢志摩守御目見、石火矢近日可参届之由申上」（「駿府記」）

　8日「於天王寺口、大和衆石火矢を打けるに、如何したりけん薬に火付、七八十人焼る、当座死する者五六輩と云々」（「當代記」）

10・11日「此比諸手の仕寄に築山拵、大筒を総構に打入、城中及迷惑見たり」（「當代記」）

　16日「択鉄炮鍛錬者数十人、赴藤堂和泉守越前少将殿忠直等之攻口、以小筒大筒、試矢挾間櫓等可打之旨、松平右衛門佐正久（正綱）被仰付、牧野清兵衛稲富宮内以下同赴云々」（「駿府記」）

　　「今夕今井宗薫持来石火矢重さ五六百目、是従城中、政宗陣場打之云々、令見之給、先日伊丹喜之助自岡山持来大玉、是者自城中片桐市正陣所打出之云々、玉重さ六百五十目（2.4375kg）、但鉄也」（「駿府記」）

　17日「今日将軍家以水野監物稲富宮内、自佐竹陣場高処、石火矢数張令打給云々、浅野但馬守攻口仙波堀川為堀埋敵放石火矢、其玉重さ五六斤云々、取寄御前令見給、件玉土俵に中而不洞、盖木鉄炮歟之由被仰、当時木鉄炮多造、城中有之由也云々」（「駿府記」）

　1614年6月には、鉛と火砲そして火薬を駿河へ運び、同年12月、家康はイギリスからカルバリン砲4門とセイカー砲1門、そして火薬と大量の鉛を手に入れている。「大石火矢（紅夷砲）」は、「カルバリン砲」と「セイカー砲」という先込め式の巨砲であったことがわかる。12月4日のオランダ東インド会社から届いた大石火矢は、「四貫目五貫目」（15-18.5kg）、今井宗薫が持ち来る石火矢が「五六百目」（1.875-2.25kg）であることからも、オランダ人がもたらした大砲がいかに巨大なものであったかがわかる。

　12月8日ころから大坂城への砲撃が本格的に始められたようであるが、前掲の「大坂冬陣

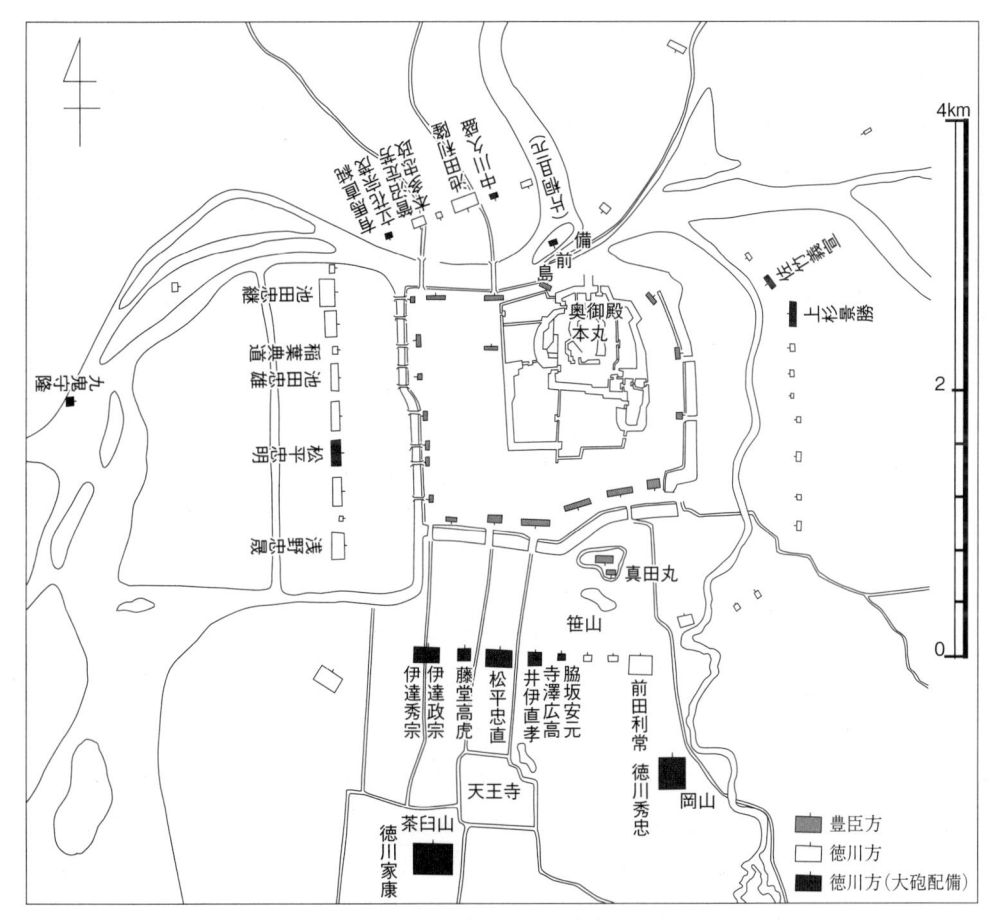

図4 大坂冬の陣徳川方布陣図

記」「駿府記」「当代記」にて、家康へ火砲を献じた者、火砲を拝借した者、火砲を撃ち放った者に注目すると、主力は松平忠直・藤堂高虎・伊達政宗・脇坂安治・寺沢広高らの天王寺口、大坂城南面である家康本陣の茶臼山前面に集中していることが判明する（図4参照）。大和衆も、筒井順慶以来、火器に精通していたのか、同じく南面の天王寺口に陣取っていたようである。大坂城の西面には、石火矢を12挺与えた松平忠明を配し、大坂城の北東側では、外様ながら佐竹氏が「石火矢数張」を打ち放している。それぞれ、松平忠明隊は堀際まで20-30間、藤堂隊は7間にまで接近している。

　特に大坂城本丸に直接射撃を可能とする備前島には、のちに大坂城の内部構造を良く知る片桐且元が入り、家康配下の牧野清兵衛正成・稲富宮内重次・菅沼織部正定芳・井上外記正継等の砲術師を使い、特に菅沼織部正定芳は大筒100門以上と石火矢を用いて砲撃を加えている。また、且元は、前述のように関係の深かった堺衆の今井宗薫に「五六百目」の石火矢も献じさせてもいる。この際に、靖国神社遊就館に現存する国友鍛冶芝辻理右衛門による鍛造の鉄製大筒も使用されたという。この「一貫五百匁」の前装式鍛造製大筒には、慶長16年

(1611)、堺鉄砲鍛冶芝辻理右衛門と銘が彫られていることから、家康が数年前から大坂の陣に備えていたことがわかる[70]。

　家康は、大坂の陣の数年前から、大坂城の外堀外からも届く長距離砲を開発すると同時に、プロテスタント国から手に入れる算段をしていたのである。冬の陣の講和条件の最も重要な項目は、二の丸および三の丸の破壊、そして、外堀の埋め立てであった。この講和条件を満たすことは、すなわち大坂城の本丸がさらに多くの火砲の射程に晒されることを意味した。

　和平成立後、家康は京都から駿府へ、秀忠も伏見に戻ったが、一方では国友鍛冶に大砲の製造を命じるなど、次戦夏の陣への準備も即座に開始している。

慶長20年（1615）

３月22日「廿二日、石火矢加護之波那、於水車辺令鋳之給云々」（「駿府記」）[71]

　家康は、駿府の「加護之波那」という場所で、石火矢を鋳造させている。もちろん、大坂夏の陣に使用するためのものである。この際に、石火矢を鋳造したのは、かつて豊後の大友宗麟に仕えていた渡辺宗覚であったと考えられている。

3　現存する後装砲の歴史考古学的検討

(1)　西洋製後装砲（図５）

　日本国内における出土品として確認されている舶来後装砲としては、昭和32年（1957）に鹿児島県阿久根市琴平海岸で発見されたポルトガル製の後装砲があげられる。サイズは、口径７cm、全長３m、弾走部2.49m、薬室長61cmである。薬室の断面形状は、半円形を程するが、これはポルトガル砲の特長である。ちなみにスペイン砲は円形や五角形に近い断面形状を程するものがある。砲身の上面には、３つの紋章が鋳出されている。このうち、最も砲口寄りのものはポルトガル王室の紋章である「王冠に盾」の文様で、天球儀をデザインした紋章はドン・マヌエルⅠ世（王位1495-1521）のものであり、ポルトガル本国のリスボンかインドの植民都市ゴアで鋳造されたものであるとされる[72]。

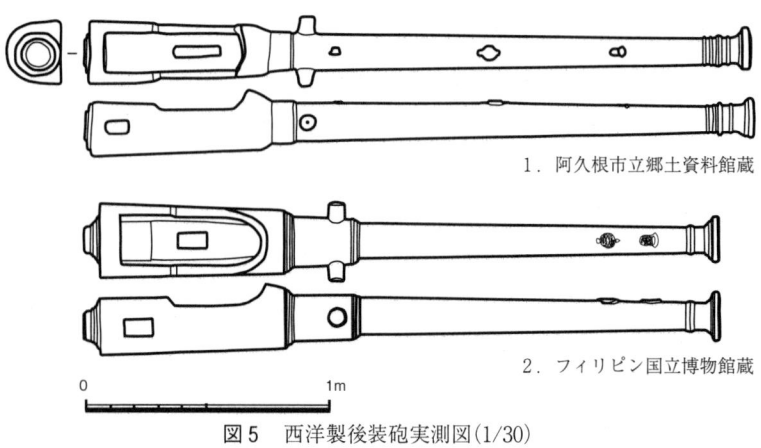

1．阿久根市立郷土資料館蔵

2．フィリピン国立博物館蔵

図５　西洋製後装砲実測図(1/30)

また、同型にして、同紋章が施されている大砲が、1600年にフィリピンのセブ島近海の沈没船サン・ディエゴ号から引き上げられている。双方とも、口径は約7cmで、6ポンド（≒リブラ）砲である。この2本の大砲は、ともに後述する南蛮砲・和製砲と比較して装飾性が低く、量産性を感じさせる砲である。しかし、この1600年に沈んだ船に搭載されていた大砲は、ドン・マヌエルⅠ世治世下にて鋳造されたものであり、1世紀近い型落ち砲である。西洋では、遅くとも16世紀の第4四半期には、前装砲の時代が到来していた。1588年、スペインの無敵艦隊が英国艦隊に敗れるが、この際の記録には、錬鉄製の後装砲（ボンバルダ砲）はスペイン王室ガレオン艦には1570年代までしか搭載されず、1580年代以降の在庫目録では、「時代遅れの大砲」と記されていた[73]。事実、1600年に沈没したサン・ディエゴ号に積まれていた大砲は、そのほとんどが前装砲である[74]。

　1565年、カスティーリャ＝アラゴン王国すなわちスペイン王国のレガスピは、フィリピンのセブ島に到達し、1571年にはマニラを制圧した。1580年、ポルトガルは、ハプスブルク家のフェリペ2世時代に、このスペインの影響下に入った。以後、新大陸からフィリピンへ来るスペイン船の警護がポルトガル船の役割となり、1584年にはマニラに大砲の鋳造所が設けられたといわれている。実際、前述の大砲を寄せ集めて商船を軍船に仕立て上げたサン・ディエゴ号は、ポルトガル王家の紋章やスペイン王家の紋章が鋳出された大砲が混在している状況にあった。両国の足並みは、布教方針まで含めて必ずしも揃わなかったが、共通の敵であるオランダ東インド会社が現れるようになってからは共通の敵に向かい始めたのである。

　1621年2月20日付けゴア発、インディア総督フェルナン・デ・アルブケルケのポルトガル国王宛書簡には、以下のようにある[75]。

　　「その地〔マカオ〕には都合良く銅があるので、其処で大砲を作るために彼〔ロボ・サルメント・デ・カルヴァリョ〕が求めている鋳物師については、私は当地〔ゴア〕の鋳造の師匠とともに尽力して、とにかくモンスーンで彼の許に送り届けるつもりである。」

　この時期は、オランダ海軍の進出期であり、この翌年にはマカオはオランダ軍の襲撃を受け、かろうじてこれを撃退しており、マカオにおける大砲の鋳造が急務となっていた。ポルトガル・スペインのカトリック国とオランダ・イギリスのプロテスタント国の争いは、それぞれの陣営に火器の現地生産という課題を与えつつあった。

　リチャード・ガレット（Richard J. Garett）の *The Difences of Macau* では、マカオに関係の深い大砲の鋳造師一族4人を紹介している[76]。フランシスコ・デ・ボカッロ（Francisco Dias Bocarro）とその息子ペドロ・ディアス・ボカッロ（Pedro Dias Bocarro）、そして孫のマヌエル・タバレス・ボカッロ（Manuel Tavares Bocarro）、そして末裔のジェロニモ・タバレス・ボカッロ（Jeronimo Tavares Bocarro）である。ボカッロ一族は、鋳造した大砲に自分たちの名前と年号を刻みこんでおり、その年号もしくは活動時期を整理すると、表1のようになる。

　初代のフランシスコに関しては、現状であまりデータがないが、1584-88年にインド副王

表1　Bocarro 一族一覧

名　前	大砲所蔵	製作地	記年銘	活動時期
Francisco Dias Bocarro				（1560年代～）1587年頃
Pedro Dias Bocarro	Fort Nelson	Chaul	1594	1590年代～1620年代
	The Museu Militar in Lisbon	Goa	1623	
Manuel Tavares Bocarro	Fort Nelson	Macau	1625	1620年代～1654年頃
	Tower of London	Macau	1627	
Jeronimo Tavares Bocarro		Macau		1674年～1679年

として着任していたドゥアルテ・ド・メネゼス（D. Duarte de Menezes〈着任期1537-88〉）のもとで1587年頃にはインドで大砲を鋳造していたという記録がある[77]。2代目のペドロはゴアの鋳造師の棟梁で、シャウルやゴア等、インドで鋳造していたことは間違いない。現存するペドロの鋳造品は、いずれも先込め式の大砲（前装砲）であり、1594年ごろには、すでに前装砲主体であったことがわかる。インディア総督フェルナン・デ・アルブケルケのポルトガル国王宛て前掲書簡中の「ゴアの鋳造の師匠」とは、ペドロのことであろう。そして、3代目のマヌエル・タバレスは、ゴアからマカオに到着し、1625年には大砲の鋳造所を開いた。彼が派遣された「鋳物師」であろう。この鋳造所は、中国や日本、そしてヨーロッパからの注文を受けていたといわれている[78]。

現状で、具体的なヨーロッパ人鋳造師の東アジア地域への移動が、「製品」まで含めて確認されるのはペドロまでである[79]。一方、ヨーロッパ人鋳造師が、公的に西洋砲を南蛮エリアで鋳造した「記録」および「製品」が確認されるのは、マヌエルが最古となる。

(2)　南蛮製後装砲（図6）

インド洋からマラッカ海峡を越えた領域、南蛮世界において、いつ頃から西洋式の大砲が鋳造されたのかという疑問については、西洋人の手によるものという意味では、1584年のマニラにおける鋳造所の設営から、マヌエル・タバレス・ボカッロが鋳造所を開いた1625年までの間が、現状で文献資料で確実におさえられる時期である。

一方、東洋人の手による西洋式大砲の鋳造は、大明帝国内では1522年が国家主導の開始期であるが、「海寇議」に記載がある通り、遅くとも16世紀中ごろには倭寇はみずからその鋳造を手掛けていた。

『明史』巻325列伝213外国6の和蘭条では、「二十九年駕大艦、攜巨礮、直薄呂宋」とある。万暦29年（1601）、すでに西洋では大型で強力な前装砲へと移行していたが、明では国産の子砲付きの真鍮（砲金）製火器が1610年代頃においても使用されていたことが確認される[80]。

16世紀末から17世紀前半、ジャンク船に代表される小型帆船が主体であった東アジアでは、西洋式の巨大な前装砲ではなく、子砲式後装砲である佛朗機砲の中でも取り回しに軽便な旋

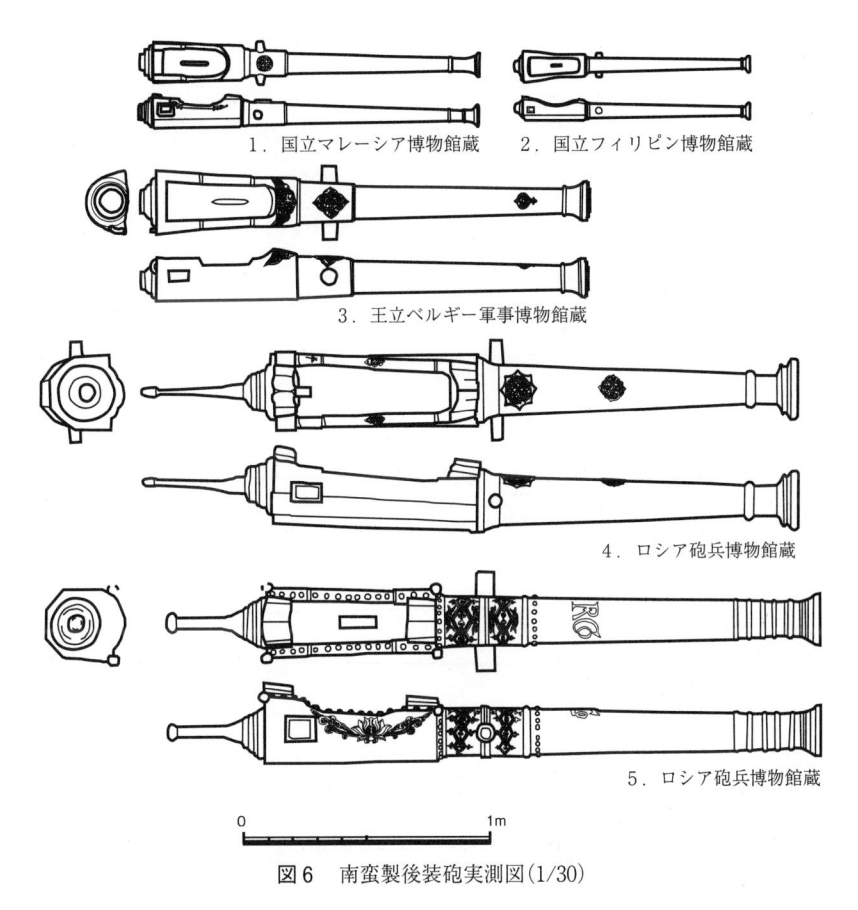

大砲伝来

図6 南蛮製後装砲実測図(1/30)

1．国立マレーシア博物館蔵
2．国立フィリピン博物館蔵
3．王立ベルギー軍事博物館蔵
4．ロシア砲兵博物館蔵
5．ロシア砲兵博物館蔵

回式のものが、特に「水戦」用として用いられていたようである。1637年に刊行されたと考えられている宋応星が著した『天工開物』には、「火器」の条の中に「西洋砲熟銅鋳……紅夷砲鋳鉄」、「大将軍　二将軍即紅夷次在中国為巨物　佛郎機　水戦舟頭用　三眼銃　百子連珠砲」という記載が見られ、佛朗機砲が軍船の船首に備え付けられていたことがわかる[81]。

この時代の南蛮領域で鋳造されたと考えられる大砲に関しては、国立マレーシア博物館の2門（図6-1）、王立ベルギー軍事博物館所蔵の1門（図6-3）、ロシア砲兵博物館所蔵（図6-4・5）の2門があげられる。このうち、ロシア砲兵博物館の2門に関しては、鉛同位体比分析に基づく産地同定において、2本ともに中国華南産の金属材料を用いていることがわかっている[82]。

王立ベルギー軍事博物館所蔵のボルネオ島にて発見された後装砲に関しては、イスラム的な紋様が確認されるので、これも南蛮砲あるいはイスラム砲に分類される。薬室の断面形状が半円形であり、サン・ディエゴ号のポルトガル製後装砲と同形状を程する。その他、国立マレーシア博物館の2門およびロシア砲兵博物館の後装砲にもイスラム的な紋様が確認される。また、国立フィリピン博物館所蔵のレナ・カーゴ資料の中にも小型後装砲が1門確認されている（図6-2）。

（3） 和製後装砲（図7・8）

　日本国内で戦国期の大砲として、最も有名であるのは、大友宗麟由来の靖国神社遊就館所蔵の佛朗機砲2門であろう（図7-1）。この火砲は、ポルトガルより大友氏が入手したものとされ、砲身上面の「花十字」を鋳出した紋様からインドのゴアで鋳造されたものとされてきた。遊就館の説明書きには、「明治14年（1881）5月23日砲兵第一方面より移管」と記されている。

　この遊就館の佛朗機式後装砲と同形・同文様である小型の火砲が1門、鹿児島県尚古集成館に所蔵されている（図7-2）。集成館の後装砲は、島津家が大友氏より鹵獲したものと伝えられるものである。

1．靖国神社遊就館蔵

2．尚古集成館蔵

3．王立ベルギー軍事博物館蔵

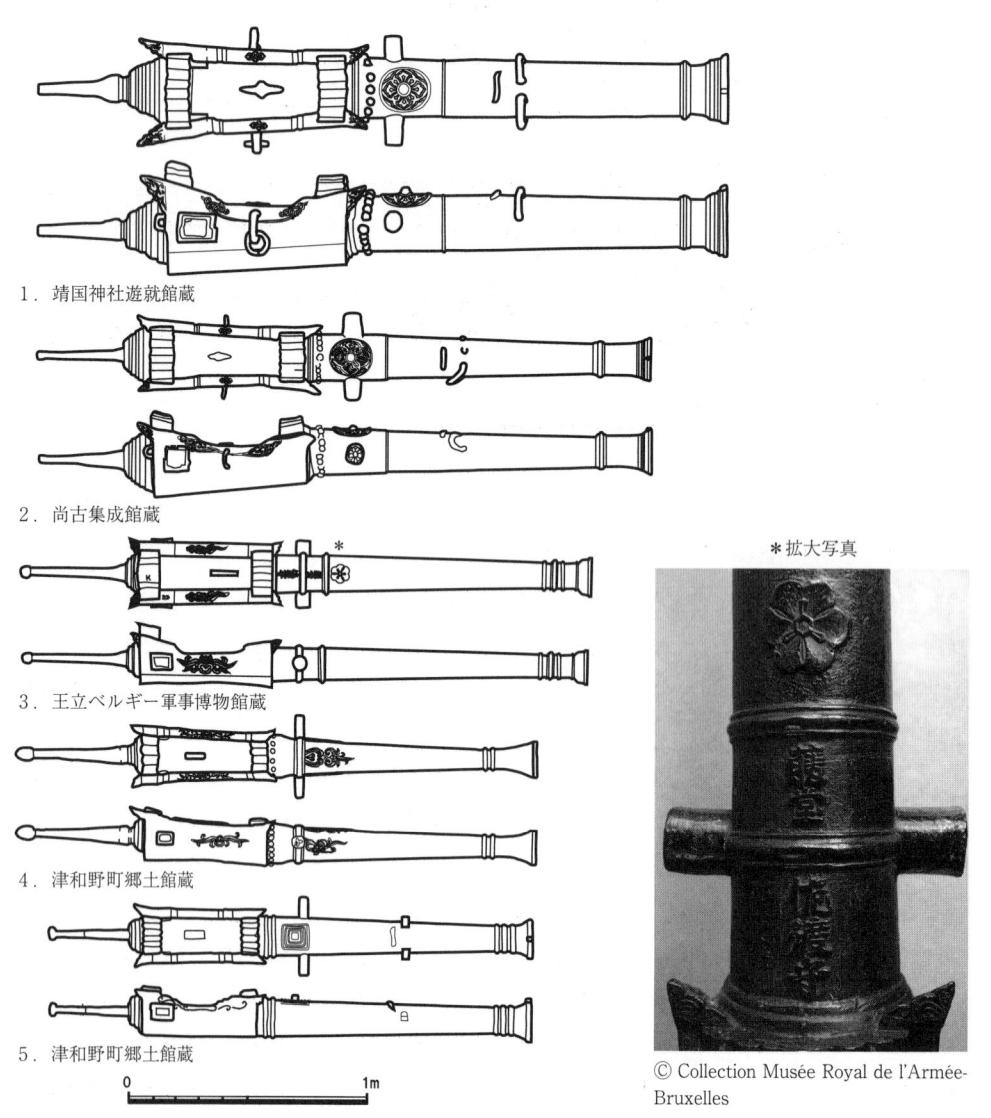

4．津和野町郷土館蔵

5．津和野町郷土館蔵

＊拡大写真

© Collection Musée Royal de l'Armée-Bruxelles

図7　和製後装砲実測図1（1/30）

これら大友氏由来の火砲は、前述した南蛮砲の様式に含まれる。しかし、尚古集成館所蔵の大友砲に用いられた金属の鉛同位体比分析法に基づく産地同定においては、渡辺宗覚の存在を暗示するかのように、日本産の金属材料を用いていることが判明している[83]。南蛮製の大砲が、和製大砲の起源であるとの指摘は、すでに宇田川武久氏の指摘がある[84]。南蛮様式を受け継いだ和製大砲の金属材料に関しては、王立ベルギー軍事博物館所蔵の1門は日本産（図7-3）、国立フランス軍事博物館の1門には（図8-4）華南産の金属を用いていることが判明している。

王立ベルギー軍事博物館所蔵の後装砲には、砲身上面に「片喰」の家紋と「藤堂佐渡守」という文字が鋳出されている。この2つの紋様は、この大砲が藤堂高虎（1556-1630）の所有物であったことを示すものである。高虎が、「佐渡守」を名乗ったのは、天正15年（1587）の秀吉の九州征伐ごろから慶長12年（1607）までであるので、この後装砲は1587-1607年の

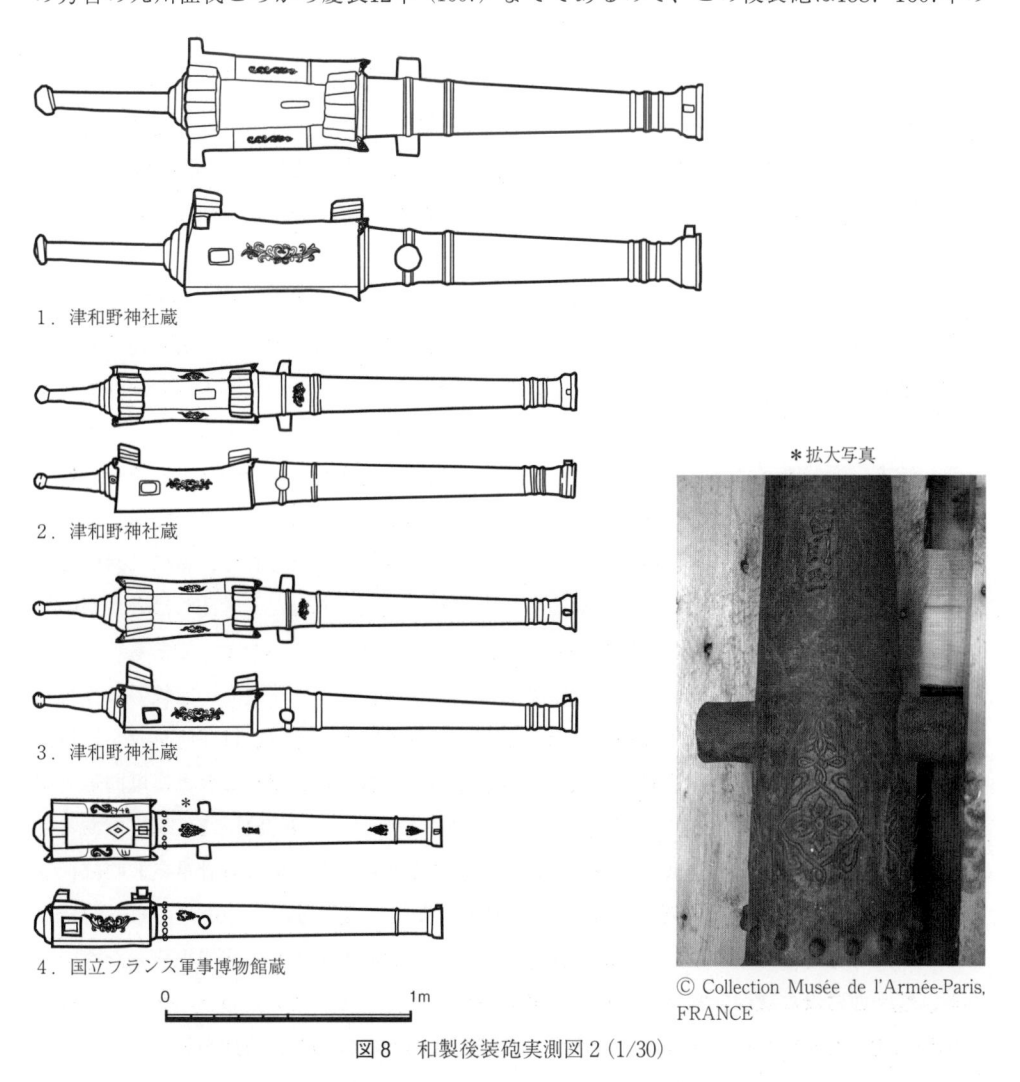

1．津和野神社蔵

2．津和野神社蔵

3．津和野神社蔵

4．国立フランス軍事博物館蔵

0　　　　　　1m

＊拡大写真

© Collection Musée de l'Armée-Paris, FRANCE

図8　和製後装砲実測図2（1/30）

間に鋳造されたものであることがわかる。

　また、島根県津和野町には、後装砲が5門伝来している。うち3本は津和野神社、2本は津和野町郷土館にて所蔵されている。津和野藩の成立に関しては、宇喜多氏・徳川氏・亀井氏の関係を読み解いておく必要がある。関ヶ原の戦い以前、宇喜多秀家の家中にてお家騒動が起きている。お家騒動は家康の仲介を経て落着となるが、宇喜多家中からは、秀家の従兄宇喜多直盛が独立する。関ヶ原の戦いの際、西軍の主力となった秀家に対し、直盛は坂崎と苗字を改め、東軍に付いている。戦後、坂崎直盛は、出雲国津和野を拝領した。大坂夏の陣においては、家康の孫娘千姫を堀内氏久から受け取るなど功績をあげるが、元和2年（1616）に謀反の疑いを受け江戸屋敷にて捕らえられ自刃する。坂崎家廃絶後、短期間の幕領期を経て、元和3年（1617）には秀吉に琉球守を所望したことで有名な亀井茲矩の子政矩が因幡国鹿野から津和野へ移封する。幕府から亀井家への津和野城の引渡しがおこなわれるが、この際の城付武具の引渡し目録が残されている[85]。

　江戸幕府は、元和元年（1615）4月の一国一城令の際に大名改易時の城付武具に関しては、弓・鉄炮・玉薬・長柄をはじめとしてすべての武具は城中に残し置くようにと定めており、城だけではなく城付の武具に関しても大名に預け置いているとの姿勢を打ち出している。柳生宗矩をはじめとする幕府役人を経て、坂崎家から亀井家へと譲渡された武具の中に、「石火矢　三挺」「五十匁筒7挺」が含まれる。

　前述の津和野町所在の後装砲5門の内訳は、資料館所蔵の2門が南蛮様式の影響を受けた和製砲で、津和野神社の3門が南蛮様式を脱した段階の日本様式を呈する。前述の亀井茲矩は朱印船貿易に積極的に参加した人物で、シャムにおいて南蛮製の船を購入した記録も有する。これらのことから、資料館の2門に関しては亀井家が所蔵していた火砲であると考えられる。一方、坂崎直盛は、大坂夏の陣において、大坂城を脱出した家康の孫千姫を受け取り家康に送り届けた人物として有名であるが、最前線に陣取っていたが故の手柄であったものと考えられる。先述の通り、家康は前線に火砲を下賜・貸与するなどして、戦場における火線の構築をおこなっているので、直盛がこの時点で得た大砲であったと考えれば合点がいく。ちなみに、この折、亀井茲矩は、本営近くの本田正信軍に所属していたようである。

　国立フランス軍事博物館所蔵の後装砲に関しては、砲身に「かげ花菱」の家紋のような4花弁に「蔓草」があしらわれた紋様と「百目玉」という文字が、薬室には「唐草紋」が鋳出されている。佐竹家に伝わる史料を収蔵・展示してある千秋文庫には、これとほぼ同形・同紋様の後装砲の絵図「石火矢五百目筒之図」が収蔵されている。五百目＝1.875kgであるので4ポンド砲に当たる。絵図は、砲身に佐竹家の家紋である「月印に五本骨軍扇」の紋、フランスの火砲と同紋の「かげ花菱に蔓草」の紋様、「慶長十九甲刁年（寅）」（1614）の年号が鋳出されていたことを伝える。これらの紋様および年号は、火砲本体から拓本で採取したものであり、絵図面には紋様が転写された和紙が貼り付けられている。この五百目の佐竹の石火矢の実物は現存しないが、国立フランス軍事博物館所蔵のものは同じ佐竹氏の所有していたも

のであった可能性が極めて高い。

　この火砲は鉛同位体比分析法に基づく産地同定によって、華南産の金属材料が用いられていることが判明している。しかし、「目」＝「匁」という重さの表記の仕方は日本的である。これは、家康の朱印船貿易における中国産材量の流入を示すものであると考えられる。大坂の陣において徳川方が火砲を大量に準備していたことは先述したが、絵図では砲身に残る年号から、慶長19年11月15日に始まる大坂冬の陣に備えて鋳造されたものであることが推察される。当時の佐竹家当主は、佐竹義宣である。冬の陣において義宣は、大坂城北の今福の戦いで上杉氏とともに激戦を繰り広げ、のちに徳川秀忠から砲術師水野監物を遣わされ、大坂城北東側から石火矢数挺を用いて城内へ砲撃を加えている。

　ところで、大友宗麟の息子、大友義統（吉統）は、朝鮮出兵における失態を理由に除国される。文禄2年（1593）5月のことである。当初は、山口の毛利氏に預けられたが、9月には常陸国水戸の佐竹義宣のもとに置かれた。この折に、義統と行動をともにした者、縁者を頼っていった者、江戸期に入って秋田に転封となった佐竹氏に同行した者もいたようである。義統は、山口を発し尼崎を出て、京都を経由して常陸国宍戸へいたっている[86]。

　この際、渡辺宗覚の一族の中に義統と行動をともにした者がいた可能性がある。渡辺家の数少ない情報を整理すると、図9のような大まかな家系の流れを把握することができる。宗覚は、通称、三郎太郎、家康に「康」の文字を使うことを許され「康次」を名乗り、以後一族は「康政」「康直」「康種」「康利」と代々「康」の字を用いた。このうち、宗覚の嫡男に渡辺石見守三郎右衛門康直なる人物がいる。この人物と、宗覚の次男茂右衛門は、のちに駿府に据え置かれ、家康のために火砲をはじめとした鋳造造作をおこなっているが、渡辺一族中の者が義統に付いて宍戸へといたっていた場合、そのまま佐竹氏に仕官した可能性も十分に考えられる。

　ちなみに、義統は晩年も再び宍戸に幽閉され、そこで天寿を全うしている[87]。渡辺氏は豊後国大分郡葛城村に100石の知行を許されていたが、寛文初年ごろ、所替えを願い出て常陸国鹿島郡安塚村内に100石を給されている。常陸国に佐竹時代の類縁者が残っていた可能性も考えられよう。

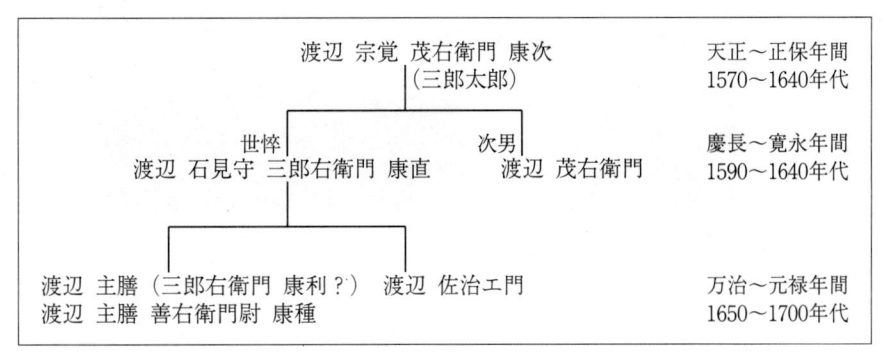

渡辺 宗覚 茂右衛門 康次 （三郎太郎）		天正〜正保年間 1570〜1640年代
世悴 渡辺 石見守 三郎右衛門 康直　　次男 渡辺 茂右衛門		慶長〜寛永年間 1590〜1640年代
渡辺 主膳（三郎右衛門 康利？）　渡辺 佐治エ門 渡辺 主膳 善右衛門尉 康種		万治〜元禄年間 1650〜1700年代

図9　渡辺氏家系図

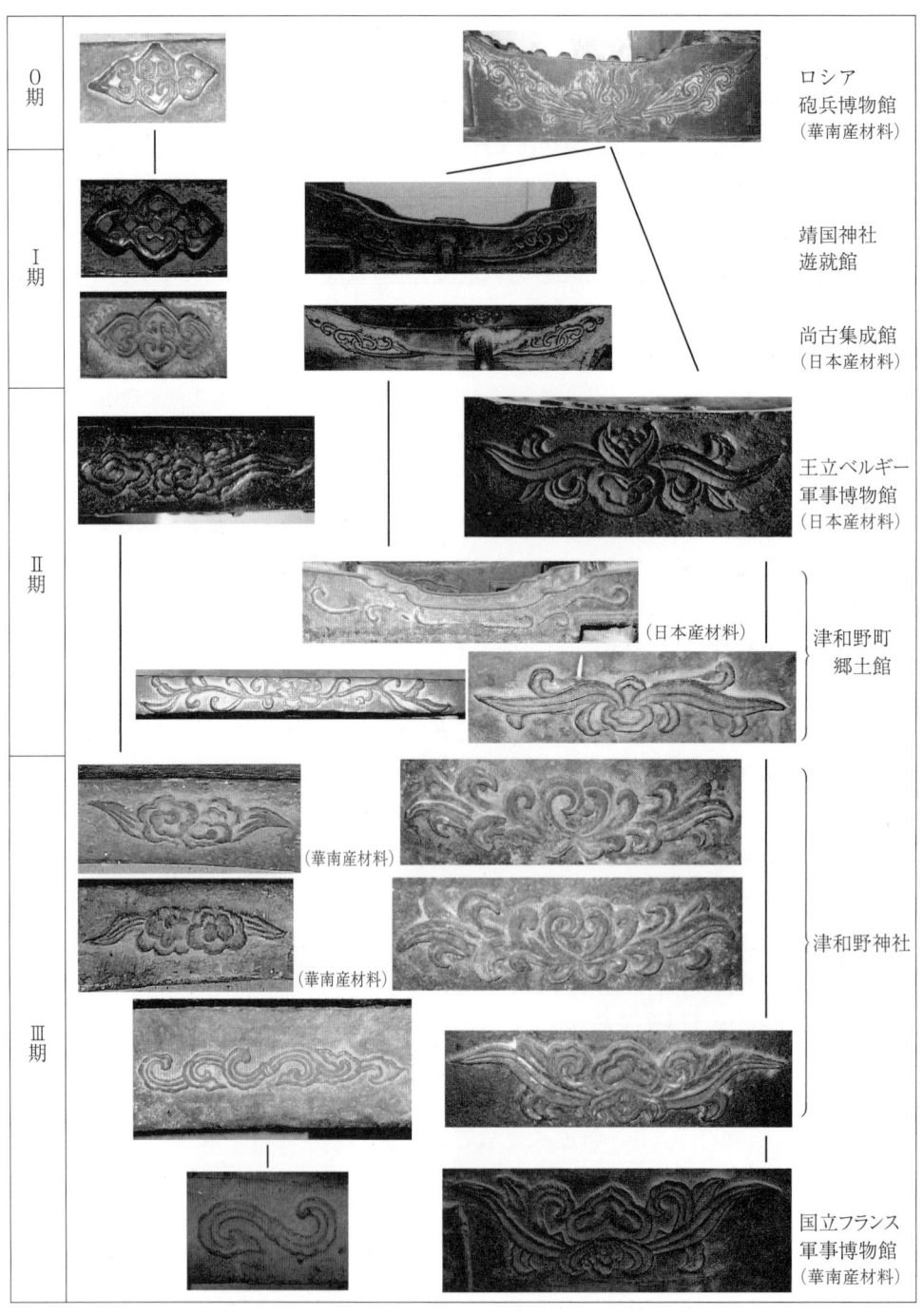

図10　紋様変遷に基づく和製佛朗機砲の時期区分

図10は、国産品と考えられる後装砲に施されている紋様を、系統別に組列したものである。年代的な示標としたのは、1587-1607年に藤堂高虎が名乗った「佐渡守」銘が鋳出されている王立ベルギー軍事博物館所蔵砲と、慶長19年（1614）銘が鋳出されていたことが確認される千秋文庫所蔵の「石火矢五百目筒之図」に記されている石火矢の兄弟砲となる佐竹氏由来の国立フランス軍事博物館所蔵砲である。これらの示標を用いて、図中Ⅰ-Ⅲ期に時期区分した。Ⅱ-Ⅲ期にかけては、王立ベルギー軍事博物館と津和野郷土館・津和野神社および国立フランス軍事博物館砲には、紋様に同系的な関係が見出されるため、工房系統を同じくするものである可能性が高いと考えている。Ⅱ期以降に把握される紋様の近似性は、日本国内における石火矢製造工房あるいは職人の一族相伝的な閉鎖性を感じさせ、その背景には渡辺宗覚一族の関与が推察される。

　また、石火矢に用いられている金属材料に関しては、鉛同位体比法を用いた産地同定から興味深い結果が得られている。すなわち、Ⅰ-Ⅱ期に関しては、国産材料を用いており、0期およびⅡ-Ⅲ期に関しては華南産を中心とした外国産材料を用いているという事実である。Ⅱ期には、秀吉の島津征伐以後の全国統一戦から関ヶ原の戦い後の1600年代までが比定されるので、秀吉政権から家康政権への転換点が、金属材料産地の変化点に当たると目される。

　これは、Ⅱ期が秀吉の国内統一に起因する国産金属材料の掌握の時期、Ⅲ期は家康がその豊臣政権に対抗すべく外国産金属材料に依存したことが要因であると考えられる。したがってこの現象は、秀吉が明帝国・南蛮諸国および西欧諸国と断交傾向にあったのに対し、家康は駿府において朱印船貿易を精力的におこなったという事実が反映されているものと解釈されるのである。特に、津和野町郷土館の1門（図7-4）と津和野神社の1門（図8-1）の金属材料に関しては、ヨーロッパの同位体比に近似する未知の同位体比領域に分布することを把握している。

　以上のように、現存する後装砲から考えた場合、大型火器の国産化および生産に関しては、秀吉・家康という統一政権が順次掌握・独占していったものであったという印象を受ける。

ま　と　め

　日本への「石火矢」の伝来は、16世紀中ごろ以降、カトリック（旧教）勢力によってもたらされたとされてきた。しかし、日本の文献史料上において、初めて確認される石火矢に関する記載は、永禄3年（1560）であり、この記載に関しては、カトリック勢力との直接的な関係を見出すことはできない。この大友宗麟が足利将軍家に献上した石火矢の入手に関しては、倭寇勢力が関係していたものと考えた方が妥当であろう。宗麟と南蛮貿易を結びつけていた人物である五峯（王直）は、周知のごとく鉄砲伝来に関わっていたとされる人物でもある[88]。

　一方、カトリック勢力は、永禄9年（1566）・天正元年（1573）にも、火砲を渡す意志を示してはいたが、実際に火砲がもたらされたのは、現状では天正4年（1576）の記録が最古で

ある。この日本に初めて伝来した大砲は、大友宗麟のもとにもたらされたもので、ポルトガル製あるいはポルトガル領内のゴア等で製作されたものであったとされてきた。しかし、尚古集成館に所蔵されている天正6年（1578）に島津氏が宗麟から奪ったとされる後装砲には、鉛同位体比法を用いた産地同定により国産金属材料を用いられている事実が判明しており、これと同形である遊就館所蔵の巨砲にも国産の金属材料が用いられていることは、ほぼ間違いない。宗麟は、早ければ永禄（1558-70）- 元亀年間（1570-73）、おそくとも天正年間（1573-93）の前半には石火矢の国産化をおこなっていたと考えられる。

また、ロシア砲兵博物館および国立マレーシア博物館所蔵砲等、華南産材料が用いられることの多い南蛮製の火砲には、イスラム的な意匠が施されているものが散見される。これは、16世紀の東南アジアのイスラム教国において、早い段階で、後装砲の生産が開始されていたことを示唆するものである[89]。

その事実は、和製後装砲の原型の1つと考えられるロシア砲兵博物館所蔵の後装砲に用いられていた金属材料が華南産であったことが如実に伝える。ロシア砲兵博物館所蔵資料中の1門には、イスラミックな意匠に加え、「FRCO」というアルファベットによるモノグラムが鋳出されている（図6-5）。この大砲における「イスラミックな意匠」と「西洋の文字」の同居は、当時のイベリア半島のありようを彷彿とさせるものでもあるが、この大砲に華南産の金属資源が用いられているという現実は、まさに南蛮世界的あり方であり、16世紀後半のゴアやマラッカ、マカオ、マニラ等の植民都市で生産されたものであることを推察させる[90]。実際、ポルトガル側には、16世紀末、ゴアへ大砲鋳造のための中国産の銅を送っていた記録が残されている[91]。

日本における大型火器生産の転機となるのは、秀吉の日本列島統一戦と朝鮮出兵であり、それ以後、金属材料・火砲ともに統一政権の手による国産化への道を歩むようになった。

秀吉の死後、家康は大坂城の攻略のため、外堀の外からも本丸に砲丸を届かせる前装式長距離砲であるカルバリン砲やセイカー砲といった最新式の大石火矢（紅夷砲）を輸入した。この長距離射程を持つ新兵器の登場によって、それまでの日本城郭は無力化してゆくこととなる[92]。冬の陣の際、長距離射撃にさらされた大坂方は、家康の目論見どおりに講和を受け入れ、講和条件であった堀の埋め立てよって有効射程距離をさらに縮めた徳川軍により、夏の陣を経て滅亡する。

次の転機は、島原の乱であり、銃器を装備したキリシタンたちは、重火器で武装した九州の大名たちに包囲され、殲滅される。この乱は、イエズス会に代表される旧教勢力の残存勢力が、火器を維持する軍需物資の供給ルートを保っているという事実を公にし、その後の江戸幕府の対外政策に大きな影響を与えた。日本における大砲の受容過程は、日本史の転換点と非常に密接にかかわっていたのである。

エピローグ

　マカオは、司教区成立以後、1583年にはマカオ市議会を開き、1586年には自治都市として認められ、1613年にはマカオ総督が置かれた。しかし、次第にプロテスタント勢力の脅威にさらされるようになり、1622年にはオランダからの攻撃を受けている。この危機的状況においてマカオ総督および市議会は、明王朝を頼りとした。

　しかし、その明王朝も、イエズス会宣教師の利瑪竇、すなわちマテオ・リッチが広東の肇慶に来た1583年には、すでに女真族ヌルハチによる侵入を受けつつあった。ヌルハチは、1616年に中国東北地方に後金を建国し、1618年には明の重要拠点である撫順を陥落させた。

　1619年、イエズス会員である徐光啓は、上奏して練兵を説き、西洋の大砲の購入とポルトガル人を雇っての軍事教練の指導を上奏した。皇帝は、これを認めポルトガル商人に大砲を求めさせたところ、マカオのポルトガル人は大砲10門を献上し、砲手と従兵による小部隊を派遣した。この時イエズス会士を5名中国内地に潜入させようとしたが、南昌にて引き返すよう命じられ、小部隊と日本を追放されたイエズス会修道士ジョアン・ロドリゲス（陸若漢）[93]のみが山東省登州に到着している。また、この翌年、1620年にも、李之藻がマカオのポルトガル商人から紅夷砲を購入している[94]。1621年、マカオ市は3門（実際は4門）の大砲からなる贈り物を皇帝に呈し、2名の砲手が操作方法を教えに北京へと赴いた。1623年にはポルトガル人部隊が北京に入京したが、射撃訓練中に起きた大砲炸裂事故により、マカオに送り返されている。この時に通訳として随行していたのもロドリゲスである。

　天啓3年（1623）、マカオに追放されていたロドリゲスをはじめとするイエズス会宣教師たちは、大砲の鋳造師および技師をともない、北京に呼ばれて大砲の鋳造に従事して明王朝に仕えた。天啓帝は、そのうち1門の大砲に「靖国大将軍」という称号まで授けたという[95]。これが幸いし、天啓6年（1626）には、袁崇煥が、ヌルハチによる寧遠城攻撃を洋式大砲によって撃退している。崇禎2年（1629）、イエズス会員である徐光啓は、『練兵製器の疏』を進呈し、西洋式の大砲（紅夷砲）を多鋳し防衛すべきと進言した。また、ロドリゲスらを通じてマカオ市議会に働きかけ、砲10門、兵400名からなる救援を受けている[96]。崇禎3年には、徐光啓の指揮下に400門余りの火砲が鋳造されている。

　しかし、続く満洲人との戦いの中、明の火砲技術は後金側に流出し始めた。また、のちに清王朝（1636-1912年）となる後金の中国制覇が確実なものとなってくるにしたがって、イエズス会は清王朝に近づき、ベルギー人フェルディナント・フェルビースト（南懐仁）らの宣教師が清王朝の軍事技術顧問（工部侍郎）として重用され始めた[97]。天聡5年（1631）、清王朝は、初めて紅夷砲の製造に成功している。それ以後、イエズス会は、康熙45年（1706）の康熙帝によるイエズス会以外の宣教禁止を経て、雍正2年（1724）の雍正帝によるキリスト教布教の禁止まで、清王朝内で重用されることとなる。

　中国宣教は、フランシスコ・ザビエル以来の悲願であった。

（1）　これ以降、イスラム圏と柔軟な外交をおこない東方貿易を独占していたヴェネチアの凋落が始まる。
（2）　トーメ＝ローペッツ（Tohme Lopez）の「*Navigation verso le Indie Orientale Scritta per Tohme Lopez,scrivano di una nave Portughes*」（有馬成甫『火砲の起原とその傳流』吉川弘文館、1962年）。
（3）　〔Goldschmiede（独）〕
（4）　「印度人が「駱駝」〔Kamel〕と呼んでいる大砲を」（前掲註2有馬書）。
（5）　Castanheda, Fernao Lopes de, *Historia do descobrimento e conquista da India Pelos Portugueses*.
（6）　ジョアン・デ・バロス『アジア史1』大航海時代叢書（第Ⅱ期）3（岩波書店、1981年）。
　　また前掲注（2）ローペッツ文献には次のようにある。「その上ヴェネチア共和国も、ポルトガル船来航のため、従来えていた香料の取引の独占を奪われないようにするために四門の砲を鋳造してカリカット王に贈っている。……それで、これらの四人が、火砲師〔Buchsenmeister〕となり印度砲兵を強力なものとならしめたのである。」
　　ヴェネチアは、1504-06年にかけて、マムルーク朝のスルタンが対ポルトガル戦に備えて艦隊を建造するためにナウやガレを建造する職人を外部から連れてきている。紅海の入り口アデン市を防衛するためである。ヴェネチアにとって、インドと地中海をつなぐ紅海は香辛料交易独占の生命線であった。しかし、ポルトガルは、香辛料貿易を独占すべく、インド洋側からの紅海封鎖を模索していたため、ヴェネチアはポルトガルと同じカトリック教国であるにもかかわらず、イスラム教国（マムルーク朝）を後方支援することを決定したのである。
（7）　事実、ポルトガル人ジョアン・デ・バロスによると、イスラム勢力との戦時に得た略奪品の中には「数冊のラテン語とイタリア語の書物が見付かった。そのうちのあるものは祈禱書で、他のものは歴史書であり、ポルトガル語の祈禱書まであった。この悪魔の陣営に加わっている人々は、これほどまでにさまざまであった」とある。
　　また、同じくバロスによる1511年の副王アルフォンソ・デ・アルブケルケが紅海入口のアデン市を攻略する際の記述には、「砲手兼火砲の鋳造師であるジョアン・ルイスなるものが二度にわたってこの射石砲を打ち砕いたので、射石砲の砲撃はさほど長くは続かなかった」とある。この記述から、戦場に火砲を知した鋳造師が砲手として同行していたことがわかる。火砲の効果的な運用には、これらの職人を従軍させなければならなかった（ジョアン・デ・バロス『アジア史2』大航海時代叢書（第Ⅱ期）3、岩波書店、1981年）。
　　1492年のイベリア半島におけるレコンキスタ（領土回復戦争）の完了、それにともなう「ユダヤ教徒」と「コンベルソ（改宗ユダヤ教徒）」の追放が「資本」と「技術」を流出させ、聞こえ始めていた宗教改革の足音が事態をさらに複雑化させていた。
（8）　『続通典』の「辺防典」には、「佛朗機、近美洛居（モルッカ）、又称干絲臘国」ともある。
（9）　補注「ルイ・デ・アラウジョおよび彼とともに捕えられた人々がマラカからアフォンソ・デ・アルブルケにあてた1510年2月6日付書簡」（ジョアン・デ・バロス『アジア史2』大航海時代叢書（第Ⅱ期）3、岩波書店、1981年）。
（10）　補注ジョアン・デ・バロス『アジア史2』大航海時代叢書（第Ⅱ期）3（岩波書店、1981年）。
（11）　Barros〔Ⅱ-vi-5］，Ⅳ，66-79、トメ・ピレス『東方諸国記』大航海時代叢書Ⅴ（岩波書店、1966年）。
（12）　アンソニー・リード『大航海時代の東南アジアⅡ　拡張と危機』叢書・ウニベルシタス571（法政大学出版局、2002年）。
（13）　福川一徳氏は、*Encyclopedia Universal ilustrada Europeo-Americana, Espasscalpe*, S.A, Madrid, 1924から、「エスペラ砲は、初期の大砲に付けられた呼称の一つで、カメロ砲よりは小型で、10ポンド弾を発射する大型の沿岸砲を意味する。これらの呼称はすぐに廃され、以後大砲は各々その口径によって呼ばれるようになった」と紹介している。10ポンドは、約4.5kgになる。福川一徳「「国崩」伝来考——大砲伝来に関する新史料をめぐって」『古文書研究』第10号、1976年）。
（14）　その他にもベスタ砲やイングランド軍が多用した錬鉄製のボンバルダ砲等の記載も確認される

が本論では割愛する。ベスタには"クロスボウ"、ボンバルダには"攻撃"という意味ある。
(15) National Museum of the Philippines *Treasures of the San Diego* Paris and New York; Association Francaise d'Action Artistuque, Foundation of Elf and Elf Aquitaine International, Inc., 1966.
(16) 鄭振鐸 輯「刑部問寧王案一巻 明 闕名 輯 明鈔本」(『玄覧堂叢書初集』第十八冊)。
(17) その1517年には、ポルトガル使節トメ・ピレスが来航し、広州にて朝貢を求めたが、寧王の乱後、1520年になるまで北京行きは許されず、すでに攻略していたマラッカ使節からの訴えにより、1521年には広州で捕えられている。
(18) 何喬達撰『名山蔵』崇禎帝13年(1640)成立。
(19) 1519-22年の記事に関しては、「佛朗機銃」と記載される。
(20) 『明史』巻92志第68兵4。
(21) 田北学編『増補訂正編年大友史料』第21巻、4頁。
(22) 戸次道雪譲状写(『増補訂正編年大友史料』第23巻、333号、立花家文書)。
(23) 村上直次郎訳『イエズス会士日本通信 下』新異国叢書3(雄松堂出版、1969年)。
(24) 1566年におけるインド副王への大砲の所望時には大友宗麟の腰は低く、その姿勢からは永禄年間(1558-70)における大友領国内での安定的な大砲の鋳造は考え難い。
(25) 1577年に日本に到着、1578年には耳川の戦いに従い、1580年にはイエズス会に入会している。
(26) ジョアン・ロドリゲス『日本教会史 下』大航海時代叢書Ⅹ(岩波書店、1970年)。
(27) この文書に施された印判は、天正5年(1577)まで使用された。〇に非の印判である。この後、天正6年(1578)に洗礼を受け〇にFRCOの印判を使用するようになる。福川一徳「戦国期大友氏の花押・印章編年考」(『古文書研究』第31号、1989年)。
(28) 「先年南蛮国より渡りたる国崩といふ大の石火矢」、「去天正4年丙子夏、南蛮国より大の石火矢到来す。肥後国より修羅を以て、豊後臼杵丹生の嶋迄引せらゝ。宗麟公御悦喜なされ、国崩と是を号せらる。其後誰言ふとも無く、南蛮国より到来の大の石火矢を国崩と号せらゝ事不可なりと、国中よりゝに沙汰す」(『大友興廃記』)、「大佛狼機」(『両豊記』)、「国崩の震電雷」(『西治録』)とある。
(29) ルイス・フロイス『日本史7』豊後篇Ⅱ(中央公論社、1978年)。P. Luis Fróis, S. J. *HISTORIA DE JAPAN,* Volume III, BIBLIOTECA NACIONAL LISBOA.
(30) しかし、大友氏が降伏して臼杵城(丹生嶋城)を開城した記録はなく、事実誤認であることは、すでに宇田川武久氏の指摘がある。宇田川武久『日本の美術』No.390 鉄炮と石火矢(至文堂、1998年)。
(31) 2つ目の説を提唱したのが、James Murdock(1856-1921)である。Murdockがその著書 *History of Japan* の第2巻(1902年)の中で述べた説を紹介したのは、1962年に前掲註(2)『火砲の起原とその伝流』を著した有馬成甫氏である。有馬氏は、その著書の中で「なお薩摩がこの砲を、大友軍より鹵獲したことについても、まちまちな雑説が伝わっている。ムルドックは、その一説を採って、この大友砲は天正7年(1579)に行われた島津対大友両軍の耳川の戦闘において、薩摩が鹵獲したものであろうと述べている」とMurdockの説を紹介している。
(32) 上野淳也・西田京平「尚古集成館所蔵佛朗機砲及び蛇砲の文化財科学的調査と歴史考古学的検討」(『平尾良光先生古稀記念論集 文化財学へのいざない』平尾良光先生古稀記念論集刊行会、2013年)。
(33) 6月26日に九鬼水軍が火器を有効に用いた前哨戦がおこなわれている。
(34) 村上直次郎訳・渡辺世祐編『耶蘇会日本通信』下(雄松堂出版、1968年)。
(35) 村上直次郎訳『イエズス会日本年報』上(雄松堂出版、1969年)。
(36) 村上直次郎訳「1585年の日本年報追加」(『イエズス会日本年報』下、雄松堂出版、1969年)。
(37) あるいは伊勢国が九鬼水軍の根拠地であることと、1578年のオルガンティーノの記載から、大友宗麟の贈った大砲以外の2門がそれに当たると考えた場合、シナ人の鋳造は1578年を上限として考えることができよう。現時点において考えられる大砲国産化の上限は1578年となる。しかし、

これが西洋砲であった根拠はない。すなわち、シナ人に鋳造させた中国的な火砲であった可能性を未だ払拭するものではない。

(38) 竹内理三編、英俊ほか「多聞院日記」(『続史料大成』38-42巻、臨川書店、1978年)。可能性としては、鋳鉄製の「大砲」「大筒」が存在した可能性もある。当時、中国においては、「連珠佛朗機砲(用熱鐵造)」(嘉靖22年〈1543〉)・「佛朗機鐵銃」(嘉靖40年〈1561〉)など、鋳鉄製の火砲が製造されていた。

(39) 田北学編『増補訂正編年大友史料』第20巻386号。大分県教育委員会「大友家文書録」1352(『大分県史料』(32) 第二部補遺(4)、1980年)。

(40) 「譜牒余録」国立公文書館内閣文庫、1973-75年。

(41) 大分県教育委員会「大友家文書録」2085、2541(『大分県史料』(33)・(34) 第二部補遺(5)・(6)、1980・1981年)。

(42) 大分県教育委員会「大友家文書録」2197(『大分県史料』(33) 第二部補遺(5)、1980年)。

(43) 村上直次郎訳『イエズス会日本年報』上、新異国叢書3(雄松堂出版、1969年)。

(44) 例外として、次期は下るが、雪岑津興『頌詩』(霊雲院蔵)によると、天正7年(1579)に、「甘埔寨(カンボジア)浮喇哈力汪加」王より、大友宗麟への「特齎金書、奉問敵土峽愧乏珍産獻貢、聊具銅銃壱門」の返礼を積載した船が島津氏に拿捕されている。

(45) 事実、大友宗麟は、フランシスコ・ザビエルが中国布教を志しゴアへ戻る際に、インド副王への使者として上田(植田・稙田?)玄佐を付け、洗礼を受けた彼はロレンソ・ペレイラと名乗り、府内へ帰国した例がある。

(46) 宇田川武久『東アジア兵器交流史の研究――十五～十七世紀における兵器の受容と伝播――』(吉川弘文館、1993年)。

(47) 洞富雄『鉄砲伝来とその影響――種子島銃増補版――』(淡路書房、1959年)。

(48) 滝川大砲は、鉄製の鍛造品もしくは鋳造品である可能性が強いものと考えられる。

(49) 前掲註(46)・(47)と同文献。

(50) 通常、「大筒」は鉄製であると考えるが、鍛造製・鋳造製いずれの可能性も考えられる。

(51) 東京大学史料編纂所『大日本古文書』家わけ第16島津家之一・二(1942・1953年)。

(52) 『鹿児島県史料』旧記雑録後編三(鹿児島県維新史料編さん所、1963年)。

(53) 幸侃は、伊集院忠棟のことを指す。

(54) 田北学編『増補訂正編年大友史料』第29巻。

(55) 東京大学史料編纂所『大日本古文書』家わけ第16島津家之三(1966年)。

(56) 前掲註(52)と同文献。

(57) 竹田市教育委員会『岡城跡石垣等文献調査報告書 平成22年度施行』(2011年)。豊田寛三氏御教示。

(58) 関ヶ原の戦い時、西軍に付いた長宗我部盛親は改易となり、山内一豊に土佐の浦戸城の引渡しをおこなった。その際の記録、「浦戸城にて渡申注文」の中に、「一、石火矢九張 大小共 此内浦戸政所に有り」という記載が見られる。横川末吉校訂・奥宮正明「土佐国蠹簡集」(1962年)。前掲註(46)書。

(59) 1534年にゴア司教区、1557年にコチン司教区とマラッカ司教区、1575年にマカオ司教区と続く。マカオ司教区には、1575年、1576年、1579年に成立したとの複数の見解がある。マカオは、1583年には市議会が開かれ、1586年には自治都市となっている。

(60) もちろん、これは三成を仲介しての秀吉への献上であることも考えられる。前掲註(52)書。

(61) 京極高次の姉・芳寿院(秀吉の側室・松の丸殿)の侍女2人が即死、芳寿院も一時気絶したという。笠谷和比古『関ヶ原合戦と大坂の陣』戦争の日本史17(吉川弘文館、2007年)。

(62) 『雑兵物語/おあむ物語』(岩波文庫)。
　　菊池真一編『おあん物語・おきく物語・理慶尼の記 本文と総索引』(和泉書院、1987年)
　　　いくさが。夜ひるおじやつたの。そのよせ手の大将は。田中兵部殿と申すで。おじやつた。いし火矢をうつ時は。しろの近所を触廻りて。おじやつた。それはなぜなりや。石火矢をう

てば。櫓もゆる〳〵うごき。地もさけるやうに。すさまじいさかいに。気のよわき婦（一ウ）人なぞは。即時に目をまはして。難義した。そのゆゑに。まへかたにふれておいた。其ふれが有ば。ひかりものがして。かみなりの鳴をまつやうな心しておじやつた。はじめのほどは。いきたここちもなく。たゞものおそろしや。こはやと計。

おあんは、石田三成の配下、山田去暦の娘である。

(63) 藤井治佐衛門編「戦ヶ原合戦史料」（『戦ヶ原合戦史料集』新人物往来社、1979年）。
(64) Diogo de Couto, *Da Asia,* Decada, XII Lisboa, 1788.
(65) 1588「十五 一五九九——六〇一年、日本諸国記（フェルナン・ゲレイロ編『イエズス会年報集』第一部第二巻） 豊後の国の布教と司祭館について（第二十一章）」（松田毅一監訳『十六・七世紀イエズス会日本報告集』第Ⅰ期第3巻、同朋舎出版、1988年）。
(66) Diogo de Couto, *Da Asia,* Decada, XIII Lisboa, 1788.
(67) 『当代記・駿府記』（続群書類従完成会、1995年）。
(68) *LETTERS RECEIVED BY THE EAST INDIA COMPANY*, VOLS I-II 1602-1605, 1968.
(69) 『大日本史料』第12編之16 後水尾天皇（東京帝国大学、1913年）。
(70) 16日より全軍からの一斉砲撃が始められる（大日本史料 12編16冊、908頁）。北方の備前島だけで大筒100門と石火矢が本丸北側の奥御殿に、南方の天王寺口からはこれまでの総構から本丸南方の表御殿千畳敷に目標を変更した砲撃が和議締結まで打ち込まれ続けた。16日、稲富宮内・正直・牧清兵衛らの砲術家数十人に約300挺の大筒（石火矢5門）を、井伊直孝・藤堂高虎・松平忠直・佐竹義宣の部隊に300門を配備している。
(71) 「廿二日 石火矢、加護の波那（駿河国籠鼻）、水車辺に於てこれを鋳さしめ給うと云々」（小野信二校注「駿府記」『家康史料集』戦国資料叢書6、人物往来社、1965年）。
(72) 阿久根の倉津には、永禄3年（1560）にポルトガル船が越冬のために立ち寄り、船長アッホンゾ・バスなる人物の船が倭寇船に襲われたという記録がある。
　　慶長4年（1599）には西方に浮かぶ甑島に2隻のスペイン船が漂着し、うち1隻を取り調べたという記録がある。
(73) しかし、この時代遅れの砲は、80年代以降、急場凌ぎで戦場に投入された武装商船には大量に支給されていたことがわかっている。アンガス・コンスタム『図説スペイン無敵艦隊——エリザベス海軍とアルマダの戦い——』（原書房、2011年）。
(74) National Museum of the Philippines, *Treasures of the San Diego*, Paris and New York; Association Francaise d'Action Artistuque, Foundation of Elf and Elf Aquitaine International, Inc., 1996.
(75) 高瀬弘一郎訳註『モンスーン文書と日本——十七世紀ポルトガル公文書集——』（八木書店、2006年）。
(76) Ricchard J. Garett, *The Difences of Macau*, HONG KONG UNIVERSITY PRESS, 2010.
(77) Manuel Teixeira, *OS BOCARROS*, Lisboa, Congresso Internacional de História dos Descobrimentos, 1961.
(78) Cultural Institute of the Government of the S.A.R. of Macao, *THE MUSEUM OF MACAO, MUSEUM GUIDE*, 2002. C. R. BOXER, *Jan Compagnie in Japan, 1600-1850*, THE HAGOE MARTINUS NIJHOFF, 1950.
(79) 前掲註(32)上野・西田論文。今後は、インドで鋳造されたことがわかっている Fort Nelson や The Museu Militer in Lisbon に収蔵されている Pedro Dias Bocarro の前装砲に用いられている銅の産地がどこになるのかを調べる必要がある。
(80) "Miscellaneous notes, of varying date, regarding trade in the Moluccas, & c." と題された1610-11年ころの Avizo from Hugh Flayne to Nicholas Downton in the Red Sea. Instructions touching Trade in the Moluccoes には、以下のようにある。
　　Draggon, Patta, Kassa, of the finest Torya, Baffa, Tellepricken, Cantekey, Mossafy, Patta, Malyn, Tzymd, Sorassa, Madinrens, Brass Pieces of Ordnance with chambers in the

　　　　breechs which are to be had in Bantam, but brought from China as is thougat.
　　また、同報告中に、ほぼ同文であるが、以下のようにもある。
　　　　……, Brass pieces like Bases with chambers and are made in China to be bought at Bantam, Long pieces with snaphances such as are in the former part hereof, headpieces white graven and gilt, and also corselets are here well requested.

(81) 宋応星『天工開物』崇禎10年（1636）。
(82) 上野淳也・山口将史・平尾良光「佛朗機砲の東アジアへの伝来について」（『鉛同位体比法を用いた東アジア世界における金属の流通に関する歴史的研究』平成21年～23年度（2009～2011）科学研究費補助金新学術領域研究（研究課題提案型）、別府大学文学部、2012年）。Yoshimitsu HIRAO, Junya UENO, "Scientific Analysis of bronze guns in the Military-Historical Museum of Artillery of Saint Petersburg in Russia". Preservation of cultual heritage: science and practice, Issue 8, Concervation, restoration and exposure of military history mouments (Artillery Museum of Saint Petersburg in Russia, 2012).
(83) 前掲註(32)上野・西田論文。
(84) 宇田川武久「近世初頭における石火矢の出現と普及」（『国立歴史民俗博物館研究報告』第66集、1996年）および前掲註(30)・(46)。
(85) 湯浅隆・小島道裕「石見亀井家文書」（『国立歴史民俗博物館研究報告』第45集、1992年）。宇田川武久「近世初頭の城付武具の実態と受容」（『国立歴史民俗博物館研究報告』第50集、1993年）。
(86) このとき義統と行動をともにした下着衆の中に渡辺（部）三右衛門の名が見えるがこの人物が、渡辺宗覚と関係するものかは判然としない。
(87) 義統の嫡子宗五郎（のちに義述、義延、義宣、能乗、義乗と改名）は、500人扶持で加藤清正の配下に入れられたが、のちに徳川家康のもとに移されて江戸牛込に居宅を構えた。慶長3年（1598）に秀吉が死ぬと、徳川家康の尽力により義統は翌年に赦免されている。
(88) 嘉靖36年（1557）、王直（五峯）は、胡宗憲の勧めに乗り、宗麟の派遣した使節とともに明へと向かうが、帰国したのち、嘉靖38年（1559）に処刑されている。田中健夫『倭寇　海の歴史』（講談社学術文庫、2012年）。
(89) 1560年代には、イスラム教国の宗主的な立場へと成長していたオスマン・トルコからアチェ王国に軍事的な供与がおこなわれていた。16世紀当時、すでに東南アジアで主要な宗教となっていたイスラム教勢力は、ポルトガル・スペインの旧教国およびイギリス・オランダの新教国という西欧海洋国家群に対抗すべく、海戦に用いる後装砲を量産し始めたものと考えられる。しかし、巨大化した西洋の帆船に対し、アジアにおける船舶はジャンク船に代表されるように小型であったため、小型船舶に搭載しやすい比較的小型の後装砲が発展していったものと考えられる。
(90) しかし、この砲が宗麟の手元にもたらされた大砲そのものであると断定するには、未だ早計であろう。条件は揃ってきているが、考古学的検討においては、宗麟の洗礼名がモノグラムで表現されているからといって、安易な断定はおこなえない。フランシスコと名乗っていた人物は、インド総督の中にも複数人確認される。比定は、慎重になされるべきである。
(91) この場合、金属材料は、銅資源の流通を想定している。一般的に、西洋における大砲の素材は、ガンメタル（砲金）という合金であり、銅90%・錫10%の組成を示す。鉛は、一般的にガンメタルに意図的に混和される事はない。本研究においておこなっている鉛同位体比法を用いた産地分析は、製錬あるいは精錬の際、銅インゴット中に極微量に残留した鉛を分析したものと考えている。この銅を倭寇は、ゴアやマラッカ、マカオ、マニラ等の植民都市、そして日本に流通させた。
(92) リーフデ号の着岸、関ヶ原の戦いを経て、長距離砲を手にした後、家康は天下普請による新規城郭の建設をおこなっていく。また、この後、家康は朱印船貿易を介して、火砲とともに金属材料や火薬等の消耗品を熱心に輸入していく。
(93) ロドリゲスは、フロイスの後任のヴァリニャーノの通訳であり、最初の葡日辞典を作成した人物としても著名であるが、彼は臼杵のノビシャド（1580-81年在庄）、府内のコレジオ（1581-87年在府）に学んだ人物であり、耳川の戦いに立ち会った人物でもある。

(94) この際、マカオ市民による多額の寄付があったことを伝えている。
(95) 平川祐弘『マッテオ・リッチ伝』1　東洋文庫141（平凡社、1969年）。
(96) マッテーオ・リッチ『中国キリスト教布教史1』大航海時代叢書（第Ⅱ期）8（岩波書店、1982年）。「献以火器、少尽報効之」（前掲註95平川『マッテオ・リッチ伝』1）。
　　1630年、後金に圧迫を受ける朝鮮からの使節である鄭斗源は、この登州にてロドリゲスと会っている。ロドリゲスは、佛朗機を1門、朝鮮陳奏使にも贈り物とした。鄭斗源は、その大砲をソウルの国王仁祖のもとに持ち帰っている。また、ロドリゲスは、その砲のために中国人砲手朴武吉をソウルに派遣している。
(97) ベルギー人のイエズス会宣教師、フェルデイナンド＝フェルビースト（Ferdinand Verbiest、1623-1688）、すなわち中国名南懐仁の指導に基づき清朝康熙28年（1689）に製造された青銅製の大砲などがある。大砲の名称を「武成永固大将軍」という。

〔参考文献〕　小野正敏『中世東アジアにおける技術の交流と移転──モデル、人、技術──』平成18年度～平成21年度科学研究費補助金（基盤研究(A)）研究成果報告書（課題番号18202017）研究代表者小野正敏

〔付記〕　本稿を編むにあたって、世界中のさまざまな方々に、資料の実測やサンプリング等においてお世話になりました。ここに記して感謝の念を表させていただきます。Alexey A. Maslov, Ekaterina Boborykina（ロシア高等経済学院）、Svetlana Uspenskaya, Valeria Kobyakova（以上、ロシア砲兵博物館）、Sylvie Leluc, Antoine Leduc（以上、国立フランス軍事博物館）、Dominique Hanson, Piet de Gryse, Elke Otten（以上、王立ベルギー軍事博物館）、Mohd Razaimi Bin Hamat, Kiew Yeng Meng、酒井淳子、柴田裕子（以上、国立マレーシア博物館）、Wilfredo Ronquillo, Eusebio Z. Dizon（以上、国立フィリピン博物館）、田村省三（尚古集成館）、井ノ上秀文（鹿児島県立埋蔵文化財センター）、宮田健一（津和野町教育委員会）、田中和彦（上智大学）、金森陽、大西彩乃（以上、千秋文庫）、そして、Alia Demnati、青木翔太郎（埋蔵文化財サポート）両名の若い諸君の協力に感謝いたします。
　本稿は、【平成24年度科学研究費補助金　若手研究（B）（2012～2014）「大航海時代における金属資源と火器の流通について──考古学的資源論の模索──」（課題請求番号24720363）研究代表者　上野淳也】の成果の一部である。

コラム⑦

マニラ沖に沈んだスペイン船サン・ディエゴ号が語るもの

田中和彦

▶はじめに◀

サン・ディエゴ号（the San Diego）は、1600年12月14日、フィリピンのマニラ（Manila）湾を出たバタンガス（Batangas）州、フォーチュン（Fortune）島沖約1kmの地点（図1）で、オランダ船、モーリシャス号（the Mauritius）との戦闘によって沈んだスペインの船である。このようにいえるのは、この船に関する文献記録が残されていることと、沈没した船自体が発見され水中考古学調査が行われたことによる。

本稿では、この沈没船の調査成果について概観した上で、文献記録と考古学資料の対比が可能であるという点に焦点をあて考えてみたい。

▶沈船遺跡の考古学的調査◀

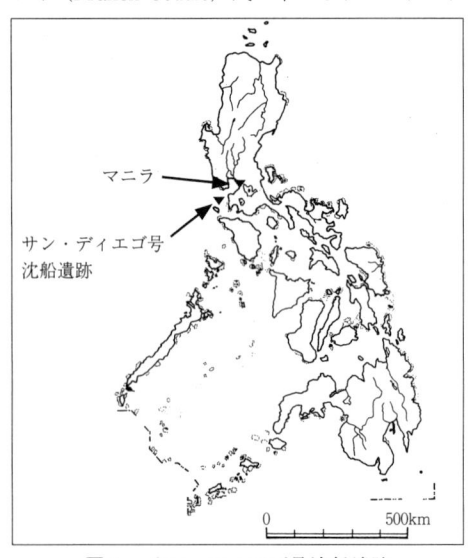

サン・ディエゴ号沈船遺跡の調査は、F・ゴッジオ（Franck Goddio）氏の率いるワールド・ワイド・ファースト社（World Wide First, Inc.）とフィリピン国立博物館の共同調査として、同社所属の潜水夫と国立博物館考古学部門の調査官、技官によって3次にわたって行われた。

1991年4月に行われた第1次調査では、当該沈没船の探索が行われ、その所在が突き止められた（Ronquillo 1993: 13）。第2次調査は、発掘調査の第1期目で、1992年2月から4月にかけて行われ（Ronquillo 1993: 15）、有耳壺など船に積まれていた多数の遺物が引きあげられた。最後の第3次調査は、発掘調査の第2期目にあたり、1993年1月から4月に行われ、船体上のバラスト石の除去と船体の検出および記録が行われ、残っていた遺物の引揚げも行われた（Ronquillo 1993: 20）。

▶『フィリピン諸島誌』の記述と考古学的調査◀

マニラにあった王立司法行政院の審議官であったアントニオ・デ・モルガ（Antonio de Morga）は、当時のフィリピン総督、ドン・フランシスコ・テーリョ（Don Francisco Tello）の命を受け、ルソン島南端の海峡からフィリピンの海域に入った2隻のオランダ船（旗艦のモーリシャス号と長官坐乗船のコンコルディア号）を撃退するため、艦隊総司令官として2隻の大型船（旗艦のサン・ディエゴ号と長官坐乗船）と2隻のカラコア船を伴って出撃したが、強風のためカラコア船はついてこられなくなり、また、戦闘の途中でオランダ側の長官坐乗船が逃げ、これをスペイン側の長官坐乗船が追いかけため、戦闘は、スペインとオランダ双方の旗艦同士のみで続けられた（モルガ 1966: 189-206）。その結果、スペイン側の旗艦サン・ディエゴ号が沈んだが、モルガ自身は、泳

図1 サン・ディエゴ号沈船遺跡

いでフォーチュン島にたどり着き助かった（モルガ 1966: 207）。その彼がメキシコの王立司法行政院の判事に転じてから書き記し、1609年に出版されたのが『フィリピン諸島誌』(Sucesos de las Islas Filipinas）である（モルガ 1966: 13）。

以下では、『フィリピン諸島誌』の中に記されたサン・ディエゴ号のⓐ沈没地点、ⓑ沈没原因、ⓒ乗船者の職種と数、ⓓ積荷に関する記述をみた上で、その各々についてサン・ディエゴ号沈船遺跡の考古学調査で明らかになったことと対比して考えてみたい。

ⓐ船の沈没地点：

船の沈没地点については、まず『フィリピン諸島誌』の中で、「船が沈没してから（審議官は自分が持ち出した敵の船尾の旗と軍旗を持って）四時間ばかり泳ぎ回り、そこから二レグワ離れたところにあるフォルトゥナと呼ばれる非常に小さな無人島に泳ぎ着いた」（モルガ 1966: 207）と述べられ、さらに同書中の「オランダの海賊に対する作戦中の事件に関するドン・フランシスコ・テーリョ総督の証明書」の部分に「そして（決して船を出ようとも放棄しようともしなかった）同審議官は、船が沈没した時に、残った将兵と共に海にとび込み、何本かの敵の旗を持ち出し、戦闘のあった場所から二レグワのところにあるフォルトゥン〔フォルトゥナ〕と呼ばれる小さな無人島に彼らと共に泳ぎ着き」（モルガ 1966: 211）と述べられている。

これらの記述から、船の沈没地点について、モルガがフォーチュン島から2レグワの地点と述べていることは明らかである。レグワは距離の単位で、1レグワが5,572mである。それ故、2レグワだとすると島から11,144mの地点ということになる。ところが、水中探査によって、実際に沈没船が見つかった地点は、フォーチュン島の北東沖約1km、すなわち1,000mにすぎない所である。モルガが述べている地点と実際の発見地点の差は10倍以上になる。これは、船の沈没によって50名以上の乗船者を失った艦隊の総司令官であったモルガが、その責任を回避するために意図的に行っ

た誇張(1)が原因であると考えられる。

ⓑ船の沈没原因：

船の沈没原因については、『フィリピン諸島誌』の中で、「（船はあまり堅牢に出来ておらず）非常に長い戦闘の間〔打ち続けた〕大砲のために、船首が大きく口を開き、その浸水の激しさにこれを食い止めることも出来ず、船が沈んでゆくのに気がついた」（モルガ 1966: 207）と記され、さらに同書中の総督テーリョの証明書の部分に、「前述した通り船首に穴が開き、（船が弱く、戦艦として建造されたものでなかったので、浸水を阻止することも、これに打ち勝つことも出来ずに）その日のうちに沈没してしまい……」（モルガ 1966: 211）と記されているように、船首に穴が開き、そこから浸水して沈没してしまったことがわかる。

一方、沈船の調査で検出された船体の部分は、バラストで覆われた船体の下部のみで上部は失われていたため、沈没原因となった船首に開いた穴については、確認できていない。

ⓒ乗船者の職種と数：

乗船者の職種と数については、『フィリピン諸島誌』には、「そして、義勇兵及び総督が駐屯部隊にいた兵のうちからアウグスティン・デ・ウルディアス隊長と共に同審議官に与えた傭兵とを合わせれば両帆船を仕立てるのに充分な将兵があり、各船とも、砲手、水兵及び船員を除いて戦闘員を約百名ずつのせた」（モルガ 1966: 197）とあり、戦闘員として義勇兵と傭兵あわせて約100名の兵が乗り、その他に砲手、水兵、船員が乗っていたことがわかる。

一方、沈船から出土した武器としては、銃弾の出土からわかる火縄銃とマスケット銃の他、西洋の剣であるレピアと日本刀があった。日本刀は、鍔が発見されている。図2-aの鍔は、青銅製で直径6.5cm、厚さ2mmである。図2-bは、銅の合金製で、直径7cm、厚さ2.5mmである (Delacour 1996: 219)。周囲はわずかに厚くなり、表面には小さな渦巻紋が全体に刻まれている。中子の中に木製部分が残存し、それに繋がる切羽の部分も残存している。これら日本刀の存在は、義

図2　日本刀の鍔

図3　祈禱用数珠　　図4　本の留め金

図5　メダイ

勇兵と傭兵の中に日本刀を使いこなせた日本人がいた可能性を示唆する（Delacour 1996: 214）。

また、『フィリピン諸島誌』には、「旗艦には、イエズス会のディエゴ・デ・サンティアゴ神父と助修士及びアウグスチノ会のフライ・フランシスコ・デ・バルデスが、長官坐乗船には同じ修道会のフライ・ホアン・グティエレスが、仲間と共に、彼らの聖職に関する問題にそなえて乗船した」（モルガ 1966: 201）という記述があり、イエズス会の神父と助修士およびアウグスチノ会の修道士が乗船していたことがわかる。

一方、沈船から出土した宗教用具には、チャプレットという祈禱用数珠（図3）、本の留め金（図4）、メダイ（図5）がある。祈禱用の数珠は、全長が92.5cmで、ビーズをつないだ部分と十字架の部分からなっており、ビーズをつなぐ金具と十字架の芯に通された金具、そして十字架の端部の小花形の金具は、いずれも金製である（Provoyeur 1996: 278）。一方、ビーズと十字架本体は、象牙製とされている。十字架の大きさは、縦木が6.9cmで、横木が4.4cmである。

本の留め金（図4）は、金製で、ピンの長さは、6.8cmである（Provoyeur 1996: 278）。

メダイは、楕円形をした扁平な銀製のもので、長径2.4cm、短径1.7cmである（Provoyeur 1996: 278）。楕円形の長軸の上端部に、鎖あるいは、衣料品にとりつけるための環状部分が付いており、それと反対の長軸下部および短軸中央の両側にそれぞれ1個ずつの小さなつまみが付いている。

これらの宗教用具は、先にあげた神父や修道士あるいは船中で神父が執り行った宗教儀礼に参加した者たちの持ち物であったと考えられよう。

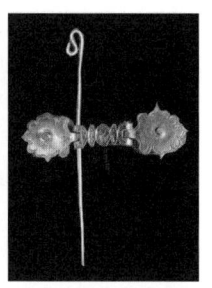

また、文献記録にはないが、女性の尻骨が1点同定された（Veyrat 1996: 165）ため、少なくとも一人の女性が乗船していたことが判明した。

ⓓ積荷：

積荷については、「軍需品といくらかの米と魚を調達し」（モルガ 1966: 94）という記述から食料として米と魚を積んでいたことがわかるのみであるが、沈船の発掘調査では、植物遺存体として堅果類約150点、桃の核約20点、複数のココナッツ、少数のマメ科の種が出土し、動物遺存体としてブタ、ウシ、ニワトリの骨とニワトリの卵の殻が出土（Veyrat 1996: 171）し、これらのものが、食糧として積まれていたことがわかった。

▶沈船遺跡出土の金製印章◀

前述したように、文献に記された本船の沈没地点と実際に沈没船が発見された地点には、大きな距離的な差異があった。そうした状況にあって、この船がサン・ディエゴ号であると確定するのに重要な役割を果たしたのが、沈船から出土した金製印章である。以下では、この印章について特徴を述べ、これがスペイン側の艦隊総司令官としてサン・ディエゴ号に乗船していたモルガの印章であると同定した根拠について紹介したい。

金製印章（図6左）は、縦22mm、横17mmの卵形で高さが22mm、重量が13gである。印面の紋様は、楕円形の周囲全体に刻みが施され、その

図6　出土した金製印章(左)とモルガの紋章(右)

中に上端部が羽飾りで飾られた盾形の飾り枠が刻まれている。そして、この盾形の飾り枠は、両端が獅子頭の形をした左下りの棒状の斜体で分割されている。この斜体で分割された左上と右下の空間には、それぞれ1個ずつ、盾形の紋様が施され、各々の盾形の紋様は、4本の横線を有している。デニンは、この印章の紋章が、モルガが書いた『フィリピン諸島誌』という本の口絵にある紋章(図6右)と一致することから、この印章がアントニオ・デ・モルガの所有物であると同定した(Dhénin 1996: 276)。

▶おわりに◀

本稿では、1600年マニラ沖に沈んだスペインの沈没船、サン・ディエゴ号について、文献記録と考古学的調査の成果を対比して検討した。その結果は次のように整理できる。

①文献記録と考古学調査の成果が齟齬を示す点として、沈没地点が文献記録ではフォーチュン島から10 kmであったが、考古学調査では、約1 kmであること。②文献記録からのみわかる点として、沈没の直接の原因となった破損が、船首に穴があいたこと。③文献史料になく、考古資料のみから明らかになったこととして、日本刀の出土により義勇兵、傭兵の中に日本人がいた可能性があることと女性骨の出土により女性が乗船していたこと。④文献と考古学資料が一致した例として、『フィリピン諸島誌』に描かれたモルガの紋章が、沈没船から出土した金製印章の紋章と酷似すること。

このように見た時、サン・ディエゴ号沈船遺跡の発掘調査は、沈没地点について、文献記録に意図的と思われる大きな誇張があることを明らかにし、文献には記されなかった日本人や女性の乗船者がいたこと、あるいはいた可能性を提示した。当該期の歴史の真実に迫る新たな資料を提供したといえよう。

(1) これは、調査が終わって間もない頃筆者との会話の中でE.ディソン(Dizon)氏が語っていたことである。

〔参考文献〕

Delacour, C., "Japanese Warriors," in Desroches, et al. (eds.), *Treasures of the San Diego*, 1996, pp.258-297.

Desroches, J., G. Casal and F. Goddio, *Treasures of the San Diego*, Paris and New York: Association Française d'Action Artistique, Fondation of Elf and Elf Aquitaine International Foundation, Inc., 1996.

Dhénin, M., "Seal," in Desroches, et al. (eds.), *Treasures of the San Diego*, 1996, pp.258-297.

モルガ著　神吉敬三訳　箭内健次訳・註『フィリピン諸島誌』大航海時代叢書　第1期第7巻、岩波書店、1966年

Provoyeur, P., "Tableware, Jewelry and Devotional Objects," in Desroches, et al. (eds.), *Treasures of the San Diego*, 1996, pp.258-297.

Ronquillo, W. P., "The Archaeology of the San Diego - A Summary of Activities from 1991 to 1993," in Ronquillo W. P. et al., *Saga of the San Diego*, 1993, pp.13-20. Manila: Concerned Citizens for the National Museum, Inc.

Veyrat, E., "Chronicle of a Forgotten Way of Life," in Desroches, et al. (eds.), *Treasures of the San Diego*, 1996, pp.258-297.

〔図出典〕

図2、4、5、6: Desroches et al. 1996.
図3: Ronquillo et al. 1993.

資 料

戦国時代関連資料の鉛同位体比一覧

（凡 例）

1) 本報告は科学研究費補助金「種類：新学術領域研究（代表者：平尾良光）　採択番号：21200028」「題目：鉛同位体比法を用いた東アジア世界における金属の流通に関する歴史的研究（2011）」で得られた成果の一部を含む。
2) 本報告では東京国立文化財研究所（現 東京文化財研究所）および別府大学で測定された戦国時代に関連する資料の鉛同位体比値を西田京平と平尾良光が編集のうえ収録した。測定に関わった方々は東京国立文化財研究所関係で、榎本淳子、鈴木浩子、瀬川富美子氏、別府大学文学部の保存科学研究室関係で、矢野雅子、魯禔珖、西田京平、石川ゆかり、角元友美、石井佐和子、李昇宴、山口将史、加世田悠仁、有村頼政、佐藤里恵、服部さとみ氏などである（所属は調査当時）。この他に測定のために機器保持、化学分析に協力して下さった研究室の方々がおられる。
3) 数値の測定誤差は $^{206}Pb/^{204}Pb$ が±0.010；$^{207}Pb/^{204}Pb$ が±0.010；$^{208}Pb/^{204}Pb$ が±0.030；$^{207}Pb/^{206}Pb$ が±0.0003；$^{208}Pb/^{206}Pb$ が±0.0006 程度である。
4) 数値表の「文献」番号は末尾の引用文献番号に対応しており、データの出典を示す。文献が記されていないデータは初出。
5) 鉛同位体比値は6つの種別に分類してまとめた。
　　1　仏像など　　　　2　経筒・梵鐘　　　　3　石見銀山資料
　　4　鉛玉　　　　　　5　華南三彩とコンタツ　6　円錐形鉛塊と関連資料

表 1 仏像など

No.	資料名	所在・出土地	遺跡・所蔵など	文献	年代	206Pb/204Pb	207Pb/204Pb	208Pb/204Pb	207Pb/206Pb	208Pb/206Pb	分析番号
1	火熨斗	長野県北佐久郡御代田町	川原田遺跡	1	10世紀初	18.436	15.630	38.570	0.8478	2.0921	SG84
2	火熨斗	栃木県河内郡上三川町	多功南原遺跡	2	9世紀	18.431	15.626	38.526	0.8478	2.0903	SG87
3	火熨斗	埼玉県和光市	花の木遺跡	2	9世紀後半	18.450	15.614	38.491	0.8463	2.0863	SG85
4	火熨斗	埼玉県天童市	中堀遺跡	2	平安時代	18.425	15.615	38.531	0.8475	2.0912	SG86
5	火熨斗	東京都日野市	落川遺跡	3	平安時代	18.436	15.610	38.535	0.8467	2.0902	CP298
6	火熨斗	長野県塩尻市	和手遺跡	4	平安時代	18.420	15.608	38.524	0.8473	2.0914	CP900
7	鞘尻	茨城県結城市	下り松遺跡	5	平安時代	18.416	15.607	38.519	0.8475	2.0916	CP970
8	地蔵菩薩	茨城県結城市	下り松遺跡	5	平安時代	18.426	15.622	38.571	0.8478	2.0933	CP939
9	聖観音菩薩	茨城県結城市	下り松遺跡	5	平安時代	18.425	15.621	38.563	0.8478	2.0930	CP940
10	天部立像	茨城県つくば市島名	熊の山遺跡	6	平安時代	18.422	15.616	38.553	0.8477	2.0928	―
11	和鏡	茨城県取手市大字下高井	下高井向原Ⅰ遺跡	7	平安時代	18.410	15.602	38.517	0.8475	2.0922	―
12	和鏡	埼玉県大里郡江南町	寺内遺跡	8	平安時代	18.414	15.611	38.533	0.8478	2.0926	―
13	観音菩薩立像	茨城県結城郡千代川村	村岡・本田屋敷遺跡	9	12世紀	18.524	15.647	38.806	0.8447	2.0949	―
14	青銅片（1）	栃木県河内郡上三川町	多功南原遺跡 表土	10	平安時代	18.473	15.591	38.566	0.8440	2.0877	HS655
15	青銅片（2）	栃木県河内郡上三川町	多功南原遺跡 住居跡	10	平安時代	18.413	15.605	38.505	0.8475	2.0912	HS656
16	丸鞆（1）	栃木県河内郡上三川町	多功南原遺跡 住居跡	10	平安時代	18.425	15.619	38.560	0.8477	2.0928	HS658
17	丸鞆（2）	栃木県河内郡上三川町	多功南原遺跡 柱穴内	10	平安時代	18.430	15.603	38.506	0.8466	2.0893	HS659
18	耳環（1右）	栃木県河内郡上三川町	多功南原遺跡 塞穴内	10	平安時代	18.193	15.604	38.646	0.8577	2.1242	HS660
19	耳環（1左）	栃木県河内郡上三川町	多功南原遺跡 塞穴内	10	平安時代	18.962	15.735	39.972	0.8298	2.1080	HS661
20	耳環（2）	栃木県河内郡上三川町	多功南原遺跡 住居跡	10	平安時代	18.768	15.698	39.206	0.8364	2.0890	HS662
21	鉱滓2	神奈川県鎌倉市長谷	鎌倉大仏周辺遺構3区1面	11	鎌倉時代	18.320	15.682	38.798	0.8560	2.1178	HS969
22	鉱滓3	神奈川県鎌倉市長谷	鎌倉大仏周辺遺構3区岩盤上	11	鎌倉時代	18.321	15.686	38.813	0.8562	2.1185	HS970
23	鉱滓4	神奈川県鎌倉市長谷	鎌倉大仏周辺遺構3区岩盤上	11	鎌倉時代	18.315	15.683	38.806	0.8563	2.1188	HS971
24	鉱滓5	神奈川県鎌倉市長谷	鎌倉大仏周辺遺構3区岩盤上	11	鎌倉時代	18.305	15.675	38.772	0.8563	2.1181	HS972
25	不動明王立像	奈良県吉野郡上北山村笙ノ窟	銅造不動明王立像脚部	12	鎌倉時代	18.331	15.667	38.759	0.8547	2.1144	CP290
26	和鏡	茨城県筑波郡谷和原村	前田村遺跡	13	1252	18.325	15.675	38.782	0.8554	2.1164	KP098
27	鎌倉大仏	神奈川県鎌倉市長谷（高徳院）	大仏首周辺部分	14	1252	18.315	15.677	38.793	0.8560	2.1181	CP66
28	雲版	埼玉県飯能市	長光寺	15	1313	18.340	15.706	38.879	0.8564	2.1199	―
29	雲版	神奈川県鎌倉市	国宝館	15	鎌倉時代	18.304	15.666	38.751	0.8559	2.1171	―
30	雲版	神奈川県鎌倉市	妙本寺	15	1337	18.301	15.658	38.732	0.8556	2.1164	―
31	雲版	埼玉県比企郡鳩山町	円正寺	15	1371	18.323	15.672	38.790	0.8553	2.1170	―

186

32	雲版	山梨県北都留郡上野原町	保福寺		15	1373			18.328	15.685	38.824	0.8558	2.1183	
33	雲版	東京都板橋区	円福寺		15	1391			18.439	15.634	38.748	0.8479	2.1014	
34	雲版	宮崎県東臼杵郡	大雄寺		15	1391			18.352	15.676	38.822	0.8542	2.1154	
35	雲版	埼玉県北埼玉郡川里村	雲祥寺		15	1394			18.326	15.678	38.811	0.8555	2.1178	
36	漆箱、覆輪		個人蔵			室町			18.479	15.600	38.577	0.8442	2.0876	CP438
37	鞍金具		個人蔵			室町			18.292	15.722	38.715	0.8595	2.1165	CP896
38	鎧の根割り		個人蔵			室町			18.473	15.711	38.954	0.8505	2.1087	KP1486
39	鎧の根割り		個人蔵			室町			18.391	15.640	38.790	0.8504	2.1092	KP1604
40	鎧の根割り		個人蔵			室町中期			18.451	15.621	38.757	0.8466	2.1005	KP2077
41	鎧の根割り		個人蔵			室町中期			18.484	15.600	38.611	0.8440	2.0889	KP2078
42	鎧の根割り		個人蔵			室町中期			18.433	15.609	38.639	0.8468	2.0962	KP2081
43	鎧の根割り		個人蔵			室町中～末			18.375	15.679	38.842	0.8533	2.1139	KP2075
44	鎧の根割り		個人蔵			室町末			18.466	15.600	38.599	0.8448	2.0903	KP2080
45	湖州鏡	大分県宇佐市	妙楽寺	経筒発掘時表採	16	平安-鎌倉			18.341	15.673	38.894	0.8545	2.1205	BP4066

表 2　経筒・梵鐘

No.	資料名	所在・出土地	遺跡・所蔵など	年代	文献	206Pb/204Pb	207Pb/204Pb	208Pb/204Pb	207Pb/206Pb	208Pb/206Pb	分析番号
1	経筒-筒	大分県豊後大野市緒方	三宮神社	平安-鎌倉		18.422	15.621	38.628	0.8480	2.0969	BP5592
2	経筒-蓋	大分県豊後大野市緒方	三宮神社	平安-鎌倉		18.428	15.632	38.661	0.8483	2.0980	BP5593
3	経筒-底	大分県豊後大野市緒方	三宮神社	平安-鎌倉		18.422	15.609	38.559	0.8473	2.0931	BP5594
4	経筒-筒	福岡県築上郡上毛町	経塚山経塚	1130-1140?		18.372	15.650	38.737	0.8518	2.1085	BP5595
5	経筒-底	福岡県築上郡上毛町	経塚山経塚	1130-1140?		18.375	15.662	38.777	0.8523	2.1103	BP5596
6	経筒-蓋	福岡県築上郡上毛町	経塚山経塚	1130-1140?		18.389	15.651	38.738	0.8511	2.1066	BP5597
7	経筒1-筒	福岡県京都郡みやこ町	下田経塚	1127		18.458	15.650	38.932	0.8479	2.1092	BP5598
8	経筒1-蓋	福岡県京都郡みやこ町	下田経塚	1127		18.450	15.643	38.887	0.8479	2.1077	BP5599
9	経筒1-底	福岡県京都郡みやこ町	下田経塚	1127		18.427	15.626	38.757	0.8480	2.1032	BP5600
10	経筒2-蓋	福岡県京都郡みやこ町	下田経塚	平安-鎌倉		18.356	15.663	38.765	0.8533	2.1119	BP5601
11	経筒2-筒	福岡県京都郡みやこ町	下田経塚	平安-鎌倉		18.367	15.669	38.836	0.8531	2.1144	BP5602
12	経筒2-底	福岡県京都郡みやこ町	下田経塚	平安-鎌倉		18.368	15.668	38.837	0.8530	2.1144	BP5603
13	経筒-蓋	福岡県八王子経塚	福岡県北九州市いのちのたび博物館	1139		18.356	15.690	38.874	0.8548	2.1178	BP5604
14	経筒-筒	福岡県八王子経塚	福岡県北九州市いのちのたび博物館	1139		18.321	15.675	38.802	0.8556	2.1179	BP5605

No.	資料名	所在・出土地	遺跡・所蔵など	文献	年代	206Pb/204Pb	207Pb/204Pb	208Pb/204Pb	207Pb/206Pb	208Pb/206Pb	分析番号
15	経筒-相輪	不明	福岡県北九州市いのちのたび博物館		平安-鎌倉	18.317	15.690	38.900	0.8566	2.1238	BP5606
16	経筒-蓋	不明	福岡県北九州市いのちのたび博物館		平安-鎌倉	18.366	15.691	38.900	0.8543	2.1181	BP5607
17	経筒-1段目	不明	福岡県北九州市いのちのたび博物館		平安-鎌倉	18.341	15.682	38.850	0.8550	2.1182	BP5608
18	経筒-2段目	不明	福岡県北九州市いのちのたび博物館		平安-鎌倉	18.322	15.669	38.796	0.8552	2.1174	BP5609
19	経筒-3段目	不明	福岡県北九州市いのちのたび博物館		平安-鎌倉	18.340	15.682	38.835	0.8550	2.1175	BP5610
20	経筒-底	不明	福岡県北九州市いのちのたび博物館		平安-鎌倉	18.316	15.684	38.882	0.8563	2.1228	BP5611
21	経筒-相輪	福岡県宝満山	福岡県北九州市いのちのたび博物館		平安-鎌倉	18.308	15.669	38.793	0.8558	2.1189	BP5612
22	経筒-蓋	福岡県宝満山	福岡県北九州市いのちのたび博物館		平安-鎌倉	18.524	15.647	38.900	0.8447	2.1000	BP5613
23	経筒-1段目	福岡県宝満山	福岡県北九州市いのちのたび博物館		平安-鎌倉	18.417	15.707	38.917	0.8529	2.1131	BP5614
24	経筒-2段目	福岡県宝満山	福岡県北九州市いのちのたび博物館		平安-鎌倉	18.409	15.697	38.888	0.8527	2.1125	BP5615
25	経筒-3段目	福岡県宝満山	福岡県北九州市いのちのたび博物館		平安-鎌倉	18.421	15.714	38.938	0.8531	2.1138	BP5616
26	経筒-4段目	福岡県宝満山	福岡県北九州市いのちのたび博物館		平安-鎌倉	18.416	15.704	38.908	0.8528	2.1127	BP5617
27	経筒-底	福岡県宝満山	福岡県北九州市いのちのたび博物館		平安-鎌倉	18.388	15.701	38.890	0.8539	2.1150	BP5618
28	経筒-筒	福岡県宮若市	平山経塚		1138	18.316	15.659	38.780	0.8549	2.1173	BP5620
29	経筒-底	福岡県宮若市	平山経塚		1138	18.277	15.645	38.699	0.8560	2.1173	BP5621
30	経塚経筒-筒	福岡県八女市	城の谷経塚		平安-鎌倉	18.388	15.658	38.764	0.8515	2.1080	BP5622
31	経塚経筒-蓋	福岡県八女市	城の谷経塚		平安-鎌倉	18.390	15.639	38.699	0.8504	2.1044	BP5623
32	経筒-上	宮崎県児湯郡新富町	栗別府経塚		平安-鎌倉	18.331	15.665	38.792	0.8546	2.1162	BP5624
33	経筒-下	宮崎県児湯郡新富町	栗別府経塚		平安-鎌倉	18.358	15.677	38.845	0.8539	2.1159	BP5625
34	経筒-蓋	宮崎県新富町	竹淵経塚		平安-鎌倉	18.341	15.690	38.847	0.8554	2.1181	BP5626
35	経筒-筒	宮崎県新富町	竹淵経塚		平安-鎌倉	18.335	15.682	38.828	0.8553	2.1177	BP5627
36	経筒-底	宮崎県新富町	竹淵経塚		平安-鎌倉	18.330	15.679	38.823	0.8554	2.1180	BP5628
37	経筒	鹿児島県下岡	東博番号 14830	17	1105	18.419	15.612	38.538	0.8476	2.0923	HS399
38	経筒	福岡県永満寺字宅間	東博番号 15227	17	1113	18.449	15.689	38.538	0.8504	2.1072	HS398
39	経筒	福岡県永満寺字宅間	東博番号 15225	17	1115	18.435	15.631	38.538	0.8479	2.1023	HS397
40	経筒	京都府八幡庄鳩ヶ峯山頂	東博番号 14419	17	1116	18.423	15.612	38.538	0.8474	2.0931	HS626
41	経筒	福岡県金山谷前ベラ山	東博番号 14578	17	1118	18.435	15.635	38.538	0.8481	2.0951	HS392
42	経筒	福岡県北九州市蒲生山字ハリマ	東博番号 14552	17	1118	18.421	15.619	38.538	0.8479	2.0933	HS628
43	経筒	大分県下毛郡山ノ下	東博番号 15514	17	1118	18.453	15.656	38.538	0.8484	2.0976	HS393
44	経筒	茨城県東城郡薬師脇	東博番号 14356	17	1122	18.421	15.615	38.538	0.8477	2.0935	HS401
45	経筒	福岡県嘉穂郡碓井町平山	東博番号 14531	17	1123	18.416	15.641	38.538	0.8493	2.1010	HS404

46	経筒	茨城県東城寺字薬師脇	東博番号 14357	17	1124	18.450	15.644	38.538	0.8479	2.0979	HS394
47	経筒	福岡県柏屋郡観音合	東博番号 14720	17	1125	18.376	15.688	38.538	0.8537	2.1147	HS396
48	経筒	千葉県香取郡谷合	東博番号 15521	17	1129	18.444	15.653	38.538	0.8487	2.1006	HS389
49	経筒	山形県南陽市所山	東博番号 14394	17	1140	18.417	15.631	38.538	0.8487	2.0982	HS395
50	経筒	福岡県太宰府町原	東博番号 14521	17	1152	18.413	15.704	38.538	0.8529	2.1136	HS538
51	経筒	京都府花背別所町	東博番号 15177	17	1153	18.325	15.681	38.538	0.8557	2.1179	HS627
52	経筒	東京都白山神社	東博番号 15138	17	1154	18.447	15.638	38.538	0.8477	2.0968	HS390
53	経筒	長野県埴科坂城町上手	東博番号 14385	17	1156	18.359	15.671	38.538	0.8536	2.1122	HS403
54	経筒	福岡県太宰府町原	東博番号 14522	17	1165	18.361	15.693	38.538	0.8547	2.1169	HS542
55	経筒	静岡県吉原市千鳥道	東博番号 14796	17	1168	18.341	15.687	38.538	0.8553	2.1175	HS391
56	経筒	大阪府出野若宮八幡宮	東博番号 14495	17	1181	18.443	15.665	38.538	0.8494	2.1068	HS405
57	経筒	埼玉県利仁神社境内	東博番号 14400	17	1196	18.319	15.676	38.538	0.8557	2.1175	HS400
58	経筒破片	福岡県宗像市	道路工事中に発見	18	平安-鎌倉	18.348	15.690	38.860	0.8552	2.1180	不明
59	経筒 1 筒上蓋	大分県宇佐市	妙楽寺	16	平安-鎌倉	18.404	15.649	38.747	0.8503	2.1053	不明
60	経筒 1 筒上 1 番蓋	大分県宇佐市	妙楽寺	16	平安-鎌倉	18.396	15.641	38.719	0.8502	2.1047	不明
61	経筒 1 筒上 1 番底	大分県宇佐市	妙楽寺	16	平安-鎌倉	18.372	15.696	38.857	0.8543	2.1150	不明
62	経筒 2 筒上蓋	大分県宇佐市	妙楽寺	16	平安-鎌倉	18.375	15.677	38.836	0.8531	2.1134	不明
63	経筒 2 筒上	大分県宇佐市	妙楽寺	16	平安-鎌倉	18.396	15.698	38.903	0.8533	2.1147	不明
64	経筒 2 筒底	大分県宇佐市	妙楽寺	16	平安-鎌倉	18.373	15.674	38.859	0.8531	2.1150	不明
65	経筒 3 鈕	大分県杵築市	東光寺経塚	19	平安-鎌倉	18.396	15.687	38.908	0.8527	2.1150	BP4050
66	経筒 3 筒上蓋	大分県杵築市	東光寺経塚	19	平安-鎌倉	18.399	15.690	38.912	0.8527	2.1149	BP4051
67	経筒 3 筒上 1 段目	大分県杵築市	東光寺経塚	19	平安-鎌倉	18.376	15.687	38.869	0.8537	2.1153	BP4052
68	経筒 3 筒上 2 段目	大分県杵築市	東光寺経塚	19	平安-鎌倉	18.384	15.701	38.912	0.8540	2.1166	BP4053
69	経筒 3 筒上 3 段目	大分県杵築市	東光寺経塚	19	平安-鎌倉	18.379	15.695	38.893	0.8540	2.1162	BP4054
70	経筒 3 筒上 4 段目	大分県杵築市	東光寺経塚	19	平安-鎌倉	18.369	15.686	38.866	0.8539	2.1158	BP4055
71	経筒 3 底上	大分県杵築市	東光寺経塚	19	平安-鎌倉	18.352	15.681	38.849	0.8544	2.1168	BP4056
72	経筒 7 筒上半分	大分県杵築市	東光寺経塚	19	平安-鎌倉	18.398	15.688	38.906	0.8527	2.1147	BP4057
73	経筒 7 筒下半分	大分県杵築市	東光寺経塚	19	平安-鎌倉	18.309	15.668	38.807	0.8558	2.1196	BP4058
74	経筒 7 筒底	大分県杵築市	東光寺経塚	19	平安-鎌倉	18.305	15.674	38.825	0.8563	2.1210	BP4059
75	経筒 7 破片 1	大分県杵築市	東光寺経塚	19	平安-鎌倉	18.354	15.681	38.838	0.8543	2.1160	BP4060
76	経筒 7 破片 2	大分県杵築市	東光寺経塚	19	平安-鎌倉	18.350	15.681	38.838	0.8545	2.1165	BP4061
77	経筒 7 破片 3	大分県杵築市	東光寺経塚	19	平安-鎌倉	18.350	15.684	38.850	0.8547	2.1171	BP4062
78	経筒 8 蓋	大分県杵築市	東光寺経塚	19	平安-鎌倉	18.389	15.690	38.894	0.8532	2.1151	BP4063

No.	資料名	所在・出土地	遺跡・所蔵など	文献	年代	206Pb/204Pb	207Pb/204Pb	208Pb/204Pb	207Pb/206Pb	208Pb/206Pb	分析番号
79	経筒8筒	大分県杵築市	東光寺経塚	19	平安-鎌倉	18.375	15.681	38.852	0.8534	2.1144	BP4064
80	経筒8底	大分県杵築市	東光寺経塚	19	平安-鎌倉	18.368	15.664	38.810	0.8528	2.1129	BP4065
81	経筒10筒	大分県杵築市	東光寺経塚	19	平安-鎌倉	18.409	15.609	38.579	0.8479	2.0957	BP4043
82	経筒10底	大分県杵築市	東光寺経塚	19	平安-鎌倉	18.308	15.601	38.575	0.8522	2.1071	BP4044
83	経筒10底	大分県杵築市	東光寺経塚	19	平安-鎌倉	18.412	15.632	38.753	0.8490	2.1048	BP4046
84	経筒11蓋	大分県杵築市	東光寺経塚	19	平安-鎌倉	18.364	15.665	38.780	0.8530	2.1117	BP4047
85	経筒11蓋底	大分県杵築市	東光寺経塚	19	平安-鎌倉	18.372	15.646	38.724	0.8516	2.1078	BP4049
86	経筒1蓋	伝北部九州	大分県立歴史博物館所蔵	18	12世紀	18.416	15.702	38.889	0.8526	2.1117	BP4007
87	経筒1筒上1段目	伝北部九州	大分県立歴史博物館所蔵	18	12世紀	18.406	15.706	38.894	0.8533	2.1131	BP4008
88	経筒1筒上2段目	伝北部九州	大分県立歴史博物館所蔵	18	12世紀	18.394	15.717	38.937	0.8545	2.1169	BP4009
89	経筒1筒上3段目	伝北部九州	大分県立歴史博物館所蔵	18	12世紀	18.424	15.712	38.939	0.8528	2.1135	BP4010
90	経筒1筒上4段目	伝北部九州	大分県立歴史博物館所蔵	18	12世紀	18.403	15.705	38.890	0.8534	2.1133	BP4011
91	経筒1底	伝北部九州	大分県立歴史博物館所蔵	18	12世紀	18.370	15.693	38.842	0.8543	2.1144	BP4012
92	経筒1鈕	伝北部九州	大分県立歴史博物館所蔵	18	12世紀	18.355	15.689	38.839	0.8548	2.1160	BP4013
93	経筒2蓋	伝北部九州	大分県立歴史博物館所蔵	18	12世紀	18.358	15.699	38.884	0.8552	2.1181	BP4014
94	経筒2筒上1番目	伝北部九州	大分県立歴史博物館所蔵	18	12世紀	18.385	15.708	38.947	0.8544	2.1184	BP4015
95	経筒2筒上2番目	伝北部九州	大分県立歴史博物館所蔵	18	12世紀	18.390	15.695	38.934	0.8535	2.1171	BP4016
96	経筒2底	伝北部九州	大分県立歴史博物館所蔵	18	12世紀	18.362	15.685	38.860	0.8542	2.1163	BP4017
97	経筒3蓋	伝大分市九六位山	大分県立歴史博物館所蔵	18	12世紀	18.427	15.642	38.728	0.8489	2.1016	BP4018
98	経筒3筒	伝大分市九六位山	大分県立歴史博物館所蔵	18	12世紀	18.396	15.609	38.618	0.8486	2.0993	BP4019
99	経筒3底	伝大分市九六位山	大分県立歴史博物館所蔵	18	12世紀	18.346	15.634	38.801	0.8534	2.1130	BP4020
100	経筒4筒	伝宇佐市御許山	大分県立歴史博物館所蔵	18	平安-鎌倉	18.331	15.593	38.535	0.8507	2.1002	BP4021
101	経筒4底	伝宇佐市御許山	大分県立歴史博物館所蔵	18	平安-鎌倉	18.419	15.626	38.663	0.8484	2.0991	BP4022
102	経筒5蓋	伝宇佐市御許山	大分県立歴史博物館所蔵	18	平安-鎌倉	17.300	15.504	37.231	0.8963	2.1501	BP4023
103	経筒5底	伝宇佐市御許山	大分県立歴史博物館所蔵	18	平安-鎌倉	17.245	15.507	37.185	0.8993	2.1543	BP4024
104	経筒6蓋	伝宇佐市御許山	大分県立歴史博物館所蔵	18	平安-鎌倉	18.304	15.654	38.739	0.8552	2.1164	BP4027
105	経筒6底	伝宇佐市御許山	大分県立歴史博物館所蔵	18	平安-鎌倉	18.320	15.655	38.751	0.8545	2.1152	BP4028
106	経筒6底	伝宇佐市御許山	大分県立歴史博物館所蔵	18	平安-鎌倉	18.304	15.647	38.722	0.8548	2.1155	BP4029
107	経筒7筒	伝国東	大分県立歴史博物館所蔵	18	12世紀	18.095	15.591	38.474	0.8616	2.1261	BP4030
108	経筒7筒	伝国東	大分県立歴史博物館所蔵	18	12世紀	18.278	15.631	38.627	0.8552	2.1133	BP4031
109	経筒7底	伝国東	大分県立歴史博物館所蔵	18	12世紀	18.125	15.609	38.562	0.8612	2.1276	BP4032
110	経筒8筒	伝国東町清浄光寺	大分県立歴史博物館所蔵	18	12世紀	18.394	15.648	38.798	0.8507	2.1093	BP4033
111	経筒8底	伝国東町清浄光寺	大分県立歴史博物館所蔵	18	12世紀	18.407	15.611	38.576	0.8481	2.0958	BP4034

112	梵鐘		大分県宇佐市	大楽寺		1382		18.329	15.682	38.808	0.8556	2.1173	BP5392
113	梵鐘		島根県安来市	清水寺		1438		18.331	15.675	38.790	0.8551	2.1161	BP5629
114	梵鐘		京都市上京区	引接寺		1488		18.251	15.629	38.582	0.8563	2.1139	BP5425
115	梵鐘		京都府福知山市	天寧寺		1521		18.280	15.548	38.339	0.8505	2.0973	BP5426

表 3 石見銀山資料

No.	資料名	所在・出土地	遺跡・所蔵など	年代	206Pb/204Pb	207Pb/204Pb	208Pb/204Pb	207Pb/206Pb	208Pb/206Pb	分析番号	資料提供
1	スラグ-1	島根県太田市	伝栃畑谷	16C以降	18.351	15.606	38.542	0.8504	2.1005	BP2803	石見銀山資料館資料提供 (2009)
2	スラグ-2	島根県太田市	伝栃畑谷	16C以降	18.318	15.582	38.503	0.8506	2.1021	BP2804	石見銀山資料館資料提供 (2009)
3	スラグ-3	島根県太田市	伝栃畑谷	16C以降	18.276	15.579	38.512	0.8524	2.1075	BP2805	石見銀山資料館資料提供 (2009)
4	スラグ-4	島根県太田市	伝栃畑谷	16C以降	18.269	15.558	38.422	0.8516	2.1034	BP2806	石見銀山資料館資料提供 (2009)
5	スラグ-5	島根県太田市	伝栃畑谷	16C以降	18.266	15.563	38.427	0.8520	2.1039	BP2807	石見銀山資料館資料提供 (2009)
6	スラグ-6	島根県太田市	伝栃畑谷	16C以降	18.268	15.560	38.426	0.8518	2.1037	BP2808	石見銀山資料館資料提供 (2009)
7	スラグ-7	島根県太田市	伝栃畑谷	16C以降	18.297	15.597	38.541	0.8523	2.1064	BP2809	石見銀山資料館資料提供 (2009)
8	スラグ-8	島根県太田市	伝栃畑谷	16C以降	18.270	15.563	36.736	0.8518	2.1037	BP2810	石見銀山資料館資料提供 (2009)
9	スラグ-9	島根県太田市	伝栃畑谷	16C以降	18.249	15.548	38.395	0.8520	2.1039	BP2811	石見銀山資料館資料提供 (2009)
10	スラグ-10	島根県太田市	不明	16C以降	18.272	15.567	38.459	0.8520	2.1048	BP2812	石見銀山資料館資料提供 (2009)
11	スラグ-11	島根県太田市	不明	16C以降	18.272	15.567	38.455	0.8520	2.1046	BP2813	石見銀山資料館資料提供 (2009)
12	スラグ-12	島根県太田市	伝上市場	16C以降	18.297	15.606	38.454	0.8529	2.1058	BP2814	石見銀山資料館資料提供 (2009)
13	スラグ-13	島根県太田市	伝上市場	16C以降	18.373	15.636	38.658	0.8510	2.1040	BP2815	石見銀山資料館資料提供 (2009)
14	スラグ-14	島根県太田市	伝上市場	16C以降	18.275	15.567	38.452	0.8518	2.1040	BP2816	石見銀山資料館資料提供 (2009)
15	スラグ-15	島根県太田市	伝上市場	16C以降	18.295	15.603	38.459	0.8529	2.1019	BP2817	石見銀山資料館資料提供 (2009)
16	スラグ-16	島根県太田市	伝上市場	16C以降	18.346	15.622	38.606	0.8515	2.1042	BP2818	石見銀山資料館資料提供 (2009)
17	スラグ-17	島根県太田市	伝出土谷	16C以降	18.263	15.557	38.426	0.8519	2.1040	BP2819	石見銀山資料館資料提供 (2009)
18	スラグ-18	島根県太田市	伝出土谷	16C以降	18.271	15.567	38.457	0.8520	2.1048	BP2820	石見銀山資料館資料提供 (2009)
19	スラグ-19	島根県太田市	伝出土谷	16C以降	18.276	15.571	38.470	0.8520	2.1049	BP2821	石見銀山資料館資料提供 (2009)
20	スラグ-20	島根県太田市	伝宮ノ前	16C以降	18.340	15.576	38.463	0.8493	2.0971	BP2822	石見銀山資料館資料提供 (2009)
21	スラグ-21	島根県太田市	伝宮ノ前	16C以降	18.268	15.562	38.438	0.8518	2.1040	BP2823	石見銀山資料館資料提供 (2009)
22	スラグ-22	島根県太田市	伝城上神社	16C以降	18.328	15.597	38.526	0.8510	2.1020	BP2824	石見銀山資料館資料提供 (2009)
23	スラグ-23	島根県太田市	伝城上神社	16C以降	18.320	15.595	38.517	0.8520	2.1042	BP2825	石見銀山資料館資料提供 (2009)
24	カラミ-1	島根県太田市	大屋鉱山(個人蔵)	現代	18.288	15.577	38.451	0.8517	2.1024	BP5801	石見銀山資料館資料提供 (2011)
25	カラミ-2	島根県太田市	大屋鉱山(個人蔵)	現代	18.282	15.571	38.432	0.8517	2.1021	BP5802	石見銀山資料館資料提供 (2011)

No.	資料名	所在・出土地	遺跡・所蔵など	年代	206Pb/204Pb	207Pb/204Pb	208Pb/204Pb	207Pb/206Pb	208Pb/206Pb	分析番号	資料提供
26	カラミ-3	島根県大田市	大屋鉱山（個人蔵）	現代	18.291	15.581	38.465	0.8518	2.1029	BP5803	石見銀山資料館資料提供（2011）
27	ズリ-1	島根県大田市	大屋鉱山（個人蔵）	現代	18.273	15.561	38.400	0.8515	2.1014	BP5804	石見銀山資料館資料提供（2011）
28	ズリ-2	島根県大田市	大屋鉱山（個人蔵）	現代	18.277	15.566	38.417	0.8516	2.1018	BP5805	石見銀山資料館資料提供（2011）
29	方鉛鉱	島根県大田市	大屋鉱山（個人蔵）	現代	18.281	15.570	38.431	0.8517	2.1022	BP5819	石見銀山資料館資料提供（2011）
30	方鉛鉱	島根県邑智郡邑南町	久喜・大林鉱山（個人蔵）	現代	18.413	15.598	38.520	0.8471	2.0919	BP5811	石見銀山資料館資料提供（2011）
31	方鉛鉱	島根県邑智郡邑南町	久喜・大林鉱山（個人蔵）	現代	18.423	15.594	38.509	0.8469	2.0915	BP5813	石見銀山資料館資料提供（2011）
32	カラミ-1	島根県邑智郡邑南町	久喜・大林鉱山（個人蔵）	現代	18.423	15.601	38.533	0.8468	2.0915	BP5814	石見銀山資料館資料提供（2011）
33	カラミ-2	島根県邑智郡邑南町	久喜・大林鉱山（個人蔵）	現代	18.396	15.592	38.483	0.8476	2.0919	BP5815	石見銀山資料館資料提供（2011）
34	脈鉱石	島根県邑智郡邑南町	久喜・大林鉱山（個人蔵）	現代	18.402	15.586	38.472	0.8469	2.0906	BP5816	石見銀山資料館資料提供（2011）
35	方鉛鉱	島根県邑智郡邑南町	久喜・大林鉱山（個人蔵）	現代	18.409	15.592	38.499	0.8469	2.0913	BP5817	石見銀山資料館資料提供（2011）
36	方鉛鉱	島根県大田市	大森鉱山（個人蔵）	現代	18.411	15.619	38.757	0.8484	2.1052	BP5818	石見銀山資料館資料提供（2011）
37	マンガン鉱-3	島根県大田市	石銀展望台（個人蔵）	現代	18.264	15.56	38.437	0.8519	2.1044	BP5822	石見銀山資料館資料提供（2011）
38	方鉛鉱	島根県大田市	大久保間歩（個人蔵）	現代	18.265	15.557	38.422	0.8517	2.1035	BP5823	石見銀山資料館資料提供（2011）
39	方鉛鉱	島根県大田市	石見鉱山（個人蔵）	現代	18.278	15.572	38.433	0.8520	2.1028	BP5824	石見銀山資料館資料提供（2011）
40	方鉛鉱	岡山県高梁市	小泉鉱山（個人蔵）	現代	18.457	15.615	38.597	0.8460	2.0911	BP5825	石見銀山資料館資料提供（2011）

表 4　鉛玉

No.	資料名	所在・出土地	遺跡・所蔵・詳細	番号	時代	文献	206Pb/204Pb	207Pb/204Pb	208Pb/204Pb	207Pb/206Pb	208Pb/206Pb	分析番号
1	鉛玉	奈良県東大寺南大門	文化庁	1	1567	20	18.367	15.623	38.743	0.8506	2.1094	CP431
2	鉛玉	奈良県東大寺南大門	文化庁	2	1567	20	18.266	15.764	38.536	0.8630	2.1097	CP432
3	鉛玉	奈良県東大寺南大門	文化庁	3	1567	20	18.259	15.756	38.503	0.8629	2.1087	CP433
4	鉛玉	岐阜県神岡町	江馬氏下館跡	1	戦国時代	21	18.638	15.775	39.125	0.8463	2.0992	L1802
5	鉛弾丸（大）	福井県福井市	一乗谷朝倉氏遺跡	1	1573	22	18.462	15.743	38.857	0.8527	2.1047	
6	鉛弾丸（小）	福井県福井市	一乗谷朝倉氏遺跡	2	1573	22	18.378	15.728	38.680	0.8558	2.1047	
7	鉛玉	愛知県設楽原（熊谷玉1）	設楽原歴史資料館	1	1575	23	18.492	15.627	38.775	0.8451	2.0968	BP5306
8	鉛玉	愛知県設楽原（熊谷玉2）	設楽原歴史資料館	2	1575	23	18.484	15.619	38.747	0.8450	2.0962	BP5660
9	鉛玉	愛知県設楽原（後藤玉）	設楽原歴史資料館	3	1575	23	18.307	15.786	38.686	0.8623	2.1131	BP5305
10	鉛玉	愛知県設楽原（高橋玉）	設楽原歴史資料館	4	1575	23	18.559	15.756	39.187	0.8490	2.1116	BP5661
11	鉛玉	愛知県設楽原（山田玉1）	設楽原歴史資料館	5	1575	23	18.348	15.608	38.642	0.8506	2.1061	BP5304
12	鉛玉	愛知県設楽原（山田玉2）	設楽原歴史資料館	6	1575	23	18.385	15.613	38.786	0.8492	2.1097	BP5662

13	鉛玉	愛知県設楽原歴史資料館	設楽原歴史資料館	鉄砲玉 (神真鳥玉)	7	1575	23	18.394	15.609	38.700	0.8486	2.1040	BP5307
14	鉛玉	愛知県設楽原 (本田玉3)	設楽原歴史資料館		8	1575	23	18.491	15.624	38.762	0.8449	2.0963	BP5303
15	鉛玉	愛知県設楽原 (石座神社遺跡)	鉄砲玉－1	愛知県埋蔵文化財センター	9	1575	23	18.433	15.620	38.729	0.8474	2.1011	BP5655
16	鉛玉	愛知県設楽原 (石座神社遺跡)	鉄砲玉－2	愛知県埋蔵文化財センター	10	1575	23	18.492	15.628	38.777	0.8451	2.0969	BP5656
17	鉛玉	愛知県設楽原 (石座神社遺跡)	鉄砲玉－3	愛知県埋蔵文化財センター	11	1575	23	18.418	15.591	38.644	0.8465	2.0981	BP5657
18	鉛玉	愛知県設楽原 (石座神社遺跡)	鉄砲玉－4	愛知県埋蔵文化財センター	12	1575	23	18.370	15.590	38.613	0.8487	2.1019	BP5658
19	鉛玉	愛知県設楽原 (石座神社遺跡)	鉄砲玉－5	愛知県埋蔵文化財センター	13	1575	23	18.419	15.575	38.478	0.8456	2.0890	BP5659
20	鉛玉	愛知県長篠城跡	鉄砲玉－7	設楽原歴史資料館	14	1575	23	18.392	15.697	38.662	0.8535	2.1021	BP5309
21	鉛玉	愛知県長篠城跡	鉄砲玉－8	設楽原歴史資料館	15	1575	23	18.489	15.622	38.755	0.8449	2.0962	BP5310
22	鉛玉	愛知県長篠城跡	鉄砲玉－9	設楽原歴史資料館	16	1575	23	18.494	15.629	38.780	0.8451	2.0969	BP5311
23	鉛玉	愛知県長篠城跡	鉄砲玉－10	設楽原歴史資料館	17	1575	23	18.493	15.627	38.774	0.8450	2.0967	BP5312
24	鉛玉	愛知県長篠城跡	鉄砲玉－11	設楽原歴史資料館	18	1575	23	18.701	15.782	39.288	0.8439	2.1008	BP5313
25	鉛玉	愛知県長篠城跡	鉄砲玉－12	設楽原歴史資料館	19	1575	23	18.256	15.756	38.520	0.8631	2.1099	BP5314
26	鉛玉	愛知県長篠城跡	鉄砲玉－13	設楽原歴史資料館	20	1575	23	18.709	15.753	39.287	0.8420	2.0999	BP5315
27	鉛玉	福岡県朝倉市	上秋月四郎丸遺跡 2区SX01		1	戦国時代	24	18.355	15.601	38.642	0.8499	2.1052	BP5861
28	鉛玉	福岡県朝倉市	上秋月四郎丸遺跡 2区SX13		2	戦国時代	24	18.458	15.654	38.966	0.8481	2.1110	BP5862
29	鉛玉	福岡県朝倉市	上秋月四郎丸遺跡 2区SX18		3	戦国時代	24	18.189	15.610	38.677	0.8582	2.1263	BP5863
30	鉛玉	福岡県朝倉市	上秋月四郎丸遺跡 2区SD01		4	戦国時代	24	18.347	15.601	38.636	0.8503	2.1059	BP5864
31	鉛玉	福岡県朝倉市	上秋月四郎丸遺跡 2区SD01		5	戦国時代	24	18.375	15.611	38.678	0.8496	2.1049	BP5865
32	鉛玉	福岡県朝倉市	上秋月四郎丸遺跡 2区SD01		6	戦国時代	24	18.359	15.610	38.660	0.8503	2.1058	BP5866
33	鉛玉	福岡県朝倉市	上秋月四郎丸遺跡 2区SD01		7	戦国時代	24	18.355	15.604	38.640	0.8501	2.1052	BP5867
34	鉛玉	福岡県朝倉市	上秋月四郎丸遺跡 3区SX03		8	戦国時代	24	18.404	15.626	38.798	0.8491	2.1082	BP5868
35	鉛玉	福岡県朝倉市	上秋月四郎丸遺跡 3区SX03		9	戦国時代	24	18.384	15.613	38.684	0.8493	2.1042	BP5869
36	鉛玉	福岡県朝倉市	上秋月四郎丸遺跡 3区SX03		10	戦国時代	24	18.378	15.611	38.673	0.8495	2.1043	BP5870
37	鉛玉	福岡県朝倉市	上秋月四郎丸遺跡 3区SX03		11	戦国時代	24	18.381	15.614	38.682	0.8494	2.1044	BP5871
38	鉛玉	福岡県朝倉市	上秋月四郎丸遺跡 3区SX03		12	戦国時代	24	18.430	15.612	38.617	0.8471	2.0953	BP5871
39	鉛玉	福岡県朝倉市	上秋月四郎丸遺跡 3区SX03		13	戦国時代	24	18.375	15.612	38.683	0.8496	2.1052	BP5872
40	鉛玉	福岡県朝倉市	上秋月四郎丸遺跡 5区南部		14	戦国時代	24	18.429	15.593	38.641	0.8461	2.0967	BP5873
41	鉛玉	福岡県朝倉市	上秋月四郎丸遺跡 5区南部		15	戦国時代	24	18.244	15.748	38.510	0.8631	2.1108	BP5874
42	鉛玉	福岡県朝倉市	上秋月中村前遺跡 1区廃土中		16	戦国時代	24	18.465	15.648	38.951	0.8475	2.1094	BP5875
43	鉛玉	福岡県朝倉市	上秋月中村前遺跡 1区廃土中		17	戦国時代	24	18.461	15.653	38.951	0.8479	2.1099	BP5876
44	鉛玉	福岡県朝倉市	上秋月中村前遺跡 1区廃土中		18	戦国時代	24	18.430	15.639	38.876	0.8486	2.1094	BP5877
45	鉛玉	福岡県朝倉市	上秋月中村前遺跡 1区廃土中		19	戦国時代	24	18.469	15.654	38.975	0.8476	2.1103	BP5878
46	鉛玉	福岡県朝倉市	上秋月中村前遺跡18区S1803		20	戦国時代	24	18.429	15.576	38.528	0.8452	2.0906	BP5879

No.	資料名	所在・出土地	遺跡・所蔵・詳細	番号	時代	文献	206Pb/204Pb	207Pb/204Pb	208Pb/204Pb	207Pb/206Pb	208Pb/206Pb	分析番号
47	鉛玉	福岡県朝倉市	黒川院13次調査3層上	21	戦国時代	24	18.236	15.611	38.681	0.8560	2.1211	BP5880
48	鉄砲玉	大分県大分市大友氏遺跡	大友第28次調査区(M-17区 No.14)	1	戦国時代	25	18.310	15.632	38.865	0.8538	2.1227	BP1036
49	鉄砲玉	大分県大分市大友氏遺跡	大友館2次	2	戦国時代	26	18.245	15.747	38.485	0.8631	2.1094	BPA1024
50	鉛玉	大分県大分市大友氏遺跡	大友20次C	3	戦国時代	27	18.346	15.597	38.623	0.8502	2.1052	BP1247
51	鉛玉1	大分県大分市大友氏遺跡	大友5次 A98B 1回目(実No.179)	4	戦国時代	28	18.473	15.656	38.987	0.8475	2.1105	BP1220
52	鉛玉2	大分県大分市大友氏遺跡	大友8次 SK5 No.7	5	戦国時代	28	18.442	15.613	38.577	0.8466	2.0918	BP1221
53	鉛玉3	大分県大分市大友氏遺跡	大友7次 II層 G区 S751	6	戦国時代	28	18.265	15.724	38.518	0.8609	2.1088	BP1222
54	鉛玉6	大分県大分市大友氏遺跡	大友18次 IV区 K14 5層 No.6	7	戦国時代	28	18.336	15.583	38.579	0.8498	2.1040	BP1223
55	鉛玉7	大分県大分市大友氏遺跡	大友18次 IV区 L14 No.8 5層	8	戦国時代	28	18.335	15.580	38.572	0.8498	2.1038	BP1224
56	鉛玉8	大分県大分市大友氏遺跡	大友18次 IV区 L14 No.57	9	戦国時代	28	18.051	15.657	38.147	0.8674	2.1133	BP1225
57	鉛玉9	大分県大分市大友氏遺跡	大友18次 IV区 L15 No.1	10	戦国時代	28	18.397	15.614	38.759	0.8487	2.1068	BP1226
58	鉛玉10	大分県大分市大友氏遺跡	大友18次 IV区 K15 3〜4層 No.2	11	戦国時代	28	18.401	15.614	38.768	0.8485	2.1068	BP1227
59	鉛玉11	大分県大分市大友氏遺跡	大友18次 IV区 L14 No.119	12	戦国時代	28	18.247	15.743	38.481	0.8628	2.1089	BP1228
60	鉛玉12	大分県大分市大友氏遺跡	大友18次 IV区 K16 整地層	13	戦国時代	28	18.688	15.749	39.085	0.8427	2.0914	BP1229
61	鉛玉16	大分県大分市大友氏遺跡	大友9次 III区 25層	14	戦国時代	28	18.414	15.564	38.532	0.8452	2.0926	BP1230
62	鉛玉17	大分県大分市大友氏遺跡		15	戦国時代	29	18.328	15.670	38.785	0.8550	2.1161	BP1231
63	火縄銃玉	大分県大分市大友氏遺跡	大友79次	16	戦国時代	29	18.453	15.608	38.573	0.8458	2.0903	BP1446
64	鉛玉	大分県大分市大友氏遺跡	大友77次No.135	17	戦国時代	29	18.230	15.744	38.462	0.8635	2.1099	BP1448
65	鉄砲玉	大分県大分市大友氏遺跡	町53次 S200-3 9-M11 P-102	18	戦国時代	29	18.421	15.711	38.848	0.8529	2.1089	BP1330
66	鉄砲玉	大分県大分市大友氏遺跡	町39次 暗灰褐土	19	戦国時代	29	18.557	15.692	38.945	0.8456	2.0986	BP1367
67	鉛玉	大分県大分市大友氏遺跡	大友18次 IV区 L14 5層 No.6	20	戦国時代	29	18.336	15.583	38.579	0.8498	2.1040	BP1223
68	鉛銃弾	大分県大分市大友氏遺跡	大友41次	21	戦国時代	30	18.231	15.745	38.464	0.8636	2.1098	BP5322
69	鉛銃弾	大分県大分市大友氏遺跡	大友41次	22	戦国時代	30	18.303	15.592	38.626	0.8519	2.1104	BP5323
70	鉛銃弾(扁平)	大分県大分市大友氏遺跡	大友41次	23	戦国時代	30	18.483	15.704	39.012	0.8497	2.1108	BP5324
71	鉄砲玉1	熊本県和水町	田中城跡	1	1587	31	18.247	15.750	38.497	0.8632	2.1097	BPA5006
72	鉄砲玉2	熊本県和水町	田中城跡	2	1587	31	18.447	15.600	38.551	0.8457	2.0899	BPA5007
73	鉄砲玉3	熊本県和水町	田中城跡	3	1587	31	18.244	15.745	38.478	0.8630	2.1091	BPA5008
74	鉄砲玉4	熊本県和水町	田中城跡	4	1587	31	19.130	15.805	39.607	0.8262	2.0704	BPA5009
75	鉄砲玉5	熊本県和水町	田中城跡	5	1587	31	18.451	15.609	38.578	0.8460	2.0908	BPA5010
76	鉄砲玉6	熊本県和水町	田中城跡	6	1587	31	18.458	15.614	38.598	0.8459	2.0911	BPA5011
77	鉄砲玉7	熊本県和水町	田中城跡	7	1587	31	18.407	15.607	38.559	0.8479	2.0948	BPA5012
78	鉄砲玉8	熊本県和水町	田中城跡	8	1587	31	18.455	15.614	38.596	0.8461	2.0913	BPA5013

79	鉄砲玉9	熊本県和水町	田中城跡		9	1587	31	18.487	15.676	39.050	0.8479	2.1123	BPA5014
80	鉄砲玉10	熊本県和水町	田中城跡		10	1587	31	18.436	15.742	38.948	0.8539	2.1126	BPA5015
81	鉄砲玉11	熊本県和水町	田中城跡		11	1587	31	18.274	15.785	38.607	0.8638	2.1127	BPA5016
82	鉄砲玉12	熊本県和水町	田中城跡		12	1587	31	18.420	15.680	38.833	0.8512	2.1082	BPA5017
83	鉄砲玉13	熊本県和水町	田中城跡		13	1587	31	18.274	15.735	38.672	0.8611	2.1162	BPA5018
84	鉄砲玉14	熊本県和水町	田中城跡		14	1587	31	18.254	15.751	38.504	0.8629	2.1093	BPA5019
85	鉄砲玉15	熊本県和水町	田中城跡		15	1587	31	18.249	15.755	38.507	0.8633	2.1102	BPA5020
86	鉄砲玉16	熊本県和水町	田中城跡		16	1587	31	18.409	15.613	38.530	0.8481	2.0930	BPA5021
87	鉄砲玉17	熊本県和水町	田中城跡		17	1587	31	18.458	15.615	38.600	0.8459	2.0912	BPA5022
88	鉄砲玉18	熊本県和水町	田中城跡		18	1587	31	18.233	15.747	38.472	0.8637	2.1100	BPA5023
89	鉄砲玉19	熊本県和水町	田中城跡		19	1587	31	18.241	15.745	38.477	0.8632	2.1094	BPA5024
90	鉄砲玉20	熊本県和水町	田中城跡		20	1587	31	18.458	15.615	38.599	0.8460	2.0912	BPA5025
91	鉄砲玉21	熊本県和水町	田中城跡		21	1587	31	18.243	15.746	38.483	0.8631	2.1094	BPA5026
92	鉄砲玉22	熊本県和水町	田中城跡		22	1587	31	18.428	15.601	38.514	0.8466	2.0899	BPA5027
93	鉄砲玉23	熊本県和水町	田中城跡		23	1587	31	18.456	15.615	38.603	0.8461	2.0917	BPA5028
94	鉄砲玉24	熊本県和水町	田中城跡		24	1587	31	18.226	15.732	38.427	0.8632	2.1083	BPA5029
95	鉄砲玉25	熊本県和水町	田中城跡		25	1587	31	18.413	15.606	38.528	0.8475	2.0924	BPA5030
96	鉄砲玉26	熊本県和水町	田中城跡		26	1587	31	18.212	15.707	38.352	0.8624	2.1059	BPA5031
97	鉄砲玉27	熊本県和水町	田中城跡		27	1587	31	18.429	15.725	38.896	0.8532	2.1106	BPA5032
98	鉄砲玉28	熊本県和水町	田中城跡		28	1587	31	18.438	15.593	38.532	0.8457	2.0898	BPA5033
99	鉄砲玉29	熊本県和水町	田中城跡		29	1587	31	18.426	15.576	38.469	0.8453	2.0878	BPA5034
100	鉄砲玉30	熊本県和水町	田中城跡		30	1587	31	18.362	15.543	38.368	0.8464	2.0895	BPA5035
101	鉄砲玉31	熊本県和水町	田中城跡		31	1587	31	18.254	15.730	38.464	0.8617	2.1072	BPA5036
102	鉄砲玉32	熊本県和水町	田中城跡		32	1587	31	18.261	15.746	38.511	0.8623	2.1089	BPA5037
103	鉄砲玉33	熊本県和水町	田中城跡		33	1587	31	18.227	15.727	38.415	0.8628	2.1076	BPA5038
104	鉄砲玉34	熊本県和水町	田中城跡		34	1587	31	18.254	15.737	38.479	0.8621	2.1080	BPA5039
105	鉄砲玉35	熊本県和水町	田中城跡		35	1587	31	18.418	15.632	38.665	0.8487	2.0993	BPA5040
106	鉄砲玉36	熊本県和水町	田中城跡		36	1587	31	18.685	15.773	39.180	0.8442	2.0969	BPA5041
107	鉄砲玉37	熊本県和水町	田中城跡		37	1587	31	18.447	15.610	38.575	0.8462	2.0911	BPA5042
108	鉄砲玉38	熊本県和水町	田中城跡		38	1587	31	18.448	15.605	38.565	0.8459	2.0905	BPA5043
109	鉄砲玉39	熊本県和水町	田中城跡		39	1587	31	18.435	15.611	38.573	0.8468	2.0923	BPA5044
110	鉄砲玉40	熊本県和水町	田中城跡		40	1587	31	18.544	15.743	39.128	0.8489	2.1100	BPA5045
111	鉄砲玉41	熊本県和水町	田中城跡		41	1587	31	18.251	15.753	38.510	0.8631	2.1100	BPA5046

No.	資料名	所在・出土地	遺跡・所蔵・詳細	番号	時代	文献	206Pb/204Pb	207Pb/204Pb	208Pb/204Pb	207Pb/206Pb	208Pb/206Pb	分析番号
112	鉄砲玉42	熊本県和水町	田中城跡	42	1587	31	18.453	15.634	38.638	0.8472	2.0939	BPA5047
113	鉄砲玉43	熊本県和水町	田中城跡	43	1587	31	18.262	15.744	38.510	0.8621	2.1088	BPA5048
114	鉄砲玉44	熊本県和水町	田中城跡	44	1587	31	18.649	15.718	39.084	0.8429	2.0958	BPA5049
115	鉄砲玉45	熊本県和水町	田中城跡	45	1587	31	18.444	15.821	38.977	0.8578	2.1133	BPA5050
116	鉄砲玉46	熊本県和水町	田中城跡	46	1587	31	18.118	15.598	38.606	0.8609	2.1308	BPA5051
117	鉄砲玉47	熊本県和水町	田中城跡	47	1587	31	18.306	15.716	38.743	0.8585	2.1164	BPA5052
118	鉄砲玉48	熊本県和水町	田中城跡	48	1587	31	18.244	15.748	38.487	0.8632	2.1096	BPA5053
119	鉄砲玉49	熊本県和水町	田中城跡	49	1587	31	18.436	15.605	38.639	0.8465	2.0959	BPA5054
120	鉄砲玉50	熊本県和水町	田中城跡	50	1587	31	18.353	15.598	38.545	0.8499	2.1002	BPA5055
121	鉄砲玉51	熊本県和水町	田中城跡	51	1587	31	18.254	15.772	38.557	0.8640	2.1122	BPA5056
122	鉄砲玉52	熊本県和水町	田中城跡	52	1587	31	18.382	15.606	38.689	0.8490	2.1047	BPA5057
123	鉄砲玉53	熊本県和水町	田中城跡	53	1587	31	18.338	15.624	38.478	0.8520	2.0982	BPA5058
124	鉄砲玉54	熊本県和水町	田中城跡	54	1587	31	18.276	15.739	38.518	0.8612	2.1076	BPA5059
125	鉄砲玉55	熊本県和水町	田中城跡	55	1587	31	18.280	15.752	38.542	0.8617	2.1084	BPA5060
126	鉄砲玉56	熊本県和水町	田中城跡	56	1587	31	18.426	15.591	38.525	0.8462	2.0908	BPA5061
127	鉛玉	高知県岡豊城跡	表6-4の円錐型鉛塊と共伴	1	戦国時代	32	18.250	15.749	38.499	0.8629	2.1095	BP4006
128	鉛玉	長崎県原城跡	鉛玉1-1	1	1637	33	18.446	15.626	38.425	0.8471	2.0831	HS1320
129	鉛玉	長崎県原城跡	鉛玉1-2	2	1637	33	18.262	15.727	38.511	0.8612	2.1088	HS1321
130	鉛玉	長崎県原城跡	鉛玉1-3	3	1637	33	18.768	15.778	39.356	0.8407	2.0970	HS1322
131	鉛玉	長崎県原城跡	ハラ16ⅢA4	4	1637	34	18.315	15.624	38.549	0.8519	2.1048	BPB1001
132	鉛玉	長崎県原城跡	ハラ3149	5	1637	34	18.759	15.768	39.340	0.8405	2.0971	BPB1002
133	鉛玉	長崎県原城跡	ハラ25626	6	1637	34	18.765	15.771	39.367	0.8404	2.0979	BPB1003
134	鉛玉	長崎県原城跡	ハラ16Ⅲ	7	1637	34	18.134	15.514	38.636	0.8605	2.1306	BPB1004
135	鉛玉	長崎県原城跡	ハラ15Ⅱ	8	1637	34	18.292	15.618	38.771	0.8538	2.1196	BPB1005
136	鉛玉	長崎県原城跡	ハラ22.172	9	1637	34	18.285	15.609	38.745	0.8536	2.1190	BPB1006
137	鉛玉	長崎県原城跡	ハラ2299	10	1637	34	18.134	15.590	38.596	0.8597	2.1284	BPB1007
138	鉛玉	長崎県原城跡	記載なし	11	1637	34	18.353	15.608	38.657	0.8504	2.1063	BPB1008
139	鉛玉	長崎県原城跡	ハラ22164	12	1637	34	18.348	15.600	38.637	0.8502	2.1058	BPB1009
140	鉛玉	長崎県原城跡	ハラ15ⅢD3	13	1637	34	18.345	15.600	38.634	0.8504	2.1060	BPB1010
141	鉛玉	長崎県原城跡	ハラ19ⅢD1	14	1637	34	18.519	15.723	39.010	0.8490	2.1065	BPB1011
142	鉛玉	長崎県原城跡	ハラ20ⅠC2	15	1637	34	18.805	15.807	39.540	0.8411	2.1026	BPB1012
143	鉛玉	長崎県原城跡	ハラ16Ⅲ	16	1637	34	18.396	15.653	38.837	0.8509	2.1111	BPB1013

144	鉛玉	長崎県原城跡	ハラ19ⅢC2	17	1637	34	18.303	15.783	38.672	0.8623	2.1129	BPB1014
145	鉛玉	長崎県原城跡	ハラ17ⅢB5	18	1637	34	18.419	15.669	38.895	0.8507	2.1117	BPB1015
146	鉛玉	長崎県原城跡	ハラ18ⅢC5	19	1637	34	18.497	15.651	38.738	0.8461	2.0943	BPB1016
147	鉛玉	長崎県原城跡	ハラ17Ⅲ	20	1637	34	18.342	15.593	38.613	0.8501	2.1052	BPB1017
148	鉛玉	長崎県原城跡	ハラ38・93	21	1637	34	18.756	15.769	39.344	0.8408	2.0976	BPB1018
149	鉛玉	長崎県原城跡	ハラ23E5	22	1637	34	18.344	15.589	38.602	0.8498	2.1043	BPB1019
150	鉛玉	長崎県原城跡	ハラ25583	23	1637	34	18.374	15.635	38.568	0.8510	2.0991	BPB1020
151	鉛玉	長崎県原城跡	ハラ15ⅢC5	24	1637	34	18.418	15.751	38.771	0.8552	2.1051	BPB1021
152	鉛玉	長崎県原城跡	ハラ32・34	25	1637	34	18.351	15.604	38.650	0.8503	2.1062	BPB1022
153	鉛玉	長崎県原城跡	ハラ39・106	26	1637	34	18.432	15.740	38.845	0.8539	2.1075	BPB1023
154	鉛玉	長崎県原城跡	17ⅢC3	27	1637	34	18.340	15.594	38.613	0.8502	2.1054	BPB1024
155	鉛玉	長崎県原城跡	ハラ17ⅢC2	28	1637	34	18.753	15.760	39.323	0.8404	2.0968	BPB1025
156	鉛玉	長崎県原城跡	ハラ47・36	29	1637	34	18.360	15.626	38.857	0.8511	2.1164	BPB1026
157	鉛玉	長崎県原城跡	ハラ22312	30	1637	34	18.348	15.595	38.618	0.8499	2.1048	BPB1027
158	鉛玉	長崎県原城跡	ハラⅠ01C2	31	1637	34	18.355	15.604	38.650	0.8501	2.1057	BPB1028
159	鉛玉	長崎県原城跡	ハラT	32	1637	34	18.466	15.630	38.441	0.8464	2.0817	BPB1029
160	鉛玉	長崎県原城跡	ハラTP20	33	1637	34	18.337	15.590	38.598	0.8502	2.1050	BPB1030
161	鉛玉	長崎県原城跡	ハラ25430	34	1637	34	18.623	15.676	38.812	0.8418	2.0841	BPB1031
162	鉛玉	長崎県原城跡	ハラ15ⅢC5	35	1637	34	18.352	15.601	38.641	0.8501	2.1055	BPB1032
163	鉛玉	長崎県原城跡	ハラ17ⅢD3	36	1637	34	18.305	15.551	38.447	0.8496	2.1004	BPB1033
164	鉛玉	長崎県原城跡	ハラ24461	37	1637	34	18.462	15.622	38.633	0.8461	2.0925	BPB1034
165	鉛玉	長崎県原城跡	ハラS14345	38	1637	34	18.638	15.657	38.822	0.8401	2.0830	BPB1035
166	鉛玉	長崎県原城跡	ハラTP12	39	1637	34	18.395	15.606	38.614	0.8484	2.0992	BPB1036
167	鉛玉	長崎県原城跡	ハラ20D1	40	1637	34	18.409	15.629	38.536	0.8490	2.0933	BPB1037
168	鉛玉	長崎県原城跡	ハラ17Ⅰ	41	1637	34	18.470	15.605	38.569	0.8449	2.0882	BPB1038
169	鉛玉	長崎県原城跡	ハラTP12	42	1637	34	18.348	15.595	38.620	0.8500	2.1049	BPB1039
170	鉛玉	長崎県原城跡	ハラ17Ⅲ	43	1637	34	18.355	15.603	38.639	0.8501	2.1051	BPB1040
171	鉛玉	長崎県原城跡	ハラTP2	44	1637	34	18.408	15.605	38.582	0.8476	2.0959	BPB1041
172	鉛玉	長崎県原城跡	ハラ19ⅢC2	45	1637	34	18.433	15.647	38.582	0.8489	2.0931	BPB1042
173	鉛玉	長崎県原城跡	ハラ15ⅢC5	46	1637	34	18.751	15.761	39.321	0.8406	2.0971	BPB1043
174	鉛玉	長崎県原城跡	ハラ15ⅢC5	47	1637	34	18.489	15.622	38.726	0.8450	2.0946	BPB1044
175	鉛玉	長崎県原城跡	ハラTP1 - C	48	1637	34	18.242	15.740	38.477	0.8628	2.1093	BPB1045
176	鉛玉	長崎県原城跡	ハラ17ⅢC2	49	1637	34	18.348	15.615	38.667	0.8511	2.1074	BPB1046
177	鉛玉	長崎県原城跡	ハラ39・138	50	1637	34	18.350	15.598	38.627	0.8500	2.1050	BPB1047

No.	資料名	所在・出土地	遺跡・所蔵・詳細	番号	時代	文献	206Pb/204Pb	207Pb/204Pb	208Pb/204Pb	207Pb/206Pb	208Pb/206Pb	分析番号
178	鉛玉	長崎県原城跡	ハラ24460	51	1637	34	18.422	15.656	38.992	0.8498	2.1166	BPB1048
179	鉛玉	長崎県原城跡	ハラTP 9	52	1637	34	18.255	15.742	38.515	0.8624	2.1098	BPB1049
180	鉛玉	長崎県原城跡	ハラ39147	53	1637	34	18.345	15.595	38.622	0.8501	2.1053	BPB1050
181	鉛玉	長崎県原城跡	ハラ25581	54	1637	34	18.246	15.755	38.511	0.8635	2.1106	BPB1051
182	鉛玉	長崎県原城跡	ハラTP11	55	1637	34	18.632	15.713	38.941	0.8433	2.0900	BPB1052
183	鉛玉	長崎県原城跡	ハラ25428	56	1637	34	18.358	15.607	38.661	0.8501	2.1059	BPB1053
184	鉛玉	長崎県原城跡	ハラ21365	57	1637	34	18.351	15.599	38.631	0.8500	2.1051	BPB1054
185	鉛玉	長崎県原城跡	ハラ21365	58	1637	34	18.352	15.603	38.645	0.8502	2.1057	BPB1055
186	鉛玉	長崎県原城跡	ハラTP20	59	1637	34	18.353	15.604	38.649	0.8502	2.1059	BPB1056
187	鉛玉	長崎県原城跡	ハラ17ⅢB 3	60	1637	34	18.470	15.605	38.570	0.8449	2.0883	BPB1057
188	鉛玉	長崎県原城跡	ハラ63E175	61	1637	34	18.273	15.746	38.775	0.8617	2.1220	BPB1058
189	鉛玉	長崎県原城跡	ハラ25372	62	1637	34	18.414	15.609	38.535	0.8477	2.0927	BPB1059
190	鉛玉	長崎県原城跡	ハラ15ⅢE 3	63	1637	34	18.359	15.605	38.656	0.8500	2.1056	BPB1060
191	鉛玉	長崎県原城跡	ハラTP 4	64	1637	34	18.332	15.619	38.810	0.8520	2.1170	BPB1061
192	鉛玉	長崎県原城跡	ハラ17ⅢB 1	65	1637	34	18.474	15.614	38.593	0.8452	2.0891	BPB1062
193	鉛玉	長崎県原城跡	ハラ25429	66	1637	34	18.259	15.760	38.538	0.8631	2.1106	BPB1063
194	鉛玉	長崎県原城跡	ハラ63E393	67	1637	34	18.375	15.625	38.780	0.8504	2.1105	BPB1064
195	鉛玉	長崎県原城跡	ハラ30テ192	68	1637	34	18.246	15.747	38.488	0.8631	2.1094	BPB1065
196	鉛玉	長崎県原城跡	ハラTP20	69	1637	34	18.330	15.636	38.612	0.8531	2.1065	BPB1066
197	鉛玉	長崎県原城跡	ハラ22150	70	1637	34	18.246	15.750	38.498	0.8632	2.1099	BPB1067
198	鉛玉	長崎県原城跡	ハラ17Ⅲ	71	1637	34	18.246	15.750	38.497	0.8632	2.1099	BPB1068
199	鉛玉	長崎県原城跡	ハラ17ⅢB 5	72	1637	34	18.344	15.598	38.627	0.8503	2.1057	BPB1069
200	鉛玉	長崎県原城跡	ハラ17ⅢB 2	73	1637	34	18.359	15.603	38.650	0.8499	2.1053	BPB1070
201	鉛玉	長崎県原城跡	ハラ17ⅢC 2	74	1637	34	18.353	15.599	38.636	0.8500	2.1052	BPB1071
202	鉛玉	長崎県原城跡	ハラ25582	75	1637	34	18.334	15.701	38.606	0.8564	2.1057	BPB1072
203	鉛玉	長崎県原城跡	ハラ22308	76	1637	34	18.243	15.745	38.480	0.8631	2.1094	BPB1073
204	鉛玉	長崎県原城跡	ハラ16Ⅲ	77	1637	34	18.239	15.747	38.479	0.8633	2.1097	BPB1074
205	鉛玉	長崎県原城跡	ハラ22・311	78	1637	34	18.449	15.607	38.571	0.8460	2.0907	BPB1075
206	鉛玉	長崎県原城跡	ハラ40・24	79	1637	34	18.365	15.627	38.823	0.8509	2.1140	BPB1076
207	鉛玉	長崎県原城跡	ハラ22・310	80	1637	34	18.349	15.603	38.642	0.8503	2.1060	BPB1077
208	鉛玉	長崎県原城跡	ハラ54・44	81	1637	34	18.237	15.744	38.471	0.8633	2.1095	BPB1078
209	鉛玉	長崎県原城跡	ハラ41・2	82	1637	34	18.358	15.608	38.653	0.8502	2.1055	BPB1079

210	鉛玉		長崎県原城跡	ハラ17	83	1637	34	18.939	15.749	39.729	0.8447	2.0977	BPB1080
211	鉛玉		長崎県原城跡	ハラ19ⅢE1	84	1637	34	18.267	15.618	38.793	0.8550	2.1237	BPB1081
212	鉛玉		長崎県原城跡	ハラ39・126	85	1637	34	18.477	15.618	38.607	0.8452	2.0894	BPB1082
213	鉛玉		長崎県原城跡	ハラTP20	86	1637	34	18.348	15.603	38.642	0.8504	2.1061	BPB1083
214	鉛玉		長崎県原城跡	ハラ42・28	87	1637	34	18.770	15.775	39.379	0.8404	2.0980	BPB1084
215	鉛玉		長崎県原城跡	ハラ26テ27	88	1637	35	18.344	15.600	38.630	0.8504	2.1059	BP5172
216	鉛玉		長崎県原城跡	ハラ26テ25	89	1637	35	18.346	15.599	38.631	0.8503	2.1057	BP5173
217	鉛玉		長崎県原城跡	ハラ26テ31	90	1637	35	18.254	15.765	38.544	0.8637	2.1116	BP5174
218	鉛玉		長崎県原城跡	ハラ26テ37	91	1637	35	18.362	15.632	38.808	0.8513	2.1135	BP5175
219	鉛玉		長崎県原城跡	ハラ26・41	92	1637	35	18.366	15.633	38.832	0.8512	2.1143	BP5176
220	鉛玉		長崎県原城跡	ハラ26・51	93	1637	35	18.398	15.675	38.642	0.8520	2.1003	BP5177
221	鉛玉		長崎県原城跡	ハラ26・53	94	1637	35	18.359	15.607	38.658	0.8501	2.1057	BP5178
222	鉛玉		長崎県原城跡	ハラ26・54	95	1637	35	18.252	15.762	38.532	0.8636	2.1112	BP5179
223	鉛玉		長崎県原城跡	ハラ26・58	96	1637	35	18.251	15.771	38.550	0.8641	2.1123	BP5180
224	鉛玉		長崎県原城跡	ハラ26・57	97	1637	35	18.251	15.758	38.523	0.8634	2.1108	BP5181
225	鉛玉		長崎県原城跡	ハラ26・67	98	1637	35	18.472	15.637	38.505	0.8465	2.0845	BP5182
226	鉛玉		長崎県原城跡	ハラ26・70	99	1637	35	18.438	15.601	38.623	0.8461	2.0948	BP5183
227	鉛玉		長崎県原城跡	ハラ26・71	100	1637	35	18.335	15.605	38.665	0.8511	2.1088	BP5184
228	鉛玉		長崎県原城跡	ハラ26・76	101	1637	35	18.379	15.648	38.931	0.8514	2.1182	BP5185
229	鉛玉		長崎県原城跡	ハラ27テ2	102	1637	35	18.259	15.764	38.539	0.8633	2.1107	BP5186
230	鉛玉		長崎県原城跡	ハラ28・157	103	1637	35	18.350	15.604	38.648	0.8504	2.1061	BP5187
231	鉛玉		長崎県原城跡	ハラ28・158	104	1637	35	18.478	15.613	38.595	0.8450	2.0887	BP5188
232	鉛玉		長崎県原城跡	ハラ28・159	105	1637	35	18.722	15.786	39.330	0.8432	2.1007	BP5189
233	鉛玉		長崎県原城跡	ハラ■■テ193	106	1637	35	18.352	15.608	38.658	0.8505	2.1064	BP5190
234	鉛玉		長崎県原城跡	ハラ28・195	107	1637	35	18.228	15.614	38.704	0.8566	2.1233	BP5191
235	鉛玉		長崎県原城跡	ハラ28・203	108	1637	35	18.354	15.600	38.637	0.8500	2.1051	BP5192
236	鉛玉		長崎県原城跡	ハラ28・204	109	1637	35	18.223	15.731	38.426	0.8632	2.1086	BP5193
237	鉛玉		長崎県原城跡	ハラ39・14■	110	1637	35	18.328	15.631	38.599	0.8529	2.1060	BP5194
238	鉛玉		長崎県原城跡	ハラ31・9	111	1637	35	18.345	15.599	38.632	0.8503	2.1058	BP5195
239	鉛玉		長崎県原城跡	ハラ31・8	112	1637	35	18.351	15.601	38.638	0.8501	2.1055	BP5196
240	鉛玉		長崎県原城跡	ハラ31・27	113	1637	35	18.222	15.726	38.415	0.8630	2.1082	BP5197
241	鉛玉		長崎県原城跡	ハラ31・19	114	1637	35	18.229	15.730	38.436	0.8629	2.1085	BP5198
242	鉛玉		長崎県原城跡	ハラ31・23	115	1637	35	18.343	15.595	38.625	0.8502	2.1057	BP5199

No.	資料名	所在・出土地	遺跡・所蔵・詳細	番号	時代	文献	206Pb/204Pb	207Pb/204Pb	208Pb/204Pb	207Pb/206Pb	208Pb/206Pb	分析番号
243	鉛玉	長崎県原城跡	ハラ31・24	116	1637	35	18.236	15.744	38.471	0.8634	2.1097	BP5200
244	鉛玉	長崎県原城跡	ハラ31・25	117	1637	35	18.394	15.589	38.463	0.8475	2.0911	BP5201
245	鉛玉	長崎県原城跡	ハラ31・12	118	1637	35	18.300	15.696	38.543	0.8577	2.1062	BP5202
246	鉛玉	長崎県原城跡	ハラ32・1	119	1637	35	18.305	15.680	38.580	0.8566	2.1076	BP5203
247	鉛玉	長崎県原城跡	ハラ32・15	120	1637	35	18.278	15.726	38.740	0.8604	2.1195	BP5204
248	鉛玉	長崎県原城跡	ハラ32・16	121	1637	35	18.355	15.602	38.647	0.8500	2.1055	BP5205
249	鉛玉	長崎県原城跡	ハラ32・35	122	1637	35	18.338	15.593	38.611	0.8503	2.1055	BP5206
250	鉛玉	長崎県原城跡	ハラ32・36	123	1637	35	18.263	15.717	38.513	0.8606	2.1088	BP5207
251	鉛玉	長崎県原城跡	ハラ33・30	124	1637	35	18.353	15.603	38.647	0.8502	2.1058	BP5208
252	鉛玉	長崎県原城跡	ハラ33・38	125	1637	35	18.412	15.655	38.706	0.8503	2.1022	BP5209
253	鉛玉	長崎県原城跡	ハラ33・37	126	1637	35	18.353	15.607	38.661	0.8504	2.1066	BP5210
254	鉛玉	長崎県原城跡	ハラ36・53	127	1637	35	18.260	15.752	38.530	0.8627	2.1101	BP5211
255	鉛玉	長崎県原城跡	ハラ37・84	128	1637	35	18.359	15.619	38.694	0.8507	2.1076	BP5212
256	鉛玉	長崎県原城跡	ハラ38・125	129	1637	35	18.389	15.709	38.681	0.8543	2.1035	BP5213
257	鉛玉	長崎県原城跡	ハラ37・1■	130	1637	35	18.359	15.610	38.671	0.8502	2.1063	BP5214
258	鉛玉	長崎県原城跡	ハラ39・129	131	1637	35	18.397	15.583	38.567	0.8470	2.0963	BP5215
259	鉛玉	長崎県原城跡	ハラ37・130	132	1637	35	18.355	15.605	38.655	0.8501	2.1060	BP5216
260	鉛玉	長崎県原城跡	ハラ39・151	133	1637	35	18.459	15.594	38.629	0.8448	2.0927	BP5217
261	鉛玉	長崎県原城跡	ハラ47・35	134	1637	35	18.352	15.610	38.665	0.8506	2.1068	BP5218
262	鉛玉	長崎県原城跡	ハラ46・12	135	1637	35	18.260	15.763	38.544	0.8633	2.1109	BP5219
263	鉛玉	長崎県原城跡	ハラ16・11	136	1637	36	18.651	15.710	38.913	0.8423	2.0864	BP5220
264	鉛玉	長崎県原城跡	ハラ47・37	137	1637	36	18.377	15.631	38.720	0.8506	2.1070	BP5223
265	鉛玉	長崎県原城跡	ハラ47・53	138	1637	36	18.349	15.606	38.637	0.8505	2.1057	BP5225
266	鉛玉	長崎県原城跡	ハラ47・55	139	1637	36	18.384	15.634	38.724	0.8504	2.1064	BP5226
267	鉛玉	長崎県原城跡	ハラ47・77	140	1637	36	18.376	15.632	38.720	0.8507	2.1071	BP5227
268	鉛玉	長崎県原城跡	ハラ48・68	141	1637	36	18.247	15.758	38.512	0.8636	2.1106	BP5229
269	鉛玉	長崎県原城跡	ハラ49・70	142	1637	36	18.173	15.687	38.390	0.8632	2.1125	BP5230
270	鉛玉	長崎県原城跡	ハラ49・71	143	1637	36	18.355	15.611	38.668	0.8505	2.1067	BP5231
271	鉛玉	長崎県原城跡	ハラ4■・72	144	1637	36	18.280	15.732	38.500	0.8606	2.1061	BP5232
272	鉛玉	長崎県原城跡	ハラ49・74	145	1637	36	18.345	15.520	38.409	0.8460	2.0937	BP5233
273	鉛玉	長崎県原城跡	ハラ36・51	146	1637	36	18.448	15.607	38.582	0.8460	2.0914	BP5258
274	鉛玉	長崎県原城跡	ハラ36・54	147	1637	36	18.350	15.599	38.634	0.8501	2.1054	BP5259

275	鉛玉	長崎県原城跡	ハラ37・67	148	1637	36	18.293	15.745	38.770	0.8607	2.1194	BP5260
276	鉛玉	長崎県原城跡	ハラ37・68	149	1637	36	18.688	15.718	39.041	0.8411	2.0891	BP5261
277	鉛玉	長崎県原城跡	ハラ37・05	150	1637	36	18.768	15.771	39.375	0.8403	2.0980	BP5266
278	鉛玉	長崎県原城跡	ハラ37・80	151	1637	36	18.766	15.769	39.362	0.8403	2.0975	BP5269
279	鉛玉	長崎県原城跡	ハラ37・65	152	1637	36	18.768	10.144	39.375	0.5405	2.0980	BP5270
280	鉛玉	長崎県原城跡	ハラ39・108	153	1637	36	18.339	15.601	38.662	0.8507	2.1082	BP5272
281	鉛玉	長崎県原城跡	ハラ39・117	154	1637	36	18.763	15.774	39.372	0.8407	2.0984	BP5273
282	鉛玉	長崎県原城跡	ハラ39・136	155	1637	36	18.244	15.748	38.489	0.8632	2.1097	BP5275
283	鉛玉	長崎県原城跡	ハラ43・13	156	1637	36	18.769	15.772	39.375	0.8403	2.0979	BP5280
284	鉛玉	長崎県原城跡	ハラ42・15	157	1637	36	18.701	15.728	39.094	0.8410	2.0905	BP5282
285	鉛玉	長崎県原城跡	ハラ42・17	158	1637	36	18.769	15.773	39.377	0.8404	2.0980	BP5283
286	鉛玉	長崎県原城跡	ハラ47・38	159	1637	36	18.356	15.603	38.647	0.8500	2.1054	BP5285
287	鉛玉	長崎県原城跡	ハラ47・62	160	1637	37	18.247	15.744	38.479	0.8628	2.1088	BPE1001
288	鉛玉	長崎県原城跡	ハラ54・42	161	1637	37	18.347	15.601	38.625	0.8503	2.1052	BPE1002
289	鉛玉	長崎県原城跡	ハラ53・27	162	1637	37	18.247	15.735	38.486	0.8624	2.1092	BPE1004
290	鉛玉	長崎県原城跡	ハラ50B・32	163	1637	37	18.566	15.692	38.814	0.8452	2.0906	BPE1005
291	鉛玉	長崎県原城跡	ハラ54・41	164	1637	37	18.566	15.719	38.867	0.8467	2.0935	BPE1006
292	鉛玉	長崎県原城跡	ハラ50B・33	165	1637	37	18.320	15.615	38.581	0.8523	2.1059	BPE1007
293	鉛玉	長崎県原城跡	ハラ50A・30	166	1637	37	18.626	15.673	38.835	0.8414	2.0850	BPE1008
294	鉛玉	長崎県原城跡	ハラ51B・166	167	1637	37	18.398	15.667	38.459	0.8516	2.0904	BPE1011
295	鉛玉	長崎県原城跡	ハラ55・165	168	1637	37	18.238	15.739	38.460	0.8630	2.1088	BPE1012
296	鉛玉	長崎県原城跡	ハラ50E・166)	169	1637	37	18.270	15.766	38.562	0.8629	2.1107	BPE1013
297	鉛玉	長崎県原城跡	ハラ52B・159	170	1637	37	18.243	15.745	38.479	0.8631	2.1093	BPE1014
298	鉛玉	長崎県原城跡	ハラ52B・158	171	1637	37	18.252	15.722	38.479	0.8614	2.1083	BPE1015
299	鉛玉	長崎県原城跡	ハラ56B・144	172	1637	37	18.246	15.742	38.483	0.8627	2.1091	BPE1017
300	鉛玉	長崎県原城跡	ハラ56B・143	173	1637	37	18.619	15.681	38.829	0.8422	2.0855	BPE1018
301	鉛玉	長崎県原城跡	ハラ56B・142	174	1637	37	18.261	15.732	38.720	0.8615	2.1203	BPE1019
302	鉛玉	長崎県原城跡	ハラ56D・141	175	1637	37	18.329	15.638	38.603	0.8532	2.1061	BPE1020
303	鉛玉	長崎県原城跡	ハラ56D・140	176	1637	37	18.392	15.575	38.539	0.8469	2.0954	BPE1021
304	鉛玉	長崎県原城跡	ハラ56A・132	177	1637	37	18.245	15.742	38.499	0.8628	2.1101	BPE1022
305	鉛玉	長崎県原城跡	ハラ56B・131	178	1637	37	18.602	15.727	38.987	0.8454	2.0959	BPE1023
306	鉛玉	長崎県原城跡	ハラ56A・118	179	1637	37	18.626	15.679	38.835	0.8418	2.0850	BPE1027
307	鉛玉	長崎県原城跡	ハラ56・115	180	1637	37	18.341	15.592	38.606	0.8501	2.1049	BPE1028
308	鉛玉	長崎県原城跡	ハラ56・114	181	1637	37	18.610	15.668	38.786	0.8419	2.0841	BPE1029

No.	資料名	所在・出土地	遺跡・所蔵・詳細	番号	時代	文献	206Pb/204Pb	207Pb/204Pb	208Pb/204Pb	207Pb/206Pb	208Pb/206Pb	分析番号
309	鉛玉	長崎県原城跡	ハラ77・155	182	1637	37	18.253	15.747	38.500	0.8627	2.1092	BPE1030
310	鉛玉	長崎県原城跡	ハラ71・158	183	1637	37	18.287	15.691	38.558	0.8580	2.1085	BPE1031
311	鉛玉	長崎県原城跡	ハラ77・157	184	1637	37	18.265	15.757	38.536	0.8627	2.1098	BPE1032
312	鉛玉	長崎県原城跡	記載なし	185	1637	37	18.342	15.595	38.622	0.8502	2.1056	BPE1033
313	鉛玉	長崎県原城跡	ハラ80・22	186	1637	37	18.346	15.595	38.617	0.8501	2.1049	BPE1034
314	鉛玉	長崎県原城跡	ハラ80・21	187	1637	37	18.759	15.763	39.334	0.8403	2.0968	BPE1035
315	鉛玉	長崎県原城跡	ハラ77・29	188	1637	37	18.737	15.753	39.250	0.8407	2.0948	BPE1036
316	鉛玉	長崎県原城跡	ハラ77・30	189	1637	37	18.356	15.602	38.647	0.8500	2.1054	BPE1037
317	鉛玉	長崎県原城跡	ハラ77・4	190	1637	37	18.306	15.701	38.492	0.8577	2.1028	BPE1039
318	鉛玉	長崎県原城跡	ハラ69・27	191	1637	37	18.244	15.751	38.491	0.8633	2.1098	BPE1040
319	鉛玉	長崎県原城跡	ハラ78A・18	192	1637	37	18.433	15.756	38.858	0.8548	2.1081	BPE1041
320	鉛玉	長崎県原城跡	ハラ78A・17	193	1637	37	18.731	15.751	39.249	0.8409	2.0954	BPE1042
321	鉛玉	長崎県原城跡	ハラTP・80	194	1637	37	18.458	15.611	38.592	0.8458	2.0908	BPE1043
322	鉛玉	長崎県原城跡	ハラ79・30	195	1637	37	18.266	15.738	38.744	0.8616	2.1211	BPE1044
323	鉛玉	長崎県原城跡	ハラ80・48	196	1637	37	18.251	15.756	38.511	0.8633	2.1102	BPE1045
324	鉛玉	長崎県原城跡	ハラ80・28	197	1637	37	18.342	15.594	38.615	0.8502	2.1052	BPE1046
325	鉛玉	長崎県原城跡	ハラ81B・6	198	1637	37	18.374	15.602	38.604	0.8491	2.1011	BPE1047
326	鉛玉	長崎県原城跡	ハラ79・35	199	1637	37	18.348	15.600	38.634	0.8502	2.1056	BPE1049
327	鉛玉	長崎県原城跡	ハラ80・2	200	1637	37	18.340	15.595	38.613	0.8503	2.1054	BPE1050
328	鉄砲玉	群馬県富岡市	西平城	1	戦国時代	38	18.165	15.562	38.236	0.8567	2.1049	
329	鉄砲玉	群馬県富岡市	西平城	2	戦国時代	38	18.377	15.602	38.559	0.8490	2.0982	
330	鉄砲玉	群馬県富岡市	西平城	3	戦国時代	38	18.452	15.586	38.533	0.8447	2.0883	
331	鉄砲玉	群馬県富岡市	西平城	4	戦国時代	38	18.362	15.560	38.393	0.8474	2.0909	
332	鉄砲玉	群馬県富岡市	西平城	5	戦国時代	38	18.381	15.578	38.449	0.8475	2.0918	
333	鉄砲玉	群馬県富岡市	西平城	6	戦国時代	38	18.355	15.692	38.613	0.8549	2.1037	
334	鉄砲玉	群馬県富岡市	上之宿（内匠城）	7	戦国時代	38	18.392	15.596	38.695	0.8480	2.1039	
335	鉄砲玉	群馬県富岡市	上之宿（内匠城）	8	戦国時代	38	18.400	15.585	38.561	0.8470	2.0957	
336	鉄砲玉	群馬県利根郡みなかみ町	名胡桃城	9	戦国時代	38	18.542	15.579	38.523	0.8402	2.0776	
337	鉄砲玉	群馬県利根郡みなかみ町	名胡桃城	10	戦国時代	38	18.462	15.587	38.589	0.8443	2.0902	
338	鉄砲玉	群馬県利根郡みなかみ町	名胡桃城	11	戦国時代	38	18.244	15.538	38.280	0.8517	2.0982	
339	鉄砲玉	群馬県	羽田倉遺跡	12	戦国時代	38	18.431	15.594	38.596	0.8461	2.0941	
340	鉄砲玉	群馬県	羽田倉遺跡	13	戦国時代	38	18.400	15.566	38.519	0.8460	2.0934	

341	鉄砲玉		群馬県	柳久保遺跡	14	戦国時代	38	18.405	15.611	38.573	0.8482	2.0958		
342	鉄砲玉		群馬県	柳久保遺跡	15	戦国時代	38	18.440	15.587	38.534	0.8453	2.0897		
343	鉄砲玉		群馬県新里村		16	戦国時代	38	18.474	15.590	38.548	0.8439	2.0866		
344	鉛玉		京都府	平安京左京二条四坊遺跡	1	戦国時代	39	18.443	15.618	38.720	0.8468	2.0994		CP663

注：■は資料に書かれた文字判読不可

表5　華南三彩・コンタツ

No.	資料名	所在・出土地	遺跡・所蔵など	年代	文献	207Pb/206Pb	208Pb/206Pb	206Pb/204Pb	207Pb/204Pb	208Pb/204Pb	分析番号
1	法花-1	大分県竹田市	小路遺跡	17世紀	40	18.471	15.717	38.966	0.8509	2.1096	BPD3005
2	法花-2	大分県竹田市	小路遺跡	17世紀	40	18.456	15.711	38.945	0.8513	2.1102	BPD3006
3	淡路三彩(緑)	大分県竹田市	武藤家遺跡	19世紀-明治	40	16.388	15.428	36.145	0.9414	2.2056	BPD3007
4	淡路三彩(黄)	大分県竹田市	武藤家遺跡	19世紀-明治	40	16.164	15.409	35.878	0.9532	2.2196	BPD3008
5	華南三彩	大分県竹田市	小路遺跡	17世紀	40	18.455	15.828	39.014	0.8577	2.1141	BPD3009
6	法花-1	長崎県南島原市	原城遺跡	1637年以前	40	18.625	15.760	39.291	0.8462	2.1095	BPD3010
7	法花-2	長崎県南島原市	原城遺跡	1637年以前	40	18.603	15.752	39.244	0.8467	2.1096	BPD3011
8	法花-3	長崎県南島原市	原城遺跡	1637年以前	40	18.608	15.764	39.277	0.8471	2.1108	BPD3012
9	法花-4	長崎県南島原市	原城遺跡	1637年以前	40	18.621	15.763	39.295	0.8465	2.1102	BPD3013
10	法花-5	長崎県南島原市	原城遺跡	1637年以前	40	18.524	15.802	39.072	0.8531	2.1093	BPD3014
11	釉薬-1 華南三彩貼花文五耳壺	大分県大分市	大友氏遺跡	中世	40	18.385	15.765	38.878	0.8575	2.1147	BPD3017
12	釉薬-2 鴨形水注	大分県大分市	大友氏遺跡	中世	40	18.457	15.832	39.019	0.8578	2.1141	BPD3018
13	釉薬-3 鴨形水注	大分県大分市	大友氏遺跡	中世	40	18.453	15.826	39.001	0.8577	2.1136	BPD3019
14	釉薬-4 不明	大分県大分市	大友氏遺跡	中世	40	18.592	15.730	39.108	0.8461	2.1035	BPD3020
15	釉薬-5 不明	大分県大分市	大友氏遺跡	中世	40	18.221	15.644	38.717	0.8586	2.1249	BPD3021
16	釉薬-6 柑子型水注	大分県大分市	大友氏遺跡	中世	40	18.575	15.733	39.020	0.8462	2.1007	BPD3022
17	釉薬-7 華南三彩水注	大分県大分市	大友氏遺跡	中世	40	18.478	15.730	38.975	0.8513	2.1093	BPD3023
18	釉薬-8 不明	大分県大分市	大友氏遺跡	中世	40	18.457	15.820	39.009	0.8571	2.1135	BPD3024
19	釉薬-9 華南三彩盤	大分県大分市	大友氏遺跡	中世	40	18.600	15.732	39.073	0.8459	2.1008	BPD3025
20	釉薬-10 華南三彩盤	大分県大分市	大友氏遺跡	中世	40	18.499	15.820	39.063	0.8552	2.1116	BPD3026
21	釉薬-11 童児の蓋	大分県大分市	大友氏遺跡	中世	40	18.496	15.816	39.049	0.8551	2.1113	BPD3027
22	釉薬-12 華南三彩盤	大分県大分市	大友氏遺跡	中世	40	18.453	15.828	39.004	0.8577	2.1137	BPD3028
23	釉薬-13 香炉	大分県大分市	大友氏遺跡	中世	40	18.449	15.823	38.991	0.8576	2.1135	BPD3029
24	釉薬-14 鉢	大分県大分市	大友氏遺跡	中世	40	18.466	15.819	39.012	0.8567	2.1126	BPD3030

No.	資 料 名	所在・出土地	遺跡・所蔵など	年代	文献	207Pb/206Pb	208Pb/206Pb	206Pb/204Pb	207Pb/204Pb	208Pb/204Pb	分析番号
25	釉薬-15 水注	大分県大分市	大友氏遺跡	中世	40	18.692	15.780	39.276	0.8442	2.1012	BPD3031
26	釉薬-16 耳の付く長頸壷	大分県大分市	大友氏遺跡	中世	40	18.446	15.807	38.974	0.8570	2.1129	BPD3032
27	釉薬-17 鳥形水注	大分県大分市	大友氏遺跡	中世	40	18.446	15.820	38.981	0.8577	2.1133	BPD3033
28	釉薬-18 不明	大分県大分市	大友氏遺跡	中世	40	18.446	15.817	38.976	0.8574	2.1129	BPD3034
29	釉薬-19 不明	大分県大分市	大友氏遺跡	中世	40	18.459	15.829	39.024	0.8575	2.1141	BPD3035
30	釉薬-20 不明	大分県大分市	大友氏遺跡	中世	40	18.449	15.821	38.987	0.8575	2.1132	BPD3036
31	釉薬-21 不明	大分県大分市	大友氏遺跡	中世	40	18.459	15.824	39.007	0.8572	2.1132	BPD3037
32	釉薬-22 不明	大分県大分市	大友氏遺跡	中世	40	18.455	15.823	39.005	0.8574	2.1135	BPD3038
33	釉薬-23 蓋	大分県大分市	大友氏遺跡	中世	40	18.450	15.824	38.995	0.8577	2.1135	BPD3039
34	釉薬-24 鳥形水注	大分県大分市	大友氏遺跡	中世	40	18.455	15.829	39.011	0.8577	2.1139	BPD3040
35	釉薬-25 鳥形水注	大分県大分市	大友氏遺跡	中世	40	18.455	15.831	39.024	0.8578	2.1145	BPD3041
36	釉薬-26 不明	大分県大分市	大友氏遺跡	中世	40	18.416	15.609	38.563	0.8476	2.0940	BPD3042
37	釉薬-27 不明	大分県大分市	大友氏遺跡	中世	40	18.461	15.835	39.024	0.8578	2.1139	BPD3043
38	釉薬-28 鉢	大分県大分市	大友氏遺跡	中世	40	18.551	15.767	39.074	0.8499	2.1063	BPD3044
39	釉薬-29 不明	大分県大分市	大友氏遺跡	中世	40	18.466	15.822	39.009	0.8568	2.1125	BPD3045
40	釉薬-30 水注	大分県大分市	大友氏遺跡	中世	40	18.393	15.722	38.949	0.8548	2.1176	BPD3046
41	釉薬-31 不明	大分県大分市	大友氏遺跡	中世	40	18.714	15.772	39.246	0.8428	2.0971	BPD3047
42	釉薬-32 華南三彩瓶	大分県大分市	大友氏遺跡	中世	40	18.454	15.827	39.007	0.8577	2.1138	BPD3062
43	釉薬-33 鶴形水注	大分県大分市	大友氏遺跡	中世	40	18.459	15.830	39.021	0.8576	2.1140	BPD3063
44	釉薬-34 トランディスカント壷	大分県大分市	大友氏遺跡	中世	40	18.731	15.774	39.312	0.8421	2.0988	BPD3064
45	釉薬-35 トランディスカント壷	大分県大分市	大友氏遺跡	中世	40	18.652	15.778	39.156	0.8459	2.0993	BPD3065
46	釉薬-36 トランディスカント壷	大分県大分市	大友氏遺跡	中世	40	18.739	15.771	39.323	0.8416	2.0984	BPD3066
47	釉薬-37 華南三彩	大分県大分市	大友氏遺跡	中世	40	18.729	15.771	39.302	0.8421	2.0985	BPD3067
48	釉薬-38 華南三彩	大分県大分市	大友氏遺跡	中世	40	18.728	15.766	39.291	0.8418	2.0980	BPD3068
49	釉薬-39 華南三彩陶器壷	大分県大分市	大友氏遺跡	中世	40	18.648	15.758	39.121	0.8450	2.0978	BPD3069
50	釉薬-40 華南三彩	大分県大分市	大友氏遺跡	中世	40	18.304	15.720	38.521	0.8588	2.1045	BPD3070
51	釉薬-41 華南三彩	大分県大分市	大友氏遺跡	中世	40	18.690	15.782	39.278	0.8444	2.1016	BPD3071
52	釉薬-42 華南三彩陶器壷	大分県大分市	大友氏遺跡	中世	40	18.685	15.773	39.247	0.8442	2.1005	BPD3072
53	釉薬-43 華南三彩陶器壷	大分県大分市	大友氏遺跡	中世	40	18.443	15.771	38.975	0.8551	2.1133	BPD3073
54	釉薬-44 華南三彩水滴	大分県大分市	大友氏遺跡	中世	40	18.447	15.815	38.973	0.8573	2.1127	BPD3074
55	釉薬-45 鶴形水注	大分県大分市	大友氏遺跡	中世	40	18.442	15.811	38.965	0.8574	2.1129	BPD3075
56	釉薬-46 華南三彩高仙人	大分県大分市	大友氏遺跡	中世	40	18.446	15.818	38.972	0.8575	2.1128	BPD3076

57	釉薬-47 華南単彩小皿	大分県大分市	大友氏遺跡	中世	40	18.618	15.751	39.246	0.8460	2.1079	BPD3077
58	釉薬-48 華南三彩磁竈・童子山窯系	大分県大分市	大友氏遺跡	中世	40	18.108	15.629	38.646	0.8631	2.1343	BPD3078
59	釉薬-49 華南三彩陶器盤	大分県大分市	大友氏遺跡	中世	40	18.826	15.706	38.998	0.8343	2.0715	BPD3079
60	釉薬-50 鶴形水注脚	大分県大分市	大友氏遺跡	中世	40	18.443	15.812	38.960	0.8573	2.1124	BPD3080
61	釉薬-51 華南三彩	大分県大分市	大友氏遺跡	中世	40	18.443	15.813	38.961	0.8574	2.1125	BPD3081
62	釉薬-52 三彩(磁胎)粗三彩	大分県大分市	大友氏遺跡	中世	40	18.459	15.679	38.792	0.8494	2.1016	BPD3082
63	鶴崎華南三彩	大分県大分市	鶴崎町遺跡群	中世	40	18.375	15.578	38.591	0.8477	2.1001	BPD3083
64	華南三彩 水滴	大分県大分市	鶴崎町遺跡群	中世	40	18.582	15.624	38.620	0.8408	2.0784	BPD3084
65	唐三彩 盤	長崎県小値賀町	小値賀町教育委員会	不明	40	18.403	15.751	38.750	0.8559	2.1056	BPD3095
66	唐三彩 容器	長崎県小値賀町	小値賀町教育委員会	不明	40	18.079	15.541	38.928	0.8596	2.1532	BPD3096
67	唐三彩 容器フタ	長崎県小値賀町	小値賀町教育委員会	不明	40	18.681	15.632	39.662	0.8368	2.1231	BPD3097
68	コンダ-1 青色	大分県大分市	大友氏遺跡	中世	41	18.557	15.691	38.942	0.8455	2.0985	BPD5005
69	コンダ-2 青色	大分県大分市	大友氏遺跡	中世	41	18.550	15.682	38.912	0.8454	2.0977	BPD5006
70	コンダ-3 青色	大分県大分市	大友氏遺跡	中世	41	18.554	15.687	38.926	0.8455	2.0979	BPD5007
71	コンダ-4 青色	大分県大分市	大友氏遺跡	中世	41	18.536	15.680	38.894	0.8459	2.0983	BPD5008
72	コンダ-5 青色	大分県大分市	大友氏遺跡	中世	41	18.141	15.655	38.498	0.8629	2.1221	BPD5009
73	コンダ-6 青色	大分県大分市	大友氏遺跡	中世	41	18.540	15.684	38.910	0.8460	2.0988	BPD5010
74	コンダ-7 青色	大分県大分市	大友氏遺跡	中世	41	18.549	15.685	38.920	0.8456	2.0982	BPD5011
75	コンダ-8 青色	大分県大分市	大友氏遺跡	中世	41	18.540	15.681	38.904	0.8458	2.0983	BPD5012
76	コンダ-9 青色	大分県大分市	大友氏遺跡	中世	41	18.561	15.708	38.989	0.8463	2.1006	BPD5013
77	コンダ-10 青色	大分県大分市	大友氏遺跡	中世	41	18.504	15.672	38.860	0.8469	2.1000	BPD5014
78	コンダ-11 青色	大分県大分市	大友氏遺跡	中世	41	18.557	15.696	38.955	0.8458	2.0992	BPD5015
79	コンダ-12 青色	大分県大分市	大友氏遺跡	中世	41	18.096	15.659	38.474	0.8653	2.1261	BPD5016
80	コンダ-13 青色	大分県大分市	大友氏遺跡	中世	41	18.563	15.697	38.961	0.8456	2.0989	BPD5017
81	コンダ-14 青色	大分県大分市	大友氏遺跡	中世	41	18.098	15.664	38.488	0.8655	2.1266	BPD5018
82	コンダ-15 青色	大分県大分市	大友氏遺跡	中世	41	18.504	15.672	38.859	0.8470	2.1001	BPD5019
83	コンダ-16 青色	大分県大分市	大友氏遺跡	中世	41	18.102	15.663	38.489	0.8653	2.1263	BPD5020
84	コンダ-17 青色	大分県大分市	大友氏遺跡	中世	41	18.096	15.661	38.481	0.8654	2.1264	BPD5021
85	コンダ-18 青色	大分県大分市	大友氏遺跡	中世	41	18.537	15.688	38.927	0.8463	2.0999	BPD5022
86	コンダ-19 青色	大分県大分市	大友氏遺跡	中世	41	18.556	15.691	38.941	0.8456	2.0985	BPD5023
87	コンダ-20 青色	大分県大分市	大友氏遺跡	中世	41	18.540	15.692	38.939	0.8464	2.1003	BPD5024
88	コンダ-21 青色	大分県大分市	大友氏遺跡	中世	41	18.561	15.695	38.955	0.8456	2.0987	BPD5025
89	コンダ-22 青色	大分県大分市	大友氏遺跡	中世	41	18.097	15.660	38.478	0.8654	2.1262	BPD5026
90	コンダ-23 青色	大分県大分市	大友氏遺跡	中世	41	18.101	15.662	38.485	0.8652	2.1262	BPD5027

No.	資 料 名	所在・出土地	遺跡・所蔵など	年代	文献	207Pb/206Pb	208Pb/206Pb	206Pb/204Pb	207Pb/204Pb	208Pb/204Pb	分析番号
91	コンタ-24 水色	大分県大分市	大友氏遺跡	中世	41	24.007	16.522	44.171	0.6882	1.8399	BPD5028
92	コンタ-25 緑色	大分県大分市	大友氏遺跡	中世	41	18.540	15.685	38.919	0.8460	2.0992	BPD5029
93	コンタ-26 緑色	大分県大分市	大友氏遺跡	中世	41	18.543	15.697	38.940	0.8465	2.1000	BPD5030
94	コンタ-27 緑色	大分県大分市	大友氏遺跡	中世	41	18.512	15.685	38.912	0.8473	2.1019	BPD5031
95	コンタ-28 緑色	大分県大分市	大友氏遺跡	中世	41	18.555	15.691	38.942	0.8456	2.0988	BPD5032
96	コンタ-29 緑色	大分県大分市	大友氏遺跡	中世	41	18.513	15.679	38.893	0.8469	2.1008	BPD5033
97	コンタ-30 緑色	大分県大分市	大友氏遺跡	中世	41	18.550	15.695	38.953	0.8461	2.0999	BPD5034
98	コンタ-31 緑色	大分県大分市	大友氏遺跡	中世	41	18.503	15.768	39.008	0.8522	2.1082	BPD5035
99	コンタ-32 緑色	大分県大分市	大友氏遺跡	中世	41	18.515	15.723	38.958	0.8492	2.1042	BPD5036
100	コンタ-33 緑色	大分県大分市	大友氏遺跡	中世	41	18.531	15.692	38.937	0.8468	2.1011	BPD5037
101	コンタ-34 緑色	大分県大分市	大友氏遺跡	中世	41	18.550	15.684	38.920	0.8455	2.0981	BPD5038
102	コンタ-35 緑色	大分県大分市	大友氏遺跡	中世	41	18.555	15.688	38.937	0.8455	2.0985	BPD5039
103	コンタ-37 緑色	大分県大分市	大友氏遺跡	中世	41	18.523	15.694	38.942	0.8473	2.1024	BPD5041
104	ガラス玉	大分県大分市	大友氏遺跡	中世	42	18.462	15.725	38.968	0.8518	2.1107	BP1032
105	ガラス玉	大分県大分市	大友氏遺跡	中世	42	18.545	15.748	39.078	0.8492	2.1072	BP1033
106	ガラス玉	大分県大分市	大友氏遺跡	中世	28	18.540	15.683	38.916	0.8459	2.0990	BP1239
107	ガラス小皿	大分県大分市	大友氏遺跡	16C頃	43	18.522	15.781	39.058	0.8520	2.1088	BP1423
108	ガラス製小玉	大分県大分市	大友氏遺跡	16C頃	46	18.358	15.698	38.681	0.8551	2.1071	BP1344
109	不明ガラス製品	大分県大分市	大友氏遺跡	16C頃	46	18.316	15.679	38.816	0.8561	2.1193	BP1348
110	不明ガラス製品	大分県大分市	大友氏遺跡	16C頃	46	18.563	15.756	39.185	0.8488	2.1109	BP1358
111	ガラス板製品	大分県大分市	大友氏遺跡	16C頃	46	18.508	15.674	38.877	0.8469	2.1005	BP1359
112	ガラス板製品	大分県大分市	大友氏遺跡	16C頃	46	18.704	15.763	39.343	0.8428	2.1035	BP1360
113	ガラス板製品	大分県大分市	大友氏遺跡	16C頃	46	18.639	15.764	39.168	0.8458	2.1015	BP1361
114	ガラス製小玉 (10点)	大分県大分市	大友氏遺跡	16C頃	46	18.556	15.691	38.940	0.8456	2.0985	BP1362
115	ガラス製板製品	大分県大分市	大友氏遺跡	16C頃	46	18.451	15.811	39.034	0.8569	2.1156	BP1363
116	不明ガラス製品	大分県大分市	大友氏遺跡	16C頃	46	18.547	15.757	39.004	0.8496	2.1030	BP1364
117	コンタ	大分県大分市	大友氏遺跡	中世		18.587	15.764	39.090	0.8481	2.1031	BP1034

表 6 円錐形鉛塊および関連資料

No.	資料名	所在・出土地	遺跡所蔵など	文献	年代	$^{207}Pb/^{206}Pb$	$^{208}Pb/^{206}Pb$	$^{206}Pb/^{204}Pb$	$^{207}Pb/^{204}Pb$	$^{208}Pb/^{204}Pb$	分析番号
1	円錐形鉛塊	大分県埋蔵文化財センター	大分県 大友府内町跡22次 S012内	25	1587年	18.218	15.731	38.429	0.8635	2.1095	BP1506
2	円錐形鉛塊	長崎市教育委員会	長崎県 万才町遺跡（1）	31	16世紀後半	18.247	15.741	38.472	0.8626	2.1084	BP2876
3	円錐形鉛塊	長崎市教育委員会	長崎県 万才町遺跡（2）	31	16世紀後半	18.228	15.737	38.443	0.8633	2.1090	BP2877
4	円錐形鉛塊	高知県埋蔵文化財センター	岡豊城址壁掘 表4・127と共伴	32	16世紀後半	18.232	15.749	38.477	0.8639	2.1104	BP4007
5	円錐形鉛塊	静岡市教育委員会	駿府城豪中（1）	47	17世紀前半	18.248	15.747	38.489	0.8629	2.1092	BP5744
6	円錐形鉛塊	静岡市教育委員会	駿府城豪中（2）	47	17世紀前半	18.231	15.742	38.456	0.8635	2.1093	BP5745
7	円錐形鉛塊	小値賀島教育委員会	長崎県五島列島の小値賀島海底	48	16世紀	18.259	15.755	38.515	0.8629	2.1094	BP5783
8	円錐形鉛塊	和歌山県埋蔵文化財センター	和歌山市 城山遺跡第1次3区（1）	49	16-17世紀	18.243	15.741	38.471	0.8628	2.1088	BP5936
9	円錐形鉛塊	和歌山県埋蔵文化財センター	和歌山市 城山遺跡第1次3区（2）	49	16-17世紀	18.221	15.745	38.483	0.8642	2.1120	BP5937
10	Lead Ingot 1	フィリピン国立博物館	沈船San Diago号内（1）	50	1600年	18.260	15.762	38.535	0.8632	2.1103	BP9379
11	Lead Ingot 2	フィリピン国立博物館	沈船San Diago号内（2）	50	1600年	18.256	15.753	38.511	0.8629	2.1095	BP9380
12	Lead Ingot 3	フィリピン国立博物館	沈船San Diago号内（3）	50	1600年	18.256	15.757	38.520	0.8631	2.1100	BP9381
13	Lead Ingot 4	フィリピン国立博物館	沈船San Diago号内（4）	50	1600年	18.255	15.754	38.515	0.8630	2.1098	BP9382
14	Lead Ingot 5	フィリピン国立博物館	沈船San Diago号内（5）	50	1600年	18.253	15.750	38.499	0.8629	2.1092	BP9383
15	方鉛鉱	タイ カンチャナブリ県	ソントー鉱山(Song Toh mine)（1）	51	現代	18.228	15.745	38.460	0.8638	2.1099	BP2852
16	方鉛鉱	タイ カンチャナブリ県	ソントー鉱山(Song Toh mine)（2）	51	現代	18.229	15.745	38.461	0.8637	2.1099	BP2853
17	方鉛鉱	タイ カンチャナブリ県ソントー近傍	ムエナン鉱山(Mue Nan mine)（1）	51	現代	18.227	15.747	38.468	0.8640	2.1105	BP2850
18	方鉛鉱	タイ カンチャナブリ県ソントー近傍	ムエナン鉱山(Mue Nan mine)（2）	51	現代	18.232	15.751	38.481	0.8639	2.1107	BP2851
19	方鉛鉱	タイ カンチャナブリ県ソントー近傍	ボーヤイ鉱山(Bo Yai mine)	51	現代	18.230	15.746	38.468	0.8638	2.1101	BP2854

＊ソントー鉱山とは違う鉛同位体比を示すタイ北部の鉛鉱山

No.	資料名	所在・出土地	遺跡所蔵など	文献	年代	$^{207}Pb/^{206}Pb$	$^{208}Pb/^{206}Pb$	$^{206}Pb/^{204}Pb$	$^{207}Pb/^{204}Pb$	$^{208}Pb/^{204}Pb$	分析番号
20	方鉛鉱	タイ北部 チェンマイ付近	Ban Kued Chang mine	51	現代	18.633	15.796	39.071	0.8478	2.0969	BP2855
21	方鉛鉱	タイ北部 チェンマイ付近	Ban Don Noi mine	51	現代	18.343	15.809	38.823	0.8618	2.1165	BP2856

〔引用文献〕

（1） 平尾良光、瀬川富美子「長野県御代田町川原田遺跡から出土した銅製火熨斗の科学的調査」（長野県御代田町教育委員会編『塩野西遺跡群川原田遺跡出土火熨斗の科学的調査——長野県北佐久郡御代田町川原田遺跡科学分析報告書——』1997年、5-13頁）

（2） 平尾良光、早川泰弘、鈴木浩子「多功南原遺跡から出土した青銅製遺物についての自然科学的研究」（「多功南原遺跡——住宅・都市整備公団宇都宮市計画事業多功南原地区埋蔵文化財発掘調査——＜理化学分析編＞」『栃木県埋蔵文化財調査報告書』222号、1999年、107-120頁）

（3） 平尾良光、榎本淳子「Ⅷ 火熨斗の科学的調査」（東京都日野市落川遺跡調査会編『落川遺跡Ⅱ』Ⅰ、1996年、121-131頁）

（4） 平尾良光、榎本淳子、早川泰弘「長野県和手遺跡出土の火熨斗の科学的調査」（長野県塩尻市教育委員会編『和手遺跡——カインズホーム建設に伴う緊急発掘調査報告書Ⅱ』1997年、37-49頁）

（5） 早川泰弘、榎本淳子、平尾良光「下り松遺跡から出土した銅製品」（建設省・茨城県教育財団編『一般国道50号結城バイパス改築工事地内埋蔵文化財調査報告書、下り松遺跡・油内遺跡』（下巻）、茨城県教育財団文化財調査報告書第145集、1999年、435-445頁）

（6） 早川泰弘、榎本淳子、平尾良光「熊の山遺跡出土の天部立像および耳環に関する自然科学的調査」（茨城県・茨城県教育財団編『(仮称)島名・福田坪地区特定土地区画整理事業地内埋蔵文化財調査報告書Ⅲ、熊の山遺跡』（下巻）、茨城県教育財団文化財調査報告書 第149集、1999年、589-598頁）

（7） 平尾良光、木村直子「三反田下高井遺跡出土の金属環の蛍光X線分析」（建設省・茨城県教育財団編『一般国道6号東水戸道路改築工事地内埋蔵文化財調査報告書Ⅳ 三反田下高井遺跡』茨城県教育財団文化財調査報告書第128集、1998年、788-790頁）

（8） 平尾良光、榎本淳子、早川泰弘「埼玉県寺内遺跡出土の金属資料に関する自然科学的調査」（埼玉県大里郡江南町教育委員会へ報告、1998年）

（9） 早川泰弘、榎本淳子、平尾良光「茨城県結城郡千代川村村岡・本田屋敷遺跡出土の小銅仏に関する自然科学的研究」（千代川村史編さん委員会編『村史紀要 千代川村の生活』第5号、1999年、62-76頁）

（10） 平尾良光、早川泰弘、鈴木浩子「多功南原遺跡から出土した青銅製遺物についての自然科学的研究」（「多功南原遺跡——住宅・都市整備公団宇都宮市計画事業多功南原地区埋蔵文化財発掘調査——＜理化学分析編＞』『栃木県埋蔵文化財調査報告書』222号、1999年、107-120頁）

（11） 平尾良光、早川泰弘、鈴木浩子「高徳院鎌倉大仏周辺から出土した銅塊の自然科学的研究」（『鎌倉大仏周辺発掘調査報告書』平成13年度、2005年、34-43頁）

（12） 平尾良光「奈良県の(財)天ヶ瀬組が所有する銅造不動明王立像の鉛同位体比」（『奈良県上北山村財団法人天ヶ瀬組 笙の窟の銅造不動明王像』上北山村文化財調査報告（2）、1997年、19-22頁）

（13） 平尾良光、早川泰弘、榎本淳子「前田村遺跡から出土した和鏡の自然科学的研究」（茨城県・茨城県教育財団編『伊奈・谷和原丘陵部特定土地区画整理事業事業地内埋蔵文化財調査報告書4、前田村井席G・H・Ⅰ区』（下巻）、茨城県教育財団文化財調査報告書 第146集、1999年、883-896頁）

（14） 平尾良光 "Collaborative Research on Conservation and Technical Studies of Far Eastern Bronze and Ceramics"（東京国立文化財研究所編『文化庁・スミソニアン研究機構研究交流備忘録』1991年、69-81頁）

（15） 馬淵久夫「雲版の現在量はどこからきたか」（『国宝と歴史の旅（7）鎌倉大仏と宋風の仏像』「日本の国宝」2000年、33頁）

（16） 石川ゆかり、平尾良光「妙楽寺経塚から出土した銅製品」（『妙楽寺経塚 市内遺跡発掘調査事業報告書 第4集』宇佐教育委員会、2009年、19-26頁）

（17） 原田一敏、平尾良光「東京国立博物館所蔵経筒の科学的研究——蛍光X線分析、鉛同位体比法分析——」（『東京国立博物館紀要』41、2006年、151-250頁）

（18） 石川ゆかり『九州出土経筒の総合的研究』別府大学大学院修士論文（2008年）

(19) 石川ゆかり、平尾良光「2．杵築市東光寺経塚出土経筒の鉛同位体比調査」(『東光寺経塚発掘調査報告書I』「杵築市埋蔵文化財調査報告書第12集」杵築市教育委員会、2009年、103-114頁)

(20) 平尾良光、榎本淳子「鉛製弾丸の自然科学的調査、釘・鋲の化学的調査」(文化庁編『東大寺南大門　国宝木造金剛力士立像修理報告書本文編』1993年、142-156頁)

(21) 齋藤努「江馬氏下館跡出土鉄砲玉の鉛同位体比測定結果」(『江馬氏城館跡　3』神岡町教育委員会・富山大学人文学部考古学研究室、1997年)

(22) 馬淵久夫「鉛同位体比測定による火縄銃関係資料の原産地推定」(『朝倉氏遺跡資料館紀要』朝倉氏遺跡資料館、1985年、17-19頁)

(23) 西田京平、平尾良光、設楽原を守る会に報告（2011年）

(24) 西田京平、平尾良光、福岡県朝倉市教育委員会に報告（2013年）

(25) 魯禔玹、平尾良光「中世大友府内町跡出土金属製品・ガラス玉の鉛同位体比分析」(「豊後府内4　中世大友府内町跡第9次・第12次・第18次・第22次・第28次・第48次調査区」『一般国道10号古国府拡幅事業に伴う埋蔵文化財発掘調査報告書（2）第3分冊』2006年、205-212頁)

(26) 魯禔玹、平尾良光、大分市教育委員会に報告（2008年）

(27) 魯禔玹、平尾良光「中世大友府内町跡出土金属製品に関する自然科学的調査」(「豊後府内7　中世大友府内町跡第20次調査区」『一般国道10号古国府拡幅事業に伴う埋蔵文化財発掘調査報告書（3）』大分県教育庁埋蔵文化財センター調査報告書第16集、2007年、324-331頁)

(28) 魯禔玹、後藤晃一、平尾良光「日本の中世キリスト教関連遺物に関する自然科学的な研究」(『考古学と自然科学』57、2008年、21-35頁)

(29) 魯禔玹、平尾良光、大分県教育委員会に報告（2009年）

(30) 西田京平、山口将史、平尾良光「中世大友府内町跡から出土した金属製品と鋳造関連遺物の文化財科学的調査」(『豊後府内16——庄の原佐野銭道建設工事に伴う埋蔵文化財発掘調査報告書（中世大友府内町跡第77次調査区)』大分県別府市北石垣82教育庁埋蔵文化財センター、2010年、281-297頁)

(31) 魯禔玹、西田京平、平尾良光「南蛮貿易と金属材料」(別府大学文化財研究所・九州考古学会・大分県考古学会編『キリシタン大名の考古学』別府大学文化財研究所企画シリーズ②、2009年、131-141頁)

(32) 西田京平、平尾良光、高知県埋蔵文化財センターに報告（2012年）

(33) 鈴木浩子、平尾良光、南島原市教育委員会に報告（2000年以前）

(34) 角元友美、別府大学文学部卒業論文（2008年）

(35) 石井佐和子、山﨑由梨瑛、別府大学文学部卒業論文（2009/2010年）

(36) 李昇宴、別府大学文学部卒業論文（2011年）

(37) 有村頼政、別府大学文学部卒業論文（2013年）

(38) 田口正美、津金沢吉茂、馬淵久夫、平尾良光「鉄砲玉の化学的分析を通した一視点——県内出土鉄砲玉の諸相——」(『群馬県埋蔵文化財調査事業団研究紀要』71、1990年、129-147頁)

(39) 平尾良光、京都市埋蔵文化財研究所に報告（2002年）

(40) 佐藤里恵、別府大学文学部卒業論文（2013年）

(41) 服部さとみ、別府大学文学部卒業論文（2013年）

(42) 魯禔玹、平尾良光「中世大友府内町跡出土金属製品に関する自然科学的調査」(「豊後府内8　中世大友府内町跡第34・43次調査区」『一般国道10号古国府拡幅事業に伴う埋蔵文化財発掘調査報告書（4）』、大分県教育庁埋蔵文化財センター調査報告書第23集、2008年、291-298頁)

(43) 魯禔玹、後藤晃一、平尾良光「大友府内町跡出土青銅製品に関する自然科学的調査」大分県埋蔵文化財センターに報告（2008年）

(44) 魯禔玹、藤村里香、平尾良光「大分市豊後府内遺跡の出土品に関する自然科学調査」大分県埋蔵文化財センターに報告（2008年）

(45) 西田京平、山口将史、平尾良光「長崎市興善町遺跡から出土した陶器付着ガラスの科学分析」(『興善町遺跡——長崎県市町村共済組合事務所建設計画に伴う埋蔵文化財発掘調査報告書——』長

崎市教育委員会、2012年、65-74頁）
(46)　魯禔玹、藤村里香、平尾良光「大分市中世大友府内町跡の出土品に関する自然科学調査」（『大友府内13　大分市埋蔵文化財発掘調査報告書第88集　中世大友府内町跡第53・57・59・60・73次調査報告書』大分市教育委員会、2009年、227-237頁）
(47)　西田京平、上野淳也、平尾良光、静岡市教育委員会に報告（2012年）
(48)　上野淳也、西田京平、平尾良光、小値賀島教育委員会に報告（2013年）
(49)　上野淳也、西田京平、平尾良光、和歌山県埋蔵文化財センターに報告（2014年）
(50)　平尾良光、山口将史「タイ ソントー（Song Toh）鉱山の鉛」（『鉛同位体比法を用いた東アジア世界における金属の流通に関する歴史的研究』平尾良光編科学研究費補助金成果報告書（課題番号21200028）、2012年）
(51)　平尾良光「鉛同位体比から見た日本の中世戦国時代における南蛮船で運ばれた鉛材料」（「大航海時代における東アジア世界の交流――日本を巡る銀と鉛などの金属交易を中心に――」、第60回西洋史学会、小シンポジウム（口頭発表）、2010年）

あとがき

　本書は文部科学省の科学研究費補助金新学術領域研究（課題提案型）「鉛同位体比法を用いた東アジア世界における金属の流通に関する歴史的研究」（2009～11年、研究代表平尾良光）の成果を基盤とし、その後の研究を含めて、別府大学文化財研究所企画シリーズ③として出版することになりました。

　これまで、シリーズ①の「経筒が語る中世の世界」では経筒を中心とした平安時代から鎌倉時代における金属材料の流れを解明し、シリーズ②の「キリシタン大名の考古学」では中世末期の大航海時代までの材料の流れを模索してきました。そして今回のシリーズ③では「大航海時代の日本と金属交易」として、①②の研究成果を踏まえ、平安時代から江戸時代までの東アジア世界の交易を金属に着目し実証しようと試みました。

　これまでの歴史観では、金属（銅と鉄）は弥生時代に大陸から日本列島に導入され、古墳時代末期に生産が始まり、それ以降、どの時代においても列島内で十分に生産され、利用することができたという先入観にとらわれています。しかしながら、近年の考古学的な発掘により平安時代から戦国時代の資料から得られた事実が実証材料として利用できるほど蓄積された結果、新しい考え方が次々に生まれてきています。さらに、これら資料に関する自然科学的な検証から、平安時代末期以降、鎌倉時代には日本の銅生産は激減し、中国産材料で賄われて室町時代に復活したこと、そして戦国時代の鉄砲玉に利用された鉛はその半分が外国産であることなどがわかってきました。それを通じて、材料の交易が日本の発展にとって重要なポイントとなっており、それをもっともうまく利用できた武将が日本の覇権を握ったとも考えられるようになってきています。

　本書では5つの主題を設定しました。
1）平安時代後期以降、日本における銅生産が底をついた時に、銅材料として中国銭がどのように利用されるようになったのかを、文献を通して再検討する。
2）東アジアから東南アジアにかけての海上交易が西洋からの進出と出会ったことが、必然的に鉄砲を日本へ届ける伏線として作用していたことを提示する。
3）自然科学的な面からは鉛同位体比法を応用して、外国からもたらされた鉛がどこで生産され、どのように日本の戦争で利用されたかを明らかにし、銀製錬のための材料としても鉛は利用価値が高かったことを示す。
4）交易でもたらされた鉛がキリスト教の宣教活動にどのように利用されていたかを示し、外国産鉛の流入に宣教師が大きな役割を果たしていたことを明らかにする。
5）鉄砲に加えて戦略上重要な役割を果たした大砲が、東アジアにおいてどのように流通していたかを考古学的に明らかにする。

　また、トピックスとしていくつかの項目をとりあげ、報告書では参加いただけなかった

方々に、コラムのかたちで寄稿いただきました。1)〜 5)およびコラムで示された個々の事実から、大航海時代における日本の交易の全体像が、その前提となる時期を含め、浮かび上がってくるはずです。なお、巻末には日本の戦国時代に関連する鉛同位体比の測定値の資料を載せました。これらの値を用いて自分で図を描き、比較して考えてみようとする方々がおられれば望外の幸せです。データは決して嘘をつきません。

　本書の内容が皆様の興味を引き出して、さらなる研究の進展の契機となることを期待しております。最後に本書の発刊にご尽力いただいた思文閣出版、とくに編集の労をとっていただいた田中峰人氏に感謝の意を表します。

　　　平成26年9月

　　　　　　　　　　　　　　　　　　　　　　　　平尾良光（別府大学客員教授）
　　　　　　　　　　　　　　　　　　　　　　　　飯沼賢司（別府大学教授）
　　　　　　　　　　　　　　　　　　　　　　　　村井章介（立正大学教授）

執筆者紹介(掲載順，＊は編者)

＊飯沼　賢司（いいぬま・けんじ）
　1953年生．早稲田大学大学院文学研究科博士後期課程満期退学．別府大学文学部教授・文学部長．
　『環境歴史学とはなにか』（山川出版，2004年），『八幡神とはなにか』（角川ソフィア文庫，角川学芸出版，2014年），『経筒が語る中世の世界』（編著，思文閣出版，2008年）．

黒田　明伸（くろだ・あきのぶ）
　1958年生．京都大学大学院文学研究科博士後期課程単位取得退学．博士（経済学）．東京大学東洋文化研究所教授．
　『中華帝国の構造と世界経済』（名古屋大学出版会，1994年），『貨幣システムの世界史――「非対称性」をよむ――』（増補新版，岩波書店，2014年），'Anonymous Currencies or Named Debts?: Comparison of Currencies, Local Credits and Units of Account between China, Japan and England in the Pre-industrial Era', *Socio Economic Review* 11-1, 2013.

＊村井　章介（むらい・しょうすけ）
　1949年生．東京大学大学院人文科学研究科修士課程修了．立正大学文学部教授．
　『日本中世境界史論』（岩波書店，2013年），『日本中世の異文化接触』（東京大学出版会，2013年），『中世史料との対話』（吉川弘文館，2014年）．

稗田　優生（ひえだ・ゆうき）
　1985年生．別府大学大学院文学研究科文化財学専攻博士後期課程満了．大分県立歴史博物館学芸員．
　「江戸城の石垣における石材の産地推定」（『平尾良光先生古稀記念論集　文化財学へのいざない』2013年），「大分県の宇佐神宮が所蔵する能面の彩色に関する科学的調査」（『大分県立歴史博物館研究紀要』15号，2014年）．

魯　禔玹（の・じひょん）
　1980年生．別府大学大学院文学研究科文化財学専攻博士後期課程修了．韓国国立中央博物館保存科学部学芸研究士．
　「ガラス材料の産地同定分析からみた日韓古代交流」（共著，『季刊考古学』13号，2010年），"Lead Isotope Ratios and Chemical Compositions of Christian Medals in the Museu Nacional d'Art de Catalunya (Barcelona, Spain)", (coauthors, *Junshin Journal of Grants-in-Aid for Scientific Research*, No.1, 2012), "Chemical Composition and Lead Isotope Ratios of Bronze Artifacts Excavated in Cambodia and Thailand", (coauthors, *Water Civilization from Yangtze to Khmer Civilizations*, ed., Yoshinori Yasuda, Springer Publisher, 2013).

＊平尾　良光（ひらお・よしみつ）
　1942年生．東京教育大学大学院理学研究科化学専攻博士課程修了．別府大学客員教授．
　『古代青銅の流通と鋳造』（編著，鶴山堂，1999年），『古代東アジア青銅の流通』（編著，鶴山堂，2001年），『経筒が語る中世の世界』（共編著，思文閣出版，2008年）．

岡　美穂子（おか・みほこ）
　1974年生．京都大学大学院人間環境学研究科博士後期課程修了．博士（人間環境学）．東京大学史料編纂所助教．
　『商人と宣教師――南蛮貿易の世界――』（東京大学出版会，2010年），『海からみた歴史――シリーズ東アジア海域に漕ぎ出す』第1巻（共著，羽田正総編集，東京大学出版会，2012年），「キリシタンと統一政権」（『岩波講座　日本歴史　第10巻近世Ⅰ』岩波書店，2013年）．

土屋　将史（つちや・しょうじ）
　1986年生．別府大学大学院文学研究科文化財学専攻博士前期課程修了．杵築市教育委員会嘱託職員．

Waiyapot Worakanok（ワイヤポット・ボラカノーク）
　地質学専攻．タイ 工業省鉱物資源局鉱物資源課．

後藤　晃一（ごとう・こういち）
　1964年生．広島大学文学部史学科考古学専攻卒業．博士(文学)．大分県立歴史博物館主幹研究員．
　「豊後府内出土のキリシタン遺物——府内型メダイの再考を中心として——」(『キリシタン大名の考古学』思文閣出版，2009年)，「キリシタン遺物の考古学的研究——布教期におけるキリシタン遺物流入のプロセス——」(学位論文，広島大学，2011年)，「キリシタン遺物の考古学的研究——布教期におけるキリシタン遺物（メダイ）の流入プロセス——」(『日本考古学』32号，2011年)．

川口　洋平（かわぐち・ようへい）
　1969年生．総合研究大学院大学日本歴史研究専攻にて学位取得．博士(文学)．長崎県世界遺産登録推進課係長．
　『世界航路へ誘う港市　長崎・平戸』(新泉社，2007年)．

仲野　義文（なかの・よしふみ）
　1965年生．別府大学文学部史学科卒業．石見銀山資料館館長．
　『街道の日本史　出雲と石見銀山街道』(共著，吉川弘文館，2005年)，『銀山社会の解明——近世石見銀山の経営と社会——』(清文堂，2009年)，『環境の日本史』4（共著，吉川弘文館，2013年)．

上野　淳也（うえの・じゅんや）
　1973年生．別府大学大学院文学研究科博士後期課程単位取得退学．博士(文学)．別府大学文学部史学・文化財学科准教授．
　「豊後府内の成立過程——府中から府内へ——」(『キリシタン大名の考古学』思文閣出版，2009年)，「佛朗機砲の東アジアへの伝来について」(共著，『鉛同位体比法を用いた東アジア世界における金属の流通に関する歴史的研究』平成21年〜23年度（2009〜2011）科学研究費補助金　新学術領域研究（研究課題提案型），別府大学文学部，2012年)，「尚古集成館所蔵佛朗機砲及び蛇砲の文化財科学的調査と歴史考古学的検討」(『平尾良光先生古稀記念論集　文化財学へのいざない』平尾良光先生古稀記念論集刊行会，2013年)．

田中　和彦（たなか・かずひこ）
　1959年生．フィリピン大学大学院社会科学・哲学研究科人類学専攻博士課程修了．Ph. D. 上智大学外国語学部非常勤講師．
　「フィリピンの沈船遺跡と出土土器——15世紀中葉から16世紀末の資料を中心に——」(『水中考古学研究』創刊号，アジア水中考古学研究所，2005年)，「フィリピンの先史時代」(菊池誠一・阿部百里子編『海の道と考古学——インドシナ半島から日本へ——』高志書院，2010年)，「土器作り道具の持続と変化——フィリピン，ルソン島北部の事例から——」(『物質文化』93号，2013年)．

西田　京平（にしだ・きょうへい）
　1984年生．別府大学大学院文学研究科博士後期課程単位取得退学．別府大学文化財研究所非常勤研究員．
　「南蛮貿易と金属材料」(共著，『キリシタン大名の考古学』思文閣出版，2009年)，「鉛同位体比を用いた産地推定の基礎」(共著，『史学論叢』41号，別府大学史学研究会，2009年)．

別府大学文化財研究所企画シリーズ③「ヒトとモノと環境が語る」
大航海時代の日本と金属交易

2014(平成26)年10月10日発行

編　者
平尾良光・飯沼賢司・村井章介

発行者
田中　大

発行所
株式会社　思文閣出版
〒605-0089　京都市東山区元町355　電話 075(751)1781㈹
定価：本体3,500円（税別）

印刷・製本／図書印刷同朋舎
ⓒ Printed in Japan, 2014　　ISBN978-4-7842-1768-7　C3021

◎既刊図書案内◎

◎別府大学文化財研究所企画シリーズ①「ヒトとモノと環境が語る」◎

経筒が語る中世の世界
小田富士雄・平尾良光・飯沼賢司 共編

Ⅰ 経筒が語るヒトの交流の世界

銭は銅材料となるのか──古代～中世の銅生産・流通・信仰──	飯沼賢司
材料が語る中世──鉛同位体比測定から見た経筒──	平尾良光
九州出土経筒の鉛同位体比が語るもの	石川ゆかり・平尾良光
経筒の制作と地域性──東京国立博物館所蔵の紀年銘を有する作品を中心に──	原田一敏
埋経と仏像	八尋和泉
経塚勧進僧の行動と連鎖の軌跡──同一名の追跡試論──	栗田勝弘

Ⅱ 九州地域出土の経筒が語る世界

九州における経塚・経筒研究──研究史と課題──	小田富士雄
肥後における経筒について	島津義昭
熊本県人吉・球磨地方における経筒について	和田好史・山本研央
肥前佐賀の経塚	田平徳栄
大宰府における経塚経営とその背景	山村信榮
筑後の経塚と経筒	小澤太郎
福岡県みやこ町出土の経筒鋳型	木村達美
福岡県みやこ町勝山松田出土の経筒	井上信隆
大分県宇佐市妙楽寺出土経筒	佐藤良二郎

▲B5判・236頁／本体4,800円　　ISBN978-4-7842-1409-9

◎別府大学文化財研究所企画シリーズ②「ヒトとモノと環境が語る」◎

キリシタン大名の考古学
別府大学文化財研究所・九州考古学会・大分県考古学会 共編

Ⅰ 宣教師の活動とキリシタン大名の町

キリシタン遺跡から見たキリシタン宣教	五野井隆史
◇コラム　高槻城キリシタン墓地	高橋公一
巡察師ヴァリニャーノの見た豊後「府内」──1580年の豊後国「府内」の描写──	坂本嘉弘
◇コラム　豊後府内のキリスト教会墓地	田中裕介
肥前大村の成立過程	大野安生
豊後府内の成立過程──府中から府内へ──	上野淳也
◇コラム　肥後八代・麦島城と小西行長	鳥津亮二

Ⅱ キリシタン遺物は語る

豊後府内出土のキリシタン遺物──府内型メダイの再考を中心として──	後藤晃一
◇コラム　博多出土のキリシタン遺物	佐藤一郎
原城出土のキリシタン遺物	松本慎二
◇コラム　天草のキリシタン遺物	平田豊弘
キリシタン考古学の可能性	今野春樹
◇コラム　キリシタン生活を支えたメダル	デ・ルカ・レンゾ
南蛮交易と金属材料	魯禔玹・西田京平・平尾良光
◇コラム　石見銀山と灰吹法	仲野義文
大航海時代における東アジア世界と日本の鉛流通の意義 ──鉛同位体比をもちいた分析科学と歴史学のコラボレーション──	平尾良光・飯沼賢司

▲B5判・178頁／本体3,800円　　ISBN978-4-7842-1472-3

表示価格は税別

◎既刊図書案内◎

南蛮・紅毛・唐人──一六・一七世紀の東アジア海域──
中島楽章 編

　16〜17世紀の東アジア海域は、多様なエスニシティをもつ人々が混在し、彼らの活動を通じて、モノやヒト、そして文化や情報が海をこえて運ばれた。そこでは平和的な交易や文化交流から、暴力的な紛争や戦争までが交錯し、交易と略奪、海商と海賊との境界もしばしば流動的であった。本書では「南蛮」「紅毛」「唐人」、そして彼らと接した「倭人」たちが残した証言を、さまざまな視角から多面的に論じることにより、東アジア海域における「紛争と交易の時代」のダイナミズムを描きだす。

序　論──「交易と紛争の時代」の東アジア海域──	中島楽章
ムラカ王国の勃興──一五世紀初頭のムラユ海域をめぐる国際関係──	山﨑　岳
一五四〇年代の東アジア海域と西欧式火器──朝鮮・双嶼・薩摩──	中島楽章
堺商人日比屋と一六世紀半ばの対外貿易	岡本　真
ドイツ・ポルトガルに現存する戦国大名絵画史料	鹿毛敏夫
一六〜一七世紀のポルトガル人によるアジア奴隷貿易	ルシオ・デ・ソウザ(翻訳 小澤一郎・岡美穂子)
──ヴィクトリア・ディアス ある中国人女性奴隷を追って──	
近世初期東アジア海域における情報伝達と言説生成	藤田明良
──一六六五年オランダ船普陀山襲撃事件を中心に──	
清朝の台湾征服とオランダ東インド会社──施琅の「台湾返還」密議をめぐって──	鄭維中(翻訳 郭陽)
ポルトガル人のアジア交易ネットワークとアユタヤ	岡美穂子

▲A5判・418頁／本体6,800円　　　　　　　　　　ISBN978-4-7842-1681-9

朱印船貿易絵図の研究
菊池誠一 編

　17世紀の日本と東南アジアの交易や、ベトナムの港町ホイアンに存在した「日本町」の様子を描いた二つの絵図、名古屋市情妙寺所蔵「茶屋交趾貿易渡海絵図」と、新出史料である九州国立博物館所蔵「朱印船交趾渡航図巻」。この二つの絵図の精彩なカラー図版にくわえ、美術史・歴史学および考古学など多彩な研究者による6篇の論考を収録。現地ホイアンでの考古学調査の成果と絵図に描かれた「日本町」を比較するなど、二つの朱印船貿易絵図を多角的に分析する。

■図版編■
一　名古屋市情妙寺所蔵「茶屋交趾貿易渡海絵図」
二　九州国立博物館所蔵「朱印船交趾渡航図巻」
三　ベトナム・ホイアンの町並みと日本関係史跡

■論考編■

一　情妙寺所蔵「茶屋交趾貿易渡海絵図」について	黒田泰三
二　九州国立博物館所蔵「朱印船交趾渡航図巻」について	藤田励夫
三　考古学調査の成果からみた朱印船貿易絵図	菊池誠一
四　二つの朱印船貿易絵図に見る服飾描写について	安蔵裕子
五　絵図に描かれた島と燕──クーラオチャムの燕巣採取──	グエン・ヴァン・キム(訳 菊池誠一)
六　「茶屋交趾貿易渡海絵図」に描かれた象について	ファン・ハイ・リン(訳 阿部百里子)
情妙寺本 翻刻	藤田励夫
関連地図・年表	阿部百里子

▲A4判横綴・104頁／本体7,800円　　　　　　　　ISBN978-4-7842-1712-0

表示価格は税別

◎既刊図書案内◎

塼仏の来た道──白鳳期仏教受容の様相── 後藤宗俊著

粘土を型押ししてつくられた小さな仏像である塼仏は、インドから中国を経て白鳳時代の奈良・飛鳥に招来されたが、日本では比較的限られた地域に受容され短命のうちに姿を消した。この塼仏が、当時の辺境・大分県宇佐市の虚空蔵寺跡でまとまって出土する。本書はこの「塼仏の来た道」を丹念にたどり、あわせてその途上に浮かび上がる玄奘・道昭・法蓮などの偉大な僧の信仰と人間像に迫る。虚空蔵寺跡の調査に携わった著者が分野を超えて学際的に探る。
▲A5判・322頁／本体5,700円　　　　　　　　　　　　　　　　ISBN978-4-7842-1433-4

九州の蘭学──越境と交流── ヴォルフガング・ミヒェル／鳥井裕美子／川嶌眞人編

近世、西洋への唯一の窓口であった長崎および九州各地で、人々が在来の学術とは異質な西洋近代科学にどう向き合い、学び取って、世のため人のために役立てたのか、あるいは来日した西洋人が、知的交流や技術移転にどれほど貢献したのかを、最新の研究成果に基づき、彼らの業績と足跡を通して明らかにする。
▲四六判・380頁／本体2,500円　　　　　　　　　　　　　　　ISBN978-4-7842-1410-5

織豊期主要人物居所集成 藤井讓治編

織豊期を生きた政治的主要人物の移りゆく居所の情報を編年でまとめた研究者・歴史愛好家必携の書。各章は「略歴」と「居所と行動」で構成され、現在知りうる限りの居所情報を編年で掲載。政権の中心人物、政権中枢の人物、有力大名、有力武将、僧侶・文化人、公家、政権に関わる女性たち、総勢25名を収録。辞書的な利用はもちろん、通覧すれば戦国武将の動静、同時代人たちの交流を詳細に追える。
▲B5判・476頁／本体6,800円　　　　　　　　　　　　　　　　ISBN978-4-7842-1579-9

熊本藩の地域社会と行政──近代社会形成の起点── 吉村豊雄・三澤純・稲葉継陽編

永青文庫細川家文書に大量に残された地方行政記録綴「覚帳」や、村役人層をはじめとする住民の評価・褒賞記録綴「町在」の系統的分析を行うことで、19世紀段階の近世行政システムの全容を解明し、それらが近代社会の成立や地域の近代化にとって、どのような前提条件を提供することになったのかを明らかにする。近世地域社会論の成果と課題を踏まえて、西国大藩としての熊本藩領内の地域社会像を描き出す意欲的論集。
▲A5判・420頁／本体9,000円　　　　　　　　　　　　　　　　ISBN978-4-7842-1458-7

正倉院染織品の研究 尾形充彦著

宮内庁正倉院事務所で研究職技官として、一貫して染織品の整理・調査・研究に従事してきた著者による、35年にわたる研究成果。正倉院事務所が行った第1次・第2次の古裂調査（昭和28～47年）や、C.I.E.T.A.(国際古代染織学会)の古代織物調査方法に大きな影響を受けて、身につけた調査研究方法により進めてきた正倉院染織品研究の集大成。
▲B5判・416頁／本体20,000円　　　　　　　　　　　　　　　ISBN978-4-7842-1707-6

古文化財の科学 山﨑一雄著

古文化財の科学的研究の第一人者による45年余にわたる成果をまとめる。正倉院宝物の調査、装飾古墳・高松塚・法隆寺金堂壁画・栄山寺八角堂・醍醐寺五重の塔・源氏物語絵巻などの顔料分析、正倉院の陶器・ガラスや緑釉陶などの科学分析、および銅鏡・銅鐸・青銅器などの成分分析に関する諸報告を収録。
▲A5判・380頁／本体6,300円　　　　　　　　　　　　　　　　ISBN4-7842-0482-2

表示価格は税別